움직이는 글쓰기

인문 · 사회 계열

움직이는 글쓰기

서강대학교 교양국어 교재편찬위원회 편저

서강대학교출판부

* 본 교재에 인용된 자료는 사전에 충분히 저작권 협의를 했습니다. 그럼에도 불구하고 혹시 누락된 부분이 있다면, 추후라도 통상적인 저작권 사용 동의에 필요한 조치를 취하고자 합니다. 해당 저작권자는 서강대학교 출판부로 연락해주시기 바랍니다.

움직이는 글쓰기: 인문 · 사회 계열

초판발행 | 2011년 8월 25일
4쇄발행 | 2013년 8월 30일
편 저 자 | 서강대학교 교양국어 교재편찬위원회
발 행 인 | 유기풍
편 집 인 | 우찬제
발 행 처 | 서강대학교 출판부
등록번호 | 1978년 9월 28일 제313-2002-170호

주 소 | 서울특별시 마포구 신수동 1번지
전 화 | (02) 705-8212
팩 스 | (02) 705-8612

ISBN 978-89-7273-186-3 03000

값 18,000원

* 잘못된 책은 구입하신 곳에서 바꿔드립니다.

구슬이 서 말이라도 꿰어야 보배라고 했다. 제아무리 좋은 생각을 지니고 있더라도, 제대로 표현하고 전달하는 과정을 거치지 않는다면 소통되지 않는다. 말이나 글, 혹은 다른 정보 매체로 표현되지 않은 좋은 생각은 결코 좋은 생각으로서 객관성을 인정받지 못한다. 아니, 더 분명히 말하자. 표현되지 않은 좋은 생각은 존재하지 않으며, 꿰지 않은 구슬은 구슬이 아니다. 예부터 신언서판(身言書判)을 강조해왔거니와, 특히 요즘 같은 정보화 시대에는 양질의 정보를 효율적으로 소통할 수 있는 능력이 매우 중요하다. 우리는 결코 생각하는 것만으로 존재할 수 없다. 말을 하거나 글을 씀으로써 생각하게 되고, 그럼으로써 나답고 인간다울 수 있으며, 그런 바탕 위에서 나와 공동체의 발전에 역동적으로 이바지할 수 있다.

주어진 생각이나 축복처럼 떠오른 영감으로 글을 쓰는 게 아니다. 생각은, 특히 좋은 생각은 말이나 글 속에서 새롭게 움트고 빚어진다. '말/글'은 생각의 모태요 거푸집이다. '말/글' 없이 우리는 어떤 생각도 할 수 없다. 그러니 '말/글'을 단지 효율적인 의사소통을 위한 치장술쯤으로 여겨서는 안 된다. 또 '말/글재주'를 타고난 사람만이 잘할 수 있는 특수한 영역이라고 치부하는 것도 곤란하다. 효율적이고 수준 높은 '말/글살이'는 개별 존재와 행동의 받침판이요, 새로운 역사 창조의 원천이다. 내가 나임을 입증하고, 나와 세계를 동시에 긍정적으로 움직이고 변화시키며 창조하기를 원하는 사람이라면, 누구나 수준 높은 글쓰기 훈련부터 새롭게 시작하는 것이 좋다.

이런 인식을 바탕으로 국내외에서 대학의 글쓰기 교육에 대한 관심이 매우 높아졌다. 대학에서의 글쓰기 교육은 이제 단지 기초적인 교양교육에서 그치지 않고, 수준 높은 전공심화 교육에 효율적으로 기여할 뿐만 아니라, 졸업 후의 전문적이고 창조적이며 도전적인 삶을 열어나가는 데 필요한 고급하고도 풍요로운 자양분을 넉넉히 제공할 수 있어야 한다. 새롭게 개정된 이번 교재는 학문 분야별(인문 · 사회, 경제 · 경영, 자연과학 · 공학)로 특화된 글쓰기 프로그램을 통해서, 21세기의 주역인 대학생들이 여러 분야의 문제들에 대하여 비판적으로 사고하고 새로운 대안을 모색하여 해결책을 창안하는 전문적인 글쓰기 능력을 함양할 수 있도록 했다. 그러면서 학문 분야별 보고서 작성 능력, 프레젠테이션 원고 작성 능력 등 실용적인 글쓰기 능력도 병행하여 기를 수 있도록 세심하게 구안했다.

창의적이고 전문적인 글쓰기 능력 함양, 실용적 글쓰기 능력 함양. 이 두 가지 기본적인 목표와 더불어 『움직이는 글쓰기: 인문 · 사회 계열』은 특히 인문과학자로서의 삶과 사회과학자로서의 삶에 밀착한 글쓰기에도 많은 부분을 할애했다. 인문과학과 사회과학의 속성상 '효율' 뿐만 아니라 효율로는 잴 수 없지만 그럼에도 불구하고 포기할 수 없는, 우리가 살아가는 시대에 오히려 절실히 요구되는 그 어떤 '가치' 에 대한 갈망을 글로 표현하는 역량을 갖출 수 있도록 준비하였고 또 우격다짐이 아니라 '대화' 에 익숙해질 수 있도록 준비해놓았다.

좋은 글을 쓰기 위해서는 규범적이고 올바른 언어를 구사할 수 있어야 하고 어휘력도 풍부해야 한다. 이 점을 고려하여 부록으로 「국어 생활」과 「한자어 학습」을 마련해두었다. 「국어 생활」에서는 실생활에서 자주 접하는 우리말의 사례들을 문제화하고 해답과 해설을 제시했는데 이는 '국립국어원' 에서 발간한 자료를 주로 참고하였다. 「한자어 학습」에는 인문과학과 사회과학에서 자주 쓰이는 한자어를 수록해놓았으므로 한자어뿐만 아니라 특히 전문 분야의 어휘를 익히는 데 도움이 될 것이다.

아무쪼록 우리의 교육 의도가 실질적인 글쓰기 효과로 이어질 수 있기를 기대한다. 새로운 글쓰기 교육 지평으로 대학인들을 움직이고, 대학교육 전반을 움직이고, 사회와 세계를 움직여, 좀 더 진실하고 아름답고 이상적인 세상에 더불어 근접해나갈 수 있으면 좋겠다.

2011년 8월

서강대학교 교양국어 교재편찬위원회

제1부

인문 · 사회 계열 글쓰기 준비

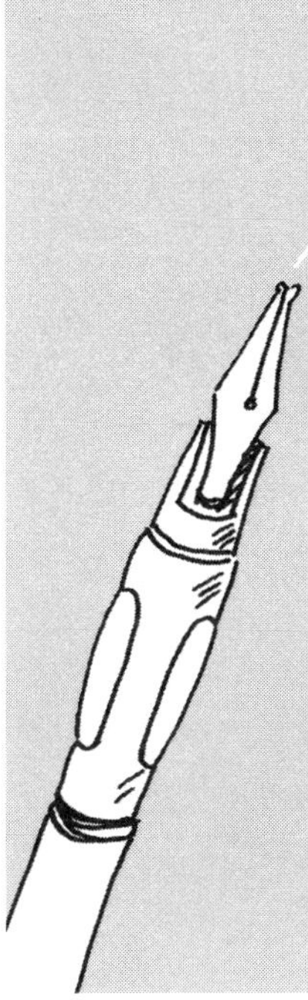

제1장 글쓰기의 의미

1. '쓰기'와 '말하기'의 차이

우리는『읽기와 쓰기』과목을 통해 무엇을 읽고 써야 할지 배우고 익혔다. 이를 바탕으로 자기 전공에 맞게 다양한 글쓰기 방법을 터득하는 일이 '움직이는 글쓰기'의 핵심이다. 이 수업을 통해 전공과 관련된 문서 작성 능력을 배양하며, 세상과 소통하는 다양한 글쓰기뿐만 아니라 보고서, 논문 작성법을 아울러 배운다. 전공을 더 잘 이해하고 여러 상황에 적용할 수 있는 다양한 문서 작성 기술을 습득하는 것이 이 수업의 목표이다.

다음 내용을 통해 '움직이는 글쓰기'에서 가장 먼저 갖추어야 할 것이 무엇인지 생각해보자.

> 쓰기와 말하기를 구분할 때 오랫동안 전자보다는 후자를 중시했다. 그래서 다양한 능력이 필요하고, 각각 서로 다른 목적에 봉사하는 것처럼 생각했다. 말 한마디로 여러 가지 생각을 함께 묶어줄 수 있는 사람이 본래 최상의 화자이다. 마찬가지로 바로 그 순간에 쓰기에 가장 필수적인 것은 민첩성과 인지능력이다. 반면 말하기의 경우, 정신력과 가중되는 어려움에 대처하는 힘이 필요하다. 그런 사람이라면 전문적인 화자임에 틀림없다. 자신이 직면한 모든 상황과 주제를 결코 당황하지 않고 처리하는 사람이다. 똑같은 이치에서 그는 공부해보지 않은 생소한 어떤 것에 대해 충분히 말할 수 있다. 말하기는 사전 준비 없이 단번에 행할 수 있어야 한다. 쓰기는 반복할 수 있고 생각하고 더 나은 방향으로 가다듬을 수 있는 시간적 여유를 가지고 행할 수 있다. —윌리엄 헤즈리트,「쓰기와 말하기의 차이점에 관하여」〔밑줄: 인용자〕

글쓴이가 말하는 말하기와 글쓰기의 차이는 다음과 같이 요약할 수 있다.

말하기: 정신력과 임기응변

이를 볼 때, '말하기'는 어려움에 대처하는 임기응변이 필요하며 그러한 능력은 정신력만 있으면 된다는 것을 알 수 있다. 그러므로 특별히 습득해서 되는 능력이라기보다는 필요에 따라 자연스럽게 터득하게 된다. 우리가 대학을 나와 사회에 진출했을 때 자기 분야에서 생존하려면 침묵해서는 안 된다. 어떤 형식이든 무슨 내용이든 말할 수밖에 없는 상황에 맞닥뜨리게 될 것이다.

이에 비해, '글쓰기'는 민첩성과 인지능력이 필수적이다. 인지능력은 타고난 것이라 어쩔 수 없다. 그러므로 글쓰기 능력은 애초에 정해진 듯하다. 배우고 익히는 문제가 아니라는 뜻! 그렇다면 글쓰기 수업은 무용지물? 하지만 글쓰기가 99% 타고난 것이라 해도 글쓰기의 비밀은 1%의 민첩성에 있다. 민첩성은 무엇인가? 부지런히 움직이는 것이다. 비록 그동안 글쓰기가 형편없었다고 하더라도 민첩하게 움직여 좋은 정보와 지식을 자신의 글 속에 옮겨올 수만 있다면 최선이다. 문장은 그 다음이다. 딱히 내가 아니어도 누군가 우리의 글을 문법에 맞게 아름다운 문장으로 만들어줄 것이다. 그러나 좋은 뜻과 생각은 아무도 우리의 글 속에 채워주지 않을 것이다. 그러니 부지런히 움직이자!

2. 인문학의 경쟁력, 책 속에 묶여 있지 않다

'글쓰기'는 한자로 '기술'(記述) 정도로 표현할 수 있다. 이는 '여러 가지 사실, 경험이나 관찰에서 얻은 갖가지 자료를 인문학에서 인정하는 일정한 표시 형식을 사용하여 기록하는 것'을 말한다. 이는 과학적 연구의 여러 단계 중 하나로 일상 언어를 사용하기도 하고, 일정한 기호나 형식을 사용하기도 한다. 그러므로 '기술'(記述), 즉 '글쓰기'는 인문학 연구 성과를 설명하고 의견 제시를 하는 데 반드시 필요한 단계이다. 여기에 또 다른 '기술'이 필요하다. 즉 '技術'이다. 이는 '인간의 욕구나 욕망에 적합하도록 주어진 대상을 변화시키는 모든 인간적 행위'를 말한다. 오늘날 주로 '생산기술'의 뜻으로 사용된다. 여기에는 두 가지 개념이 있다. 하나는 여러 분야의 응용이고, 다른 하나는 인간 행동의 주체성의 강조이다. 앞은 '인간의 생산적 행위에 다양한 법칙을 의식적으로 적용' 하는 것이고, 뒤는 '인간 행동의 목적의식과 합법칙' 을 지적하는 것이다. 이 두 정의에서 '의견 표시' 와 '생산' 이라는 기능을 통해 글쓰기의 기량을 높이려는 것이 '움직이는 글쓰기' 다. 즉 '생산적인 설명과 의견 제시' 가 '움직이는 글쓰기' 의 핵심이다. 여기에 현대 사회에서 인문학도의 경쟁력을 염두에 둔 깊은 뜻이 담겨 있다.

글쓰기의 경쟁력은 '새로움' 을 바탕으로 한다. 책 속에 묶여 있는 굳어진 뜻에 새롭게 의미와 가치를 부여하는 순간 '소통' 의 길이 열리기 때문이다. 다음 경우를 보자.

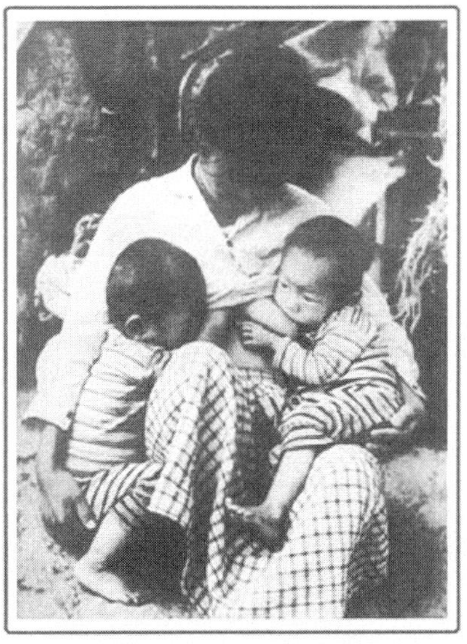

이 사진은 사진작가 최민식의 작품이다. 한국전쟁 후의 풍경을 리얼리즘 기법으로 포착한 사진이다. 우리가 책 속에 묶여 있다면, 이 사진 속 풍경은 '전쟁의 비극, 모성, 가난' 등으로 읽힐 것이다. 그러나 책 속을 벗어나면 다음과 같이 새로운 뜻을 경험하게 된다.

젖을 물린 저 두 아이는 누굴까 생각했습니다. 쌍둥이일까요? 아니면 형제일까요? 어머니가 들려준 막내 외삼촌 이야기가 생각났습니다. 사십이 넘어 낳은 외삼촌에게 먹일 젖이 부족해 같은 마을 아주머니에게 젖동냥을 했다는 얘기였습니다. 귀한 젖을 나눠준 그 아주머니는 언제나 자기 자식보다 삼촌에게 젖이 더 잘 흐르는 쪽을 물려주었다고 합니다. 성장하여 그 은혜를 갚고자 했지만 그렇지 못했다고 외삼촌은 안타까워했습니다. 어릴 적 외삼촌이 바로 저 사진에 얼굴 내보이고 있는 아이인 것만 같습니다. 마른 젖을 주무르는 얼굴 가린 아이의 마음은 얼마나 어두웠을까 생각해 봅니다. 그래도 젖어미는 두 아이 모두 소중한 듯 두 아이 엉덩이를 똑같이 받쳐 안고 있습니다. 평등은 너그러움과 당당함이 만나 이루는 세계인 것 같습니다.

'평등'의 법적 · 정치적 · 사회적 · 문화적 정의는 이미 명문화되어 있다. 그 개념은 하나의 정보와 지식으로서 유효하지만, 글쓰기에 그대로 옮겨놓는 것은 그렇게 효과가 없다. 자기 경험을 통해 새롭게 가치 부여할 때 세상과의 소통이 가능해진다.

이러한 인식 속에서 통찰력을 가지고 의사소통을 해야 한다. 이때 소통은 일부 제한적인 범주에 그치지 않고 '벽 허물기' 차원에서 여러 사회 집단과 각 학문 분과, 타 분야 전문가나 일반인과의 사이에서 막힘없이 이루어져야 한다. 의사소통은 개인 발전의 원동력이기도 하지만 궁극적으로 사회에 기여하려는 목적이 있다. 이러한 의사소통을 원활히 하는 수단으로서, 혹은 기능으로서 '움직이는 글쓰기'의 기량이 중요하다. 그러므로 단순히 기능과 기량의 단계를 넘어 사회적 관계를 향상시키는 매개체로서 '움직이는 글쓰기'를 이해하기 바란다.

이 교재는 총 4부로 구성되었다. 1부는 움직이는 글쓰기의 이해와 효과적인 글쓰기의 요건, 글감의 발견과 발상, 개요 작성 등을 담고 있다. 2부에는 '인간과 놀이', '환경과 생명', '인권과 소통', '힘과 권력' 등 4개의 주제를 중심으로 인문학도가 읽어야 할 글을 담아 읽기 과정을 수행하도록 편성하였다. 3부는 2부를 바탕으로 성찰적 글쓰기, 비평적 글쓰기, 시사적 글쓰기 등을 수행한다. 4부는 '논문 쓰기'의 형식과 내용의 실제를 담았다.

제2장 글쓰기의 요건

1. 글쓰기의 유혹

사람은 자신의 생각을 표현하기 위해 여러 가지 방법을 사용한다. 단순히 감정을 드러내는 것이라면 표정만으로도 충분하다. 굳이 기분이 어떻다, 또는 감정이 이러저러하다는 식으로 말로써 표현하지 않아도 충분하다.

하지만 내가 왜 이러한 얼굴을 하고 있는가를 알려주기 위해서는 표정 이외의 다른 수단이 필요하다. 이때 등장하는 가장 손쉬운 방법이 대화, 즉 언어이다. 언어로써 감정의 원인을 설명할 수도 있고, 친구에게 나의 기분을 전달할 수도 있으며, 나와 공감하도록 친구를 유도할 수도 있다.

이제 다음과 같은 상황을 상상해보자. 내가 싱글벙글 웃으면서 교정을 거닐고 있다. 나를 만나는 친구는 무슨 일이냐고 묻는다. 나는 이러저러해서 기분이 좋다고 얘기한다. 내 말을 들은 친구는 내 이야기를 듣고 덩달아 즐거워한다. 친구가 즐거워하니 나는 더욱 즐겁다. 그러면 내 모든 친구들을 기분 좋게 하는 것이 더 좋지 않을까? 나의 즐거움을 널리 퍼뜨리기 위해 컴퓨터 앞에 앉는다. 내가 겪은 일, 그리고 거기서 얻은 즐거움을 활자화해서 〈서강 사랑방〉 게시판에 올리면 친구들이 읽을 것이고 그러면 이 글을 읽는 친구들도 즐거워질 것이다. 단순하지만 여기서 글쓰기의 유혹이 시작된다.

글쓰기의 유혹은 비단 친교적인 영역에 국한하지 않는다. 나의 지식을 널리 알리는 데도 글쓰기는 매우 요긴한 방법이고, 나의 주장을 널리 펼치는 데도 글쓰기는 무척이나 긴요한 방법이다. 그리고 나의 삶을 반성하는 일기도 역시 글쓰기에 속한다.

2. 글쓰기의 어려움

그런데 문제는 글쓰기의 유혹을 느낀다고 해서 누구나 글을 쓸 수 있는 것은 아니라는 사실이다. 글을 쓸 수야 있지만 서투르게 써놓은 글은 남이 읽지도 않을뿐더러 읽어준다고 해도 그것도 글이냐고 핀잔 듣기 일쑤다. 내 생각이 아무리 좋아도 내 생각을 담아놓은 글이 남들이 보기에 그럴싸해야 한다. 그러면 어떻게 글을 써야 하는가? 이에 대한 답은 몇 가지 사례를 살펴보면 자명해진다. 남들이 써놓은 글을 살펴보며 효과적인 글쓰기의 원리를 밝혀보자.

아래의 글은 '역사 교육이란 무엇인가?'를 논제로 한 학생의 작문이다. 차근차근 읽어보면서 잘 쓴 글인지 아닌지, 그리고 좀 더 손을 보면 좋을 곳은 어딘지를 한번 생각해 보자.

역사 교육이란 무엇인가?

오늘날을 살아가는 우리는 과거에 있었던 사건 등을 경험 또는 책 등을 통해 알아간다. 흔히 이러한 과거를 역사라고 착각하기 쉬운데, 우리가 역사를 배운다는 것의 의미는 단순히 과거의 사실을 일방적으로 알아가는 것이 아니다. 역사를 학습한다는 것은 역사를 배우는 이들이 비판적 이성을 갖추고, 시간의 흐름과 상황의 변동에 따라 기억을 지속적으로 수정, 관리하는 역동적 과정을 뜻한다.

과거 유럽의 역사 교육은 국가에 의해 정치적 · 사회적 이해관계와 목적에 부합해 있었고, 이는 국민에게 올바른 역사인식을 심어주지 못하고, 자민족 우월감을 심어주는 등 올바르지 못한 모습이었다. 그러나 현재 유럽의 역사는 수많은 역사가들과 그것을 알고 싶어 하는 대중들과의 토론과 의사소통을 통한 검증 속에서 역사적 진리에 접근해가고 있다.

그러나 현재의 우리나라의 역사 교육의 실정은 유럽과는 많이 다르다. 실제로 국가는 국민의 역사적 인식의 큰 부분을 지배하고 있다. 국정 국사 교과서 편찬을 통해 역사가와 학습자 간의 활발한 소통을 막고 있으며, 학습자에게 일방적 역사적 지식 흡수를 강요한다. 이는 일본의 역사 교과서 왜곡과 본질적으로 크게 다를 바가 없다. 국가가 개입하여 교과서를 왜곡하는 것처럼 우리도 국가가 역사가와 학습자 간의 소통을 막고 일방적으로 국가가 원하는 역사 교육을 받을 것을 강요하고 있기 때문이다. 우리는 학습자의 입장에서 과거의 사실에 대해 비판적 자세를 갖출 필요가 있다. 그러기 위해서는 국가의 일방적 강요로 인한 역사 학습보다는 역사가와 대중들 간의 활발한 의사소통을 통해 역사 교과서 편찬에 좀 더 능동적으로 참여하고, 좀 더 능동적이고 진지하게 학습해나갈 수 있는 국가의 제도 마련이 시급할 것이다.

위의 글은 3개의 문단으로 구성되어 있다. 첫째 문단에서는 역사 학습 또는 역사 교육의 개념을 서술하고 있고, 둘째 문단에서는 유럽 역사 교육의 변천을 간략히 요약하여 제시하고 있다. 끝으로 셋째 문단에서는 우리나라 역사 교육의 실정을 비판적으로 고찰하고 역사 교육이 진일보하기 위한 대안을 제시하고 있다. 차근차근 읽으면 글의 주제가 무엇인지, 그리고 주장이 무엇인지 알아내기가 그리 어렵지 않다. 그렇다면 위의 글을 잘 쓴 글이라고 할 수 있을까?

3. 효과적인 글의 요건

잘 쓴 글인가를 판단하기 위해서는 몇 가지 기준이 필요하다. 여러 가지 기준이 있겠지만 기본적으로 고려해야 할 것들을 제시하면 아래와 같다.

첫째, 논제가 적합한가?
둘째, 내용이 충실한가?
셋째, 문장 표현이 적절한가?
넷째, 글의 구성이 긴밀한가?

우선 논제는 적합한 것이 선택되었다고 하자. 역사라는 것이 지니고 있는 중요성이나 심심찮게 벌어지는 역사 논쟁을 고려하면 역사는 끊임없는 글쓰기의 대상이라 할 수 있다. 특히 자칫 추상적으로 흐르기 쉬운 논제를 '역사 교육'으로 구체화함으로써 밀도 있는 글쓰기의 토대를 마련하였다고 판단할 수 있다. 이렇게 논제는 글을 쓸 만한 가치가 있는 것으로 선택해야 하며 또 추상적인 차원에서의 논의가 아니라면 가급적 구체적으로 제시하는 것이 좋다.

다음으로 내용은 어떠한가? '역사 교육'과 관련된 내용이 글에 풍부하게 녹아 있는가? 좋은 글은 그 글을 읽고 나면 무엇인가 얻을 수 있는 글이다. 물론 글에 따라 지식을 얻을 수도 있고, 예술적 감동을 느낄 수도 있으며, 구체적 사안에 대한 주장과 그러한 주장의 근거를 알게 될 수도 있다. 아무튼 얻게 되는 것이 무엇인가는 다종다양하지만 중요한 것은 글에는 독자에게 전달할 수 있는 무엇인가가 담겨 있어야 한다는 점이다.

내용의 풍부함에 못지않게 중요한 것이 내용의 진실성이다. 아무리 듣기 좋은 말이라도 거짓말은 위선에 불과하듯이 거짓 내용을 기반으로 하는 글은 결코 잘 쓴 글이라고 할 수 없다. 그리고 내용의 진실성 여부를 확인하기 위해서는 내용이 객관적이어야 한다. 객관적인 내용이 글에 담겨 있어야 글은 신뢰를 얻을 수 있다.

위의 글은 역사 교육의 의미, 유럽 역사 교육이 걸어온 길, 우리나라 역사 교육의 현황과 개선책 등을 그 내용으로 담고 있다. 800자 내외의 짧은 글에 담을 수 있는 만큼의 풍부한 내용이 글에 녹아 있다고 할 수 있다. 물론 내용의 진위가 문제이긴 하지만 일단 객관적 사실로 보기로 한다.

지금까지 살펴보았듯이 위 글은 첫째 기준과 둘째 기준은 무리 없이 만족시키고 있다. 하지만 셋째, 넷째 기준에서는 다소 문제를 일으킨다. 우선 문장 표현이 다소 어색한 곳을 발견할 수 있다. 첫째 문단만을 놓고 위의 글이 지닌 문장 표현을 진단해보자.

① 오늘날을 살아가는 우리는 과거에 있었던 사건 등을 경험 또는 책 등을 통해 알아간다.

② 흔히 이러한 과거를 역사라고 착각하기 쉬운데, 우리가 역사를 배운다는 것의 의미는 단순히 과거의 사실을 일방적으로 알아가는 것이 아니다.

③ 역사를 학습한다는 것은 역사를 배우는 이들이 비판적 이성을 갖추고, 시간의 흐름과 상황의 변동에 따라 기억을 지속적으로 수정하고 관리하는 역동적 과정을 뜻한다.

문장 ①은 우선 '오늘날을 살아가는' 이 문장의 간결성을 해치고 있다. 필요하지 않은 것을 굳이 문장에 넣을 필요는 없다. 물론 간결한 표현이 무조건 좋은 것은 아니다. 아래에서 보듯이 때로 전혀 간결하지 못한 문장이 효과적일 수도 있다.

> 사이로…, 말과 말…, 사이로…, 말과 침묵…, 사이로…, 침묵과 침묵…, 사이로…, 사이와 사이…, 사이로…,, 더불어…, 말과…, 더불어…, 침묵과…, 더불어…, 사이와…, 더불어…,, 사이로 더불어…, 얼굴, 얼굴, 얼굴, 들…, 다가, 오가네…,, 어디…, 아무, 없는…, 빈, 자리에서…, 울림…, 함께, 운…, 작게, 찰랑이는, 종…, 소리, 의 얼굴들… (이인성, 『한없이 낮은 숨결』 중에서)

> 공연히, 라고는 아무래도 말할 수가 없겠고, 필경, 오랜 세월을 한없이 퍼넣고 빨아들인 술과 담배 탓에, 자꾸 명치끝이 쓰려오는 서른아홉의 나이를 살고 있던, 어느 날 문득, 그래 문득, 나는, 그가 예순아홉 살에 겪게 될지도 모르는, 어떤 연애에 대한 상상의 실타래의, 한 올을 잘못 삼키기 시작했는데, 위장을 들여다보는 내시경처럼 역하게, 목구멍으로 기어들어가는 그 상상의 실줄기 때문에, 그는, 곁에서 거의 벌거벗은 채 길게 늘어져 담배를 피우고 있던 아내가 하얘지며, 왜 그래, 무슨 일이야, 다급히 물어올 정도로, 진저리를 치며 헛구역질을 했었다. (이인성, 『마지막 연애의 상상』 중에서)

하지만 별다른 이유가 없다면, 즉 복잡함, 화려함을 추구할 필요가 없다면 문장은 간결해야 한다.

①의 "과거에 있었던 사건 등"의 "등"도 모호하다. 어법상 '등' 은 두 개 이상이 언급될 때 쓰는 것이기 때문이다.

②는 접속문으로 표현되어 있는데 앞뒤의 문맥이 그다지 긴밀하지 못하다. "흔히 이러한 과거를 역사라고 착각하기 쉬운데"에 이어지는 자연스러운 표현은 '사실은 아니다' 또는 '사실은 어떠어떠한 것이 역사이다' 와 같은 것들이다.

③에서도 '역사학습은' 과 같은 간결한 표현을 쓰지 않고 "역사를 학습한다는 것은"과 같은 어색한 표현을 쓰고 있다.

하지만 문장 표현보다 더 큰 문제는 글의 구성에 있다. 글 전체를 보기 전에 우선 방금

살핀 첫째 문단에 포함된 문장들 사이의 긴밀성은 어떠한지 살펴보자. 우선 눈에 띄는 것은 ①, ②, ③이 서로 조화를 이루지 못하고 모순에 빠져 있다는 점이다. ①에서 "경험 또는 책 등을 통해" 알게 되는 것을 ②에서는 "일방적으로 알아가는 것"이라고 하여 부정적으로 평가하고 있다. 하지만 ③이 성립하려면 즉 "기억을 지속적으로 수정, 관리하는 역동적 과정"이 가능하려면 우선 기억이 전제되어야 한다. 즉 ③이 성립하기 위해서는 ②에서 폄하한 ①의 "경험 또는 책 등을 통해" 알게 되는 것을 긍정할 필요가 있다.

문단과 문단 사이의 긴밀성은 어떠한가? 제시문을 그대로 두어도 전체적인 논지는 통한다. 하지만 '역사 교육의 개념 → 유럽의 사례 → 우리나라 역사 교육 진단 → 대안 제시' 식으로 구성하면 좀 더 효과적인 글이 될 수 있다. 우리나라 역사 교육의 현황을 파악하는 것과 그에 대한 대안을 제시하는 것은 각각 다른 문단으로 구성하는 것이 좋기 때문이다. 물론 이런 방식을 따르지 않고 제시문처럼 우리나라 역사 교육의 현황과 그에 대한 대안을 하나의 문단에 배치할 수도 있다. 하지만 문단이란 생각의 조직을 표현하는 수단임에 유념해야 한다. 두 가지 사항을 문단으로 나누는 것과 그렇지 않은 것, 이 두 방법 가운데 어느 것이 더 조직적인 생각에 가까운가는 자명하다.

또한 제시문은 첫째 문단에서 둘째 문단으로 넘어가기가 다소 거북하다. 역사 교육에 대한 개념을 설명하다가 갑자기 다짜고짜로 왜 유럽 역사 교육의 변천을 이야기하는가? 더군다나 셋째 문단의 첫 문장은 앞으로 전개될 내용이 유럽의 역사 교육과 우리나라 역사 교육의 대비라는 예상을 하게 한다. 하지만 사실은 그렇지 않다. 이어지는 내용은 우리나라 역사 교육에 대한 비판적 고찰과 대안의 제시이기 때문이다. 따라서 첫째 문단과 둘째 문단 사이에는 어떤 연결고리가 필요하고, 셋째 문단은 그 문단의 목적에 맞게 문장을 조정할 필요가 있다.

학습활동 1

아래의 제시문을 바르게 고쳐 써보자.

역사 교육이란 무엇인가?

오늘날을 살아가는 우리는 과거에 있었던 사건 등을 경험 또는 책 등을 통해 알아간다. 흔히 이러한 과거를 역사라고 착각하기 쉬운데, 우리가 역사를 배운다는 것의 의미는 단순히 과거의 사실을 일방적으로 알아가는 것이 아니다. 역사를 학습한다는 것은 역사를 배우는 이들이 비판적 이성을 갖추고, 시간의 흐름과 상황의 변동에 따라 기억을 지속적으로 수정, 관리하는 역동적 과정을 뜻한다.

과거 유럽의 역사 교육은 국가에 의해 정치적 · 사회적 이해관계와 목적에 부합해 있었고, 이는 국민에게 올바른 역사인식을 심어주지 못하고, 자민족 우월감을 심어주는 등 올바르지 못한 모습이었다. 그러나 현재 유럽의 역사는 수많은 역사가들과 그것을 알고 싶어 하는 대중들과의 토론과 의사소통을 통한 검증 속에서 역사적 진리에 접근해가고 있다.

그러나 현재의 우리나라의 역사 교육의 실정은 유럽과는 많이 다르다. 실제로 국가는 국민의 역사적 인식의 큰 부분을 지배하고 있다. 국정 국사 교과서 편찬을 통해 역사가와 학습자 간의 활발한 소통을 막고 있으며, 학습자에게 일방적 역사적 지식 흡수를 강요한다. 이는 일본의 역사 교과서 왜곡과 본질적으로 크게 다를 바가 없다. 국가가 개입하여 교과서를 왜곡하는 것처럼 우리도 국가가 역사가와 학습자 간의 소통을 막고 일방적으로 국가가 원하는 역사 교육을 받을 것을 강요하고 있기 때문이다. 우리는 학습자의 입장에서 과거의 사실에 대해 비판적 자세를 갖출 필요가 있다. 그러기 위해서는 국가의 일방적 강요로 인한 역사 학습보다는 역사가와 대중들 간의 활발한 의사소통을 통해 역사 교과서 편찬에 좀 더 능동적으로 참여하고, 좀 더 능동적이고 진지하게 학습해나갈 수 있는 국가의 제도 마련이 시급할 것이다.

학습활동 2

아래의 제시문을 바르게 고쳐 써보자.

어떤 언어 이론이든 결국은 '뜻과 형태 관계의 기술' 이라고 볼 때, 여러 언어 특성 및 차이를 뜻과의 연결 하에서 이해하고자 하는 시도로서 논항구조에 관심을 갖게 되었다. 또 외국어로서 영어를 하고 있는 우리에게 보다 생산적일 수 있으면서, 지나치게 영어에 치우친 주어 · 목적어 개념 및 형태 중심의 언어 이해보다는, 의미가 통사구조로의 실현되어가는 과정을 보여줄 수 있는 (조금 더 중립적인) 언어 이론의 필요성을 느끼던 중 어휘 의미로부터 투사되어, 술어에 관한 문법 정보를 담고 있는 논항구조론에서 어떤 가능성이 기대되어 공부하고자 번역을 시도했다.

그러나, 아직 논의 중인 주요 주제들을 충분히 따라가지 못한 부족을 실감하면서도 시작한 의도에 책임지려는 맘으로 끝까지 마치기로 했다. (김희숙 · 이재관 옮김, 『논항구조론』의 서문에서)

제3장 글감의 발견과 발상

1. 주제와 독자

글을 써야 할 때 가장 곤혹스러운 것은 무엇을 써야 할지 알 수 없다는 것이다. 이것은 글쓰기에 익숙한 사람이나 그렇지 못한 사람이나 글을 쓰려는 모든 사람들이 만날 수밖에 없는 고민이다. 글의 주제를 어떻게 잡을 것인지, 그 내용은 무엇으로 채울 것인지, 또 어떤 방식으로 기술할 것인지를 결정하는 일은 글을 잘 쓰는 사람에게도 항상 어렵다.

글쓰기는 주제가 특정한 것으로 정해진 경우와 아무런 제한 없이 자유롭게 쓰는 경우로 나눌 수 있다. 주제가 정해져 있다면 별문제 없겠지만, 새로운 주제를 발견해야 한다면 이만저만 고민을 하지 않을 수 없다. 하지만 글을 통해 궁극적으로 전하고자 하는 주장이나 정보가 주제이므로 정해져서 주어진 것이든 아니면 스스로 찾아야 하는 것이든 주제는 명확하고 구체적이어야 한다. 명확하고 구체적인 주제가 확립되어야 그와 관련된 갖가지 정보를 찾고 조직해서 풍성한 글을 쓸 수 있기 때문이다.

명확하고 구체적인 주제

글이란 누군가가 읽는다는 것을 전제로 한다. 가령 가장 사적인 글인 일기를 쓴다고 하더라도 그것을 읽는 '자기 자신'을 독자로 설정할 수 있다. 따라서 글을 쓸 때 주제와 더불어 항상 염두에 두어야 하는 질문이 바로 '나의 글을 누가 읽을 것인가?, 이 글은 누구를 위한 것인가?' 이다.

주제가 정해져서 실제로 글을 쓴다고 해도 독자가 누구냐에 따라 글은 사뭇 달라진다. 예를 들어 하나의 주제로 글을 써도 학보나 교지에 싣는 글과 신문의 독자 투고란에 실는 글 그리고 전문 학술지에 싣는 글은 서로 매우 다른데 이러한 차이는 여러 가지에 원인이 있겠지만 무엇보다도 학보나 교지의 독자와 신문의 독자 그리고 전문 학술지의 독자가 다른 것이 가장 큰 원인이라고 할 수 있다.

인문 · 사회과학 계열 글쓰기는 인문적 가치나 사회적 가치 등과 같은 '가치'와 관련된 주제를 다루기 십상이다. 이러한 글은 당연히 독자의 호기심과 판단 그리고 선택을 효과적으로 유도해야 한다. 물론 그러기 위해서는 필자는 '독자'의 정체를 정확하고 면밀하게 파악하고 있어야 한다.

그렇다면 도대체 독자의 정체는 어떻게 파악할 수 있는가? 일단 상식으로 미루어 생각해도 독자의 개인적인 취향 따위는 무시해도 무방할 것이다. 중시해야 하는 것은 '독자가 이 주제에 대해 얼마나 알고 있나?, 독자가 이 글을 읽는 목적은 무엇인가?' 이다.

독자의 정체 파악

학습활동 1

구분	주제	매체	독자	필자
[가] 스마트폰 열풍		월간지		
[나] 88만 원 시대에서 사회인으로 살아남기			대학생	

❶ 지금까지 논의한 사항을 바탕으로 위의 표를 완성해보자.

❷ [가]에서 '주제, 독자, 필자'는 왜 그렇게 정했는지 자세히 설명해보자.

❸ [나]에서 '주제, 매체, 필자'는 왜 그렇게 정했는지 자세히 설명해보자.

❹ 위의 표를 바탕으로 글을 쓰려고 할 때 추가적으로 필요한 것이 있는가? 있다면 그것은 무엇인가?

2. 글감

글의 주제가 정해지고 그것을 읽을 독자에 대한 분석이 끝났다면 이제 본격적으로 글을 쓰기 위한 준비 단계로 넘어가야 한다. 그것은 글의 주제를 확장하고 내용에 객관성을 부여하는 글감을 찾는 일이다. 다음의 예문을 읽어보며 글감이 무엇인지 생각해보자.

톰 피터스를 일약 세계적 경영컨설턴트로 만들어주었던 책 『초우량기업을 찾아서』(In Search of Excellence)는 20년도 전에 출판되었다. 이 책 속에서 주인공으로 다루어졌던 기업들 중의 상당수는 출판 후 2년도 되지 않아 사라져버렸다. 사라졌기 때문에 이름조차 이제는 기억하기 어렵다. 아타리, 데이터 제내럴, 풀루오르, 내셔널 세미콘탁터를 기억하는 사람들이 얼마나 되겠는가? 이윽고 5년 뒤에는 이 책에서 다루었던 우량기업의 2/3가 정상의 자리에서 물러났다.

그 후 12년 뒤 짐 콜린스와 제리 포라스는 『성공하는 기업의 8가지 습관』(Built to Last, 1994)을 출판했다. 톰 피터스가 범한 실수를 피하기 위해 분석 대상을 40년 이상이 된 기업으로 한정해두었다. 그러나 이 책에서 스포트라이트를 받았던 '성공하는 기업의 습관' 을 가지고 있는 비전 기업들 중 일부의 성공 비결은 기업 그 자체에 있었다기보다는 업계의 경기 상황에 따른 것이라는 분석이 나오면서 좀 더 신중한 관찰이 필요했다는 지적이 대두되었다.

'영원히 우수한 성과를 내는 기업' 은 없다. 동일한 기업이 어느 때는 뛰어나고 어느 때는 퇴조할 수도 있다. 산업은 끊임없이 창조되고 시간이 흐르면 확장된다. 산업의 조건과 경계선은 주어진 것이 아니라 개별적인 산업 주체들이 그 형태를 만들어가는 것이다. 따라서 지속적인 고실적 창출을 설명하는 정확한 분석단위는 기업도 산업도 아니고 전략적 이동(strategic move)이라는 주장이 설득력을 얻어가고 있다. 전략적 이동이란 새로운 주요 시장을 창출하기 위한 경영 결정과 실행을 말한다. 전략적 이동을 통해 늘 자신의 비즈니스의 경계선을 허물고 새로운 수요를 찾아내 사업화할 수 있는 혁신기업만이 번영할 수 있다.

철도산업의 예를 들어보자. 철도산업을 철도산업으로 좁게 규정하면 새로운 시장을 창출해내기 어렵다. 철도산업은 운송산업이며, 관광산업이며, 오락산업이다. 다시 말해 철도산업은 스스로 그 산업의 한계를 새로 규정하고, 철도가 제공할 수 있는 강점을 대안 및 대체 서비스와 혼융하여 수요가 급증하는 새로운 비즈니스를 만들어내는 전략적 전환과 실천을 통해 번영할 수 있을 것이다.

KTX는 시간이 핵심 경쟁력이다. 도시의 한복판에서 다른 도시의 한복판으로 이동하게 해준다. 이것이 비행기와의 차별성이다. 비행기보다 속도는 느리지만 접근성이 좋기 때문에 특정한 구간들에서 시간적 이득을 얻을 수 있다. 비행기에 비해 가격 역시 경쟁적이다. 다른 대체제인 자동차 운임보다 비싸지만 역시 시간에서 경쟁적이며 늘 정확한 시간을 맞출 수 있고 소요 시간을 예상할 수 있다는 강점을 가지고 있다.

그러나 빠른 수송만이 경쟁력이 아니다. 철도는 여행과 관광 그리고 놀이라는 코드와 무관하지 않다. 예를 들어 쌍계사 벚꽃같이 '바로 그때 그곳'의 절정으로 이어지는 적시 관광자원과 연계하거나 부산 국제영화제처럼 지자체의 이벤트들과 보다 적극적으로 연계되어 합리적 가격의 프로그램 패키지가 개발되는 이유도 훌륭한 관광산업으로의 가능성을 모색해보려는 시도일 것이다.

운송과 달리 여행은 시간을 다투는 경우가 별로 없다. 오히려 기차가 가지는 특별한 여행으로의 이미지, 다양한 관광자원 및 교통수단과의 연계, 이동 과정의 즐거움을 제공할 수 있는 저속 여행 역시 훌륭한 역발상이다. 모든 트렌드는 역트렌드를 만들어낸다. 패스트푸드는 슬로푸드를 만들어내고, 빠름은 느림의 존귀함을 만들어내고, 글로벌리제이션은 로칼리제이션과 동전의 양면을 이룬다. 나는 한 여행자로서 철도 여행의 아쉬움을 늘 가지고 있었다. 내가 비즈니스맨으로 출장을 갈 때는 KTX와 같이 시간적 강점을 경쟁력으로 하는 고속철을 필요로 하지만, 한가한 여행자일 때는 철도 지선망을 연결하는 즐거운 느림보철이 내 요구를 채워줄 수 있다. 이렇게 하여 새로운 관광 수요를 채울 수 있는 새로운 비즈니스가 기획되는 것이다.

또한 열차 안은 즐거움을 나눌 수 있는 훌륭한 무대일 수 있으며, 움직이는 레스토랑이고 바이며, 웃고 떠들 수 있는 유쾌한 공간으로 바뀔 수 있다는 생각도 해왔다. 예를 들어 평일 오후 6시쯤 한 회사의 직원 50명이 특별하게 개조된 열차 한 칸을 빌려 단합을 위한 모임을 갖는 것을 상상해보자. 간단한 음식과 음료가 제공되고, 패키지 프로그램으로 진행되는 여흥이 제공된다. 열차는 20개의 차량을 달고 있고 각 차량마다 5가지 정도의 여흥이 번갈아가면서 제공된다. 열차는 여흥 구간에서는 아주 천천히 미끄러지듯 움직이고 4시간 후에는 서울로 되돌아온다. 이 열차는 30분마다 혹은 1시간마다 한 대씩 출발한다. 만일 이런 상품이 생긴다면 이것은 목적지를 향해가는 여행이 아니라 사람들이 저녁을 함께 할 다이내믹한 공간을 제공하는 엔터테인먼트 산업이 되는 것이다.

사람들은 저녁이 되면 삶을 즐기고 싶어 한다. 즐길 수 있는 일은 많다. 영화를 보고 밥을 먹고 술을 마시고 노래방에 갈 수 있다. 영화업, 요식업, 오락산업의 형태와 기능은 다 다르지만 목적은 같다. 저녁 한때를 즐길 수 있도록 해주는 것이다. 기차는 이때 아주 훌륭한 대안물일 수 있다. 저속 기관차를 버리고 모두 다 고속철화하는 것은 철도산업을 운송산업으로 국한하기 때문에 오는 고착화다. '열심히 일한 날 저녁, 가볍게 떠나고 싶은 사람들' 에게 자유의 공기를 주고, 특별한 공간에서 다이내믹한 이동의 즐거움을 제공함으로써 새로운 고객들을 끌어들일 수 있다면 그것은 새로운 시장을 창출하는 데 성공한 것이다. 그곳에는 경쟁도 없다. 경쟁이 없는 곳에서의 차별적 서비스처럼 성공의 맛이 느껴지는 곳은 없다.

모든 아이디어는 처음에는 설익고, 우스꽝스러우며, 다소 불순할 수도 있다. 일반적으로 받아들여지는 산업계의 패러다임의 중심에 있지 못하는 주변적 사고이기 때문이다. 그러나 경영은 기존 산업의 경계 내에서 피나는 경쟁을 통해 이기는 것만을 목적으로 하지 않는다. 훌륭한 경영은 경쟁하지 않는 자신만의 영역을 만들어내는 것이다. 아직 존재하지 않는 공간, 누구도 아직 점령하지 못한 새로운 수요의 영역을 창출해내고 그 자리를 선점함으로써 번영하는 경영이 바로 혁신 경영인 것이다. 영원한 혁신이 가능할 때, 그 기업은 지속가능한 성장의 길을 가는 비전기업이 되고, 초우량 기업이 되는 것이다. (구본형, 「새로운 비즈니스 공간을 찾아라」[http://www.bhgoo.com/])

위의 예문은 '기업은 비즈니스의 경계를 넘어서는 혁신경영을 해야만 우량 기업이 된다' 는 주제를 다루고 있다. 사실 모든 이가 알고 있는 사실이지만 그것을 효과적으로 전달하기가 쉽지 않다. 구체적인 사례나 경험에서 우러나오지 않은 글이라면 공허한 주장과 실현하기 어렵거나 모호한 대안이 될 뿐이다.

필자는 그러한 우를 범하지 않기 위해서 책 소개와 적절한 사례를 들어 글을 쓰고 있다. 필자가 언급한 『초우량기업을 찾아서』, 『성공하는 기업의 8가지 습관』이라는 책은 이 글을 시작하는 중요한 글감이다. 이 책들이 다루고 있는 내용이 '초우량기업'이고 '성공하는 기업'이지만 필자는 부정적인 차원에서 인용해왔다. 즉 혁신경영을 하지 못한 기업은 도태될 수밖에 없는 현실을 강조해 보여주기 위해서 두 책을 인용한 것으로 '영원히 우수한 성과를 내는 기업은 없다.'는 필자의 주장이 설득력을 얻는다. 그럼으로써 "전략적 이동을 통해 늘 자신의 비즈니스의 경계선을 허물고 새로운 수요를 찾아내 사업화할 수 있는 혁신기업만이 번영할 수 있다"라는 전체 글의 주제가 부각된다.

다음으로 필자는 KTX의 사례를 예로 들어 자신의 주장을 한층 더 강화한다. KTX의 만성 적자 상황을 알고 있는 필자는 발상의 전환을 통해, 'KTX는 빠른 운송수단'이라는 한정된 사고를 'KTX는 빠른 운송수단이자 여가와 유흥의 매체'로 바꿈으로써 혁신적인 미래상을 제시하고 있다. 인구에 회자되는 책에 대해 언급하며 독자의 관심을 끌고, KTX 사례를 통해 혁신적인 태도와 사고가 보여주는 구체적인 방안과 미래상을 제시함으로써 독자가 보다 적극적으로 필자의 의견에 동조할 수 있게 한다.

위의 사례에서 알 수 있듯 서로 관련이 없을 것 같은 소재와 주제가 적절한 글쓰기 전략을 통해 재구성됨으로써 흥미로운 글을 만들어내고 있다. 글감은 글쓰기를 수월하게 시작할 수 있도록 도와주며, 구체적인 사례로써 주장의 객관성과 신빙성을 높여주기도 하며, 글의 주제 그 자체가 되기도 한다.

글감(topics)은 쓸거리라는 뜻으로 글의 흐름을 주도하면서 글의 전체 내용을 이끌어 가는 글의 소재 혹은 내용이라고 할 수 있다. 글을 써야 할 주제가 정해지고 글에 대한 계획을 짜는 과정에서 글의 목적과 동기, 또는 쓰는 사람의 가치관 등을 반영하면서 글의 진행 과정에서 요점으로 드러날 글감을 찾아내거나 확장하는 일은 무엇보다도 중요하다.

글감을 찾는 방법은 매우 다양해서 필자마다 서로 다른 자기 나름의 방법을 가지고 있기도 하다. 특별한 과정을 거치지 않고 즉흥적으로 써야 할 주제의 핵심 내용을 파악하여 글감을 찾아내는 사람이 있는가 하면 많은 자료를 수집하고 정리하는 과정에서 글감을 찾아내는 사람도 있다. 물론 글감에 대한 감각이 없어서 주제와 동떨어진 소재와 내용으로 글을 쓰는 사람도 있다.

글감을 잘 찾는 사람에게는 '글감 발견 연습'이 무의미할 수도 있다. 하지만 글쓰기에 곤란을 느끼거나 아니면 제법 글을 쓰더라도 주제를 파악하고 그에 어울리는 글감을 좀 더 잘 찾고자 하는 사람이면 '글감 발견 연습'은 끊임없이 지속해야 하는 일이다. 물론 '글감 발견 연습'은 아주 독특하고 특별한 글감을 찾는 것이 목적이 아니라, 주제에 적합한 글감을 짧은 시간 안에 다양하게 찾는 것이 목적이다. 그렇다면 어떤 글감을 찾아야 하는가? 일반적인 차원에서 좋은 글감은 다음의 요건을 만족하는 것이다.

[가] 주제와 밀접한 글감	[나] 창의적인 글감	[다] 구체적이고 객관적인 글감

〔가〕 글감은 글의 주제를 직접적으로 환기할 수도 있지만, 독자가 독서행위를 통해 그 관련성을 유추하거나 추론할 수 있어야 한다. 주제와 글감 사이의 이러한 관련성은 필자의 글쓰기 전략에 따라 좌우된다.

〔나〕 어떤 글감은 글의 주제에 따라 진부한 경우가 있다. 독서행위가 일종의 호기심 채우기와 같은 것이라면, 진부하고 익숙한 글감보다는 새롭고 창의적인 글감이 독자의 시선을 끌게 마련이다.

〔다〕 자료의 객관성과 논리의 정확성은 글의 생명이다. 글감을 대하는 필자나 독자가 그 글감에 대해 이해하고 신뢰해야 한다.

그렇다면 글감은 어떻게 마련되는가? 먼저, 필자가 글의 주제와 관련된 지식을 알고 있을 경우에 글감은 필자의 지식 속에서 찾을 수 있다. 그러나 사람의 지식이란 한정되어 있는 것이기에 여러 글을 쓰다 보면 그 내용이 고갈될 뿐만 아니라, 새로운 시각을 가진 글감으로 활용하기 어렵다. 이때 창의적인 발상법을 이용해 글감을 마련할 수 있다.

그러나 창의적인 발상만으로는 좋은 글을 쓸 수 없다. 발상을 조리 있게 전개하려면 많은 자료가 필요하다. 특히 학술논문과 같은 전문적인 글을 쓸 때에는 주제와 관련된 기존의 업적을 빠짐없이 수집하여 검토하는 일이 반드시 선행되어야 한다.

여기서는 창의적인 발상을 위한 간단한 두 가지 방법을 우선 연습하고자 한다. 발상을 바탕으로 한 편의 글을 완성하는 데 필요한 요령은 앞으로 차근차근 연습하게 될 것이다.

3. 자유 연상(브레인스토밍)을 통한 발상

'흔들림, 바람, 소리, / 시냇물, 물고기, 낚시, 고독, 술, 망가짐, 자유, / 욕, 무시, 변명, 싸움, 화해, 웃음, 이빨, 치과, 고통, 간호사, / 분홍색, 무궁화, 노래, TV, / 시간, / 시험, 잠, 욕구, 불만, 짜증, / 음식, / 접시, 설거지, 주방세제, / 과일, 농약, / 햇살'

위에 제시한 내용은 특정 단어에 대해 자유 연상한 단어들이다. 앞뒤 단어가 서로 연관성이 떨어진다고 생각되는 부분에 '/' 표시를 하였다. 제시한 단어들을 읽으면서 무엇을 말하는 것인지 일찌감치 눈치 챈 사람도 있을 것이고 갸우뚱하는 사람도 있을 것이다. 위의 내용은 '나무'에 대해 자유 연상한 내용이다. '나무'를 전제하고 읽었을 때 단어와 단어 사이의 관계와 연상의 의미가 또렷하게 드러날 것이다. 물론 뒤로 갈수록 '나무'로부터 연상되는 이미지와는 거리가 있는 이미지를 가진 단어들이 제시되어 있다. 이렇게 글감의 다양성과 풍부함을 찾기 위해서 글감 발상을 연습해야 한다.

'자유 연상'은 말 그대로 머릿속에 떠오르는 대로 주제에 맞는 글감을 찾아가는 방법이다. 이 방법은 주제나 써야 할 내용이 딱히 떠오르지 않을 때 이용하면 아주 효과적이다. 물론 생각만 하는 것은 비효율적이므로 필기구와 종이를 준비해서 일정 시간 동안 머릿속에 떠오르는 생각을 써보는 것이 중요하다. 이 과정에서 다른 일을 한다거나 생각하고 쓰는 일을 멈추어서는 안 된다.

창의적 사고를 위해 가장 많이 쓰는 자유 발상법이 바로 브레인스토밍이다. 브레인스토밍은 머릿속에 폭풍을 일으킨다는 뜻으로, 일반적인 상식과 기존 질서의 틀에 얽매여 있는 표면의 의식을 과감하게 무너뜨리고 마음 깊숙한 곳에 도사리고 있는 생각지도 못한 정보들을 이끌어내어 참신하고 새로운 내용을 생산하려는 발상법이다. 이 작업은 창의적인 사고력을 자극하고 뭔가 좋은 아이디어이긴 하지만 충분히 정리되지 않았기 때문에 놓쳐버리기 쉬운 아이디어들을 드러내게 해준다. 보통 6~12명 정도의 집단으로 하여 실행하는 것이 효과적이지만, 유의사항만 잘 지키면 혼자 해도 효과를 거둘 수 있다.

규칙은 다음과 같다.

첫째, 어떠한 가능성도 거르지 말고 떠오르는 대로 모두 말하고 적는다. 아이디어가 많을수록 질적으로 우수한 아이디어가 나올 가능성이 크다. 적절하지 않은 아이디어나 구절들이 머릿속에 떠오르더라도 그것들을 폐기해버리고 싶은 유혹을 물리치고 계속해야 한다.

둘째, 그 의견이 어떤 의견이든 평가하지 않는다. 평가하는 노력보다는 제시된 의견을 가능한 한 변형하고 발전시키는 데 집중한다.

셋째, 형식에 구애받지 않는다. 모든 형식과 방법을 동원하는 동시에 또 모든 형식과 방법을 파괴할 수도 있다. 머릿속에 담긴 모든 것을 쏟아놓을 수 있는 무대만 마련되면 충분하다.

이렇게 자유롭게 떠오르는 글감을 단어나 문장으로 순서대로 기술할 수도 있고, 그림을 그리듯이 항목화할 수 있는데 그것이 마인드맵이다. 마인드맵은 말 그대로 '머릿속으로 그리는 밑그림' 이다. 마인드맵은 읽고 생각하고 분석하고 기억하는 그 모든 것들을 마음속에 지도로 그리는 방법으로, 필기, 책 요약, 창작 및 논문 작성 모임 활동, 문제 해결, 지도안 작성, 보고서 및 기획서 작성, 창조적 사고, 일기 쓰기 등 거의 모든 분야에 활용이 가능하며 실제로 그에 대한 연구가 활발히 이루어지고 있다.

다음은 한 학생이 '독도' 관련 신문 기사를 보고 마인드맵을 만들어본 것이다.

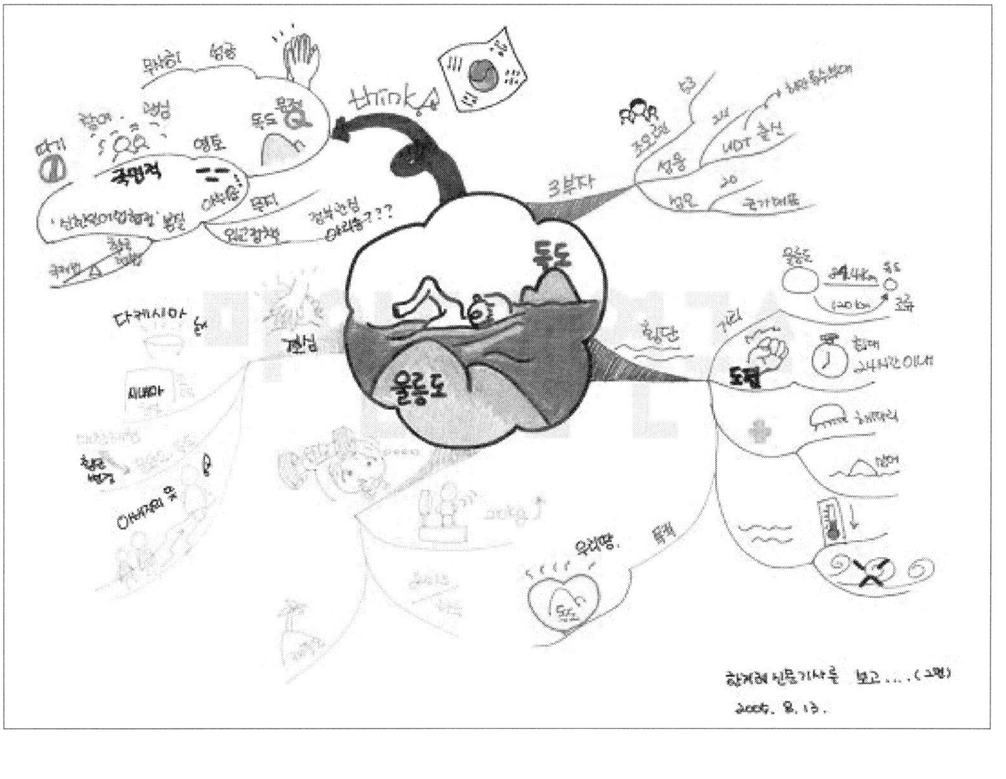

'독도와 울릉도 간 수영' 이라는 단어(혹은 주제어)를 그림으로 요약하고서 그것을 중심으로 신문기사에 나온 항목들을 설정하고 그 내용을 요약하고, 또 더 생각해볼 내용을 항목화하여 각각에 대한 나름의 시각을 정리하고 있다. 사실 떠오르는 단어를 단순히 기술해놓게 되면 글감 전체의 윤곽을 잡을 수 없고, 글감들이 서로 어떻게 연관되는지 파악하기가 쉽지 않다. 마인드맵은 다양한 글감에 항목을 설정함으로써 주제어와 그 관련 내용(항목)을 일목요연하게 설정할 수 있게 만들어준다. 그럼으로써 각각의 항목이 가지고 있는 위계질서와 논리적 연관관계를 파악할 수 있다.

학습활동 2

다음 내용을 마인드맵 형식으로 요약해보시오.

내 마음은 유난히 적막(寂寞)하다.

하지만 내 마음은 아주 평안하다. 사랑이나 증오도 없고, 슬픔이나 즐거움도 없으며, 표정이나 목소리가 달라지지도 않는다.

아마 늙었기 때문이리라. 내 머리카락이 이미 희끗희끗하니 분명한 사실 아니겠는가? 내 손이 떨리는 것으로 보아 아주 분명한 사실 아니겠는가? 그렇다면 내 영혼의 손도 틀림없이 떨리고 있을 것이고 머리카락 역시 반백이 다 되었으리라.

허나 이는 이미 오래전부터 그러했다.

그 이전, 내 마음은 피비린내 나는 노랫소리로 가득했다. 피와 쇠, 불꽃과 독(毒), 회복과 복수. 그러나 홀연 이러한 것들은 모두 공허(空虛)해지고 말았다. 다만 때로 의도적으로 자기기만일 수밖에 없는 희망으로 그것을 메우려고 했다. 희망, 희망, 그 희망이라는 방패로 공허한 암흑의 밤이 내습하는 것에 항거하였다. 비록 방패 뒤도 마찬가지로 공허한 어둠의 밤이기는 했지만. 그러나 그렇게 내 청춘은 계속 소진되고 말았다.

내 청춘이 이미 사라져버렸다는 것을 내 어찌 미리 알지 못했겠는가? 그러나 내 몸 밖에 청춘은 여전히 살아 있을 것이라고 믿었다. 별, 달빛, 딱딱하게 굳어 떨어진 나비, 어둠 속의 꽃, 부엉이의 불길한 소리, 피를 토하는 두견새, 웃음의 막연함, 사랑의 날갯짓……. 비록 슬프고 덧없는 청춘이라고 할지라도 청춘은 그래도 청춘이다. 그러나 지금은 왜 이렇게 적막한 것인가? 혹시 내 몸 밖의 청춘마저 모두 사라진 것인가? 세상의 청춘들도 모두 늙어버린 것인가? 그렇다면 어쩔 수 없이 나라도 공허한 어둠의 밤과 싸우는 수밖에 없다. 나는 희망이라는 방패를 내리고 페퇴피 샨돌(1823~49, 헝가리 시인)의 '희망'의 노래를 듣는다.

희망이란 무엇인가? 창녀로다.
그녀는 아무에게나 웃음을 팔고 모든 것을 바치나니
그대가 고귀한 보물—그대의 청춘을 바쳤을 때
그녀는 그대를 버린다네.

위대한 서정 시인이자 헝가리의 애국자였던 그가 조국을 위해 코사크 병사의 창에 죽은 지 벌써 75년이 지났다. 슬프다, 그의 죽음이여. 허나 더욱 슬픈 것은 그의 시가 아직도 죽지 않았다는 것이다.

그러나 비참한 인생이여! 용맹무쌍한 페퇴피도 암흑의 밤 앞에 걸음을 멈추고 망망한 동방을 돌아보았네. 그리고 말했지.

절망은 허망하다. 희망과 마찬가지로.

내가 밝지도 어둡지도 않은 이 '허망' 속에서 목숨을 부지해갈 수 있다면, 나는 저 사라진 슬프고 덧없는 청춘을 찾으리라. 그것이 내 몸 밖의 청춘이어도 좋다. 몸 밖의 청춘이 소멸되면 내 몸 안의 황혼도 곧 시들어버릴 테니.

그러나 지금은 별도 없고 달도 없다. 굳어버린 나비도, 웃음의 막연함도, 사랑의 날갯짓도 없다. 하지만 청년들은 아주 평안하다.

어쩔 수 없이 나라도 공허한 어둠의 밤과 싸우는 수밖에 없다. 설사 내 몸 밖의 청춘을 찾아내지 못할지라도, 내 몸 안의 황혼만은 떨쳐내야 한다. 그런데 암흑의 밤은 어디에 있는가? 지금은 별도 없고 달도 없다. 웃음의 막연함도 사랑의 날갯짓도 없다. 청년들은 평온하다. 그리고 내 앞에는 마침내 진정한 암흑의 밤조차 없다.

절망은 허망하다. 희망과 마찬가지로. (루쉰, 「희망」)

4. 분석을 통한 발상

글감을 찾는 데 꼭 비논리적이고 즉흥적인 발상법만이 유효한 것은 아니다. 쓸 대상이나 초기에 떠오른 글감에 대한 체계적인 이해와 분석을 통해서, 그리고 관련 자료를 조사하면서 더 나은 글감을 발견할 수 있다.

동지(冬至)ㅅ달 기나긴 밤을 한 허리를 버혀 내어
춘풍(春風) 니불 아래 서리서리 너헛다가
어론 님 오신 날 밤이여든 구뷔구뷔 펴리라

위의 시조는 황진이가 지었는데, 겨울 동짓날의 긴 밤을 잘라서 사랑하는 임과 함께 하는 짧은 봄밤을 길게 늘리고 싶다는 여인의 애틋한 심정을 드러낸 연정가이다. 시 창작에 있어서 체계적인 글쓰기의 방식을 적용하기 힘들다 하더라도, '연정' 이라는 주제에 적합한 글감을 찾고 그것을 분석적으로 재해석하는 과정을 통해 풍부한 시적 서정성을 높이고 있다는 점에서 흥미로운 사례가 아닐 수 없다. 이 시는 '임과 함께 지내고 싶다.' 는 시적 화자의 바람으로부터 시작되었을 것이다. 그러한 발상은 임과 함께 보낼 수 있는 좋은 밤이라는 글감으로 구체화되고, 그 밤은 다시 동짓날 밤과 봄밤으로 나눠지게 된다. 많은 문학책 속에서 서술하고 있듯, 시간태로서의 '밤' 이 이 시에서는 물질태로 바뀌고 있다. 게다가 이렇게 물질태가 된 밤을 "구뷔구뷔 펴리라" 라는 표현에서 알 수 있듯 시각적인 측면으로 재해석함으로써 '임에 대한 애틋한 정' 이라는 주제를 은유적으로 드러내고 있다.

이렇듯 발상을 통해 발견한 글감을 분석하고 또 그것을 재해석하여 의미화함으로써 주제를 더욱 심화하고 구체화하는 과정을 확인할 수 있다.

학습활동 3

다음의 시를 읽고 발상, 글감 분석, 글감 연결에 대해서 생각해보자.

늦겨울 눈 오는 날
날은 푸근하고 눈은 부드러워
새살인 듯 덮인 숲 속으로
남녀 발자국 한 쌍이 올라가더니
골짜기에 온통 입김을 풀어놓으며
밤나무에 기대어 그 짓을 하는 바람에
예년보다 빨리 온 올봄 그 밤나무는
여러 날 피울 꽃을 얼떨결에
한나절에 다 피워놓고 서 있었습니다. (정현종, 「좋은 풍경」)

학습활동 4

다음의 대상에 대해 분석적인 글감 발상법으로 글감을 찾아보자.

❶ 미래의 핸드폰

❷ 학교 내 인간관계

❸ 다매체 시대의 소비자

5. 글감의 분류

이제 이렇게 마련된 글감을 글에서 필요한 자리에 적당하게 위치시키는 작업이 필요하다. 다음은 '석유를 수입할 수 없다' 는 주제를 가지고 브레인스토밍을 한 내용에 번호를 붙여 나열한 것이다.

석유를 수입할 수 없다.

① 물가가 폭등하고 실업자가 급증한다.

② 국가 정부의 위신이 흔들린다.

③ 대규모 시민 폭동이 일어난다.

④ 정부는 석유 확보와 국가 안정에 동분서주한다.

⑤ 석유의 보유량이 떨어지자 충돌이 줄어든다.

⑥ 모든 삶이 어둠 속에 갇힌다.

⑦ 문명이 그 근본에서부터 추락해버린다.

⑧ 시민들의 석유 사재기가 급증한다.

⑨ 뉴스와 신문마다 대책 마련과 절약 캠페인이 넘쳐난다.

⑩ 주유소 탈취 사건이 일어난다.

⑪ 자동차회사에서 LPG차, 전기차를 생산 · 홍보한다.

⑫ 환경학자들이 이 위기를 통해 환경 회복을 하자고 말한다.

⑬ 사람들이 자전거를 타고 다닌다.

⑭ 모든 운송수단이 멈춰버린다.

⑮ 대체 에너지 개발이 늦은 나라들은 망하게 된다.

'석유를 수입할 수 없다' 는 상황은 여러 가지 이유를 가질 수 있다. 국제 원유값이 비싸져서 더 이상 원유를 사올 수 없다거나 전쟁이 일어나서 원유 수급이 원활하지 않다거나, 현인류가 원유를 다 사용해서 더 이상의 원유가 존재하지 않는 등 여러 가지 이유가 존재할 수 있다. 그렇다면 그러한 상황이 되었을 때, 우리는 어떠한 상황에 처하게 될 것인가? 1번부터 15번까지의 내용은 떠오른 발상 순서대로 적은 것이기 때문에 각각의 항목 간에 친연관계가 거의 없다. 있다고 하더라도 논리적이라고 할 수 없다. 그렇다면 이렇게 나열된 글감들을 글쓰기에 바로 사용할 수 없다. 우선 이것을 유사한 항목들로 나눌 필요가 있다. 그러기 위해서 분류 표지를 달고 유사한 항목들을 순서대로 배열하는 일이 필요하다.

먼저 ①항목은 '시민들의 행동' 과 관련되어 있는데 이와 유사한 항목들을 묶을 수 있다. ①, ③, ⑧, ⑩, ⑬이 이에 해당한다. ②항목과 관련해서 '국가 차원의 상황' 에서 파악한다면, ①, ②, ④, ⑤, ⑭, ⑮를 묶을 수 있다. '대체 연료 시대' 라는 항목으로 ⑨, ⑪, ⑫, ⑬을 묶을 수도 있다. 이렇게 분류해서 위의 항목들을 정리하면 다음과 같은 표가 나타난다.

전제	글감 분류 표지	글감
석유를 수입할 수 없다	시민	① 물가가 폭등하고 실업자가 급증한다. ③ 대규모 시민 폭동이 일어난다. ⑧ 시민들의 석유 사재기가 급증한다. ⑩ 주유소 탈취 사건이 일어난다. ⑬ 사람들이 자전거를 타고 다닌다.
	국가	① 물가가 폭등하고 실업자가 급증한다. ② 국가 정부의 위신이 흔들린다. ④ 정부는 석유 확보와 국가 안정에 동분서주한다. ⑤ 석유의 보유량이 떨어지자 충돌이 줄어든다. ⑭ 모든 운송수단이 멈춰버린다. ⑮ 대체 에너지 개발이 늦은 나라들은 망하게 된다.
	대체 연료	⑨ 뉴스와 신문마다 대책 마련과 절약 캠페인이 넘쳐난다. ⑪ 자동차회사에서 LPG차, 전기차를 생산 홍보한다. ⑫ 환경학자들이 이 위기를 통해 환경 회복을 하자고 말한다. ⑬ 사람들이 자전거를 타고 다닌다.
	기타	⑥ 모든 삶이 어둠 속에 갇힌다. ⑦ 문명이 그 근본에서부터 추락해버린다.

물론 이러한 분류와 표지 달기에 특별한 원칙이나 기준이 있는 것은 아니다. 하지만 이렇게 묶어놓고 보니, '석유를 수입할 수 없는 시대'에 대한 개략적인 윤곽이 그려진다.

브레인스토밍에 의한 글감 모으기와 분석적 글감 모으기를 통해 발견한 글감들은 체계적인 순서로 기술된 것이 아닐뿐더러 주제와 관련하여 그 중요도 역시 다양하다. 글감의 줄거리를 잡는 이유는 글쓰기를 준비하는 과정에서 글의 흐름이나 전체적인 구성, 주제의 확장 등을 미리 생각함으로써 글의 내용을 효율적으로 배치하고 일관성 있게 글을 쓰기 위한 것이다. 따라서 주제를 정하고 그에 걸맞은 글감을 수집한 후에 내용에 따라,

중요도에 따라 분류하는 글감의 줄거리 잡기는 필수적이다.

이때 다루고자 하는 글감의 내용과 중요도를 결정하는 것은 필자에게 달려 있다. 글을 많이 써본 사람이라면 나름의 원칙을 통해 분류할 것이지만, 그렇지 못한 사람들은 몇 가지 기준이나 방법을 활용하여 글감의 줄거리를 잡는 법을 익혀야 한다. 글감의 줄거리를 잡기 위해서는 다음과 같은 기준을 염두에 두어야 한다.

첫째, 글의 주제와 관련이 없는 글감은 무엇인가? 확보된 많은 글감 중에서 도움이 될 글감보다는 도움이 되지 않는 글감을 과감하게 버리는 것이 중요하다. 왜냐하면 직접적으로 도움이 되지 않을 글감을 가지고 글을 써서 글의 논지와 흐름을 방해한다면 그런 글감은 없는 것만 못하기 때문이다.

둘째, 글의 주제와 직접적으로 연관된 글감은 무엇인가? 당연히 글감 중에서 직접적으로 주제를 환기하고 주제와 밀접한 관련을 맺는 글감을 선별해내는 일이 필요하다. 중심 글감은 글의 주제를 명확하게 드러낼 뿐만 아니라 객관성을 확보할 수 있게 해준다.

셋째, 글의 내용을 풍부하게 확장하는 데 도움을 주는 글감은 무엇인가? 중심 글감뿐 아니라 글에는 글의 흐름을 자연스럽게 하고 독자가 글의 주제를 환기하는 데 있어서 흥미를 유발하게 하는 주변 글감이 필요하다.

넷째, 분석이 필요한 글감인가? 내용의 확장이 필요한 글감인가? 사실 글감은 그 자체로 글에 바로 사용할 수 있는 것이 아니다. 글감을 분석하고 더 많은 자료 조사를 통해 글감의 내용을 확장할 필요가 있다. 이렇게 함으로써, 글의 주제를 돋보이게 할 수 있고 글의 내용을 풍부하게 할 수 있다.

다섯째, 글감을 항목화할 수 있는가? 여러 가지 글감을 마련해놓고 보면 서로 달라 보인다. 그러나 각각의 특성을 곰곰이 생각해보면 공통점을 찾아내어 항목화할 수 있다. 하나의 제시 주제어의 글감들을 항목화함으로써 글감들의 전반적인 양상을 만들어볼 수 있다.

여섯째, 각 항목들의 관계를 어떻게 설정할 것인가? 항목들은 주제와 긴밀히 연결되어 있기도 하지만, 한편으로는 각각의 항목들이 서로서로 연결되어 있다. 그 관계를 논리적으로, 혹은 인과적으로 설정함으로써 전체적인 글의 흐름과 윤곽을 만들 수 있다.

학습활동 5

❶ 다음의 주제어에 대한 글감을 마련하고 그 글감을 분석하여 새로운 글감을 만들어 보자.

ㅡ인문학과 사회과학의 위상

ㅡSNS와 현대 사회

ㅡ바람직한 대학 생활

❷ 위에서 찾은 글감을 분류 표지를 만들어 분류해보자.

❸ 위의 작업을 바탕으로 한 편의 글을 써보자.

제4장 개요 작성

주제 정하기, 예상 독자 분석하기, 글감 모으기 등 이런 활동이 순조롭게 진행되면 이제 쓰려고 하는 글의 청사진을 그려볼 필요가 있다. 아름다운 집을 짓기 위해서 미리 청사진을 그려보듯이 좋은 글을 써내기 위해서도 완성된 글의 청사진을 그려보는 작업은 중요하다. 또 청사진을 어떻게 그리느냐에 따라 글의 방향이 좌우된다. 겉모양은 거의 똑같은 아파트들이 내부 구조는 서로 다르듯이 같은 제목과 내용의 글도 내부 구성은 서로 다르다. 그리고 이러한 차이는 글의 청사진을 어떻게 그렸는가에 달린 것이다.

그렇다면 글의 청사진이란 구체적으로 무엇인가? 여러 가지 명칭으로 불릴 수 있지만 여기서는 '개요'라는 용어를 사용하고자 한다. 따라서 개요란 글의 청사진, 즉 글의 설계도이며, 직접 글을 쓰기 전에 어떻게 글을 쓸지 구체적인 계획을 세우는 것을 '개요 작성'이라고 한다.

개요는 글의 청사진, 글의 설계도

글쓰기 초보자일수록 어떤 주제에 대해 무턱대고 글을 쓰기 시작하지만, 숙련된 필자일수록 개요 작성에 공을 들인다. 왜냐하면 개요를 작성하면서 무엇에 대해 어떻게 쓸지 충분히 가늠하게 되고, 그러면서 글의 완성도를 높일 수 있기 때문이다.

때로 메모 한 번 하지 않고 술술 글을 써내려가는 경우를 볼 수 있지만, 그런 경우는 개요가 물리적으로 나타나 있지 않을 따름이다. 겉으로 보이지 않는 머릿속에 글이 술술 나올 만큼 치밀한 개요가 작성되어 있기 때문에 그만큼 글이 물 흐르듯이 써질 수 있다.

또 만약 쓰려는 글이 서너 문단으로 구성된 1,000자 이내의 짧은 글이라면 개요는 어쩌면 필요치 않을 수도 있다. 정확히 말하자면 숙련된 필자는 그 정도 분량의 글이라면 머릿속에서만 개요를 짜도 충분하다. 하지만 최소한 원고지 30매 이상의 조금 긴 글을 작성하려 한다거나 여러 사람과 함께 공동의 문서를 작성하려 한다면, 직접 종이에 개요를 작성해보아야 한다. 왜냐하면 개요 작성을 통해 집필 전에 불필요한 글감은 무엇인지, 더 구체화해야 할 논점은 무엇인지, 서로 모순되는 내용은 없는지, 제시 순서는 자연스러운지 등을 점검함으로써 집필의 효율성과 글의 완성도를 높일 수 있기 때문이다.

그렇다면 구체적으로 개요 작성은 어떻게 해야 하는가? 좀 더 좁혀서 개요에는 최소한 무엇이 포함되어야 하는가? 개요에 포함해야 할 내용은 실로 다양하고 또 글의 종류와 목적에 따라 달라지지만 일반적으로 개요는 다음의 세 가지 질문에 대한 답을 담고 있어야 한다. 첫째, 무엇에 대해 쓰려는가? 둘째, 왜 쓰려는가? 셋째, 어떻게 쓰려는가? 이 세 가지 질문에 대한 답이 그야말로 글의 골격을 구성하게 된다.

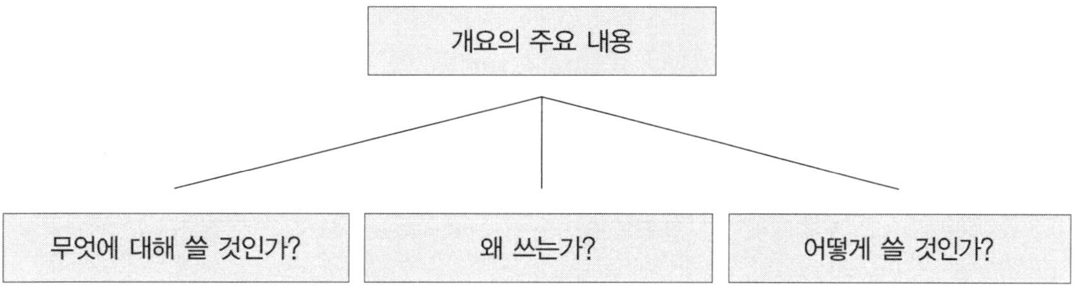

첫째 질문은 글의 주제와 관련된다. 훌륭한 개요는 주제에 대해 일관되고도 통일된 입장을 보여야 한다. 이 말은 매우 중요한 의미를 담고 있다. 즉, 좋은 글이란 주제와 '관련된' 다양한 자료들을 제시만 하는 글이 아니라, 다양한 자료들을 통해 주제 그 자체를 드러내는 글이다. 난삽하게 이런저런 이야기를 하기보다는 한 주제의 다양한 측면을 깊이 있게 파고드는 것이 낫다. 이를 위해서는 불필요한 글감은 과감히 생략하는 자세가 필요하다. 즉, 주제를 하나의 문장으로 정리하고, 각각의 문단들이 그것과 어떤 관련을 맺고 있는지를 항상 점검하는 자세가 필요하다.

둘째 질문은 글의 주제가 지닌 가치, 또는 의의와 관련된다. 왜 글을 쓰려는가를 따지는 일은 매우 중요하다. 그 필요에 맞추어 글의 방향이 결정되기 때문이다. 실은 글의 주제와 필요성은 서로 뗄 수 없는 관계에 있다. 구체적이고도 선명한 주제는 구체적이고도 선명한 필요성을 스스로 드러낸다.

셋째 질문은 글의 구성과 관련된다. 글의 구성은 주제에 따라 다르다. 가령, '서울의 심각한 대기 오염을 해소하자' 라는 주제로 글을 쓴다면, '현상 → 원인 → 대책' 의 순서대로 구성하는 것이 자연스럽다. 만약 '원인 → 대책 → 현상' 의 순서, 또는 '현상 → 대책 → 원인' 의 순서라면 같은 내용이라도 그 글은 자연스럽게 이해되거나 독자를 설득하기 어렵다. 다른 한편으로 '새로 판매되는 중형차의 매력' 에 대한 글을 쓴다면 차의 여러 특징을 성능, 편의성, 안정성, 디자인 등의 항목으로 구분하여 제시하여야 한다. 이때 글의 예상 독자에 따라 순서는 바뀔 수 있겠지만, 세부 항목들이 다른 범주와 뒤섞여서는 안 된다. 이처럼, 글을 어떻게 쓸 것인가는 무엇을 쓸 것인가에 따라 다르게 고민해야 하며, 그 순서는 자연스러운 사고의 순서를 따르는 것이 좋다.

위의 세 가지 질문과 그에 대한 답은 그대로 개요를 작성하는 순서로 보아도 무방하다. 즉 개요를 작성하기 위해서 먼저 주제문을 정하는 것이 효과적이다. 물론 주제문은 자기가 말하려는 핵심 내용이다. 이에 맞추어 서론과 본론 그리고 결론에서 어떻게 글감들을 배치하고 구성할지 계획을 세우게 된다.

좋은 개요를 짜기 위해서는 충분히 자료를 검토하는 것도 중요하지만, 충분히 생각하는 것이 더 중요하다. 특정한 사안, 논의 대상에 대한 '자기 논리' 가 필요하다. 무엇이 문제이고, 왜 문제이고, 그러면 어떻게 해야 하고, 거기서 예상되는 문제의 크기가 얼마나 되는지 등에 대해 충분히 생각해봐야 한다. 무엇이 중요하다면 왜 중요한지, 무엇이 어떻게 생겼다면 왜 그렇게 생겼는지, 무엇이 변화했다면 어떻게 변했고, 왜 그렇게 변했는지, 그래서 어떤 효과가 있는지 등을 따져보아야 한다.

이렇게 주제와 관련된 여러 논점들을 점검하고 나면 그것들을 일정한 순서에 맞춰 배열함으로써 개요를 작성하고 글을 쓰게 된다. 배열 방법은 다른 말로 글의 구성이라고도 할 수 있는데 아래의 것들이 자주 쓰이는 구성 유형이다. 이 유형들은 단독으로 쓰이기도 하지만, 보통은 한 편의 글에서 여러 유형이 복합적으로 쓰인다.

① 시간적 구성: 시간적 순서에 따라 내용을 제시할 때 쓰인다. 보통은 과거에서 현재의 순서로 제시된다.
   예) 연대기, 경과보고서, 기계 조작법 등

② 공간적 구성: 공간적 순서에 따라 내용을 제시할 때 쓰인다. 위에서 아래로, 왼쪽

에서 오른쪽으로, 먼 데에서 가까운 곳으로 등의 순서를 따른다.

예) 관광 안내문, 건물 안내문, 제품 사용 설명서 등

③ 반론형 구성: 특정한 주장에 대한 반론을 제시할 때 쓰인다. 자신의 논지를 선명하게 제시할 수 있는 장점이 있다. 반론하려는 대상을 간결하게 요약하고, 반론의 근거와 내용을 제시하는 것이 일반적인 순서이다.

예) 신문 사설, 기소문과 변론문 등

④ 열거형 구성: 어떤 주제에 포괄되는 여러 내용을 제시할 때 쓰인다. 열거되는 내용들끼리 같은 범주이어야 한다.

⑤ 분석형 구성: 어떤 대상을 일정한 기준에 따라 그 구성요소로 나누어 설명할 때 쓰인다. 분석의 대상은 사물일 수도 있고, 어떤 현상이나 관념일 수도 있다. 그것이 어떻게 이루어져 있는가를 밝히는 글에 유용하다.

⑥ 인과적 구성: 어떤 현상이나 존재를 결과로 보고 그것이 어떻게 해서 일어나게 되었는지를 밝히는 글이다. 크게 보아서는 시간적 구성의 한 유형이다.

실제로 글을 쓰는 동안 주장의 타당성을 검증하는 기회를 갖게 된다. 또 때로는 자료가 부족할 수도 있고, 또 때로는 새로운 생각이 떠올라 개요를 수정해야 할 필요도 생기기도 한다. 이럴 땐 다시 자료를 수집하고 새롭게 개요를 짜야 한다. 이러한 순환 과정은 글 쓰는 사람들이면 누구나 겪어야 하고, 또 겪게 되는 자연스러운 것이다. 여러 번 고치는 동안에 글의 완성도가 높아질 것이다. 결론의 마지막 문장을 쓰다가 불현듯 새로운 문제가 발견되거나 획기적인 해결책이 떠오른다고 해서 지금까지 써온 글이 무용지물이었다고 생각해서는 안 된다. 그러한 글쓰기 과정이 있었기에 심연에 잠재되어 있던 문제가 표면화되고 좀처럼 떠오르지 않던 해결책이 '아하!' 하는 순간에 떠오르는 것이기 때문이다.

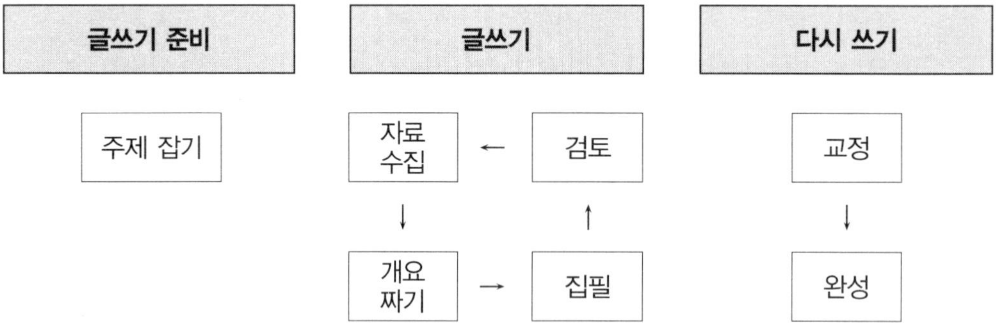

학습활동 1

다음 글을 읽고 물음에 답해보자.

그때 나는 기말고사를 마치고 목포에 있는 집으로 내려가 있었다. 오랜만에 가족들을 만나니 좋았다. 그러나 도착한 날에도 그 다음 날에도, 바로 2층 위에 사시는 할머니께 내려왔다는 인사를 드리지 못해 죄송했다. 그래서 도착한 지 3일쯤 된 날, 아침에 눈을 뜨자마자 바로 할머니 집으로 달려가 인사를 드렸다. 할머니는 나를 보시곤 쪼글쪼글 주름진 얼굴에 활짝 미소를 지어가며 반가워해 주셨다. 오메 내 강아지 인자서라 왔는가? 응 할머니 나 왔어. 스무 살이 다 되어가는 대학생 손녀딸을 여전히 강아지라고 부르며 나를 반갑게 맞이해 주시는 할머니를 꼭 얼싸안은 나는 시간도 많겠다 할머니 집에서 좀 더 많은 시간을 보내다 가기로 마음먹었다. 그래서 한동안 '할머니의 말 들어주기' 시간이 이어졌다. 엄청 가까이 살긴 하지만 자주 찾아뵙기에는 부모님은 다 바쁘고 동생도 이제 고등학생이 되어 밤늦게 집으로 돌아오다 보니 할머니는 그동안 많이 외로우셨을 것이다. 할머니는 묵혀 두었던 말들을 두서없이 그러나 꾸준히 풀어놓으셨고 나는 말이 끊이지 않도록 엉뚱한 질문을 던지거나 사이사이 맞장구도 쳐 가며 할머니의 말들을 가만히 듣고 있었다. 작년까지만 해도 안 들렸던 것 같은데 말을 할 때마다 찌걱거리는 할머니의 틀니 소리가 거슬리긴 했지만 나는 할머니와 보다 많은 시간을 보내고 싶었다. 지금이 아니면 또 언제 뵐지 모르니까. 할머니 연세도 이제 여든이시고.

그렇게 이야기를 들어 드리다 무심코 생각이 나서 나는 할머니에게 우리 집은 가족들 사진이 없냐고 물었다. 할머니는 바보 같은 소리를 한다는 듯 당연히 있지 왜 없겠냐고 대답하셨다. 아주 크고 두껍고 종이가 다 갈색으로 바랜, 손때 묻은 앨범은 생각보다 가까운 곳에 있었다. 위에 티브이가 놓여진 1칸짜리 길쭉한 수납장에. 나중에 생각해 보니 그 앨범이 장롱 구석이나 책꽂이에 놓여 있지 않고 그렇게 가까운 곳에 있었다는 건 그 당시에는 내가 생각하지 못했던 사실을 말해 주는 거였다. 2005년에 할아버지가 돌아가시고 나서 할머니는 그 큰 집에서 혼자 사셨다. 얼마나 많이 홀로 그 앨범을 들여다보셨을까. 엄청난 도수의 돋보기안경을 끼시고 앨범 한 장 한 장을 넘겨 가며 얼마나 많이.

어쨌거나 거기까진 생각하지 못했던 당시의 나는 앨범을 뒷장에서부터 펼쳐서 끼워진 사진들을 하나하나 살펴보기 시작했다. 할머니는 옆에서 사진의 설명을 해 주셨다. 이건 느이 하나씨(할아버지), 이건 느이 큰아부지, 이거는 느이 둘째고모, 하고 손가락으로 짚으며 할머니가 설명을 해 주시면 철없는 나는 매번 탄성을 지르며 우와! 말도 안 돼! 진짜로? 하고 놀라기 일쑤였다. 사진 속의 가족들은 다들 젊었고 그러면서도 지금의 모습이 남아 있어서 낯설면서도 익숙한 얼굴을 하고 있었다. 할아버지의 사진이 막상 눈에 들어왔을 때는 그제야 울면 어떡하나 하는 생각이 들었지만 나는 울지 않았다. 오히려 웃었다. 사진 속의 할아버지는 연탄가스에 중독되어 정신지체장애인이 되기 전이었으므로 훨씬 멋있고 깔끔하고 카리스마 있는 얼굴을 하고 있었기 때문에. 그러나 다음 순간 예상하지 못했던 일이 생겼다.

나는 내가 처음 보는, 할머니에 가까운 아주머니의 사진을 보았다. 한복을 입고 머리를 쪽진, 조선시대 여자 같은 여성의 사진이었다. 낡고 조그만 흑백 사진 속에 정갈한, 혹은 아무 속내를 읽을 수 없는 얼굴로 앉아 있는 그 여성을 가리키며 나는 이게 누구냐고 물었고 할머니는 스스럼없이 느이 외증조할머니라고 대답했다. 그리고 나는 그 옆에 서 있는, 주름이라곤 하나도 없이 팽팽한 하얀 피부에 자신감과 젊음이 오만할 정도로 가득 차 있는 얼굴을 하고 가운데 가르마를 타서 머리를 하나로 땋고 한복을 입고 있는 여자를 가리키며 물었다. 그럼 이 사람은? 나는 그게, 옆 사람이 설령 누구라고 해도, 할머니일 수 있다는 사실은 아예 생각지도 못한 것이다. 할머니는 당연하다는 듯 내가 바보라는 듯 '그거는 나제!' 하고 말씀하셨고 나는, 그 순간 눈물이 펵 하고 터져버렸다.

순식간이었다. 할머니의 말이 귀에 들려와 청신경을 거쳐 뇌에서 이해되기도 전에 눈물이 나기 시작했다고 표현해도 좋을 만큼. 나는 아무 말도 할 수 없었다. 순식간에 뜨겁게 가득 차기 시작한 눈물을 느끼고 내가 왜 우는지 해명을 해야 한다는 생각도 잠시 들었지만 목구멍이 무거운 것으로 짓눌린 듯 아무 말도 나오지 않았다. 나는 고개를 떨구고 말없이, 미친 듯이 울기 시작했다. 태어나서 처음으로 느끼는 이상하고, 이상하고, 이상한 감정에 사로잡혀서 꼼짝없이 눈물을 뚝뚝 흘리는 나를 알아차렸는지 할머니는 잠시 말이 없다가 늦었으니 얼른 내려가라고 말씀하셨다. 그때 할머니의 목소리가 왠지 다르게 들리긴 했지만 나는 또 오겠다는 말을 할 수도 없이 부랴부랴 도망치듯 집으로 내려갈 수밖에 없었다.

집에 오니 출근하기 전에 엄마가 샤워를 하고 있었다. 나는 다짜고짜 화장실 안에 들어가 변기에 앉아서 엉엉 울기 시작했다. 엄마는 샤워커튼을 걷고 무슨 일이냐고 물었지만 대답할 수가 없었다. 나는 말도 못하고 껙껙대면서 울었다. 엄마는 무슨 일이냐고 계속 묻다가 그래, 울어라 울어. 울고 싶을 때는 울어야지, 하고는 계속 샤워를 했다. 나는 내가 왜 우는지 알 수가 없었지만 눈물은 쉽게 그치지 않았다. 그렇게 한참을 있다가 진정되지 않는 마음을 억지로 가라앉히고 울음 사이사이에 토막 난 단어들을 내뱉었다. 할머니, 집에서, 놀다가, 사진을, 봤다고. 엄마는 할아버지 사진이냐고 물었다. 엄마는 내가 세상에서 가장 사랑하는 사람이 할아버지라는 걸 알고 있다. 그렇지만 나는 아니라고 대답했다. 나는 여전히 울면서, 더듬거리며 내가 본 사진을 묘사했다. 할머니가, 사진을, 보여 줬는데, 그게, 할머니였어. 엄마도 잠시 말이 없었다.

잊을 수가 없는 경험이었다. '슬프다'가 아니었다. 나는 그 사진이 슬프다고 생각하지 않았다. 아니 나는 어떤 이유로도 전혀 슬프지 않았던 것 같다. 그런 감상에 젖을 시간도 없었다. 그래서 이상한 체험이었다. 엄마에게 좀 더 제대로 된 어법과 어휘를 사용해서 자세하게 설명하고 난 후에도 나는 엄마가 내 경험을 제대로 이해했는지 알 수 없었다. 나는 어떤 단어를 사용해야 하는지 몰라서 슬펐다고 말했다. 너무 슬펐어, 할머니가 사진을 가리키면서 자기라고 말하는데 너무 슬펐어. 어떻게 그래? 어떻게 그래? 이 말만을 반복했다. 나는 그때까지도 울음을 그치지 못하고 있었다. 눈물이 막 떨어졌다. 그런 식으로 눈물샘이 내 감정이나 사고회로보다 먼저 반응한 것은 처음이었다. 쏜살같이 앞질러 가 버렸다. 어쩌면 감정이 너무 커서 뇌에 온전히 이해되기까지 처리 시간이 너무 길었는지도 모른다. 너무 큰 값을 입력해 버리면 프로그램에서 다음 수식을 쏟아내기까지 조금 더 시간이 걸린다. 그런 식의 상황이 아니었을까. 너무 큰 바이트의 감정이 내 머리를 때려서, 공황 상태가 되어서, 머리보다 몸이 먼저 반응해서 눈물을 쏟아낸 게 아니었을까. 아직도 잘 모르겠다. 얻어맞았다고 표현해도 과언이 아닐 만큼 나는 그 감정이 낯설었다. 무서움, 절망, 좌절, 망연, 이런 것들은 죄다 그 감정 근처에도 가지 못하는 단어들이다. 난 이 이상한 체험을 아마 평생 잊을 수 없을 것이다. 할머니를 볼 때마다, 할머니를 생각할 때마다, 죽음을 생각할 때마다, 시간이 흘러가는 것을 느낄 때마다, 내 눈 안에 낯설게 들어오던 조그만 흑백 사진 한 장을 잊을 수 없겠지. 낡고 오래되어 귀퉁이는 닳아졌는데, 정사각형의 조그만 종이 위에 인화되어 있던 할머니와 할머니 엄마의 모습. 조선시대 여자 같은 (이 아니라 실제로 조선시대를 사셨을 것이다. 그래도 처음 봤을 때는 그렇게 생각했다) 할머니 엄마와 그 옆에 겁이라곤 하나도 없는 듯한 얼굴로 서 있던 할머니. 흰 저고리에 검은 치마, 내가 볼 땐 오른쪽으로 매어져 있던 저고리 고름. 할머니의 그 하얗고 큰 얼굴. 내가 맞은 것은 아마 타이슨의 핵주먹 따위가 아니라 시간의 무게였을 것이다. 시간이 나를 때린 것이다. 할머니가 열아홉 때 찍은 사진이 이제는 팔순이 가까운 할머니 앞에서 딱 열아홉인 내 앞에 펼쳐지는 상황을 통해, 수십 년이라는 시간의 무게를 처음으로 느꼈던 것이다. '느끼다' 라니 그런 순하고 마일드하고 담백한 표현이 있나, 화가 날 정도지만 이미 나는 이 일을 마음속으로 두고두고 곱씹으면서 세상에는 말로 표현 안 되는 것이 많이 있다는 걸 알았다. 그러니까 여기다 더 많은 단어들을 불필요하게 보태지 않겠다. 어차피 죄다 불필요하다. (강푸른, 「이상한, 아주 이상한 일」)

❶ 이 글의 글감을 추려보자.

❷ 이 글의 개요를 작성해보자. 각 문단의 내용을 문장 형식으로 요약하고, 이를 하나의 주제문으로 다시 정리해보자.

❸ 이 글의 구성을 평가해보자.

학습활동 2

다음 글은 앞의 글과 비슷한 분위기의 글이다. 이 글을 읽고 물음에 답해보자.

국민학교 4학년 때 담임선생님은 털보였습니다.구레나룻이 수북하신 선생님은 털털하다는 '털보 아저씨'의 인상과는 달리 유별나게 깔끔하시어 늘 청결을 강조하셨습니다.

때가 어느 때이던가. 겨울에도 온종일 밖에서 흙강아지가 되어 뛰어놀면서도 뜨거운 물이 귀하여 겨우 얼굴만 고양이 세수를 하고 손은 까마귀가 보면 아저씨라 할 정도로 시커멓고 가마솥의 누룽지처럼 덕지덕지 때가 굳어 쩍쩍 갈라지기도 했습니다.

그런데 털보 선생님의 특기는 때 검사였습니다. 그것도 아주 추운 날을 골라 때 검사를 했습니다. 광목으로 만든 홑바지에 덜덜 떠는 아이들을 팬티만 입고 모두 책상 위로 올라가게 한 뒤 대나무 자를 들고 샅샅이 몸의 때를 찾아 지저분한 곳을 그 자로 '딱, 딱' 때리셨지요. 어찌나 아픈지 아이들은 때 검사 소리만 들으면 미리 벌벌 떨기 시작했습니다. 앞자리부터 '딱, 딱' 소리를 내며 손등이나 팔꿈치를 삼십 센티 대나무 자로 맞는 소리가 들려오면 뒷자리의 아이들은 손에 침을 뱉어서 때를 닦느라 여기저기서 '퉤, 퉤' 하는 소리가 끊이지 않았습니다.

그런데 이 때 검사 때만 되면 단골로 곤욕을 치르는 친구들이 있었습니다. 하늘색 줄무늬 티셔츠를 입고 다니는 고아원 친구들이었습니다. 구멍이 숭숭 뚫린 셔츠를 벗어내면 까맣게 굳은 때투성이 몸이 드러났습니다. 그러던 어느 날, 털보선생님은 고아원 친구 하나에게 전에 없이 양말을 벗으라 하였습니다. 그 친구가 양말을 벗는 순간, 우리는 모두 그 친구가 양말 속에 또 검정 양말을 신고 다니는 줄 알았지요. 정말 먹으로 칠한 듯 새카만 발이 나타났던 겁니다.

그날, 털보선생님은 그 아이와 때가 많은 친구들에게 '나는 까마귀 사촌입니다'라고 적힌 종이를 가슴에 들려 여학생 반으로 데려갔습니다. 모처럼 공짜 구경거리가 생긴 아이들은 창가에 달라붙어, '까마귀 사촌'들이 까만 맨발로 여학생들 앞에 서서 눈물을 뚝뚝 떨구는 걸 보며 킥킥거렸습니다.

이제 세월이 흘러 그 까만 맨발의 주인공들도 어엿한 어른이 되어 일주일이 멀다 하며 목욕탕을 드나들 것입니다. 널린 게 목욕탕이고, 집에서도 언제든 뜨거운 물이 철철 나오는 세상이 되었지만 그러나 유황천, 탄산천 어떤 목욕탕 물로도 지워지지 않는 때가 있다는 생각이 듭니다. 나는 머리가 허옇게 되어서야 비로소, 눈물을 뚝뚝 흘리던 '까마귀 사촌' 들의 가슴에 남았을 마음의 땟자국을 어렴풋이 헤아리게 되었습니다.

친구들의 웃음과 대나무 자의 고통 속에서 그 친구들이 집어 삼켜야 했던 '눈물과 한숨' 이 얼마나 무겁고 슬펐을까. 미처 알지 못했던 지난날의 철없음이 안타깝기만 합니다. 사람에게 정말 필요한 것은 청결보다 따스한 이해와 사랑이 아니었을까. 그때, 때 많은 아이들에게 청결함을 가르쳐주신 선생님께서 그 까만 발을 씻겨 주셨다면 아마 정말 더욱 고맙지 않았을까. 또다시 돌아오는 스승의 날을 맞이하며 조금 아쉬움 속에 지난 기억을 추슬러 봅니다. (이시백, 「때 검사」)

❶ 이 글의 글감을 추려보자.

❷ 이 글의 개요를 작성해보자. 각 문단의 내용을 문장 형식으로 요약하고, 이를 하나의 주제문으로 다시 정리해보자.

❸ 이 글의 구성을 '학습활동 1' 의 학생 글과 비교하여 평가해보자.

학습활동 3

다음 글은 시간적 순서에 따라 전개되고 있다. 이 글을 읽고 물음에 답해보자.

현대 우주론의 대표인 대폭발 이론의 주창자는 아인슈타인과 당대의 유명한 수학자 드 지터이었다. 이 이론이 학계에 처음 등장한 것은 제1차 세계 대전이 막바지에 이른 1917년이었다. 이들이 처음 해낸 일이란 아인슈타인의 일반 상대성 이론을 바탕으로, 휘어진 4차원 공간, 즉 리만(Rieman) 공간이 그 안에 물질이 존재할 때 시간에 따라 어떻게 진화하는가를 살펴본 것이다. 이러한 공간의 시간적 진화는 이들이 만들어 낸 우주 방정식의 수학적 해를 구함으로써 알 수 있게 된다.

그러나 이들이 힘겹게 도출해 낸 해는 엉뚱한 결론을 내포하고 있었다. 우주는 살아 있는 생물처럼 나이를 먹어 감에 따라 커지기도 하고 수축하기도 한다는 것이다. 물론 이러한 어처구니없는 우주의 속성을 아인슈타인과 드 지터는 전혀 인정할 수 없었다. 그들이 인식했던, 그리고 틀림없이 옳다고 믿었던 우주의 모습이란 어제도 내일도 똑같은 모습을 지닌 그러한 영원불멸의 우주다. 결국 크게 실망한 그들은 원래의 우주 방정식에 수학적으로는 아무런 하자가 없으나 물리적으로는 다른 의미를 잉태할 수 있는, 새로운 항을 끼워 넣게 된다. 이렇게 도입된 항이 바로 그 유명한 '우주 상수항' 이다. 결과는 매우 만족스러운 것이었다. 새로운 우주 방정식의 해는 팽창 또는 수축하려는 속성이 없는, 그들이 처음 원했던 형태의 우주를 보여 주었다.

그로부터 3년 후 아인슈타인은 러시아에서 온 이상한 편지를 받았다. 발신인은 서방 학계에 전혀 알려지지 않은 33세의 알렉산더 프리드만이라는 인물이다. 그가 쓴 편지의 내용은 과감하게도 아인슈타인과 드 지터가 잘못된 방법으로 해를 구해, 잘못된 물리적 해석을 내렸다는 내용이었다. 그는 우주 방정식 자체가 여러 해를 가질 수 있다는 점을 지적하고, 우주는 팽창할 수 있다고 주장했다. 그는 또한 그러한 우주 팽창의 정확한 물리적 속성을 아주 쉬운 예를 들어 설명했다. 프리드만이 아인슈타인으로부터 "생각해 보니 당신이 맞는 것 같다."라는 (약간) 불만 섞인 회신을 받는 데에는 2년여의 세월이 걸렸다.

1922년 프리드만은 권위 있는 저명한 학술지에 현대 대폭발 이론의 기본 내용을 모두 포괄한 그의 논문을 발표했다. 그러나 이상하게도 그 논문은, 7년 후에 벨기에의 신부 르메트르라는 사람이 학계에 거의 알려지지 않은 학술지에 거의 같은 내용의 논문을 재발표할 때까지 학계에서 전혀 거론되지 않았다. 그 이유는 아직도 학계의 신비로 남아 있다.

프리드만이 팽창 우주 이론을 밝힌 지 2년 후인 1924년, 미국 팔로마 산 천문대에서 일하는 미국인 허블은 멀리 있는 은하가 지구에서 멀리 떨어져 있으면 있을수록 더 빨리 지구로부터 멀어져 가고 있음을 발견했다. 그는 또한 지구로부터 은하들이 이탈하는 속도 역시 프리드만 방정식이 주는 이론적 예견치를 그대로 따르고 있음도 확인했다.

이것이 바로 현대 우주론에서 유명한 '허블의 법칙'으로 프리드만이 주장한 팽창 우주의 속성을 관측적으로 입증한 사건이다.

결국 1931년 아인슈타인은 드 지터에게 '우주 상수'를 없애 버리라는 편지를 보냈다. 최근 서거한 러시아의 천체 물리학자 야고프 젤도비치의 말을 빌리면, 그러한 우주 상수의 도입 작업이 '자신의 인생을 통해 저지른 가장 큰 실수'라고 말했다고 한다. (나대일, 「대폭발과 우주의 탄생」)

❶ 이 글의 개요를 작성해보자.

❷ 자신이 작성한 개요와 다른 학생이 작성한 개요를 비교해보자. 다른 점이 있다면 왜 다른지 생각해보자.

학습활동 4

다음 글에서 필자는 어떤 문제에 대한 해결책을 모색하고 있다. 이 글을 읽고 물음에 답해보자.

우리는 흔히 현 시대 이념을 이야기할 때 포스트모더니즘이라는 단어를 사용한다. 포스트모더니즘은 정치, 경제, 사회의 모든 영역과 관련되는 현상이다. 특히 문학에 있어 포스트모더니즘과 관련된 사조적 특징을 찾는 것은 현 시대 흐름을 이해하는 매우 중요한 관점이다. 그런데 현 문단에서 이러한 포스트모더니즘과 관련하여 상당히 이채로운 주목을 받고 있는 작가가 있다. 바로 듀나(DJUNA)가 그렇다. 듀나는 본명이나 성별, 나이, 학력 등 기본적인 인적 사항이 뚜렷이 알려져 있지 않다. 1994년부터 온라인상에서 창작 활동을 시작한 그는 판타지, 미스터리, 호러 등 장르 개념이 모호한 단편을 연재하면서 알려지기 시작했다. 신춘문예를 통해 정식으로 등단도 하지 않은 이 정체불명의 작가가 여러 편의 작품집을 정식 출판사에서 출간하게 된 것은 그의 작품이 단순한 인터넷

소설과는 다른 사회비판적이고 시사적인 메시지를 담고 있기 때문이다. 듀나는 포스트모더니즘이 지향하는 자아의 상실과 주체 소멸을 자신의 존재를 통해 말하고 있다고 해도 과언이 아니다. 작가는 스스로를 드러내지 않는 동시에 작품에서 또한 경계와 정의가 사라진 모호한 세상을 독특한 관점과 복합적 장르를 통해 드러내고 있다. 특히 그는 문학과지성사에서 2002년에 출간된 『태평양 횡단 특급』에 실린 「기생」이라는 작품에서 기계와 인간에 대한 새로운 이데올로기를 제시한다. 듀나는 끊임없이 인간 정체성의 불확실성을 파고든다. 기계의 힘에 철저히 지배당한 주인공들은 점점 자신의 이름을 잃어간다. "내 이름은 그렇게까지 우습지 않아. 당신 이름은 어때? 역사 선생은 사람 이름이 아니잖아. 그건 직업 이름이야." "그게 어때서? 그건 정확한 이름이야." 무력해진 인간들은 기계 앞에 철저히 기생하는, 이름 잃은 존재이길 서슴지 않는다. 그러나 이러한 SF라는 장르에서나 접할 것 같은 이야기는 더 이상 소설 속 이야기가 아니다. 현실에서도 사람들은 기계를 통해 연결되는 인터넷이라는 가상공간을 통해 실제 자신의 이름을 잃어가고 있다. 이름은 온라인상에 ID로 둔갑하고 표현의 자유라는 명목 아래 거침없이 이야기들을 쏟아 놓는다. 이러한 무분별한 자유는 어떠한 경계와 제한이 필요한 것일까.

얼마 전 구글(Google)이라는 세계 최대의 인터넷 검색엔진 업체가 인터넷 실명제 사용을 실시하지 않겠다는 입장을 발표한 일이 있었다. 한국에서 실시하는 제한적 인터넷 실명제에 대하여 구글은 '표현의 자유를 해치는 일' 이라며 받아들지 않겠다고 한 것이다. 구글은 마치 자유민주주의의 대변자라도 되는 듯 '제한적 본인 확인제' 가 인권을 해치고 표현의 자유를 침해한다는 논리를 앞세워 익명성을 조장하고 있다. 그렇다면 표현의 자유와 인권으로 둔갑된 익명성을 경계하는 이유는 무엇일까. 그것은 사람이 환경의 지배를 받기 때문이다. 사람은 자신의 가치가 타인의 시선에 좌지우지되는데 역으로 타인의 시선에서 자유로워진 익명의 자유가 주어지는 순간 자유는 흉기로 돌변하기도 한다. 현재 우리가 매일 접하는 인터넷이라는 공간은 욕설과 비방, 인신공격과 악성 루머가 판을 치고 있는 것이 사실이다. 그렇다면 이러한 현상의 원인은 무엇일까.

'표현의 자유' 라는 거대한 명목을 앞세워 한국법을 거부한 구글은 전 세계 10억 인터넷 인구 중 17%에 달하는 중국에서 성공적 정착을 위해 정부가 요구하는 '민주개혁' 이나 '대만독립' '자유민주주의' 와 관련된 사이트에 대한 제한까지도 수용했다. 이것은 한국에 대해 경제의 논리에 따라 비용과 정책 혼선을 감내하면서까지 실명제를 받아들일 필요가 없다고 판단했다는 증거가 된다. 이처럼 대부분의 신자유주의 시대 현상은 철저한 경제의 논리에 의해 이루어져 가고 있는 것이다. 기계의 논리는 경제의 논리와 일맥상통한다고 볼 수 있다. 경제의 논리에 의해 인간은 철저히 수학적 가치로 환원된다. 경제적 가치에 의해 존재가 아닌 수단으로 전락해 가는 인간은 주체가 아닌 객체가 되어 다수가 주는 익명성에 익숙해져 살아가게 되는 것이다. 인간은 신념과 행동을 결정하는 이성에 의해서가 아니라 경제적 이해관계에 의해 가치를 결정케 된다. 이러한 인간의 기계화는 점점 더 스스로의 이름을 버릴 수밖에 없게 만든다. 인권과 표현의 자유라는 명목은 그저 착각일 뿐인 것이다.

21세기 신자유주의의 물결 속에 살아가는 우리는 어떻게 인간의 존엄성과 주체성을 지켜나갈 수 있는 것일까. 그것은 자신들의 이름을 찾는 것이다. 개인 각자가 내린 존재의 이유에 대한 깊은 자각이 필요하다. 그것은 정체성에 대한 확고한 정의가 우선되어야 할 것이다. 우연히 존재하는 인류에서 우연히 만들어진 자신이 어쩔 수 없이 살아가는 인생이 아니라, 목적에 의해 지어진 인간으로, 목적이 이끄는 인생에 대한 결단이 필요할 것이다. 인간이 만들어 온 논리들은 허망함을 만들 뿐이다. 결국 개개인의 인생에 이유와 목적이 주체적 존재로 나아가는 첫걸음이 될 것이다. 환경의 지배를 받는 인간이 환경을 지배하는 인간 공동체를 이루어가는 열쇠는 바로 '목적'에 의해 살아가는 목적 그 자체에 있다고 생각한다.

그렇다면 지금 이 순간 당신의 이름은 무엇인가. (박혜인, 「말할 수 없는 이름」)

❶ 이 글의 개요를 작성해보자.

❷ 자신이 작성한 개요와 다른 학생이 작성한 개요를 비교해보자. 다른 점이 있다면 왜 다른지 생각해보자.

학습활동 5

다음 글은 원문의 순서를 바꾸어 편집한 것이다. 이를 읽고 아래의 물음에 답해보자.

〔가〕 일부 저명한 물리학자들은 이러한 상황을 우려하고 있다. 그들은 물리학이 실험적 기초에서 벗어나 과학이 아닌 어떤 것으로 바뀌고 있다고 느껴 왔다. 슈퍼스트링 이론의 비판자들은 검증할 수 없는 개념을 끝도 없이 추구하는 이론 물리학자들을 맹렬하게 비난해 왔다.

〔나〕 과학자들 중에는 철학을 경멸하는 것으로 평판이 나 있는 사람이 많다. 이런 평판이 어떤 때는 마땅한 것으로 보인다. 원자핵을 발견한 어니스트 러더퍼드는 당대의 철학을 '난방용 증기'라고 말한 적이 있다. 그의 태도는 맹종적이었을지 모르지만 그 당시에는 정당화될 수 있었다. 러더퍼드 시대의 물리학자들은 수많은 새로운 지식을 얻고 있었고, 더욱이 그것은 상당히 직선적인 함축을 가진 지식이었다. 예를 들자면 러더퍼드가 원자핵을 발견하였을 때, 그 의미가 어떤 것인지 알쏭달쏭하지는 않았다. 실험을 통해 원자의 양전하가 핵이라 불리는 원자 중심의 아주 작은 지역에 집중되어 있다는 것이 밝혀졌기 때문이다.

〔다〕 한때 러더퍼드는 철학을 난방용 증기라고 부를 수 있었다. 지금의 상황에서도 그럴 수 있을지는 의문이다. 이제는 물리학과 형이상학의 경계가 애매해져 버렸다. 다른 시대에는 형이상학으로 생각되던 질문들이 우주의 기원에 관한 논의에 들어오게 되었으며 물리학자들은 한때는 과학보다는 철학에 속했던 인간 중심 원리에 대해 이야기하고 있다. 그런 와중에 일부 각광받는 이론들이 제안되어 검증 불가능한 결론을 내놓게 되었고, 19세기 철학자들이 줄곧 제안하였던 형이상학 체계와 비슷한 모습을 띠게 되었다.

〔라〕 그러나 지금에 와서는 문제가 판이하게 다르다. 형이상학적 질문에 대면하지 않고서 물리학의 미개척 영역을 연구한다는 것은 더 이상 가능할 것 같지 않다. 물리학자들은 우주가 시작되기 전의 시간에 관해 이야기하는 것이 과연 의미가 있는가 하는 질문 따위를 스스로 하고 있음을 발견하기도 한다. 우주에 시초라는 것이 있을까? 그렇다면 그 이전도 있지 않을까? 그렇지 않으면 시간이 우주 그 자체와 함께 존재하게 되었을까? 실험과 관측을 통한 검증 가능성이란 기준을 놓고 볼 때 이런 것들은 모두 수수께끼 같은 질문이다. 그러나 이보다 훨씬 중대한 질문이면서 이론과 실험 사이의 틈을 분리시

키는 것도 있다. 우주론 영역에서 우리는 우주의 중요한 특징을 설명해 주는 매우 그럴듯한 인플레이션 이론을 가지고 있다. 하지만 아직 그것은 검증할 수 있는 예측을 거의 내놓지 않고 있다. 입자 물리학의 영역에서는 보다 더 극심한 상황이 벌어지고 있다. 다수의 뛰어난 물리학자들은 아직 단 하나의 검증 가능한 예측도 내놓지 못하고 있고 가까운 미래에도 그럴 수 있을 것 같지 않은 슈퍼스트링(초끈) 이론*에 몰두하고 있다. 그것을 도대체 과학이라고 부를 수 있을까? 아니면 글래쇼가 말한 대로 그것은 중세 신학에 가까운 것인가?

〔마〕 어느 쪽의 주장만이 옳다고 말할 수는 없을 것 같다. 아마도 우리 시대에서는 물리학의 경험적 기초가 좀 더 약화되고, 때로는 사고가 형이상학적 특성을 띠는 것은 피할 수 없는 일 같다. 수행 가능한 실험에는 한계가 있고 건립할 수 있는 가속기의 크기 또한 현실적인 제약이 있을 수밖에 없다. 실험을 통해 물질의 구조 속을 더욱 깊숙이 탐색하려는 시도는 실험 장치가 한계에 도달하면 언젠가는 멈춰 서게 되는데, 단지 이론만이 그것을 뛰어넘을 수 있다. 아마 이런 식의 진전은 불가피한 것 같다. 답이 있을 수도 혹은 없을 수도 있지만, 어떤 기본적인 문제에 대해서 인류가 계속 쏟아 내고 있는 질문들에 대해서 과학자들이 치열하게 씨름하고 있는 것은 그리 놀라운 일은 아니다. (리처드 모리스, 「물리학과 형이상학」 중에서)

---

* 슈퍼스트링(초끈) 이론: 우주를 구성하는 최소 단위를 끊임없이 진동하는 끈으로 보고 우주와 자연의 궁극적인 원리를 밝히려는 이론.

❶ 각 문단의 중심 내용을 각각 한 문장으로 요약해보자.

❷ 문단의 순서를 바르게 제시해보자.

❸ 이 글의 주제문을 써보자.

학습활동 6

다음 글은 원문의 순서를 바꾸어 편집한 것이다. 이를 읽고 아래의 물음에 답해보자.

〔가〕 만약 어떤 사람의 유전자 검사를 통해, 혈당 농도를 조절하는 단백질을 생성하는 유전자 부위에 이상이 있다는 것을 안다면 우리는 그 사람이 당뇨병에 걸릴 위험이 다른 사람들에 비해 높다는 진단을 할 수 있다. 혹은 특정 음식에 많이 들어 있는 유해한 성분을 분해 처리하는 단백질에 해당하는 유전자에 이상이 있다고 판단되면 그 음식을 자제하라고 말할 수도 있다.

〔나〕 하지만 바이오인포매틱스에서는 컴퓨터를 사용하여 지금까지 기능이 알려져 있는 유전자와 비교해 봄으로써 그 기능을 예측할 수 있다. 예를 들면 어떤 사람의 유전체에서 예측된 유전자의 염기 서열이 이미 그 기능이 알려진 원숭이의 어떤 유전자와 염기 서열이 비슷하거나 혹은 두 유전자로부터 만들어진 단백질의 구조가 서로 유사하다면 두 유전자가 서로 같거나 혹은 유사한 기능을 할 것이라는 예측이 가능한 것이다. 그의 유전자에 특정한 종류의 돌연변이가 발생했는가를 판단하는 일도 그의 유전자와 정상인의 유전자를 비교함으로써 쉽게 해결할 수 있는 문제이다.

〔다〕 과학의 입장에서 볼 때, 사람마다 체질이 다른 것은 사람마다 유전체가 다르기 때문이다. 그렇다면 어떻게 유전체의 차이와 사람의 체질 사이의 관계를 알 수 있을 것인가? 유전체가 크지 않고 유전체들 사이의 차이도 몇 가지만이라면 해답을 찾기가 훨씬 쉽겠지만, 문제는 사람의 유전체는 30억 개나 되는 염기로 이루어져 있고 사람과 사람 사이에는 약 3백만 개의 서로 다른 염기들이 존재한다는 것이다. 이것들을 모두 실험을 통해 관찰하고 비교해 볼 수는 없다. 그래서 바이오인포매틱스의 기술이 필요한 것이다.

〔라〕 현대 의학의 가장 큰 문제점 중 하나는 똑같은 병을 지닌 환자들에게 똑같은 약을 투여했을 때, 체질에 따라서 어떤 사람은 이런 약이 잘 듣고 어떤 사람은 저런 약이

잘 듣는다는 것이다. 약만이 아니라 같은 환경에 살면서도 특정 병에 걸릴 확률이 높은 사람과 그렇지 않은 사람이 구별되고, 같은 음식을 먹어도 그것이 보약이 되는 체질이 있고 독이 되는 체질이 있다. 그렇다면 개인의 체질을 구별하는 일은 불가능한 것일까? 바이오인포매틱스의 기술을 활용하면 이런 일들도 가능해진다.

〔마〕 미래에 가장 각광 받을 기술 분야를 꼽으라면 누구나 주저 없이 컴퓨터 기술(IT)과 생물 기술(BT)을 꼽을 것이다. 이 예측이 맞는다면, 컴퓨터 기술과 생물 기술이 결합된 바이오인포매틱스야말로 미래에 가장 중요한 기술이 될 것은 너무도 자명하지 않을까?

〔바〕 이런 일이 가능해지려면, 유전자가 위치한 부위와 그 유전자의 기능뿐 아니라 유전자에 발생한 돌연변이와 질병들 사이의 상관관계를 알아야 한다. 또한 그 유전자에 어떠한 종류의 돌연변이가 일어났는지도 알아야 한다. 유전자들의 위치를 예측하는 일을 해결한다고 해도, 예측된 유전자가 어떤 기능을 하는지를 알아내는 것은 훨씬 어렵고 방대한 작업이다. 기존의 생물학적인 방법을 사용한다면 단 하나의 유전자의 기능을 알기 위해서도 오랜 시간과 돈이 들 수밖에 없다. 몇만 개나 되는 모든 유전자의 기능을 그런 식으로 다 알아 낼 수는 없다.

〔사〕 바이오인포매틱스는 생명을 뜻하는 'bio'와 정보화 혹은 전산학을 뜻하는 'informatics'라는 단어가 합쳐진 말이다. 이에서 짐작할 수 있는 것처럼, 바이오인포매틱스는 컴퓨터를 이용하여 생물학을 연구하는 분야를 말한다. 대규모의 유전자 서열 분석 프로젝트 등과 같은 생물학 연구들로부터 쏟아져 나오는 대량의 데이터를 효과적으로 저장하고 연구자들이 원하는 정보를 빠르고 정확하게 찾게 해 주는 일 같은 것이 바이오인포매틱스의 대표적인 기능이라고 할 수 있다. 구체적으로는, 어떤 사람의 DNA 서열 정보를 이용해서 전 국민의 유전체 정보가 저장되어 있는 데이터베이스로부터 그에 관한 의학 정보를 오차 없이 찾아내는 유전자 예측법과 서열 분석법, 그의 유전체가 다른 사람들과 어떻게 다른지를 알아보는 비교 유전체학 등이 이 기술의 하위 분야에 속한다. (김동섭, 「체질과 바이오인포매틱스」)

❶ 각 문단의 중심 내용을 각각 한 문장으로 요약해보자.

❷ 문단의 순서를 바르게 제시해보자.

❸ 이 글의 주제문을 써보자.

제2부

인문학적 사유와 글쓰기

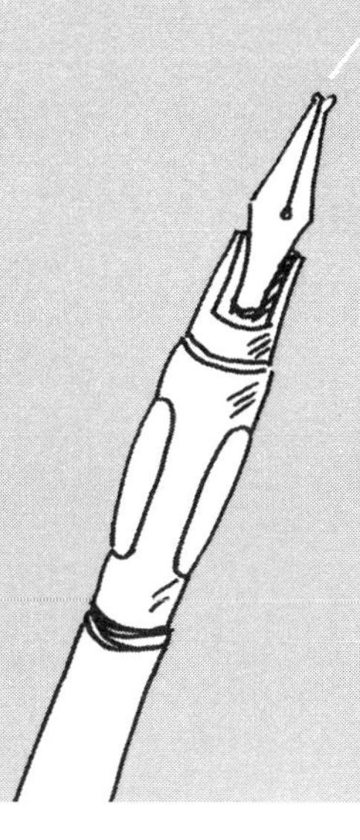

제1장 인간과 놀이

동물과 구분되는 인간의 특징은 무엇일까? 인간의 특징에 대한 이 질문에 대해 사상가들은 자신의 견해를 압축적으로 드러내는 표현을 만들어냈다. 인간의 특징을 두 발로 서는 것에서 찾은 호모 에렉투스(Homo erectus)라는 말도 있고 인간의 정신적 우월성을 강조하는 호모 사피엔스(Homo sapiens)라는 표현도 있다. 또 자신의 목적에 따라 자연을 개조하고 무언가를 만들어내는 인간의 능력에 주목한 학자들은 호모 파베르(Homo faber)라는 말을 만들었다. 한편 19세기 이후 노동 중심의 세계에 대한 비판적 의미로 "인간의 본원적 특징은 사유나 노동이 아니라 놀이다."라는 주장이 대두되었다. 인간의 특징을 호모 루덴스(Homo ludens)라는 말로 표현한 것인데 이를 통해 비로소 놀이하는 인간에 대한 발견이 이루어졌다. 2부 1장 '인간과 놀이'에서는 요한 하위징아(Johan Huizinga)가 제시한 '호모 루덴스'의 개념을 통해 놀이정신이 사라진 현대 사회를 조명해보고 현대 사회에서 놀이와 노동, 놀이와 문화의 관계에 대해 생각해보도록 한다.

읽기자료 1

원형적인 호모 루덴스는 왜 놀이했을까?

호모 루덴스는 생물의 욕구 활동을 넘어 선다

인간이란 존재는 묘하다. 생로병사 유기체의 순환에 종속된다는 점에서 인간은 다른 동물과 다르지 않다. 예를 들어 인간은 먹어야만 유기체로서 자신을 유지할 수 있다. 식욕은 인간이 유기체인 이상 벗어날 수 없는 기본 욕구다. 그리고 이 욕구는 곧바로 충족되어야 한다. 인간이 동물과 결정적으로 구별되는 것은 이런 즉각적 만족을 넘어서는 활동에서다. 우리가 즉각적 만족을 위한 활동과 즉각적 만족을 넘어서는 활동을 구별하면, 놀이가 "물질적 이해와는 상관없는 행위이고 아무런 이득도 제공하지 않는다."는 하위징아의 표현이 무엇을 의미하는지 더 명확해질 것이다.

즉각적으로 만족되어야 하는 욕구를 따르는 활동은 인간에게 절대적으로 중요하다. 그렇지만 인간은 여기에만 만족할 수 없다. 하위징아가 발견한 호모 루덴스는 생물적 활동을 벗어나 놀이하는 사람이다. 호모 루덴스가 몰두하는 놀이는 "집단의 안녕과 복지에 봉사하지만, 생활필수품의 획득과는 전혀 다른 방식과 수단으로 봉사"한다.

즉각적으로 만족되어야 하는 욕구를 넘어서는 것, 그것이 호모 루덴스가 몰두하는 놀이의 첫째 특징이다.

호모 루덴스는 자발적으로 움직인다

노동은 일종의 강제된 행동이다. 사람은 누구나 먹고사는 문제를 해결해 줄 수 있는 행동을 해야 한다. 만약 어떤 사람이 학생이라면, 그는 반드시 공부를 해야 한다. 공부는 학생이라는 자리에 대해 외부에서 강제되는 행동이다. 만약 우리가 특정한 자리에 강제되는 행동을 하지 않는다면, 그 자리를 박탈당한다. 반면, 자유로운 결정을 따르는 행동도 있다. 이런 자발적인 행동은 할 수도 있고 하지 않아도 된다. 강제적인 행동을 수행하지 않을 경우 우리는 자리를 박탈당하지만, 자발적인 행동을 하지 않았다고 해서 자리를 빼앗기는 건 아니다.

강제적인 행동은 많은 경우 판에 박힌 행동이기도 하다. 그것은 자리를 지키기 위해서 하는 행동이기에 새로운 것을 시도하기보다는 늘 해오던 대로 한다. 반면, 자발적인 행동은 관습을 따르기보다는 자유를 따른다. 노동이 외부에서 강제되는 대표적인 행동이라면, 놀이는 노동의 반대쪽에 있는 행동이다. 노동이 먹고살기 위해 할 수밖에 없는 행동이라면, 놀이는 먹고사는 문제에서 자유로운 행동이다. 결국 "놀이는 자발적 행위다. 명령에 의한 놀이는 결코 놀이가 아니다. 기껏해야 놀이를 모방한 것에 지나지 않는다."

겉으로 비슷해 보이는 행동이라도 그 행동을 관통하는 동기의 자발성 여부에 따라 놀이일 수도 있고 아닐 수도 있다. 프로 축구 선수에게 축구는 놀이가 아니다. 축구 선수가 직업인 한, 축구는 놀이일 수 없다. 요리가 직업인 사람에게 요리는 자발적인 행동이 아니다. 직업이 군인인 사람에게 전쟁은 자발적인 행동이 아니다. 요리사와 군인에게 요리와 전쟁은 일종의 노동이다. 하지만 요리를 취미로 하는 사람에게, 여가 시간에 전쟁 게임을 하는 사람에게 요리와 전쟁은 일종의 놀이다.

놀이는 노동과는 달리 필연의 법칙을 따르지 않는다. 놀이의 시작과 끝은 자유의 법칙을 따른다. 하지만 봄이 되었을 때 모내기를 해야 하는 시점은 자유의 법칙에 따라 결정되지 않는다. 모내기를 끝내야 하는 시점은 정해져 있다. 우리는 그때를 놓치지 말아야 한다. 모가 자라 이삭이 패고 가을이 되어 추수할 때 역시 마찬가지다. 추수를 마쳐야 하는 시기는 계절의 순환 주기에 따라 정해져 있다. 노동이라는 활동은 시작해야 하는 시간과 그만두어야 하는 시간이 결정되어 있다. 하지만 자유의 법칙을 따르는 놀이는 다르다.

> 놀이는 언제라도 미루거나 그만둘 수 있다. 육체적 필요나 도덕적 의무에 의해서 부과되는 것이 아니다. 그것은 결코 의무로 수행해야 하는 일이 아니다. '자유 시간'에 한가롭게 할 수 있는 행위다. (42)

놀이는 자발성에 바탕을 둔 행동이지만, 그렇다고 무질서한 행동은 아니다. 놀이가 무질서한 행동이라면, 놀이는 우리에게 어떠한 즐거움도 제공해 주지 않을 것이다. 놀이와 노동은 규칙이 있고 없음에 따라 구분되지 않는다. 놀이와 노동의 차이는 그러한 규칙이 자발적으로 만들어졌느냐, 아니면 외부에서 강제로 떠안겨졌느냐에 달려 있다.

> 놀이는 먼저 질서를 창조하고, 그 다음에는 스스로 하나의 질서가 된다. 그것은 불완전한 세계와 혼란스러운 일상생활에 잠정적이고 제한적인 완벽함을 가져다준다. 놀이는 자체적으로 더할 수 없이 높고 절대적인 질서를 요구한다. (46)

놀이는 자발적인 행동이기에 역설적으로 더욱더 엄격하게 놀이 규칙에 따른다. 놀이에서 질서는 생명과도 같다. 스포츠 경기는 자발적이지만 엄격한 규칙에 따라 움직이기 때문에 재미있다. 레슬링 경기는 엄격한 경기 규칙에 따라 움직인다. 레슬링 경기의 승패는 상대방의 어깨가 모두 매트에 닿아야만 결정된다. 그레코로만형은 상체만을 사용해야 하지만, 자유형은 상체와 하체를 모두 사용해도 된다. 이런 규칙은 필연적 법칙이 아니다. 이 규칙은 인간이 만들어낸 것이다. 하지만 이런 규칙들이 있어 레슬링이 단순한 싸움과 구별되고, 그 때문에 레슬링은 우리에게 재미를 준다.

호모 루덴스는 놀이 자체를 목적으로 한다

1920년대 에베레스트 산 등반으로 유명했던 조지 말로니에게 왜 산에 오르냐고 물었을 때, 그는 이렇게 대답했다. "산이 거기 있으니 오른다."고. 말로니와 같은 등산가들만 산에 오르지는 않는다. 산에 오르는 사람은 매우 많다. 산삼을 캐는 심마니는 날마다 산에 오른다. 하지만 심마니가 산에 오르는 이유와 조지 말로니가 산에 오르는 이유는 다르다. 심마니는 산삼을 캐기 위해 산에 오른다. 즉 구체적인 목적을 위해서 산에 오른다. 심마니의 등산은 유용한 행위다. 하지만 등반가가 산에 오르는 행위는 그 자체가 목적이다. 등반가는 산이 있기에 산에 오른다. 구체적인 목적과 결부되어 있는 심마니의 활동은 노동이지만, 등반가가 산에 오르는 행위는 놀이다. 호모 루덴스는 무엇을 위한 수단으로 놀이를 하는 게 아니라 놀이 그 자체를 목적으로 한다.

목적을 위한 수단인 노동과는 달리 놀이는 그 자체가 목적이기에, 그 행위를 통해 도달하려고 하는 지점도 다르다. 노동은 이익을 바라고 한다. 반면 놀이는 이익과는 아무 상관없다. 놀이의 목적은 관념적이다. 놀이를 통해 사람들은 이익이 아니라 명예에 도달하고자 한다.

놀이의 짝은 열광이다

우리가 경험으로 알고 있는 분명한 사실 하나. 우리는 놀이할 때, 노동할 때와는 전혀 다른 자세와 에너지를 느낀다. 여러분은 수학문제를 풀거나 영어 단어를 외우면서 밤을 새울 수 있는가? 그렇게 밤을 새우기는 어렵다고 생각하는 사람도 놀면서 밤을 새운 경험은 있을 것이다. 이처럼 놀이에서만 발휘되는 고유한 힘이 있다. 하위징아는 이런 질문을 했다.

> 왜 어린아이는 기뻐서 소리 지르는가? 왜 도박사는 도박에 몰두하는가? 왜 군중은 축구 경기를 보면서 열광하는가? 생물학적 분석으로는 이런 놀이의 열광과 몰두를 설명하지 못한다.

이런 열광, 몰두, 광분 등에 놀이의 본질 또는 원초적 특징이 깃들어 있는데 말이다. (32)

놀이에는 뭔가 미치도록 만드는 힘이 숨어 있다. 놀이에서만 발휘되는 어떤 특징이 바로 우리가 『호모 루덴스』를 읽으며 찾아야 할 것이다. 놀이 세계에서 우리가 발휘하는 놀라운 집중력은 놀이 특유의 긴장 상태에서 나온다. 놀이는 결과를 예측할 수 없다. 놀이는 불확실성과 우연성에 의해 지배되는 세계다. 이 때문에 놀이에는 긴장이라는 독특한 정서가 발휘되는데, 바로 이것에서 놀이의 에너지가 솟아 나온다. 우리는 스포츠 경기의 결과를 미리 알 수 없기에 경기에 열광한다. 축구 경기는 확률의 법칙에 따라 움직이지 않는다. 만약 축구 경기에 확률의 법칙이 그대로 적용된다면, 월드컵에서 결과는 피파(FIFA) 순위에 따라 결정될 것이다. 하지만 "공은 둥글다"는 말처럼 실제 축구 경기에서 그 순위는 때로 의미가 없다. 심판의 호루라기가 울릴 때까지 결과를 예측할 수 없기에 축구 팬들은 숨을 죽이고 축구라는 놀이에 몰입하며 열광한다. 끈기와 짝을 짓는 노동과 달리 놀이의 짝은 열광이다.

놀이의 열광은 환상 속에서 나온다

놀이가 열광과 짝을 이루는 이유는 놀이를 통해 형성되는 상상의 세계 때문이다. 소꿉장난에 몰두하는 "어린아이는 실제 자신과는 다른 어떤 것, 더 아름다운 것, 더 고상한 것, 더 위험스러운 것의 이미지를 만든다." 어린아이는 자신이 아닌 다른 사람을 흉내 낸다. 그처럼 놀이에는 언제나 "척하기의 느낌"이 있다. 바로 무엇인 척하는 가장의 요소 때문에 놀이는 현실과 구별된다.

한 아이는 의사의 역할로, 다른 아이는 환자의 역할로 소꿉장난을 하고 있다고 해 보자. 의사 역할을 하는 아이가 환자 역할을 하는 아이의 가슴에 가짜 청진기를 갖다 대고 진찰을 한 후 주사를 놓는 시늉을 한다. 환자 역할을 하는 아이는 그 의사가 진짜라고 생각하지 않는다. 그리고 그 주사가 진짜이기를 바라지도 않는다. 소꿉장난의 재미는 환자인 척하고 의사인 척하면서 주사를 맞는 상상의 놀이에서 느껴진다.

만약 진짜 의사가 앞에 있고, 정말 주사를 맞아야 한다면 어린아이는 울음을 터뜨릴 것이다. 진짜 의사와 환자는 진찰 행위에서 즐거움을 느낄 수 없다. 환자는 치료받을 걱정에 고통스러워한다. 의사와 환자가 실제 세계에 있는 한, 치료 과정에서는 '열광'을 찾아볼 수 없다. 하지만 '척하기'의 세계에서는 모든 것이 달라진다.

'척하기'는 실제와는 다른 상상의 세계를 만들어 낸다. 우리는 '척하기' 놀이를 하는 순간 그것이 만들어 내는 가상의 세계로 들어간다. 두 사람이 권투 경기를 하고 있다. 권투는 싸움인 척하는 놀이다. 만약 권투가 실제의 싸움이라면 누가 그 싸움을 구경하면서 소리 지르고 열광하며 응원하겠는가? 우리는 싸움처럼 보이는 권투의 세계가 상상의 세계임을 알고 있기에, 안심하고 권투 경기를 보면서 소리 지를 수 있다. 이처럼 놀이가 진행되면 자연스레 우리의 머릿속에서 만들어지는 환상의 세계가 있다. 그래서 환상(Illusion)은 "'놀이 중'이라는 뜻을 지닌 라틴어(inlusio, illudere, inludere)"에서 유래했다.

호모 루덴스는 놀이를 통해 현실에서 벗어나 환상의 세계 속으로 들어간다. 환상의 세계 속에서 호모 루덴스는 열광할 수 있기 때문이다. (노명우, 『호모 루덴스, 놀이하는 인간을 꿈꾸다』 중에서)

논의과제

❶ 위 글에서 논의하고 있는 놀이와 노동의 차이에 대해 정리해보자. 또 자신이 생각하는 놀이와 노동의 차이는 무엇인지 논의해보자.

❷ 놀이가 노동이 아닌 놀이 그 자체가 되기 위해 필요한 전제 조건은 무엇일지 생각해보자.

읽기자료 2

미래를 예견하는 디지털 세계의 놀이

시장 관계에서 벗어나기

인간이 무리를 지어 살아가는 한, 개인은 타인과 사회적 관계를 맺을 수밖에 없다. 북아메리카 인디언의 포틀래치에서 보듯, 인간은 선물과 답례의 교환으로 사회적 관계를 표현했다. 이 오래된 증여의 사회적 관계는 호모 루덴스가 호모 파베르로 대체되기 시작한 19세기의 대전환기와 함께 사라지고 말았다.

19세기를 거치면서 시장에서의 상품 거래 관계가 사람 사이의 사회관계까지 지배하기 시작했다. 놀이 형식으로 맺는 사회관계와 시장적 교환 관계는 서로 충돌한다. 시장의 목표는 이윤 창출이지만 놀이의 목표는 이윤 극대화가 아니기 때문이다. 시장 관계가 확대되고 사회에서 사람들의 관계가 상품 거래에 의해 지배될수록 놀이 관계는 축소될 수밖에 없다. 이처럼 시장 관계가 사회를 지배하기 시작하면서 호모 루덴스는 사라졌다.

호모 루덴스는 시장 관계에 적합한 인물이 아니다. 시장 관계가 확대될수록 호모 파베르의 장점이 돋보인다. 사람들은 시장 경쟁에서 패배하지 않기 위해서 자신을 호모 파베르로 바꿔야만 한다. 먹고 살기 위해서는 누구나 불가피하게 호모 파베르가 되어야 한다. 따라서 하위징아가 염원한 대로 호모 루덴스가 복귀하려면 놀이 정신의 후퇴를 가져온 시장의 일방적 지배를 고쳐서 바로잡아야 한다.

상품을 매개로 한 교환이 지배적인 형식일 때, 사람들은 생존하기 위해 전적으로 화폐에 의존하게 된다. 과거에는 공동체에서 상호 부조 관계를 맺고 있는 한, 개인은 많은 돈을 필요로 하지 않았다 어린아이를 돌봐 줄 사람이 필요하면 이웃집에 부탁하면 그만이었다. 가사 노동을 전담했던 사람이 병이 날 경우, 이웃은 기꺼이 그 사람을 대신해 주었다. 하지만 시장 관계가 모든 면에서 인간관계를 지배하기 시작하면 어린아이를 돌봐 줄 사람을 돈을 주고 고용해야 한다.

놀이는 참여하는 사람들이 끊임없이 서로 무엇인가를 주고받아야 성립된다. 놀이가 상호성의 원리에 따라 움직이기에 호모 루덴스는 언제나 놀이의 상대가 필요하다. 만약 상대가 없어진다면 호모 루덴스는 더 이상 놀 수 없다. 반면, 호모 파베르는 평등한 상호 관계보다는 비대칭적 관계를 더 좋아한다. 호모 파베르가 이윤을 최대로 올리는 가장 손쉬운 길은, 자신만이 판매자이고 다른 사람은 구매자인 경우다. 즉, 호모 파베르는 독점을 선호한다.

호모 루덴스가 귀환하기 위해서는 상호 관계가 반드시 회복되어야 한다. 그리고 회복된 상호 관계는 시장을 벗어나 교환하는 것이 가능해야 한다. 그래야 비로소 놀이가 놀이 산업이 제공하는 상품과 다른 성격을 지닐 수 있다.

놀이와 노동의 경계 흔들기

현대 사회는 전문화된 사회다. 전문화가 진행될수록 인간의 활동은 극단적인 분업의 상태로 밀려간다. 경제적 효율성을 고려할 때 분업은 생산성을 높일 수 있는 혁신적인 방식임이 분명하다. 하지만 분업은 불가피하게 인간의 능력을 분절화한다. 인간의 능력을 파편으로 만드는 현재의 시스템이 유지되는 한, 놀이 역시 과거의 총체적 성격을 상실할 수밖에 없다.

놀이 산업은 놀이가 직업인 사람들과 놀이를 상품으로 구매하는 사람을 분리시킨다. 전통적인 공동체에서는 잔치가 벌어지면 모든 사람들이 잔치를 준비했고 다 같이 춤추고 노래했다. 하지만 현대 사회에서 파티는 파티 플래너(party planer)가 기획한다. 파티를 상품으로 판매하는 파티 플래너와 파티에서 노는 사람은 시장 관계에서 벗어나지 못한다. 기획된 상품은 놀이처럼 보여도 놀이라 할 수 없다. 놀이의 요소는 모두 산업 시스템으로 포섭된다. 그리하여 놀이 요소가 풍부하게 남아 있던 모든 통과 의례는 상품의 법칙에 종속된다. 결혼식은 웨딩 플래너가, 장례식은 상조 회사가, 환갑잔치는 이벤트 회사가 주도한다.

아무리 놀이 상품이 다양하게 늘어난다 해도, 전문화된 집단에 의해 가공된 상품으로 놀이가 제공되고 대다수의 사람이 그 상품을 구매하는 시장 관계가 유지되는 한 호모 루덴스는 부활할 수 없다. 따라서 현대 사회가 빚어낸 분화를 가로지르는 일이 필요하다. 놀이가 직업이 되는 사회가 아니라, 놀이와 노동의 확고한 경계를 뒤흔드는 놀이와 노동이 서로 교차하는 메커니즘을 만들어야 호모 루덴스가 부활할 수 있다.

놀이와 노동의 경계를 흔들고 시장에서 벗어난 교환 관계를 회복하기 위해 꼭 과거로 돌아갈 필요는 없다. 디지털 공간의 새로운 움직임은 미래를 지향하는 사례들을 보여준다.

해커들의 디지털 쿨라 놀이

미래를 예견할 수 있는 놀이 현장이 월드 와이드 웹(World Wide Web), 즉 인터넷이다. 가상 세계이기는 하지만, 시장 교환 관계와는 다른 가능성을 열어 놓고 있다. 이윤을 추구하고 경제적 교환에만 관심을 가지는 호모 파베르의 세계와는 달리, 인터넷은 동료 집단의 연대와 수평적 교환을 통해 새로운 세계를 창출해 냈다. 디지털 쿨라(kula)*의 관계라 부를 수 있는 새로운 사회적 관계는 노동과 놀이, 다시 말해 호모 파베르와 호모 루덴스의 19세기적 대립을 무색하게 만드는 환경을 만들고 있다. 우리는 이 환경에 주목한다.

인터넷은 애초에 군사적 방어 기술로 만들어졌다. 적이 아군의 의사소통망을 공격하더라도 붕괴되지 않고 작동할 수 있는 통신시스템을 개발하려는 목적에서 시작되었다. 이것이 현재 보편적 의사소통망으로 발전하는 데에는 해커들의 놀이가 결정적인 역할을 했다. 문제를 일으키는 사람이라는 부정적 이미지와는 달리, 해커는 본래 뛰어난 컴퓨터 지식을 지닌 사람을 의미한다.

군사적 목적으로 시작된 컴퓨터 연결망이 1969년에 몇몇 대학교의 컴퓨터를 연결해 아르파넷(ARPANET)**으로 발전했다. 그런데 그것에 접속할 수 없었던 듀크 대학과 노스캐롤라이나 대학의 학생들이 일반 전화선으로 아르파넷에 접속하는 방법을 개발했다. 이 해커 집단의 놀이 덕택에 모뎀 접속이라는 인터넷 접속 방법이 보편화되었다.

지금이야 인터넷에 접속해 정보의 바다를 항해하는 방법이 간단하지만, 인터넷 초창기에는 전문 프로그래머들만 할 수 있었다. 웹 브라우저가 개발되면서 일반인들도 쉽게

---

* 남태평양 멜라네시아인의 의례적 교환 행위. 북아메리카 인디언의 포틀래치와 유사한 교환 행위다. 오늘날 쿨라는 경제적 이윤을 목적으로 하는 교환이 아니라, 명예 획득을 목표로 하는 비시장적 교환 관계를 지칭하는 개념으로 사용된다. 말리노프스키(1884~1942)가 트로브리안드 군도 유역의 부족 간 교환을 연구하면서 사용한 개념이다.

** 인터넷의 시초. 미국 국방부에서 개발한 컴퓨터 네트워크다. 각지의 연구소와 대학교의 컴퓨터를 연결하여 정보를 공유하고 활용할 목적으로 개발되었다. 발족 당시 아르파넷은 UCLA, 스탠퍼드, UC 샌타바바라, 유타 대학만을 연결했다.

이용할 수 있게 되었다. 첫 번째 웹 브라우저 프로그램이었던 모자이크(Mosaic)는 상품으로 개발되지 않았다. 모자이크는 마크 안데르센이라는 대학생이 놀이처럼 만들어서 보급한 프로그램이다. 모자이크보다 더 쉽게 인터넷을 이용할 수 있도록 개발된 웹 브라우저가 넷스케이프(Netscape)다. 넷스케이프 역시 실력을 뽐내는 프로그래머 집단의 놀이 경쟁을 통해 탄생했다.

이렇듯 인터넷은 해커들의 자유로운 놀이에 의해 우리가 쓰고 있는 거대한 의사소통망으로 발전하게 되었다.

물론 오늘날 인터넷은 초창기 인터넷과는 매우 다르다. 인터넷에도 경제 논리가 침투하여 인터넷은 가상의 시장으로 작용한다. 하지만 분명한 것은 인터넷은 현실 세계와는 달리 경제 논리가 전면적으로 지배하지 못하고 있다는 사실이다. 인터넷은 한편으로는 상품 거래가 이뤄지는 시장이지만, 시장에서 벗어난 교환 관계가 자라는 곳이기도 하다.

리처드 스톨만(1953~)이 창립한 프리 소프트웨어 재단의 움직임은 비시장적 교환이 확대될 수 있는지 실험하는 현장이다. 프리 소프트웨어 재단은 시장 관계에 의해 지배되는 컴퓨터 문화에서 벗어나서 초창기 웹에서 나타났던 해커 공동체의 부활을 꿈꾼다.

프리 소프트웨어 재단은 누구에게나 공개되며 자유롭게 쓸 수 있는 컴퓨터 운영 체제를 만드는 그누(GNU) 프로젝트를 시작했다. 그것은 마이크로소프트사가 개발한 컴퓨터 운영 체제인 윈도우가 상품으로 팔리는 것과는 전혀 다른 사회적 관계를 추구한다. 이 프로젝트는 전 세계 뛰어난 프로그래머들의 자발적이고 비시장적인 협업으로 완성되었다. 일종의 디지털 쿨라의 관계에 의해 수행된 것이다. 이 프로젝트에 참여한 수많은 해커들은 프리 소프트웨어 재단에 고용된 사람이 아니다. 해커들은 프리 소프트웨어 재단과 임금 노동 관계로 맺어지지 않는다. 해커들은 증여의 원리에 따라 이 프로젝트에 참여한다.

그누 프로젝트는 리눅스(Linux)를 만들어낸 전설적인 핀란드의 프로그래머 리누스 토르발스(1969~)와 결합했다. 토르발스 역시 리눅스라는 프로그램의 핵심을 시장 관계가 아니라 증여의 방법으로 프로그래머들과 교환했다. 그 결과 현재의 그누/리눅스라는 운영 체제가 만들어졌다. 이는 상품으로 판매되지 않는다. 그누/리눅스가 창출해 낸 관계는 비시장적이다.

해커 공동체에서 만들어진 컴퓨터 프로그램은 해커들의 명예를 건 경쟁 놀이의 산물이었다. 해커들의 놀이로 만들어진 프로그램은 상품으로 판매되지 않고, 모두가 공유할 권리를 지닌 프리(free) 소프트웨어나 공개(open) 소프트웨어다. 놀이하며 프리 소프트웨어를 만들어내는 토르발스와 같은 프로그래머는 디지털 호모 루덴스다. 디지털 호모 루덴스는 컴퓨터 운영 체제인 윈도우를 판매하는 마이크로소프트사의 대표 빌 게이츠와 다르다. 디지털 호모 루덴스는 디지털 호모 파베르인 빌 게이츠도 얻지 못한 명예를 얻는다.

명예를 위한 해커들의 놀이 경쟁으로 만들어진 프로그램은 호모 파베르가 독점할 수 있는 재산이 아니다. 그것은 디지털 호모 루덴스의 공동 자산이다. 자신이 만들어 낸 프로그램을 공유하는 사람이 늘어날수록 자신의 명예도 높아지기에, 해커들은 독점이 아니라 공유를 목표로 한다. 해커의 놀이 경쟁에 의해 만들어지고 공유되는 프로그램이 늘어날수록 인터넷에서 시장을 벗어난 교환관계는 확대된다. 해커들의 놀이가 호모 루덴스가 복귀할 수 있는 터전을 만들고 있다.

위키피디아 속 사회관계를 통해 미래의 놀이를 본다

온라인 집단 지성*에 의해 움직이는 백과사전 위키피디아는 백과사전의 대명사 브리태니커를 뛰어넘어 인류 최대의 지적 놀이가 벌어지는 공간으로 발전하고 있다. 위키피디아는 지구 곳곳에 숨어 있던 지혜의 달인들이 네트워크를 통해 벌이는 경쟁 놀이라 할 수 있다.

19세기 이후 지식 탐구가 전문화되면서 지식인은 직업으로 발전했다. 그리하여 지식은 놀이의 요소를 상실하고 전수의 대상으로 바뀌었다. 대학교수를 비롯한 직업 지식인에게 지식 탐구는 과거의 호모 루덴스처럼 지혜의 놀이가 아니라 전문적인 노동이 되어 버렸다. 지식인이 직업이 되고 지식 탐구가 노동이 되면, 지식을 탐구하는 노동을 수행하는 사람과 이들의 노동 수확물을 상품으로 구매하는 사람 사이에는 넘어서기 어려운 분화가 형성된다. 한편에는 지식의 판매자가, 다른 한편에는 지식의 구매자가 있을 뿐이다.

---

* 다수의 개체들이 서로 협력하거나 경쟁하는 결과로 얻어지는 집단적 능력을 말한다. 대중의 지혜, 협업 지성, 공생적 지능이라고도 한다. 위키피디아 외에도 오마이뉴스, 네이버 지식인, 배심제 등이 있다.

19세기 이후 지식은 더 이상 공동체가 공유하는 대상이 아니게 된다. 브리태니커 백과사전은 이러한 변화를 단적으로 반영한다. 브리태니커 백과사전은 전문가 시스템에 의해 움직인다. 소수의 전문가와 지식 탐구를 직업으로 하는 사람들이 백과사전의 항목을 선정하고 내용을 작성하면, 책을 편집하는 일이 직업인 사람들이 브리태니커 백과사전을 만들어내고, 그런 노동이 직업이 아닌 사람들이 이것을 구입한다.

반면 위키피디아는 디지털 호모 루덴스의 세계를 반영하는 백과사전이다. 그것은 브리태니커를 편찬하고 판매하며 구매하는 호모 파베르의 세계와는 다른 원칙에 따라 움직인다. 디지털 기술의 발전 덕분에 지식의 체계가 만들어지는 데 반드시 필요하지만 반복적이고 지루한 노동은 컴퓨터 프로그램으로 해결되었고 사람들은 이 지식 놀이에 누구나 평등하게 참여할 수 있다. 위키피디아에 연결되면, 고립된 자기만의 취미 세계에 몰입해 파급력을 지니지 못했던 오타쿠조차도 세계와의 연결망을 갖게 된다. 게다가 위키피디아는 상업적 이윤에 의해 작동하지 않는다. 자발적인 노동에 의해 만들어지기에 비시장적 관계망에 의해 움직인다. 위키피디아에는 다른 웹 사이트와 달리 상업 광고가 없다.

위키피디아의 아이디어를 만들어 낸 창시자는 있지만, 위키피디아를 독점적으로 소유하는 사람은 있을 수 없다. 그것은 수많은 사람들의 자발적 참여로 크게 성장하였다. 위키피디아는 비시장적 관계망에 의해 움직이지만 날마다 성장해, 현재 전 세계에서 다섯 번째로 방문자가 많은 웹사이트다.

위키피디아는 새로운 놀이의 가능성을 예견하게 한다. 위키피디아라는 백과사전에서 시작된 협력 미디어 방식은 위키북, 위키뉴스, 위키소스, 위키 낱말 사전 등으로 지속적으로 확대되어 가고 있다. 위키적 방식은 숨어있던 고수들에게 놀이터를 제공한다. 홀로 고립된 활동에 만족할 수밖에 없었던 숨은 고수들은 위키적 방식의 네트워크와 만나면서 오타쿠의 좁은 취미의 성에서 넓은 세상으로 걸어 나올 수 있게 되었다.

그 밖에도 유튜브가 있는 한, 오타쿠들은 취미의 성에서 갈고 닦은 실력을 네트워크를 통해 전 세계 사람들에게 전달할 수 있다. 트위터(twitter)와 페이스북(face book) 같은 소셜 미디어(social media)를 통해 자신만의 독특한 취미를 가진 사람은 정보를 공유할 수 있는 사람들과 연결된다.

호모 파베르가 미디어를 지배하고 있는 동안, 오타쿠는 호모 파베르에게 포섭되지 않고 자신의 것을 지키기 위해 취미의 성을 비밀리에 지어야 했다. 그러나 소셜 미디어로 개인과 개인이 연결되면 오타쿠는 취미의 성 밖으로 걸어 나오게 된다. 비영리를 목적으로 운영되는 위키 방식의 네트워크는 경제적 이윤이 아니라 참여하는 사람이 획득할 수 있는 명예에 의해 움직이기 때문이다. 아직은 인터넷상의 변화에 불과하다고 하더라도, 미래의 놀이 가능성을 예견할 수 있는 변화는 시작된 셈이다. 미래는 생각보다 빨리 우리에게 다가올 수 있다. (노명우, 『호모 루덴스, 놀이하는 인간을 꿈꾸다』 중에서)

논의과제

❶ 놀이 그 자체와 '놀이 산업이 제공하는 상품'의 차이는 무엇인지 생각해보자.

❷ 현대 사회에서 우리에게 의미 있는 놀이의 세계를 분석해보자. 호모 루덴스의 귀환이 가능한지 생각해보자.

❸ 자본에 빼앗긴 놀이를 직접 즐기고 창조적으로 운용할 수 있는 구체적인 대안을 생각해보자.

❹ 다음의 글을 참조하여 자신의 놀이 세계를 분석해보고 자신의 일에서 놀이가 가진 즐거움을 찾아보자.

"도대체 뭘 하면 재미있어요?"

"젠장, 자기가 뭘 재미있어하는지 내가 어떻게 아나?" 나는 돌아서며 혼자 궁얼거린다. 재미와 행복을 강조하는 이야기를 사방에 하고 다니다 보니, 사람들은 매번 내게 묻는다. 도대체 뭘 하면 재미있느냐고. 사는 게 도무지 재미없어 어쩔 줄 몰라 하는 그 고통은 이해하지만, 자신이 재미있어하는 것은 오직 자신만이 알 뿐이다.

재미는 '존재의 근거'다. 우리는 재미있으려고 산다. 아닌가? 이렇게 쉽게 이야기하면 모양이 좀 빠져 보인다. 나름 폼 잡는 학자들은 온갖 까다롭고 복잡한 언어로 인간 존재의 근거를 설명한다. 그러나 아무리 읽어도 잘 모르겠다. 철든 이후 오십이 되는 지금까지 하루도 책을 손에서 놓은 날이 없는 내가 이해가 안 되면, 그런 내용을 이해할 사람은 이 세상에 별로 없다. [……]

존재의 근거에 관한 내 문화심리학적 설명은 아주 단순명료하다. 재미없는 삶은 내 삶이 아니다. 당위와 의무로는 내 존재 이유를 설명할 수 없기 때문이다. 삶의 본질은 아이들을 보면 안다. 아이들은 오직 한 가지 생각뿐이다. 오직 재미있을 생각. 그래서 눈물이 쏙 빠지도록 혼나도 돌아서면 바로 키득거린다. 젊은 아버지의 장례식장에서도 놀고 있는 어린 자식들을 가끔 볼 때가 있다. 우리 눈에는 서글프기 한이 없지만, 아이들은 그런 거 모른다. 슬픔은 아이들의 언어가 아니다. 아이들에게 삶이란 곧 재미다. 그래서 네덜란드 문화사학자 하위징아는 인간 삶과 문명의 본질을 '호모 루덴스', 즉 '놀이하는 인간'으로 정의한다.

'뭘 하면 재미있는가?'의 문제는 각 개인이 해결해야 하지만, '어떻게 하면 재미있는가?'에 관해서는 심리학적 설명이 가능하다. 공부다. 세상에서 가장 재미있는 것은 공부하는 거다. 이렇게 이야기하면 이건 또 무슨 황당한 소리냐고 할 것 같다. 그러나 이는 우리가 생각하는 공부에 관한 경험이 왜곡되어 있기 때문이다. 이제까지 우리는 '남의 돈 따먹으려고(!)' 공부해왔다. 그래서 공부가 재미없었던 것이다.

내가 재미있어하는 것을 공부하는 것처럼 행복한 일은 없다. 예를 들어 내가 사진 찍는 일을 좋아한다고 하자. 셔터 속도, 조리개를 조절해가는 방법을 배워가며 새로운 순간을 포착해낼 때마다 느끼는 희열은 폭탄주나 노래방의 그 어설픈 즐거움과 비할 바가 아니다. 자신의 성장이 확인될 때 빠져드는 그 삶의 충만함을 심리학에서는 '플로'(flow)라고 한다. 시간 가는 줄 모르고 자신의 존재조차 망각하는 몰입의 즐거움은 공부에서만 느낄 수 있다.

공부하는 '학교'(school)의 어원은 그리스어로 '스콜레'(schole)다. 삶을 즐긴다는 뜻이다. 삶을 재미있게 사는 방법을 배우는 곳이 학교였던 것이다. 자신이 평생 즐겨야 할 삶의 주제를 발견하고, 그것을 평생 추구하는 능력을 배양하는 곳이 학교의 본질이다. 재미는 주체적 삶의 조건이기 때문이다.

늦지 않았다. 내가 정말 좋아하는 것을 찾아 새롭게 학습을 시작하자는 이야기다. 다행히 우리가 누릴 수 있는 평균수명이 무지하게 늘어났다. 내가 좋아하는 것을 찾아내고, 그것에 몰입하여 시간 가는 줄 모르는 그 엄청난 재미를 발견하기에 아직 시간이 충분하다. 지구와 우주의 평화가 내일 당장 이뤄져도, 내가 정말 좋아하는 것을 모른다면 절대 행복해질 수 없다. (김정운, 『한겨레』, 2011년 5월 17일)

제2장 환경과 생명

환경과 생태에 대한 사회적 관심이 날로 높아지고 있다. 오늘날 환경 문제는 지구를 통틀어 인류에게 닥친 최대의 재난이라고 할 수 있다. 지금 우리에게 닥친 환경의 위기, 생태학적 재난은 인간이란 무엇인가, 인간이 이 세계 속에 존재해야 하는 방식은 어떠해야 하는가 하는 근원적인 물음에 답할 것을 요구하고 있다. 2부 2장 '환경과 생명'에서는 환경과 생태의 위기를 바라보는 다양한 생태학적 담론들 가운데 특히 인문·사회학적 접근법을 검토하고 자연과 인간의 관계, 생태학적 삶의 의미 등을 성찰해본다. 그리고 이를 통해 생태학적 위기를 극복할 수 있는 실천적 과제에 대해 생각해보도록 한다.

읽기자료 1

오늘날 전 지구적으로 지배적인 생활양식으로 된 산업주의 문명이 서구에서 시작될 때 무엇보다도 이 문명의 근본 동인(動因)으로 작용하는 데 기여한 것은 자연세계와 인간을 절연된 것으로 파악하는 이분법적이며 기계론적인 세계관의 확립이었다. 이러한 세계관의 확립에 결정적인 공헌을 했던 사상가의 한 사람은 프란시스 베이컨이었는데, 그에 따르면 인간이 그 자신의 행복의 증진을 위하여 자연을 '조작하고 착취하며 심지어 고문하는' 것은 당연한 자연스러운 일이었다. 착취나 고문이라는 말은 단순히 비유적인 말이 아니었다. 실제로 산업주의 문명은 자연에 대한 끊임없는 공격과 유린을 정당화하고 강화하는 과정으로 일관해온 것이다.

그러나 학대받고 고문당해온 자연이 이제 인간에게 인과응보가 무엇인지 가르쳐주기 시작하였다. 지구의 생명보호막이라고 할 수 있는 오존층에 구멍이 뚫렸고, 온실효과와 이상기후는 그 위협적인 징후를 이미 드러내기 시작한 것이다. 오염된 공기와 물과 식품으로 인하여 인간이 조만간 엄청난 재앙에 직면하리라는 것은 불을 보듯 뻔한 일이 되었다.

그럼에도 불구하고 이 모든 오염과 파괴의 과정은 근본적인 변화의 조짐을 보여주지 않고 있다는 점에 지금 이 시대의 무엇보다 커다란 비참과 불행이 있는 것이다. 열대우림을 비롯하여 지구 도처에서 삼림벌채가 개발이라는 명분 밑에 가속화되고 있고, 개인 승용차는 나날이 불어나고, 생활의 진정한 필요와 관계없는 낭비적인 물건의 생산과 소비가 경제성장과 생활수준의 향상이라는 기준에 의해 끝없이 합리화되고 있을 뿐이다. 따져보면 우리 모두는 지금 가라앉아가는 거대한 선박에 동승해 있는 처지임에도 불구하고 배의 침몰이라는 근본적인 재앙에 대하여는 지극히 둔감하고, 저마다의 선실의 행복한 공간을 더 확보하기 위하여 치열한 경쟁을 일삼고 있는 것이라고 할 수 있다. 몇몇 사람들이 배의 선창에 구멍이 난 것을 알고 점점 커져가는 이 구멍을 막지 못하면 배가 침몰해버릴 것을 명백히 보면서 다른 승객들의 주의를 환기시키려고 필사적으로 노력하고 있지만, 대다수 승객들은 그러한 경고에 아랑곳하지 않고 오히려 자기들만의 개인적인 안락과 편의를 위하여 선박의 구조물들을 가차 없이 뜯어내고 파괴하는 데 열중하고 있는 것이다.

환경에 민감한 개인이나 단체들이 아무리 말해본다 하더라도 골프장은 계속하여 확장되고, 농토는 축소 오염되며, 산업폐수는 끊임없이 강과 바다로 들어가고 있는 상황이다.

많은 사람들은 현재와 같은 생태적 위기를 단지 기술적인 보완이 필요한 부분적인 위기로 보는 안이한 사고방식에 갇혀 있다. 예컨대 자동차는 촉매변환장치를 부착하고 좀 더 정제된 기름을 쓰는 것으로써 공해문제를 해결할 수 있을 것이라고 생각한다든지, 화석연료의 문제는 핵에너지로 대체하면 될 것이며, 오염된 강물은 고도의 정수처리시설로 정화될 수 있을 것으로 생각하는 것이다. 그리하여 환경위기야말로 새로운 산업을 위한 중요한 기회가 될 것이라는 녹색 상업주의 논리도 등장하는 판국이다. 모든 지배적인 체제를 공식적으로 대변하는 거대 언론매체를 통하여 최근에 부쩍 우리가 많이 듣게 된 것은 좀 더 진보한 과학기술만이 우리의 살길이라는 소리 높은 주장이다.

물론 우리는 새로운 기술적 성과에 의지하여 어느 정도 미봉적인 수준이나마 지금 당장 발등에 떨어진 불을 끌 수밖에 없다는 사실을 고려해야 할 것이다. 그러나 모든 기술주의적 접근방법은 명백한 한계를 가지고 있고, 따라서 그러한 한계를 무시하고 자꾸만 기술주의로만 대처하려고 한다면 그 결과는 차라리 기술이 적용되지 않은 상황보다도 훨씬 더 치명적일 수 있다는 점을 생각해야 하는 것이다. 우리는 인간이 아무리 뛰어난 재간을 소유했다 하더라도 인간의 낭비적인 욕망추구가 무한히 지속될 수 있는 가능성은 이 지구 상에서 절대로 없다는 명백한 사실에 주의를 돌릴 필요가 있다. 제아무리 과학기술이 발달된다 한들 그것은 파국을 일시적으로 조금 지연시키는 데 공헌할 수 있을 뿐이지(그렇게 함으로써 사태의 진상을 가리는 데 공헌을 할 수 있을 뿐이지), 근본적인 해결방식으로 나아가는 것은 불가능한 것이다.

편의상 우리는 환경위기라는 용어를 쓰고 있지만, 이것은 정확한 표현이라고 할 수 없다. 왜냐하면 지금 환경위기라는 것은 위에서 암시한 바와 같이, 단순히 기술이나 사회공학으로 극복될 수 있는 부분적인 위기가 아니라 자연세계와의 근원적인 관계를 무시하거나 몰각(沒覺)해버리고 인간 자신의 이기적인 욕망충족을 직선적으로 추구해온 지난 수백 년간의 산업주의 문명의 당연한 귀결로서의 총체적인 위기이기 때문이다. 이것은 무엇보다도 자연 또는 우주 속에 있어서의 인간의 운명이라는 근본적인 상황에 대한 완전한 무지 또는 무관심이 빚어놓은 파국적인 현실인 것이다.

간디는 언젠가, 지구는 인간의 기본 욕구를 위해서는 항상 풍요로운 곳이지만, 인간의 탐욕 앞에서는 매우 궁핍한 곳이라고 말하였다. 다시 말하여 지구는 유한체계이긴 하되 그 끊임없는 재생순환의 질서에 의하여 모든 생명체들이 그 품안에서 생장소멸을 영구히 되풀이할 수 있게 하는 것이다.

봄이면 새싹이 돋고 꽃이 피며 여름과 더불어 무성한 녹음을 이루다가 가을이 되어 열매 맺고, 낙엽이 되어 떨어지는 잎사귀들은 죽어서 땅의 양분이 되고 그럼으로써 또다시 다음번 봄의 생명의 출현에 기여한다는 것은 우리가 잘 아는 자연의 기본 운행 방식이지만 이러한 기본적인 질서에 겸허하게 순응하는 한 생명의 사이클이 중단될 수 없는 것이다. 문제는 이러한 기본 질서를 무시하고 인간이 무턱대고 제 욕심만 채우려고 할 때, 그것도 대규모로 이루어질 때, 생태계에 대한 파괴는 불가피한 것으로 되고 만다는 것이다.

그러니까 결국 삶의 근본적인 척도가 문제라고 할 수 있다. 산업주의 문화에 있어서 유일한 척도는 물질적 욕망의 직선적인 추구이다. 좀 더 간략하게 좀 더 빠르게 목적지에 이르고자 하는 인간의 욕망은 나무랄 수 없는 것인지 모르지만, 이런 욕망이 그 자체로 배타적인 척도가 되고 유일한 기준이 될 때 개인 승용차의 범람으로 우리의 사회적·생태적 환경은 지옥으로 되는 것이다. 인간 자신의 육체적 에너지나 나아가서 동물의 에너지를 빌려서 한 지점에서 다른 지점으로 이동하는 인류사의 오랜 관습이 유지되는 동안은 생태적 파손은 일어나지 않고, 일어난다 하더라도 그것은 쉽게 복구될 수 있었거나 그 영향이 부분적인 국면에 그치는 것이었다. 북미 인디언들은 수천 년을 두고 삶을 꾸려왔지만 그 삶이 생태적으로 끼친 영향은 하늘의 구름의 그림자가 땅에 대하여 끼치는 영향과 같은 것이었다는 얘기가 있다. 전체적으로 수렵·채취민의 생활이었던 인디언들의 경우는 조금 예외적인 것이라고 할 수 있다 하더라도, 신석기시대가 열린 이후 1만 2천 년 동안 세계 각처에서 농경문화를 향유해온 대부분의 토착 전통사회가 오랜 세월 동안 그 기본적인 삶의 골격을 지속적으로 유지해 올 수 있었던 결정적인 원인은 무엇보다 생명의 질서에 대한 순응이 언제나 가장 중요한 척도였기 때문이다. 다시 말하여, 인간은 어떤 대륙, 어떤 곳에서 삶을 영위하든지간에 자기 자신이 자연세계의 일부이며, 생명의 큰 그물 속에 한 가닥을 차지하고 있다는 인식에 충실하였던 것이다.

어떤 사람들은 아메리카 인디언들이나 토착사회들에서 흔히 볼 수 있는 자연과 생명에 대한 깊은 공경의 태도는 따지고 보면 자연현상을 객관적으로 설명해내는 데 필요한 과학적 능력과 기술적 능력이 결핍한 데에 기인한다고 생각하고 있다. 그러나 그러한 방식으로 생각하는 것이야말로 산업주의 문화에 중독된 사람의 편견에 불과하다는 것을 우리는 주목해야 한다. 이른바 서구식 산업문화에서 언급되는 과학·기술이라고 하는 것은 자연세계와 인간을, 그리고 나와 타자를 확연하게 분리할 수 있다고 보는 이원론적 세계관 속에서만 성장할 수 있는 것이다. 땅이 단순히 물질덩어리가 아니라 모든 생명을 품고 기르는 어머니라고 보는 데 익숙한 문화를 유지하는 사람들이라면 그 땅에 불도저를 들이댄다는 것은 상상도 할 수 없을 것이고, 따라서 불도저와 같은 능률적인 테크놀로지를 목표로 하는 '합리주의적인 사고방식이나 계산법'이 발달할 수 없는 것은 너무나 당연한 일이다.

산업주의 문명은, 간단히 말하여 천지만물에 대한 인간의 배타적인 자기주장을 기초로 하는 매우 교만한 정신적 태도의 소산이다. 산업문명 속에서 자연이 의미가 있다면 그것은 오로지 재화를 만들어내고, 편의와 안락을 제공하는 자원으로서만 의미가 있을 뿐이다. 자연이 그 풍요로운 다양성 속에서 균형과 조화를 유지하면서 그 자체로 생명을 구가해야 할 내재적인 권리를 인정하지 않고 오로지 공리주의적, 인간중심적 시각으로만 사물을 보는 태도에 근본적인 변화가 일어나지 않는 한 인간은 자연으로부터, 자신의 이웃으로부터, 그리고 자기 자신으로부터도 필연적으로 소외될 수밖에 없다. 그리하여 끊임없는 소득과 권력을 위한 피비린내 나는 야만적 경쟁만이 삶의 제일의적(第一義的) 원리로 기승을 부리게 되는 것이다.

전통적으로 인간간의 경쟁관계를 지양하는 대안적인 생존방식으로서 사회주의적 논리가 많은 사람들의 관심을 끌어왔다는 것은 우리가 잘 안다. 그러나 지금 현실에서 실패한 것이 사회주의의 이념이 아니라 사회주의의 잘못된 실천이었다는 관점에 동의한다 하더라도, 오늘날 온 인류사회에 가장 절박한 위기로 다가온 생태적 파국의 상황에서 우리가 깊이 생각해보지 않으면 안 될 것은, 인간끼리의 공정한 공존관계를 추구하는 노력이 물론 뜻있는 노력이긴 하지만 그것만으로는 이제 나아갈 길이 없고, 무엇보다도 자연세계와의 공생관계를 동시에 모색하지 않는 한, 인간 상호간의 공생도 불가능하다는 사실일 것이다. 다시 말하자면, 사회적 정의를 추구하는 것은 여전히 중요한 일이고 빵의 크기를 고르게 하는 노력이 뜻있는 일이기는 하지만, 지금은 우리가 고르게 하고자 하는 그 빵이 통째로 썩고 오염되어 있다는 사실을 직시해야 한다는 것이다.

그러면 어떻게 하면 빵을 오염으로부터 건져낼 수 있는가? 이 질문에 대한 답변을 빵에 관련된 전체적인 상황을 볼 수 있어야 한다는 것이다. 즉, 빵의 오염이라는 현실은 정치경제적 문제이면서 동시에, 혹은 더 근본적으로 인간이 산업주의 문화 속에 선택한 생존방식이 자연과 생명의 질서에 근본적으로 어긋나는 것이었다는 것, 그래서 이 문제는 무엇보다 삶의 존재방식에 대한 철학적인 반성을 절실히 요구하는 문제라는 점을 겸손하게 받아들여야 하는 것이다.

이제 이러한 의미의 겸손에 이르지 않는 한, 인간의 단순한 생물학적 생존은 매우 위태로울 뿐만 아니라 인간은 이 세계에서 고립을 면치 못하고 외로움과 내면적인 황폐함으로부터 결코 벗어나지 못할 것이 분명하다.

우리의 삶에 주어지고 있는 온갖 정신적 · 물질적 고통은 결국 한 가지 뿌리에서 나오고 있음을 아는 것이 지금은 무엇보다 중요하다. 자연세계로부터 스스로를 분리함으로써 자연에 대한 끝없이 공격적인 약탈과 폭력을 가한 결과, 산업주의 문명은 그 자신의 존립에 대한 명백한 위험이 되는 생태적 파국을 맞이했을 뿐만 아니라 그 문명을 받아들인 인간사회는 극도로 야만스럽고 추한 것이 되었고, 인간 개개인의 내면은 지극히 피폐하고 공허한 것이 되어버린 것이다. 우리는 우리 자신의 내면적 삶에 충실하게 되는 일은 우리가 우리의 자연성을 자각하고, 자연과의 조화로운 관계를 재인식하며, 그것을 구체적인 생활양식으로 표현할 수 있는 능력에 달려 있다는 것을 이해하지 않으면 안 된다.

일찍이 해월 선생은 이천식천(以天食天)이라는 말로써, 한울님이 한울님을 먹여 살리는 자연의 근본 질서에 대해 언급함으로써 우리가 먹고사는 이치가 근원적으로 자비와 헌신과 자기희생의 빈틈없는 상호의존 관계 속에서 이루어지는 '거룩한' 일임을 밝혔다. 산업주의 문화의 진정한 비극은 사람들이 날마다 먹는 밥이 얼마나 큰 사랑과 희생의 산물이며, 하늘의 은혜 덕분인지를 기억하는 것을 매우 어렵게 한다는 데 있을 것이다.

우리가 전망할 수 있는 유일한 활로는 우리 삶의 '거룩함'을 기억할 수 있게 하는 문화를 재건하는 데 있고, 그러한 문화는 전적으로 새로운 어떤 것이 아니라 산업주의 문화의 침탈을 받기 이전의 옛 토착문화의 원리를 다시금 부활시키는 것이라는 것은 이 문제를 조금이라도 깊이 생각하는 사람들이라면 동의할 수 있을 것이다. 모든 자원을 고갈시키고, 불가피하게 오염을 확대할 수밖에 없는 문명—아메리카 인디언의 말을 빌려 말하면 "그 자신이 내놓는 쓰레기 속에서 숨이 막혀 죽을 수밖에 없는"—이 산업주의 문명의 기본 골격을 그대로 두고, 여기에 부분적인 수선을 가하여 위기를 넘길 수 있다고 생각하는 것이야말로 어떻게 보면 진짜 위기를 이룬다고 할 수 있을 것이다.

오늘날 산업문화의 모든 공식적 기구들—여기에는 언론과 대학과 모든 공식적 문화제도도 포함된다—이 한결같이 목표로 하는 것은 그 기구들 자신의 무한한 성장과 확대일 뿐이다. 산업문화의 공식적 기구와 제도를 통해서 생태적 위기를 극복한다는 것은 원리상으로 불가능한 일인 것이다. 산업문화의 지배 바깥이나 변두리에서 고통당하고 있는 사람들이 스스로의 자치적인 공간을 확보하려는 노력의 표현으로서 새로운 형태의 생활공동체운동을 전개할 때, 그곳에서 아마 가장 진실한 새로운 삶의 대안이 싹틀 수 있을지 모른다. 모든 권력의 궁극적 목표는 더 많은 권력의 확보이다. 우리는 자기 확대와 지배와 통제의 욕망을 떠나서는 삶을 설계할 능력이 없는 오래된, 해묵은 권력주의

문화로부터 해방됨으로써만 진정으로 새로운 생명의 문화로 나아갈 수 있다는 것을 깊이 깨닫지 않으면 안 된다. 생활공동체운동이 권력의 확대와 집중화에 반대하여, 진정으로 공생의 논리를 실천하려는 자주적 노력이 되는 한, 그것은 이 시대의 가장 뜻 깊은 역사적 실천이 될 것이다. (김종철, 「자주적 공생의 논리」)

논의과제

❶ 위의 글에서 논의하고 있는 환경 문제의 근본적인 원인은 무엇인지 생각해보자.

❷ 환경 문제를 해결하기 위해 제시되고 있는 과학기술주의적 접근 방법의 한계는 무엇인지 생각해보자.

❸ 산업문명의 폐해를 극복하고 공생을 실천할 수 있는 생활공동체 운동의 사례를 찾아보고 논의해보자.

읽기자료 2

근본 생태학

환경개혁주의적인 활동에 무엇인가 문제가 있음을 느끼고, 생태 위기를 직감한 70년대의 학자 및 운동가들은 환경 개량주의와 자신의 논리를 구분할 필요가 있었다(Devall & Session, 1985). 그러던 차에 1973년 노르웨이 철학자 안 네스는 자신의 논문 「피상적 생태운동과 근본적이고 장기적인 생태운동」을 통하여 환경주의와 자신의 입장을 구분하고, 전사를 '피상 생태론'이라 규정하는 반면 자신의 입장을 '근본적이며 광범위한 생태운동'의 주류로서 근본 생태론이라 명명하였다. 이 명칭은 '환경문제'의 치유가 자연에 대한 좀 더 근본적이고 영적인 접근, 즉 인간을 포함한 자연계의 전일적 구조에 대한 인식 또는 이 전일적 구조에 관통해 있는 인간정신과 같은 우주적 기운에 대한 인식의 필요성에서 비롯된 것이다.

이러한 영적인 인식을 강조하는 근본 생태론은 철학적 논의에 관여하면서 근대 문명 밑에 깔려 있는 계몽주의를 체계적으로 부정하려 시도한다. 사실 호르크하이머와 아도르노(Jay, 1973: Ch. 9)가 지적한 바 있듯이, 계몽주의는 중세까지 지배적이었던 생기론과 신비주의적 사고를 근절시켰다. 근본 생태론자들은 이러한 계몽주의를 일종의 사상적 독재로 규정하고, 인간의 의식을 생기론적 자연의 재주체화와 신비론적 인식 방식으로 회귀시킴으로써 인간의 자연에 대한 지배와 소외를 극복하려 한다.

그러면 이러한 목적을 가진 근본 생태론적 시각에서 현대의 위기는 어떻게 비쳐지는지 알아보자.

위기론

근본 생태론자들은 근대가 앓고 있는 문제들로 핵무기의 위협, 대기오염, 각종 폐기물 및 화학물질 오염, 제3세계의 빈곤, 에너지 고갈, 문화적 질병의 만연, 사회적 병리현상 그리고 현대인의 자아 및 정체성 상실 등에 주목한다. 근본 생태론은 이러한 문제군들을 현존 문명이 쇠퇴하고 있음을 알리는 위기적 징후군(Capra, 1980: 1장)이라고 진단한다. 이 위기적 징후군은 기존의 위기론, 즉 경제적 위기 및 정치적 위기와는 근본적으로 다르다. 그 이유는 이 위기가 우리들에게 던지는 물음의 유형이 다르기 때문이다. 이 위기는 우리들에게 "좋은 삶, 의미 있는 삶은 무엇인가"라고 묻는다. 이 물음은 우리 시대가 상실한 질적 가치를 회복하도록 요구하고, 나아가 양적 가치체계에 근거한 패러다임으로부터 질적 가치체계에 근거한 새로운 패러다임으로 전환(Naess, 1987)할 것을 요구한다. 근본 생태론자들에 의하면, 현 위기의 근원은 근대문명의 실재론과 이에 대한 가치관에 놓여 있다. 이러한 가치관과 실재론으로부터 벗어나기 위해선 패러다임의 근원적 전환이 필요하다.

그러면 근대문명의 실재관은 무엇인가? 근대적 실재관의 두 기둥은 인간중심주의 그리고 인간과 자연을 분리하는 이원적 자연관이다. 이 이원적 자연관은 데카르트로부터 기원한다. 그는 세계가 속성을 달리하는 두 가지 실체로 구성되어 있다고 주장한다. 그 두 가지 실체는 자연과 인간이다.

이러한 이원적 실체론에서 '자연은 자연자원의 집합소'(Devall & Session: 43)에 불과하며, 인간은 나머지 자연 개체들과는 분리되어 그것들 밖에 있거나 또는 초월하거나 또는 위에 있는 존재(Ibid.: Ch. 3)이다. 이로부터 인간중심주의는 자명해지며, 인간에 의해 자연은 조작 가능하도록 분할되어 있고 기계처럼 조합되어 있다.

새로운 패러다임으로의 전환을 위한 논의체계

이렇게 이원적 인간중심적 실재관으로부터 등장한 위기를 어떻게 극복할 것인가?

현대적 위기로부터의 회복을 위해 근본 생태론이 택한 방식은 현 사회체제에 질적 가치를 회복시켜주고, 나아가 규범성을 확립하는 것이다. 이 확립 과정은 과학으로서의 생태학 / 양자물리학으로부터 새로운 세계의 실재관 도출 → 방법론으로서의 생태 철학 → 확립 세계를 보는 관점으로서의 생태 지혜 → 이를 획득한 사람들 간 기본 동의안의 마련 → 전략과 전술로서의 운동 → 근본 생태운동의 정치화 → 경제적 작업들(경제 정책적 무방향성 비판 / 새로운 복지지표 개발 / 대안 경제론)로 체계화된다.

새로운 실재관/세계관

근본 생태론의 실재관은 생태학이 논하는 생태계로서의 지국에 대한 논의 그리고 현대 물리학이 설명하는 양자 내부의 세계로부터 영향을 받았다. 생태학은 어떻게 지구 생태계를 설명하는가? 생태학에서는 지구를 구조와 기능으로 나누어 접근한다. 구조에서는 생태계의 일곱 개 성층구조가 시스템적 비위계적 성층구조 구성에 영향을 주고, 기능에 대한 논의로서의 유기물들의 유동 과정인 먹이사슬 구조와 화학물질들의 유동 과정인 지질학적 순환 과정은 순환적 역동성과 관계성으로서의 세계관에 영향을 준다.

새로운 패러다임에서 세계는 견고한 물질들로 가득 메워진 고체덩어리 입자가 아니라 관계들로 구성된 광대한 공간으로 나타났다. 즉 새로운 세계관의 토대가 되는 새로운 실재관은 관계망으로 짜인 그물과 같은 세계이다. 이 세계에서 분석의 기본단위는 더 이상 분할 가능한 고립적 입자들이 아니고, 분할할 수 없는 관계이다. 또한 이 세계는 분할 불가능한 최소의 단위들이 서로 영향을 주고받는 역동적 통일체로 나타난다.

이 세계에서 시간, 공간은 분리된 절대적인 개념이 아니라 상대적 개념이며, 특정 관찰자가 자연현상을 기술하기 위해 사용하는 언어의 주관적 역할로 환원된다. 이런 실재에 대한 설명 방식은 기존의 인과론적 설명 패턴이 아닌 상호관계의 확률 패턴으로 대치될 수밖에 없고, 질문 유형도 어떤 것 그 자체에 대한 물음으로부터 다른 것과의 관계에 대한 물음으로 바뀌었다. 시간과 공간은 4차원 지도를 동시에 구성하며, 특정 방향이 없어지고 전후가 없어지며 원인과 결과의 직선 개념이 없어졌다(Capra, 1980: 3장). 따라서 관찰자와 피관찰자 간 분리가 극복되면서 과학은 이제 가치를 내재할 수밖에 없으며, 과학자는 이 사회에 대해 지적이고 윤리적인 책임을 가지고 있다.

이러한 역동성, 순환성, 관계성에 근거한 세계관이 유기적, 전일적인 시스템관이다. 이러한 시스템적 세계관은 방법론으로서 구성체의 구성요소들을 다루는 대신 조직체의 기본 구성 원리(자기 조직적 원리)를 강조한다. 이 자기 조직적 원리는 두 가지 상보적 경향, 즉 자기 갱신적 경향(자기 주장적 경향: 어느 정도의 자율성이 나옴)을 가진다. 또한 이 시스템은 자체 내부에 다층대구조(성층 질서)를 형성하려는 경향을 보인다. 이 각 수준은 현 사회의 위계적 구조처럼 고정된 것이 아니라 관찰자의 배려 수준에 따라 유동적으로 결정된다. 이 시스템관에서의 생존단위는 이제 특정 수준으로 고립된 실체로서의 '나'가 아니다. 오히려 나에 의해 열려진 다른 수준들로서 환경과의 상호작용에서 만들어지는 자기결정 능력과 대응으로서 조직화 패턴이다. 또한 이 시스템관은 환경, 지구, 우주도 마음을 가지고 있다고 보며, 이 마음 또한 다층구조를 형성한다고 본다(Ibid.: 9장).

방법론으로서의 생태 철학: 자기 이탈과 자연과의 일체화 과정

그러면 이러한 시스템을 파악할 수 있는 눈으로서의 생태 지혜에는 어떻게 도달할 수 있는가? 이 방법론이 생태 철학이다. 철학의 어원이 지혜에 대한 사랑이듯이, 생태 철학은 자연에 대한 앎을 획득하고자 하는 열망을 표현한 것이다. 따라서 생태 철학은 무릇 모든 존재가 상호연결적 그물망을 구성하고 있다는 보편적 지식을 우리에게 알리고자 한다. 이러한 보편적 지혜에 도달하기 위해선 '나'는 개별적 방법론으로서의 T형 생태 철학을 가질 수 있다. 이에 의하면 나는 하나의 자연개물을 선택하고, 이 자연개물로 나의 사고과정을 이동시킬 수 있다. 이 사고의 이동과정은 이탈이라 불리는데, 이 과정은 인간적 인식능력 중 직관을 필요로 한다. 이 이탈과정을 통해 '나'는 타자인 자연개물과 동일화되는 것을 경험하게 된다. 이를 통해 우리들은 자연의 부분들이 우리들의 부분임을 발견하게 된다. 여기에서 나의 욕구, 나의 삶의 방식 / 의미가 교정된다.

새로운 패러다임의 토대로서의 생태 지혜

생태 지혜는 '나'에게 좋은 삶이 무엇인가를 가르쳐 준다. 즉 이것은 상호 연관적 세계에서 나의 완성이 가지고 있는 진정한 의미를 발견하도록 한다. 이 나의 완성은 이제 나 중심, 인간 중심에서 벗어나며, 그 중심을 자연 중심, '생물 있다'는 관점에서 인간 간 평등성이 생명적 평등성으로 확장된다.

극복의 논리: 직접 행동과 생태 저항

이렇게 생태 지혜에 의거하여 모든 피조물들이 자아를 실현할 수 있는 대안 사회, 즉 에코토피아에 도달하기 위해선 우선적으로 생태의식이 배양되어야 한다. 이 생태의식을 배양하는 것이 근본 생태론적 운동이다. 이들에게 생태의식 배양은 두 날을 가진 칼과 같은 의미를 가진다. 따라서 이를 위한 방법론도 직접 행동(Direct Action)으로서의 생태 저항 그리고 공동체의 건설이란 두 가지의 길로 나타난다(Ibid.: 14). 이 두 가지 방법론은 서로 분리되는 것이 아니라, 사실상 개인의 변화는 문화의 변화를 요구하고 문화의 변화는 개인의 변화를 요구하므로 서로에게 맞물려 있다. 그러므로 중요한 것은 외향적인 직접 행동(세계에 대한 행동)과 내향적인 직접 행동(자아에 대한 행동) 간의 상호 작용이다. 안과 밖의 구분은 사실상 존재하지 않으며, 특히 외향적인 직접 행동을 생태 저항이라고 부른다. 생태 저항은 의식 변혁을 전제로 하는데, 이 과정에서 핵심적 원리는 실천과 비폭력적 참여이다(Ibid.: 196). 생태 저항은 타종들과 친구가 되는 것이며, 책임감이란 짐을 떠맡는 것이다. 이를 위하여 직접적인 행동과 생태의식의 배양에 적합한 공동체의 구성이 요구된다(Ibid.: 194).

정치론: 친생태적 사회론

여론의 재활성화

1970년대의 경험을 통해 근본 생태론은 현실 정치에 대한 필요를 인식했다. 왜냐하면 서구 민주주의의 정치적 결정과정은 폐쇄적이고, 환경 파괴적 기업의 로비활동이 정책 결정에 미치는 영향은 거대하였기 때문이다. 이러한 로비활동을 억제하기 위해선 여론을 재활성해내야 한다. 재활성화된 여론은 감시자 및 비판자로서의 역할을 담당할 수 있다.

녹색 정치의 영역

녹색 정치는 청색으로 상징되는 자유주의적 자본주의 사회와 홍색으로 상징되는 사회주의 사회에 대한 단순한 대안이 아니다. 녹색은 오히려 역동적 힘과 같은 것으로서 모든 정치결정이 녹색적 정합성을 갖도록 유도하는 것이다. 궁극적으로 이러한 방향에서 활성화된 녹색 정치는 국민들을 사회문제의 전 영역으로 끌어넣을 정도로 거대한 외향을 가질 수 있다.

경제에 대한 통제, 누가 할 것인가?

생태론자들은 녹색 정치의 관철을 위한 계획화 사회를 주장한다. 그러나 사회주의와 같이 좀 더 많은 제도적 규제(법, 강제규정)를 의미하는 것은 아니다. 녹색적 계획은 또한 수정자본주의나 복지국가와 같은 국가 개입을 의미하는 것도 아니다. 수정자본주의나 사회주의의 규제는 모두 외적인 규제란 점에서 동일하다. 그러나 녹색적 규제는 내적 규제이다. 그래서 녹색사회의 작은 단위 산업체들은 거의 규제를 필요로 하지 않는다. 이 내적 규제의 성공 여부는 사기업 운영자의 인성 변화에 의존하고 있다. 만일 환경과 관련하여 기업(경제)에 대한 규제가 국가주도로 강화되면 될수록 에코파시즘으로 빠지거나 국가의 재정 부담을 늘린다. 또한 아무런 인성 변화에 대한 준비 없이 규제를 줄임으로써 시장에만 환경문제 해결을 맡겨준다면, 이것은 이윤을 목적으로 하는 환경산업만을 육성할 뿐이다. 녹색적 규제는 국가규제를 줄이면서도 동시에 환경산업을 빌미로 한 경제 성장을 양성하지도 않는다.

녹색 공동체의 외형

정치 논의에서 근본 생태론의 핵심개념은 사회 생태론과 마찬가지로 지역성과 동질적 단합성이 보장된 공동체 개념이다. 그들은 이질적이고 이기적인 개인성을 특성으로 하는 사회에도 공동체적 가능성이 있다고 확신한다. 또한 이 공동체적 속성은 거대한 어떤 것으로 흡수되는 경향에 대해 본능적으로 반작용하는 속성이 있다. 이 지역 공동체는 구성원 수에서 한계를 가져야 한다. 그 수는 서로에 대한 면식을 통해 알 수 있을 정도이고, 항상적 수준으로 인구를 유지할 내재적 안정화 요소가 있어야 한다. 전 사회 구성원들에게 거대한 영향을 가할 수 있는 분야에서의 결정은 직접적인 의사소통, 즉 직접 민주주의 유형을 통해 이루어져야 한다.

대안 경제론: 자원 절약적 노동집약 경제

근본 생태론적 시각에서 현재의 경제는 '환경'과 상호배치적 관계 속에 놓일 수밖에 없다. 경제가 자신의 영역을 넘어서는 한에서, 생태적 한계가 작동한다. 따라서 이들의 논의는 대안 경제를 재정의 하는 작업이 중요하다.

근본 생태론의 경제논의는 슈마허의 적정 기술과 소규모 노동집약적 경제란 기본 아이디어(1973, 1부 4장, 2부 5장, 3부 2장)에서 출발하여 리프킨(1980, 5, 6장)에 이르러 기본 골격을 완성하였다. 따라서 카프라(1986, 4장)나 헨더슨(Henderson, 1989; 카프라, 1988; 6장)의 대안 경제론은 리프킨의 경제론을 그대로 옮겨 놓은 것이다.

대안 경제를 제기함에 있어서도 이들은 기존의 분할적 · 기계적 세계관에 대한 공격으로부터 시작한다. 기존 학문 및 사회 영역은 상호간의 연관성이 결여된 채 분할되어 있다. 지구 생태계도 인간사회와 분리되어 있고, 이들 속에서 경제 영역도 생태계와 분리될 수밖에 없다. 따라서 고전파를 제외한 주류 경제학사에서 정의된 경제 영역은 "인간에게 유익하고 희소한 자원이 경제 주체들 간에 분배되는 영역"이고, 영역에서 자연은 빠질 수밖에 없다. 일례로 20세기 중엽까지 생태계 파괴 및 환경오염은 경제 외부에서 나타나는 마이너스 효과로 간주되었다. 반면 이들이 정의하는 경제는 "지속적으로 상호작용하는 인간과 사회조직체들로 구성되어 있으며, 주위의 생태계와도 상호작용하는 살아 있는 유기체"(Capra, 1985)로 끊임없이 사회 및 자연환경과 더불어 변화하고 진화하는 영역이다.

이러한 대안 경제에서 발전 지표는 생산성이나 이윤성(경제합리성), GNP 등이 아니라 에너지 사용량과 엔트로피 증가도가 되어야 한다. 이 척도에 의거한 경제제도는 "에너지와 자원의 변형태인 자본과 노동의 배합비율에서 후자의 비중을 늘리는 경제체제"이며, 자원보전적인 완전고용 경제체계이다. 개개 생태 위기를 구성하는 문제군에서 나타나는 전략들을 살펴보면, 에너지 대응은 일차적으로 절약과 효율성 제고에 초점을 두며, 부차적으로 재생 가능한 에너지원을 개발한다. 자원 부족과 관련해서는 일차적으로 순환 메커니즘 속에서 재활용과 절약을 강조하고, 부차적으로 재생기술 / 산업을 거론한다. (문순홍, 『생태학의 담론』 중에서)

사회 생태학

1970년대의 합의에도 불구하고, 70년대 말 사회 생태론은 근본 생태론과의 분리를 시도한다. 그 이유는 근본 생태론에 입각한 생태운동이 보수성을 노정시켰기 때문이었다. 이 보수성은 근본 생태론이 사회와 단절된 의식 전환 또는 문화운동을 강조함으로써 발생한 것이다. 따라서 사회 생태론의 독특성은 생태 위기를 사회 위기화한다는 점에 있다. 생태 위기의 원인 분석에서는 지배가 관철되어 있는 사회적 제 관계에 초점을 맞추고, 대안적 세계관이 이루어질 중심성 문제에서는 인간중심성 / 합리주의의 견지를, 이 세계관을 관철시키기 위한 방법론에선 사회적 지배관계를 근절시키는 운동을 강조하였다.

사회 생태론은 사상적으로는 기존 사회사상인 무정부주의에 터하고 있고, 무정부주의와 녹색적 사유의 융합은 북친(1980; 1982; 1987a; 1987b; 1988; 1990)에 의해 시도되었다. 이후 서독의 생태 사회주의자인 루돌프 바로(1984; 1986a; 1986b; 1986c; 1989; 1991)가 이 논의에 적극적으로 개입해 들어옴으로써 이론적 체계화가 이루어지고 있다.

위기론

사회 생태론자들에게 21세기 후반은 여러 위기적 징후군들로 얼룩져 있다. 군비 증강, 인간 생명성을 담보로 하는 핵실험, 동물실험, 지구의 파괴 그리고 인간적 삶의 파괴가 위기적 징후군으로 꼽힌다. 이 징후군들은 근본 생태론처럼 상호 간 연결고리 없이 널려 있는 것이 아니다.

이러한 위기적 징후군 밑에는 이른바 '절멸주의'(Bahro, 1989) 또는 '지배주의'로 불릴 수 있는 거대한 위기의 인과구조가 감추어져 있다. 위기의 인과구조는 깊은 역사적 뿌리와 사회적 지평을 가지고 있다. 역사적 제단계마다 구체화된 지배주의는 남성에 의한 여성 지배, 인간에 의한 인간 지배, 인간에 의한 자연 지배란 시간적 사슬구조로 나타난다. 여성에 대한 남성 지배는 군혼사회에서 일부일처제 사회로의 이행기에 형성되었으며, 남성에 의한 남성 지배는 B. C. 7세기경 고대국가가 성립되고 행정체계와 행정관료제가 형성되면서 자리 잡았다. 이러한 지배관계는 근대 이후 인간에 의한 자연 지배의 유형으로 전환되었다. 절멸주의의 역사적 표현태는 인간조건 → 가부장제 → 유럽 중심적 우주론 → 자본주의적 역동성 → 자본-기술-군사 메가머신인 산업체로 이뤄져 있다. 현시점에서 역사의 종적 절단면은 이 인과구조의 뿌리를 부문 사회에 따라 다음과 같이 유형화한다.

① 경제영역=지나친 경제 성장
② 국가영역=공동체의 자율성을 대가로 지불한 억압적 권위주의 국가
③ 시민사회=이기적 개별화와 도덕적 위기
④ 과학기술의 무관계성=사회적 제 관계라는 고리 그리고 자연과 인간간 관계란 고리가 족쇄로 작동하지 않음
⑤ 남북관계=남반구에 의한 팽창적 식민주의

오늘날 다차원에서 전개되는 관계들, 즉 국가와 국가 간 관계, 국가내 제사회 부문에서 그리고 인간과 인간 간 관계에서 자기파괴적 태도와 지배적 태도는 인류의 미래를 예측 불가능하게 한다. 지금의 생태 위기는 자기파괴적 상황을 명료하게 예고하고 있다. 이로부터 벗어나기 위해선 절멸주의와의 단절을 요구하고 모든 지배관계를 해체하길 요구한다.

극복의 논리: 사회 생태학과 근본주의적 입장 견지

위에서 살펴보았듯이 생태계적 평형파괴는 그 원인과 해결이란 차원에서 이미 사회적 차원을 가지고 있다. 따라서 생태학을 포함한 개별적 자연과학은 홀로 이 생태 위기에 책임 있는 해답을 줄 수 없다. 사회 생태론이란 개념은 자연에 관한 이론과 사회적 삶을 이론적으로 통합한다는 의미에서 '사회적'이란 형용사를 생태학에 첨가한 것이다. 이로써 사회 생태학은 과학기술/국가/자본 등을 통해 야기된 결과들과 인간 간 중간지대를 자신의 영역으로 설정하고, 인간적 삶의 조건에 관한 물음들을 다룬다.

삶의 조건에 관한 물음은 사회적 제 부문에서 사라진 영성에 눈뜨게 한다. 원래 영성이란 두 가지 의미에서 사용되고 있다. 첫째 의미는 인간을 포함한 자연계의 전일적 구조(상호의존성, 창발성, 차별적 독창성)에 대한 인식이고, 둘째 의미는 전일적 구조에 관통되어 있는 인간 정신과 같은 기운(지구의 마음, 지구의 예지)을 의미한다. 사회 생태론이 사용하는 영성은 전자의 의미이다. 따라서 영성의 회복은 궁극적으로 지배관계 또는 절멸주의와 단절하는 것이다. 영성의 회복은 사회적 제 관계에서 그리고 인간과 자연 간 관계에서 생태 윤리를 되살려내고, 친생태적 사회를 재구성하는 것이다. 이 전 과정은 ① 인간행동 동기의 재정립 → ② 시장원리와의 단절 → ③ 현실 정치에 대한 도덕적 문제제기로 나아가야 한다.

그러면 이 시대의 고갈된 영성을 채워줄 새로운 윤리는 무엇인가? 새로운 윤리, 즉 생태 윤리는 자연으로부터 시작하여야 한다. 그렇다고 자연이 윤리적 실체를 구성하는 것은 아니다. 자연은 윤리의 토대일 뿐이다. 어떻게 자연으로부터 윤리의 토대를 이끌어낼 것인가? 사회 생태론은 자연을 종들의 자유로운 자기선택에 의한 진화 과정 그 자체로 이해하고 있다. 그럼에도 불구하고 사회 생태론은 일면에서 생물중심성을 경계하고, 타면에선 역사 결정주의를 경계한다. 따라서 자연을 해석하는 인간이 중요하고, 나아가 자연의 진화 과정은 변증법적 유물론이나 고전과학이 이해하는 물질의 결합으로부터 출발하는 필연적 법칙성으로서의 자연을 말해주지 않는다. 그가 진화 속에서 찾아낸 것은 다산성, 다양성 증대로의 경향, 생물종들 간의 상보성, 생활 형태를 분화시키는 끊임없는 능력 그리고 더욱 다양화된 진화로의 길 등(Bookchin, 1987a: 13)이었다. 이제 자연은 "허위적 필연의 영역으로 축소될 수 없다"(op. cit.). 자연에 대한 새로운 비전은 인간사회를 위해 지배의 필연적 세계보다는 자유세계로의 문을 열어 준다(Ibid.: 55). 사회 생태학의 영역에서 생태 윤리는 자유와 개체화의 인정으로 나타난다.

사회 생태학이 생태 윤리를 확장하기 위한 공간으로 택한 곳은 '영적 공동체'로, 이곳에서 민중들은 재사회화 과정을 거침으로써 기존 사회의 추진논리, 즉 절멸주의와 지배주의를 벗어날 수 있다고 보았다. 이 영적 공동체는 과거의 도농 비분리 공동체의 반동적 성격과는 달리 출발부터 사회와 고립된 것이 아니라 사회에 개입한 것이다.

정치논의: 친생태적 사회건설 1

사회 생태론은 궁극적으로 지역적 · 소규모적 정치제도를 지향한다. 그 이유는 시민들이 지역사회를 통제할 수 있는 힘을 갖도록 하기 위함에 있다. 이를 위해 사회 생태론의 정치논의는 기존 정치에 대한 비판, 대안 정치 공동체 논의, 이에 도달하기 위한 전략전술로 구성되어 있다.

사회 생태론은 현대의 정치가 자신의 본래적 의미를 상실하였다고 주장한다. 오늘의 정치는 이미 정치가 아니라 통치이다. 즉 "시민들에게 권력을 행사하기 위한 목적의 기술을 의미하며, 더 나아가 개인들의 휴식 영역까지도 침투해서 시민들을 통제하기 위한 수단이 되어버렸다." 현 정치의 기본 특성은 일상화된 정당정책, 양도형 국민주권에 의거한 선거제도 그리고 통제적인 정당 메커니즘과 연결된 전통적 정치 장식물들을 혐오한다. 특히 민주주의가 대의제적 성격을 강하게 가질수록 정치는 단기적이고 직접적인 이해관계에 강력히 묶이게 마련이고, 본질적 결정 과정은 정치영역이 아닌 그 뒤에서 수행된다.

반면 고대정치는 공동체적 결정 과정에 영향을 미치는 행위를 의미하며, 폴리스의 경영, 지방자치제 그리고 얼굴을 대면하는 회의 등을 자신의 상징적 표현으로 갖는다.

사회 생태론의 대안 공동체는 주권의 위임이 아닌 양도형식의 참여 민주주의적 대의원제도와 연방제 구조를 가진 소규모의 직접정치를 지향한다. 이러한 정치 공동체의 원리는 자연 공동체에서 나온다. 그러나 사회 생태론은 비인간에서 인간을, 자연에서 사회를 도출시키는 작업에서도 불변의 과학적 법칙성을 찾고자 하지는 않는다(Ibid.: 55). 오히려 자연 그 자체는 자유로운 생물종들의 공동체가 진화하고 모여 사는 시공간의 구조이다. 자연적 시간 속에서 생물종들의 미래는 결정되어 있는 것이 아니라 자유로이 진화한다. 자연적 공간에서 생물종들은 모두 동등한 참여자로 자신의 위치를 가지고 있으며, 서로에게 영향력을 행사하기도 하고 의존하기도 하며, 네가 없으면 내가 있을 수 없고 내가 없으면 네가 있을 수 없는 공생의 삶을 살아간다.

이러한 삶의 세계는 현존 사회가 모델로 하고 있는 다윈의 세계, 즉 적자생존의 논리가 지배하고 필연적으로 너는 나의 경쟁 상대일 수밖에 없으며 나의 행복은 너의 불행을 전제로 하는 투쟁의 세계는 아니다. 자연선택과 진화의 자연관이 사회에 새로운 생태 윤리(자연선택과 진화 → 자유와 개체성의 인정)를 제공하였듯이, 참여와 공생의 자연관은 새로운 사회구성 원리, 즉 다름이 동등함의 근거가 되는 원리 그리고 모든 구성원의 참여가 정당하게 인정되는 원리를 제공해준다. 이 원리는 기존 사회에 관통되어 있던 지배와 위계질서를 비판하고 변경할 수 있는 패턴을 제공해주고, 기존 위계질서와 권위를 부정토록 해준다.

따라서 사회 생태론의 운동 전략은 기존의 정치세력들과의 협력이나 국가기구 활용을 거부한다. 더 나아가 자신들의 정당이나 이익집단 등 정치적 조직을 만들려고 하지 않는다. 왜냐하면 미래의 대안적 정치 공동체로 가는 과정에서 기존 국가는 투쟁해야 하는 대상이지, 협력하거나 화합할 대상은 아니기 때문이다. 이처럼 사회 생태론이 국가제도 내로의 개입을 거부하고, 정당과 노조단체의 활동을 거부하는 것은 새로운 의식과 새로운 생활 스타일에 의거한 새로운 운동의 건설로 이어진다. 그러면 어떻게 권력구조를 폐지할 것인가?

사회 생태론은 일차적으로 정치 공동체 건설에 앞서 영적인 기본 토대 형성에 일차적 우선성을 부여하였다. 영적인 기본 토대 형성은 인간 자아의 변화를 전제로 한다. 이러한 인간 자아의 변화는 두 가지 전략, 즉 공동체 건설과 시민포럼을 필요로 한다. 이 공동체는 급진적 의식혁명을 통해 자기 살해적 행위로부터 삶에 적합한 행위로의 이행을 완성해내는 것이다. 여기서 급진적이라 함은 생태 적합적 삶에 적합한 실천을 새로이 정당화하는 것을 의미한다. 시민포럼은 전통적인 정당에 의해 제안된 기득권에 반대하는 것으로서의 대안 사회운동의 가치를 표출하여 주는 제도로 노동자 평의회 대신 내적 프롤레타리아들의 시민의회이다. 이 내적 프롤레타리아란 토인비의 개념으로 지배적 이념에 거부하고 문명이 바뀌고 있음을 인식하고 있는 광범위한 다수들이다.

경제논의: 친생태적 사회건설 2

사회 생태론을 사상적 논의 틀로 구성하려는 대표적 학자는 이미 지적하였듯이 바로와 북친이다. 사회 생태론적 경제 논의에는 이밖에도 생태 발전론자들(Mellos, 1988; Adams, 1990; Galtung, 1980)이 관여하고 있다. 전반적으로 사회생태론은 근본 생태론의 논의보다 낙관적이고, 경제 성장과 생태계 보전과 조화 가능성의 문을 열어주며, 그 연결고리를 기술과 인간 규정에 두고 있다. 이들의 일관된 논지는 "자연환경과의 지속적 균형을 보장해주는 인간공동체의 창출 없이 인간과 자연의 조화는 불가능하다"는 것이다. 이들에 의하면 환경오염과 자원 부족이라는 지구 한계는 기존 시장경제의 비도덕성 그리고 기술의 반문화성에 있다. 따라서 대안 경제는 시장경제의 비도덕성을 극복하기 위해 생산자와 소비자간 익명성을 극복하고, 인간적 필요와 소비 개념을 재정립하며, 나아가 생태적합적 과학과 기술을 만들어내는 데 달려 있다. 따라서 그들의 눈에 비친 생태친화적 경제는 기존 사회에서 해결 불가능한 것이다.

시장경제의 비도덕성 비판

이 비판은 시장의 익명성이 자행되고 상품의 선성이 상실된 생산 이념에 근거한다. 선성상실과 익명성 등장은 그 원인을 도덕경제와 괴리된 시장경제에 가지고 있다. 왜냐하면 경제적 교환현상은 자연적인 것으로, 인간본성의 일부분을 구성하기 때문이다. 다만 중세까지 경제에 대한 하나의 굴레로 작용하던 시민사회가 이제 통제력을 잃고, 오히려 경제적 손익계산 방식에 의한 행위로 시민사회가 잠식되자 '산업화된 인간 유형'이 지배적으로 자리잡았다. 이 유형의 인간들은 양적 성장과 소비주의에 집착하고 있다.

소비 개념의 확장과 소비주의에 대한 비판

현 생태 위기를 소비주의의 근절에서 찾고자 한다면, 소비에 대한 개념은 재규정 되어야 한다. 일상적으로 사용하는 소비 개념은 생산 과정의 최종 단계로서의 상품소비에 한정되고 있다. 그러나 자연과 인간을 하나의 유기적 통합체로 설정하는 한, 생산물의 최종 단계로서의 소비 개념은 너무 협소하다. 생산 사이클의 전 영역으로 소비 개념이 확장되어야 한다. 즉 사회 생태론의 소비주의 비판은 자연에 인간행위가 가해지는 생산 과정(노동 과정)까지도 소비의 영역에 포함시켜 비판하는 것이다. 소비주의에 대한 통제는 최종 생산물의 소비와 자연폐기에 대한 통제뿐만 아니라 생산단계에서의 생산품 종류와 수량 그리고 단위생산물당 투입 원료량에 대한 통제를 포함한다.

자연친화적 생산이 택하여야 하는 기술: 기술 비판론

이러한 소비 개념에서 생산 과정은 곧 자연원료를 소비하는 기술선택 및 작용 과정이다. 기술은 사회적 제관계로 얽혀 있을 뿐만 아니라 인간 · 자연 간 관계로 얽혀 있다. 따라서 기술은 사회적 제관계에 의해 그 사용이 규정될 뿐만 아니라 나아가 내재하고 있는 가치에 의거하여 사회를 특정 방향으로 몰아간다. 이때 기술은 자율성을 가진다. 현재의 기술은 생태적 탐구를 만들어낸 사회경제적 악의 근원으로 작용하고 있다. 그러나 어떤 기술은 생태적 조화와 균형의 수단이기도 하다. 이 경우 기술은 도구 이상의 의미로 사회조직 형태로서의 기술적 노동 분업까지도 포함하고, 생산물 분배도 포함하는 개념으로 자리 잡는다. 이 기술론에 의하면 고도의 중공업에 응용되는 기술, 자연적 수용력을 고려하지 않은 신소재 기술은 반기술론에 의거한 원시경제로의 회귀 주장만큼이나 비합리적 주장이다.

새로운 남북발전론

사회 생태론은 소비주의와 비도덕성을 만연시키는 자본주의적 산업주의를 해체할 것을 요구한다. 그리고 생산물의 종류와 재생산 그 자체의 개선을 역설한다. 그러나 구조가 해체된 이후 선진공업국이 택해야 하는 대안은 후진개도국을 위한 발전전략과 분리될 수 없다. 따라서 선진산업국의 대안경제가 후진개도국을 위한 발전전략과 분리될 수 없다. 따라서 선진산업국의 대안 경제가 재래산업 부문에 정보화 · 자동화 과정을 도입한 재산업화(포디즘 이후 경제, 정보산업사회)로 나타날 수 없다. 왜냐하면 그 연장선상에 있는 선진산업전략은 생태 위기의 '탈출구 없는 터널' 로 인류를 밀어 넣을 것이기 때문이다. 과거 선진산업국의 경제모델 및 발전은 후진개도국의 착취를 근거로 한 것이고, 현재는 후진개도국의 동일한 경제모델을 지탱할 여분의 지구가 존재하지 않는다. 사회생태론의 관점에서 인류의 생존은 선진산업국의 탈산업화 소비주의를 부추기는 그릇된 경쟁 종식, 무기 감축을 전제로 한 새로운 세계경제질서를 창출할 수 있는가에 달려 있다. (문순홍, 『생태학의 담론』 중에서)

논의과제

❶ '근대적 실재관'과 '근본 생태론의 실재관'은 어떤 차이가 있는지 논의해보자.

❷ 위의 글은 생태 위기를 바라보는 두 가지 입장, 근본 생태학과 사회 생태학의 논의를 제시한 글이다. 각각의 논의를 정리하고 차이점이 무엇인지 생각해보자.

❸ 자연과 인간의 바람직한 관계는 어떠해야 하는지 논의해보자.

❹ 아래에 제시된 글을 참조하여 생태학적 삶이란 어떠해야 하는지 논의해보자.

생태학적 삶은 무엇인가

강원 원주의 '토지문화관'에서 생태학적 삶을 몸소 실천하며 살고 있는 박경리 토지문화재단 이사장(소설가 · 76)과 자연도 아는 만큼 사랑할 수 있다며 '생태학 전도사'로 나선 서울대 최재천 교수(생태학 · 48). 두 사람이 한국생태학회 주최로 8월 11일~18일 서울에서 열리는 제8회 세계생태학대회(INTECOL · 주제 '21세기를 사는 새로운 철학으로서 생태학') 준비를 위해 최근 토지문화관에서 만났다. 두 사람은 전 세계의 생태학 관련 전문가 2,000~3,000명이 참가할 예정인 이 대회를 계기로 생태학에 대한 일반인들의 관심이 높아지기를 기대하며 생태학적 삶의 의미, 의식의 전환 등에 관해 이야기를 나눴다. 〔……〕

최: 선생님께서는 이전에 환경의식을 가지고 살아야 한다는 것을 '환경이자론'으로 설명하신 적이 있습니다. 원금 까먹지 말고 살라는 것이었지요. 그런 관점에서 본다면 요즘 사람들은 자손의 것을 카드로 대출해 사용하고 있는 셈일 겁니다. 그런데 이런 분위기에서 '이자'만 갖고 살라는 것을 설득할 수 있겠습니까?

박: 요즘 사람들은 겉으로만 부자고 속은 거지예요. 명예, 벼슬 같은 겉치장이 없어도 '따신 내'(따뜻한 느낌)가 나는 집이 있어야 해요. 자랑하기 위해서도 아니고 생활의 범위 내에서 최선을 다해 사는 것이지요. 그런데 요즘 시장에 가보면 '의식주'와 관계없는 것이 더 많아요. 사람이 윤리 의식이 있다고 하지만 그게 하나도 자랑이 아니에요. 동물은 생존할 만큼만 먹지만 사람은 과하게 축적을 해요. 어떤 면에서는 윤리의식이 없는

동물이 훨씬 낫지요.

최: 사람들은 동물과 인간을 비교하면서 '동물도 생각할 줄 아는가', 'IQ는 얼마나 되는가' 라는 질문을 합니다. 그런데 인간의 잣대를 동물에 대는 것은 올바른 비교가 못 되지요. 밤에 산꼭대기에 인간과 동물을 함께 풀어놓고 '집을 찾아오라' 고 한다면 그건 두말할 것 없이 인간이 지는 게임입니다. 우리는 자연에서 배운 것을 지식이라고 생각하지 않아요. 자연계의 그 엄청난 '지식' 중의 극히 일부만을 우리가 문자로 옮겨 놓은 것에 불과한데, 우리는 언제부터인가 우리의 학문체계에 맞도록 정리해 놓은 것만을 지식이라 부르는 오만을 저지르고 있어요. 바로 이 오만이 생명 경시 풍조를 가져온 것이라고 생각합니다.

박: 사람들은 '새가 노래한다' '새가 운다' '나비가 춤을 춘다' 고 말해요. 그런데 나비가 날아가는 것은 꿀을 찾는 노동이에요. 새가 노래한다는 것도 슬픔의 표현이거나 무언가의 발견 등을 전하는 하나의 언어예요. 진실과 먼 인간의 잣대를 대단한 듯이 '표현' 이라고 쓰지요. 문학 역시 '나비가 춤을 춘다' 는 의식으로 해서는 안 돼요. 문단에서도 내가 극복하려고 한 것이 바로 유미주의였어요. 생존하는데 아름다움이 어느 정도로 중요하겠어요? 아름다움이란 '진실에서 우러나는 치열성' 이에요.

최: 동물의 입장에서 생명을 넓게 바라보는 관점이 필요합니다. 어느 모임에서 철학자와 논쟁을 벌인 적이 있었어요. 그 철학자는 "내가 공격을 받을 줄 안다. 그러나 인간이 중심에 서 있지 않고서는 어떤 논리도 정립되지 않는다"고 말했지요. 그래서 저는 "이렇게 살아가다가 어느 날 우리보다 더 막강한 종이 나왔다고 상상해 보라"고 응수했어요. 그 막강한 종에 마구잡이로 유린당하며 뒤늦게 모든 생명의 권리를 부르짖는 인간의 모습을 상상해 보라는 것이지요. 박 선생님께서 좀 전에 '유미주의' 에 대해 말씀하셨는데, '아름답다' 는 말은 '안다' 는 말에서 나왔다고 해요. '앎' 에서 '아름다움' 이 나온 것이지요. 탐미가 아니라 진실을 추구해야 한다는 뜻이 '아름답다' 는 말에 포함되어 있어요. 제가 저의 책 제목을 '생명이 있는 것은 다 아름답다' 라고 지었을 때에도 그런 뜻이 담겨 있었어요. 모르기 때문에 미워하고 모르기 때문에 해치는 것이지요.

박: 그러나 오늘날은 그런 의미가 사라졌어요. 환경운동이 사람을 살리기 위해, 동물을 보호하고 종을 늘리고, 유전자 연구를 한다면 실패하고 말아요. 철저하게 새로운 이데올로기가 필요하다는 거예요. 동물이 사는 방식을 존중해야 해요. 생명은 생명을 먹어

야 살 수 있다는 점에서 우리에겐 '원죄' 가 있어요. 하지만 나는 '무한경쟁' 이라는 말이 싫어요. 종국에는 하나만 남긴다는 것이 아니에요? 새로운 이데올로기는 '환경' 을 중심에 둬야 해요.

최: '환경' 보다는 '생태' 라고 하는 것이 더 적절한 것 같습니다. 생태학이라는 학문은 서양에서 시작된 자연과학의 한 분야이지만 사상적으로 다분히 동양적 성격을 띠고 있어요. 오랫동안 서양에서는 경쟁이 가장 중요한 요소였어요. 1970년대 후반~1980년대 초, 미국의 한 여류 생태학자가 생태학 분야에서 남성 생태학자와 여성 생태학자가 연구하는 주제를 조사한 적이 있어요. 그 결과를 보면 남성 생태학자의 대부분이 '경쟁' 을 연구하고, 여성 생태학자들은 '협동' 을 연구했어요. 그때는 자연에서의 '경쟁' 이 연구의 주류였지만, 한 20여 년 전부터는 '협동' 이 중요하다는 것을 새롭게 인식하기 시작했어요. 사람들은 흔히 지구의 지배자가 동물이라고 생각하지만, 무게로 치면 지구상에서 식물이 제일 막강한 존재고 숫자로 따지면 곤충이 가장 성공한 생물이에요. 이들이 자연계에서 성공한 이유는 '공생' 했기 때문이지요. 식물과 곤충이 서로 협력했기 때문이라는 거예요. 우리는 싸워서 이겨야 하는 줄 알지만 큰 성공은 '손잡은 친구들' 이 했어요. 이를 깨달으면서 이제 '생태학' 은 새로운 길을 걷고 있어요.

박: 중요한 것은 '생명의 평등' 이라는 이데올로기예요. 아주 옛날, 샤머니즘의 시대는 공간이 우주적이었어요. 그러다가 불교가 우세하면서 공간이 좁아지더니 유교의 시대가 오면서 인간주의가 전면에 드러났지요. 현재 득세하는 자본주의는 물질이 중심이지만, 지금 발 딛는 자리에서 우주의 질서를 통해 생태를 봐야 해요. [……]

박: 요즘은 종교나 철학도 모두 빈사상태예요. 더 이상 우리에게 감동을 주지 못하지요. 현재까지의 철학, 과학 등 모든 것이 다 머문 것을 대상으로 삼지만 생명은 머물지 않아요. 학문은 합리화를 무기로 해서 적당한 데서 자르고 틀을 짓지만 총체성의 입장에서 본다면 그것은 아예 초입에서 잘라서 그 뒤의 무궁한 것을 놓치는 것이에요. 사람들도 의식이 조금씩 변하고 있으니 희망이 전혀 없는 것은 아니에요.

최: 사람들의 생각은 분명히 변하고 있지만 그 변화가 너무 느려서 미처 기다리지 못하고 자연이 다 사라질까 걱정입니다. 1980년대 초반에 미국의 저명한 생태학자가 "더 이상 논문을 쓰지 않겠다. 먼저 숲을 살려야겠다"고 선언한 적이 있어요. 그가 코스타리카에서 연구를 하는 동안 주변의 숲이 계속 사라지는 것을 보면서 가만히 있을 수 없다

고 생각한 것이지요. 그의 용기는 엄청난 힘을 발휘했어요. 이전에는 대부분의 생태학자들은 깨끗하게 정돈된 생태계만을 연구했었지만, 그의 선언 뒤 많은 생태학자가 그의 길을 따랐어요.

저는 종종 환경운동을 하는 사람들에게 생태학에 대하여 공부를 하고 나서 운동을 해야 한다고 이야기하곤 합니다. 자연에 대해 점점 더 알게 되면 저절로 자연을 사랑하게 되고 자연과 함께 살게 될 것이라고 믿는 것이지요. 지금 젊은 친구들을 20년 정도만 열심히 가르치면 그들이 우리 사회의 주인이 되었을 때 환경은 저절로 보호될 겁니다. 지나치게 이상적인 생각이라고 탓할지 모르지만 사실 가장 빠르고 현실적인 방법이지요.

박: 알면 멀리 내다보게 돼요. 멀리 보면 멀리 가지요. 인간들이 아등바등하며 소비하는 것들은 거의 다 낭비예요. 그게 다 인생과 관계가 없는데 그것을 위해 살고 있으니 다 인생의 낭비지요. 토지문화관 뒤에 '오봉'이 있는데 한 가족 같아요. 아버지와 인자한 엄마, '새처운'(귀엽고 새침한) 딸도 있구요. 그래서 매일 산에게 "참 다복하십니다" 하고 인사하며 지내지요. (박경리 · 최재천 대담, 『동아일보』, 2002년 6월 18일)

읽기자료 3

세계가 주목하는 쿠바의 도시농업*

도시가 팽창하기 시작하면 애초부터 도시 주변에 있던 농지는 도로나 택지로 잘리기 일쑤다. 바다 속 암초까지 부숴버릴 개발의 파도를 어쩌다가 겨우 피한 농지가 있더라도 그것은 외로이 뚝 떨어져 있는 고립된 상태가 되고 만다. 이와 같이 주위가 택지로 둘러싸여 뿔뿔이 흩어진 토지 조각들을 이용한 농업을 '도시농업'이라 한다.

* 일반적으로 도시농업은 시가지 구역 내에서 이뤄지는 농업을 말하는데, 쿠바에서는 각 주와 도의 중심에서 5킬로미터 이내, 시 중심에서 3킬로미터 이내에서 이뤄지는 농업을 말한다. 즉 다른 나라에서는 도시근교농업이라고 할 만한 경우도 쿠바에서는 도시농업이라고 불린다.

도시 속에 남겨진 이와 같은 도시농지는 일본의 경우 3대 도시권을 통틀어 3만 5천 헥타르 정도 된다. 일본 전체 농지 면적이 480만 헥타르이므로, 이는 1퍼센트도 되지 않는 아주 미미한 비율에 불과하다. 게다가 그 면적도 매년 감소하고 있어, 머지않아 개발의 파도에 밀려 그마저도 사라지고 말 것이라는 게 일반적인 전망이다. 그럼에도 정부는 지원은커녕 도시농지를 개발에 장애만 되는 것으로 여겨 과세를 강화하는 등 오히려 그 소멸을 부추기는 계획만 세우고 있다.

그렇지만 세계로 눈을 돌리면 도시농업에 대한 평가는 크게 달라진다.

"학교와 공장의 인접지, 회사와 병원 그리고 주택가 옥상과 발코니에 이르기까지, 시내 한복판일지라도 빈 땅이면 어디에서든 농산물이 생산되고 있다. 그것도 모두 유기농업으로 말이다. 이러한 도시를 당신은 상상할 수 있는가? 아니면 꿈같은 얘기에 불과하다고 할 것인가? 그렇지 않다. 이 지구에는 그런 도시가 존재하고 있다. 쿠바의 수도 아바나(Havana)가 바로 그곳이다."

이는 2000년 9월에 영국의 『유기농업』(Organic Gardening)이라는 잡지에 게재된 '유기 혁명'이라는 기사의 첫 부분을 발췌한 것이다. 약간은 지나친 표현이라고 생각할지도 모르지만, 실제로 쿠바의 도시농업이 성장한 배경에는 무언가 굉장한 것이 숨어 있다.

쿠바는 인구 220만의 거대도시인 아바나의 도시농업을 전력을 다해 육성하고 있다. 쿠바의 도시농업은 1990년대에 들어서야 구체적인 지원책이 실시되는 등 그 역사가 길지 않음에도 지금은 전 시민에게 채소를 공급할 정도로 성장했고, 또한 매년 배로 증가할 정도의 놀라운 속도로 그 생산량을 늘려가고 있다. 채소뿐 아니라 고기와 곡식 등 주민이 필요로 하는 농산물의 30퍼센트를 도시농업으로 자급하기에 이른 지역도 있다. 아바나의 도시농업 정책은 세계에서 가장 우수한 것 중에서도 으뜸이라는 것이 국제적인 평가다.

1999년 10월에는 아바나에서 '도시의 성장, 농산물 증산'으로 명명된 국제회의가 열려 유엔(UN, 국제연합)을 필두로 아시아 · 아프리카 · 유럽 · 북아메리카 · 라틴아메리카 등 약 60개국에서 도시농업에 종사하는 연구자 · 행정 담당자 · 운동가들이 모였다. 이들은 아바나의 도시농업 실정을 시찰하고, 아울러 도시의 농산물 확보, 도시농업의 소득 향상, 도시 환경의 보전, 주민의 건강 증진, 도시와 농촌의 연계 등 세계의 여러 도시농업이 안고 있는 과제를 주제별로 논의했다. 그리고 미래의 도시농업에 필요한 정책의 세안도 이루어졌다.

도시와 농촌을 명확히 구별하는 근대적인 도시계획은 유럽에서 기원한 것인데, 그 후 150년 동안 세계 각국의 도시계획은 이 틀을 벗어나지 않았다. 최근에 들어서야 안전한 농산물의 제공, 도시환경의 보전, 시민농장과 같은 휴식공간 제공 등 다양한 측면에서 도시농업에 대한 관심이 시민들 사이에 높아지고 있지만 정부 차원에서는 그 중요성이 충분히 인지되고 있다고는 아직 말할 수 없다.

세계의 식량 사정에 어떤 문제가 발생한다면 가장 먼저 위기에 직면하는 것은 도시다. 따라서 식량문제, 고용문제, 환경문제를 한 번에 해결하여 위태로운 도시를 지켜줄 최후의 방법으로서 도시농업은 더욱 권장되어야 할 것이다.

시 면적의 40퍼센트를 농지로 바꾸어 유기농 채소를 지급하다

오늘날에는 흔히 "무슨 일이 새기면 맨 먼저 위기에 직면하는 것은 도시"라고 말한다. 바로 여기에 쿠바의 수도 아바나가 세계로부터 뜨거운 시선을 받는 이유가 있다.

1990년대에 쿠바인과 아바나의 어린이들은 상상을 초월하는 10년 동안의 경제 붕괴에 직면했다. 소련의 붕괴와 1959년 혁명 이후 계속되고 있는 미국의 경제봉쇄 강화라는 이중 충격 때문에 석유 · 식료품 · 농약 · 화학비료를 비롯해 비누와 같은 일상용품에 이르기까지 모든 물자를 공급받지 못하는 비상사태를 맞았던 것이다. 농업국인 쿠바는 사탕과 커피라는 환금작물을 수출하고, 쌀과 밀을 수입하는 국제 분업 체계에 편입되어 있었기 때문에 국내 식량 자급률은 40퍼센트 정도밖에 되지 않았다. 따라서 한 발자국이라도 방향을 잘못 잡으면 수많은 아사자가 나올 수밖에 없는 상황이었다.

이런 위기를 맞은 아바나 시민이 선택한 비상수단은 도시를 경작하는 것이었다. 그것도 농약이나 화학비료조차 없이! 이처럼 완벽하게 맨손으로 시작한 도시농업이 10년을 지나자 한 명의 아사자도 내지 않고 220만 명이 넘는 도시가 유기농업으로 채소를 완전히 자급하는 데까지 발전한 것이다.

이제 시 전체에는 가정텃밭 · 개인농가 · 기업농장 · 협동조합농장 · 자급농장(오토콘스모스[Autoconsumos]) 등 8천 곳이 넘는 도시농장과 텃밭이 있고, 이를 3만 명 이상의 시민이 경작하고 있다. 그 면적은 채소와 농작물로만 약 1만 5천 헥타르, 축산업까지 포함하면 약 2만 9천 헥타르에 이른다. 아바나 시 면적이 7만 2천 7백 헥타르이므로 농지가 도시의 40퍼센트를 차지한 셈이다.

또한 나라 전체로 보면 대규모 농장이 2천 6백 곳, 소규모 농장은 3천 6백 곳, 자급용 가정텃밭은 9만 4천 곳이나 된다고 쿠바 농업부의 호세레온 베가 국제국장은 밝힌 바 있다. 이 정도의 규모라면 그 생산량도 만만치 않다. 처음에는 만족하기 힘든 양이었던 것이 이제는 국민 수요의 상당 부분을 차지하게 된 것이다.

미국의 캘리포니아에는 식량과 기아문제를 전문적으로 다루는 '푸드패스트'(Food Fast)라는 NGO(None-Government Organization, 비정부기구)가 있다. 이 단체의 대표인 피터 로저트 씨는 쿠바의 유기농업과 도시농업에 주목하여 몇 차례 시찰을 했는데, 1998년 보고서에서 쿠바가 이룬 진전에 대하여 다음과 같이 기록했다.

"1993년과 94년경에는 대부분의 사람들이 못 먹어 매우 수척한 모습을 하고 있었습니다. 하지만 지금은 다들 예전의 모습을 되찾았습니다. 새롭게 토지를 소유한 소농들이 도시농업으로 경제위기를 성공적으로 극복해가고 있는 것입니다."

마찬가지로 푸드패스트의 '지속가능한 농업 프로그램' 책임자 마틴 볼케 씨도 다음과 같이 말하고 있다.

"쿠바는 분명히 1990년대 중반부터 식량위기에서 벗어나고 있었습니다. 그리고 중요한 것은 유기농산물이 국민 전체를 위한 것이지 비싼 고급품은 아니라는 것입니다. 정부의 수치에 따르면 1999년에 도시농업으로 전체 쌀의 65퍼센트, 채소의 46퍼센트, 오렌지를 뺀 과일류의 38퍼센트, 근채류와 식용 바나나의 13퍼센트, 그리고 달걀의 6퍼센트를 생산했습니다. 그리고 토끼와 꽃, 약용 식물, 꿀까지도 도시 내에서 생산할 계획이 이미 세워져 있었습니다."

라틴아메리카 최고(最古)의 도시가 벌이는 새로운 도전

쿠바의 수도 아바나는 아메리카 대륙에서도 1514년에 건설이 시작된 아바나는 가장 오랜 역사를 지닌 도시다. 1607년에 수도가 되었다. 이는 뉴욕과 워싱턴보다도 훨씬 오래 된 것이다.

현재는 쿠바 국민의 20퍼센트에 가까운 220만 명이 아바나에 거주하고 있다. 카리브해 최대의 근대 도시이자 정치 · 상공업 · 문화의 중심인 이곳에는 여러 정부 기관과 화력발전소 · 석유정제소 · 화학공장 · 제지공장 · 방직공장 · 담배공장 등의 공업지대가 들어서 있다. 뿐만 아니라 아바나에는 1992년에 유네스코(UNESCO)로부터 세계문화유산으로 지정받은 바 있는 식민지 시대의 오랜 주택가도 남아 있다.

그리고 지금 아메리카 대륙에서 가장 오랜 역사를 지닌 수도 아바나에 다시 '농업' 이라는 새로운 경관이 더 추가되고 있는 것이다. 더불어 새롭게 탄생한 도시농업을 중심으로 도시 한복판에 7백 헥타르나 되는 새로운 녹지공원을 만드는 '수도(首都) 공원 프로젝트' 와 1천 7백만 그루의 나무를 심어 도시 전체를 푸르게 만들려는 '나의 녹화(綠化) 계획' 도 추진되고 있다. 이제 아바나에서는 석유가 부족해 움직이지 않았던 차 대신 자전거가 거리를 누비고, 수입할 수 없게 된 의약품을 대신해서 도시의 채소농장에서 허브가 자라고 있으며, 태양전지와 바이오가스 같은 자연에너지가 시민의 생활을 뒷받침하고 있다.

특히 도시농업과 유기농업은 학교 교육에서도 다뤄진다. 초등학교에는 어린이들이 자연과 농업을 배우는 통합학습 시간이 마련되어 있으며, 2001년 가을부터 새로 시작된 프로그램에 따라 초등학교 급식에 쓰일 유기농 채소가 도시 농가에서 공급되고 있다. 수입 식료품에 의존했던 육식 중심의 음식문화를 채식 중심으로 바꾸는 캠페인도 진행되고 있다.

오늘날 우리가 살고 있는 지구는 이른바 세계화(Globalization)와 신자유주의 경제에 따른 국제분업 체제에 의해 농락당하고 있다. 그런데 이 지구는 생태학적으로 보면 사실 '폐쇄계' 나 다름없다. 석유와 같은 지하자원도 언젠가는 고갈될 것이라는 사실을 생각하면 아바나 시민이 경험한 위기는 세계의 모든 도시가 머지않아 직면하게 될 사태의 예고편이라 할 수 있다. 다시 말해 쿠바는 특수한 정치상황 때문에 지구의 미래를 좀 더 일찍 경험한 것이다.

쿠바는 시민의 단결과 참여에 힘입어 이런 위기에서 빠져나오고 있다. 수입 물자의 80퍼센트 이상을 공급받지 못하게 된 엄청난 경제 붕괴 앞에서 어쩔 줄 몰라 헤매는 것이 아니라, 오히려 220만의 거대도시를 지속가능한 도시로 재탄생시키기 위한 좋은 계기로 삼아 적극적으로 계속 도전하고 있다. 이러한 도전의 중심에는 위기를 계기로 새롭게 2

천 개 이상이나 생겨난 NPO(Non-Profit Organization, 비영리기구)*와 지역의 문제를 스스로 해결하기 위해 자발적으로 일어난 시민들이 있다.

일찍이 쿠바의 재정은 소련에서 지원받는 막대한 원조금과 보조금으로 유지되어 왔다. 그것이 별안간 없어져버린 지금, 카스트로(Fidel Castro)정권은 이전까지의 중앙집권적인 관료국가 체제를 개혁하고, 관청을 반으로 줄이는 철저한 행정개혁을 추진하면서 시장과 경쟁원리를 끌어들여 자본주의 사회로의 이동을 시험하고 있다. 그러나 경쟁원리를 도입한다고 해서 자유방임과 같은 규제 완화를 실시하는 것은 아니다. 의료와 교육은 무상으로 제공한다는 기존의 원칙은 그대로 지키고, 기초 생활물자는 배급으로 염가에 공급한다. 사회주의의 장점은 안전망으로 남겨두고, 구조 개혁을 인간적으로 추진하는 것이다.

이런 사회 전환을 지지해주는 것은 과연 무엇일까? 먼저 어린이와 노인, 여성 등 약자를 무엇보다도 중요하게 여긴다는 인간주의적인 '철학', 둘째는 라틴아메리카에서 가장 잘 짜여진 교육연구기관과 우수한 연구자 · 기술자들이 만들어내는 환경 친화적인 '적정(適正)기술'(appropriate technology),** 마지막으로 행정기관과 NPO 사이의 동료의식과 열린 대화에 기초한 합의 형성 그리고 철저한 지방분권이라는 '사회제도' 등 이 세 가지가 바로 그것이다.

살사 리듬이 울려 퍼지는 아바나

생명보다도 돈을 중요하게 여기는 영리 우선주의, 유전자 조작 농산물을 위시하여 환경과 자연을 외면한 채 개발만을 추진하는 철학 부재의 기술과학, 아직까지도 개선되지

---

* 쿠바는 원래 사회주의 국가이므로 비정부기구인 NGO조차 정부와 긴밀한 협조관계를 맺고 있기 때문에 영리기구와 비영리기구(NPO)의 구분이 더 유효하다. 따라서 이 책에 등장하는 쿠바의 시민단체는 NPO로 표기를 통일했으며, 다른 나라의 경우에는 NGO로 표기함으로써 쿠바의 시민단체와 구별했다. [옮긴이]

** 『작은 것이 아름답다』의 저자인 영국의 슈마허가 창안한 개념이다. 처음엔 트랙터와 같은 복잡한 기계가 후진국에 보급되면 실업과 혼란을 야기한다 하여 호미와 트랙터의 중간에 해당하면서 그 지역에 적합한 기술을 일컬어 '중간 기술'이라 했다. 이것이 생태적이고 자급적인 개념으로 발전하면서 후진국만이 아니라 선진국을 포함하는 것으로 '적정 기술'이라는 말로 바뀌었다. 환경을 파괴하지 않으면서도 기술의 발달을 꾀하는, 곧 지속 가능한 기술을 일컫는 것이다. [옮긴이]

않고 있는 관료 중심의 중앙집권체제 등 오늘날 세계가 안고 있는 이런 모든 문제들에 대한 대안으로 NPO를 중심으로 한 시민사회로의 전환이 제기되고 있다. 하지만 이런 문제에 있어서 모범 사례로 인급되는 것은 늘 서구의 국가들뿐이었다. 2001년 여름, CSO(Civil Society Organization, 시민사회조직) 활동이 활발한 샌프란시스코를 방문했을 때 나는 도시농업에 몰두하는 '슬러그'(SLUG, San Francisco League of Urban Gardeners, 샌프란시스코 도시농업 연합)를 위시하여 공원 만들기와 마을 만들기에 열중하고 있는 다양한 환경 분야 NGO를 만난 일이 있다. 그 후 또 다른 모범 사례를 찾아 영국을 방문했는데, 그곳에서 만난 것은 서구의 국가가 아닌, 바로 쿠바였다.

"슬러그의 활동은 무척 감동적이었습니다. 과연 세계의 최첨단을 달리는 샌프란시스코의 NGO답구나 했습니다."

"틀린 말은 아닙니다만, 나는 이 도시에 왔다가 유기농업의 노하우를 배우기 위해 쿠바에 다녀왔습니다."

"뭐, 그렇다고는 해도 역시 미국이나 되니까 무농약 네트워크라는 전 세계적인 네트워크를 구축하고 있는 것이 아닙니까?"

"글쎄요. 그런데 60개국 이상의 사람들이 모여 유기농업과 농약문제를 주제로 국제회의를 개최하는데요, 아마 그 회의가 열리는 곳이 아바나일 겁니다."

지금 내 옆에는 샌프란시스코의 한 NGO인 '푸드패스트'가 출간한 『지속가능한 농업』이라는 3백 쪽이 넘는 전문서가 있다. 2002년 2월에 인터넷으로 주문한 최신판인데, 원래 이것도 쿠바의 '액타프'(ACTAF, 농림업기술협회)라는 유기농업 NPO와 아바나 농과대학이 2001년에 공동으로 저작하여 아바나에서 출간한 것이다.

빠져들 것 같은 푸른 하늘과 눈부시게 아름답기만 한 햇살, 카리브 바닷가에서 불어오는 시원한 바람과 그 바람에 살살 흔들리는 야자 가로수. 중세로 돌아간 듯한 인상을 주는 중후한 스페인풍의 주택가와 지금도 굴러다니고 있는 1960년대의 미제 차들. 거리를 오가는 모주꾼의 미소를 머금은 상기된 표정들. 시끄럽게 떠들며 돌아다니면서도 호기심에 가득 차 있고, 그렇지만 예절 바르며, 때 묻지 않고 맑기만 한 어린이들의 눈빛. 어느 거리를 가도 들을 수 있는 발랄한 살사의 리듬. 경제봉쇄로 물자는 모자라고 생계는 빈한하기 그지없지만 그들의 모습은 참으로 밝기만 하다.

미국을 통해서는 직접 들어갈 수가 없어 비행기를 타고 날아가 멕시코를 경유하여 쿠바로 가야 했던 여정은 이틀이나 걸렸다. 그러나 그곳에는 미래에 대한 희망을 품게 만드는 무언가가 있고, 한 번 방문하면 몇 번이고 가고 싶어지는 알 수 없는 매력이 있다.

(요시다 타로, 『생태도시 아바나의 탄생』 중에서)

논의과제

❶ 앞서 살펴본 생태학적 관점에서 봤을 때 아바나의 도시농업이 세계적으로 주목받는 이유에 대해 논의해보자.

❷ 아바나의 도시농업이 한국 사회에도 적용될 수 있을지 그 가능성에 대해 논의해보자.

제3장 인권과 소통

인권은 '모든 사람들이 가지고 있다고 추정되는 권리' 로 정의할 수 있다. 오늘날 인권이라는 개념은 이념과 사상을 떠나 모든 사람들이 동의하는 '보편적 가치' 또는 '지배적 이념' 을 말한다. 그런데 모든 개인이나 단체, 국가가 자신의 행동과 정책을 정당화하기 위해 인권을 내세우면서 인권은 현실에서 억압을 위한 도구로 쓰일 때가 더 많다. 또 인권에 담겨 있는 포괄적인 내용과 다양한 요소들이 서로 부딪치기도 한다. 2부 3장 '인권과 소통' 에서는 한국 사회의 인권 현황을 둘러보고 인권 문제 해결의 출발점이라고 할 수 있는 '다른 사람의 입장이 되어보는 것' 그리고 이를 통해 '차이와 소통하기' 를 모색해보도록 한다. 또한 상충될 수 있는 인권 문제를 통해 어떤 인권이 좀 더 근본적인지, 인권의 진정한 의미는 무엇인지 생각해보도록 한다.

읽기자료 1

우리는 부지불식간에 무언가를 끊임없이 용인하면서 살고 있다. 세상만사가 우리가 바라는 대로 되지 않음을 받아들여야 하기 때문이다. 그런 의미에서 우리의 똘레랑스는 무기력과 의욕 상실로 된 것이며, 무관심으로 보이기까지 한다. 똘레랑스는 이미 자명한 사실이다.

앵똘레랑스 또한 당연한 사실로 보인다. 종교의 역사는 이 점을 폭넓게 증언하고 있다. 다른 사람의 신앙을 용인해야 한다고 주장하던 약한 종파가 시간이 흘러 권력을 잡으면, 곧 반대 세력을 억누르는 다수파로 돌변하는 것이다. 예를 들어, 첫 세기의 기독교는 로마 황실이 기독교로 개종하자마자 곧바로 완고한 자세를 취했다. 그러다가 다시 아리우스파 이단 세력이 국가 상층부에서 맹위를 떨칠 때는 새삼 똘레랑스를 설교했다. 종교개혁론자들 또한 그들의 성공 비율에 따라 엄격성을 조정해 왔다. 칼뱅도 처음에는 「똘레랑스에의 권고」를 썼지만 나중에는 제네바의 폭군이 되었다. 이런 사실들은 오래된 이야기이지만 최근의 역사도 똑같은 교훈을 준다.

똘레랑스를 두고, 용인할 수 없다고 판단하면서도 받아들일 수밖에 없을 때 꾸며대는 하나의 그럴듯한 이유라고 말하기도 한다. 또 권한을 행사하는 척하지만 실은 감내할 수밖에 없을 때 그것을 정당화하기 위한 시도라고 말하기도 한다. 그렇다고 해도 우리들은 똘레랑스를 하나의 덕목으로 간주하며, 다른 도리가 없어서 복종하는 것으로 간주하지는 않는다. 우리에게 요구되는 똘레랑스는 무기력도 무관심도 아니다. 똘레랑스는 자발적으로 행동하기를 삼가거나 "우리가 저지하거나 맞서 싸울 수 있음에도 불구하고 그대로 놔두는" 데 있는 것이 아닐까? 똘레랑스는 우리가 반대하는 것에 대한 무관심이 아니라 존중이길 바란다. 그래서 "나와 다른 신앙, 내가 잘못된 것이라고 믿는 견해들, 나에게 충격을 주는 행동들이 아무런 구속 없이 표현되어야 한다."

"다른 사람들의 견해와 행동이 마음에 안 들고, 솔직히 불쾌하거나 도덕적으로 비난받을 만하게 보이는데도 왜 그런 견해와 행동에 개입하는 것을 삼가는가?" 왜 우리는 모든 것들이 더 좋아질 수 있다고 보면서도 그렇게 되도록 노력하지 않는가? 이 책의 의도는 똘레랑스 사상의 발전 과정에서 제기된 이 물음에 대해 지금까지 어떤 대답들이 있었는지를 보여주는 데 있다.

'견디다, 참다'를 뜻하는 라틴어 똘레라레(tolerare)에서 온 똘레랑스라는 말은 16세기 초에 처음 등장했다. 그 뒤 5세기 동안 이 말의 정의는 끊임없이 확대되었다. 처음에 똘레랑스는 종교에 대한 군주의 구체적인 태도를 가리켰다. 오늘날처럼 남의 생각과 행동에 대한 개인적인 정신 자세를 가리킨 것이 아니었다. 종교개혁 시기, 기독교적 진리의 단일성이 산산조각이 나고 국가 권력이 확립될 무렵, 신앙의 다양성에 직면한 국가 권력이 여기에 어떻게 대응해야 하는가가 문제로 제기되었다. 군주는 그의 신민들에게 진리에 동참하도록 강제할 것인가, 아니면 그대로 놔둘 것인가라는 물음에 직면했던 것이다. 당시의 똘레랑스는 공적인 소관 사항으로서, 종교의 진리에 관련된 문제에 대해서 탄압하지 않는 정치와 그런 정치를 실행하는 군주의 개인적 태도를 가리켰다. 그래서 당시의 똘레랑스 문제는 다음과 같은 질문으로 제시되었다. 즉, 권력을 행사하는 자로서,

그 자신의 구원을 무릅쓰면서 스스로 진리가 아니며 선이 아니라고 생각하는 것까지 참을 수 있는 것인가? 그런데 이 물음은 주위 사람에게 반응해야 하는 모든 사람에게 똑같이 제기된다. 군주는 자유인의 모델이기 때문이다. 그래서 조금씩 '사적'(私的)인 똘레랑스에 관한 생각이 자리잡게 되었다.

그리하여 18세기 말에 이르러 똘레랑스는 국가의 처신을 계속 지칭함과 동시에 오늘의 "인간관계의 바람직한 방식"으로서의 개인적 태도로도 지칭하게 되었다.

똘레랑스의 대상 또한 바뀌었다. 똘레랑스 지지자들은 먼저 종교적인 사상과 행동에 대한 똘레랑스를 요구했다. 스피노자와 더불어 똘레랑스 사상은 세속적인 사유로까지 그 지평이 확대되었다. 물론 18세기에도 루소, 볼테르, 튀르고는 여전히 종교적 똘레랑스에 관해 말하고 있지만 가령 말제르브, 모를레 신부, 그리고 그레구아르 신부는 사상과 태도 일반에 관하여 똘레랑스를 옹호했다.

행위를 삼가는 것으로서의 똘레랑스는 결국 행위로서의 똘레랑스 이전의 단계, 즉 정신의 행사로서 생각하기를 삼가는 것으로 나아가게 된다. 여기서 앵똘레랑스, 즉 18세기 말까지 화형, 살인, 박해, 세속의 금지 사항들, 그리고 갖가지 고통을 주는 행위들과 동의어인 앵똘레랑스 사상과 대조해 볼 필요가 있다. 물론 앵똘레랑스를 설명한다고 여겨지는 내면적 태도가 무시되었던 것은 아니다. 인본주의자 세바스티앙 카스텔리옹은 미셸 세르베투스가 화형 선고를 받았을 때 칼뱅에게 무슨 명목으로 화형 선고를 내렸고, 또 무슨 명목으로 칼뱅 자신이 다른 사람보다 옳다고 믿는지에 대해서 추궁했다. 그는 행위로서의 앵똘레랑스를 하나의 심리적 태도로 돌렸는데, 그렇지만 그때까지 그 태도를 앵똘레랑스라고 부르지는 않았다. 그러다가 17세기에 변화가 나타났다. 볼테르는 앵똘레랑스를 우리와 똑같이 생각하지 않는 자를 선험적으로 유죄라고 평가하도록 유도하는 정신적 자세로 보았다. 앵똘레랑스를 폭력적 행동 이전에 가장 분명하게 내면화된 것으로 본 사람은 틀림없이 루소였다. "나는 자기가 믿는 모든 것을 믿지 않으면 선의의 인간이 될 수 없다고 생각하고, 또 자기와 똑같이 생각하지 않는 자들 모두에게 냉혹하게 저주를 내리는 모두를 앵똘레랑이라고 부르고자 한다." 앵똘레랑은 더 이상 진리의 이름으로 약탈하고, 죽이고 박해하는 자만을 뜻하지 않게 되었고, '생각하는' 죄인, 즉 생각의 죄인까지 포함하게 되었다. 행동으로 옮기지 않을까 하고 우리를 두렵게 하는 오늘날의 앵똘레랑과 별 차이가 없는 것이다.

똘레랑스 사상은 앵똘레랑스의 변화와 대칭적인 과정을 밟았다.

즉, 하나의 제스처의 중지—이단자들을 죽이지 않는다—에서 판단의 중지로 나아간 것이다. 카스텔리옹이 똘레랑스에서 고문과 살해 행위의 포기를 보았다면, 오늘날 우리는 인간 개체에 대한 부정적 이념에 대한 거부를 생각한다.

'똘레랑스'라는 말은 우리가 흔히 뒤섞여 있다고 판단할 수 있는 매우 다양한 태도들을 포괄하고 있다. 의미상 차이가 있음에도 불구하고 똘레랑스의 옹호자들은 하나의 공통분모를 가지고 있다. 즉, 반대하는 것에 대항하여 생각하고 행동하는 것을 삼가는 이성에 관해 모든 사람이 설명하고 있다는 점이다.

똘레랑스는 16세기 말에, 특히 낭트칙령을 옹호하는 문서들에서 긍정적인 의미를 지니기 시작했다. 이 긍정적인 의미는 1685년 낭트 칙령의 취소와 1688년의 영국혁명 이후 유럽의 모든 반역자들을 받아들인 네덜란드의 정신에서 확인되었다. 세 명의 철학자가 똘레랑스의 기초가 되는 '위대한 원칙들'을 세웠던 것이 바로 그때였다. 즉, 스피노자는 1670년에 『신학적 및 정치적 권위론』을 출간했고, 바일은 『모두 가톨릭인 프랑스』(1686)를, 그리고 로크는 『똘레랑스에 관한 서한문』(1689)을 썼다. 바일은 인간이 자신에게 임한 하느님의 목소리인 양심을 따르자면 똘레랑이 되어야 한다고 주장했다. 로크는 세속정부의 목적에 대해 그리고 그 목적에 비추어 수단의 적절성에 대해 질문했다. 스피노자는 생각하는 자유가 인간의 본질이라고 썼다. 똘레랑이어야 하는 모든 위대한 이유들이—과거나 향후 세기나 마찬가지로— 이미 그 안에 있었다. 하나는 복종의 필요성에 의해, 다시 말해 질서의 논리에 의해, 또 하나는 절대적 유용성—절대적 필요성에 의해, 그리고 마지막 하나는 자유의 절대적 필요성에 의해 똘레랑스를 정당화하는 것이다.

스피노자, 로크 그리고 바일이 제시하는 논증들은 16세기부터 지금까지 똘레랑스의 정당화를 둘러싼 이따금 모순적인 다양한 이유들이 뒤섞여 있는 상태를 훌륭하게 요약해 준다. 거의 같은 시대에 살았던 그들의 공헌이 있은 뒤에 곧바로 18세기에는 가치로서의 똘레랑스가 확립되었다. 아주 흔히 그랬듯이 나약하고 미온적이었던 똘레랑스는 오늘날 우리가 느끼고 있는 바의 것이 되었다. 즉, 똘레랑스란 인류애, 그리고 인간의 영원불멸한 권리에 대한 존중의 표시이며, 앵똘레랑스로 말하자면 잔인성과 박해와 같은 것이다. (필리프 사시에, 『민주주의의 무기, 똘레랑스』 중에서)

동성애자 차별의 논리들

사실 동성애자 인권과 관련한 많은 문제들은 특별한 논증이 필요하지 않습니다. 동성애자를 차별하는 사람들이 내세우는 주장 중에 논리라고 할 만한 것이 거의 없는 까닭입니다. 동성애자를 차별하려면 우선 어떤 사랑(예컨대 이성애)이 다른 사랑(예컨대 동성애)보다 더 우월하고 가치 있다는 것이 증명되어야 합니다. 그런 차이는 존재하지 않으며, 따라서 그 증명도 애초에 불가능합니다.

밀크를 공격하던 존 브리그즈처럼 동성애자 차별을 옹호하는 사람들이 주로 내세우는 것은 가정의 가치입니다. 가정은 자녀를 낳을 수 있는 이성애자들만이 지킬 수 있다는 것입니다. 그런 사람들에게는 주변의 이성애자 가정들을 한번 돌아보라고 말하는 것으로 충분한 반론이 될 수 있습니다. 조금씩 나아지고 있다고 하지만 여전히 가부장적인 남성들에 의한 가정폭력이 우리 사회의 심각한 문제로 남아 있고, 그런 가정에서 자란 아이들이 또 다른 폭력의 가해자가 되는 일도 비일비재합니다. 이성 간에 맺어진 결합이기 때문에 가정의 행복이 자동적으로 지켜지는 것도 아닙니다. 우리 주변에 넘쳐나는 불행한 이성애자 가정들이 이를 웅변적으로 보여주고 있습니다. 가정의 가치는 이성애냐 동성애냐에 따라 지켜지고 말고 하는 게 아니라, 배우자 간의 사랑과 신뢰로 다져지는 것입니다.

동성애자들은 단기적이고 일시적인 쾌락만을 추구한다는 편견도 있습니다. 이성애자들은 안 그렇습니까? 동성애자든 이성애자든 어떤 사람은 그렇고 어떤 사람은 그렇지 않을 뿐이지, 동성애자라는 이유로 모두를 한 부류로 묶을 수는 없습니다. 거기다가 근본적으로 동성애자들에게는 지속적으로 관계를 유지할 수 있는 제도가 마련되어 있지 않습니다. 한때는 불타는 사랑으로 맺어진 수많은 부부들이 시간이 지나면 결혼이라는 제도 속에서 우정에 가까운 변형된 관계를 유지해 갑니다. 아이들도 이런 부부관계를 이어주는 중요한 매개가 됩니다. 물론 그나마 행복하게 사는 가정들의 경우가 그렇습니다.

그러나 동성애자들에게는 제도적인 결합이 허용되지 않습니다. 물론 제도적 결혼 자체를 이미 퇴락해가는 구시대의 유물로 볼 수도 있지만, 제도적으로 보장되어 있는데 '안하는 것'과 아예 그 길이 막혀 있어서 '못하는 것' 사이에는 여전히 큰 차이가 있습니다. 장기적으로 관계를 지속할 수 있는 길을 막아놓고는 '일시적 쾌락을 추구하는 사람들' 이라고 돌팔매질하는 것은 위선이고 폭력일 뿐입니다. 그리고 남이야 단기적이고 일시적인 쾌락을 추구하든 말든 그건 어디까지나 개인의 프라이버시에 속한 일입니다. 그 자체로 어떤 사람을 차별할 근거가 될 수 없다는 말씀입니다.

동성애는 일종의 질병이기 때문에 치료받아야 한다는 생각도 오랜 세월 서구사회를 지배해왔습니다. 앞서 살펴본 미국 심리학회의 진단 기준은 동성애자들을 정신병원에 집어넣는 중요한 근거로 활용되었지요. 동성애는 일종의 중독이어서 언제든지 스스로 벗어날 수 있다고 믿은 의사들은 동성애자들에게 폭력적인 약물치료, 쇼크, 뇌 절제수술, 화학적 또는 생물학적 거세를 시도하기도 했습니다. 나치 독일처럼 아예 강제수용소에 집어넣고 죽여 버린 것도 불과 60여 년 전의 일입니다. 물론 동성애자들도 이성애자들처럼 정신적인 질병을 가진 경우가 있습니다. 그러나 이성애자 중의 일부가 정신질환을 가지고 있다고 해서 이성애를 정신질환의 원인으로 진단할 수 없듯이, 동성애자들을 정신병자로 낙인찍는 것은 무지에 지나지 않습니다. 오히려 동성애자들을 비정상으로 낙인찍는 사회적 분위기가 그들을 벽장과 정신병원으로 몰아넣는 주원인일 수 있습니다.

동성애자들에 대한 징벌로 AIDS라는 치명적인 질병이 생겨났다는 믿음도 동성애 반대의 유력한 근거가 됩니다. 초창기 AIDS환자들 중 일부가 동성애자들이었기 때문에 생긴 믿음인데, AIDS가 HIV라는 바이러스에 의해 전염되는 질병이며 따라서 동성애와는 아무 관련이 없다는 사실이 과학적으로 입증되면서 적어도 합리적인 토론의 장에서는 사라졌습니다. 물론 일부 동성애 혐오자들은 지금도 여전히 동성애가 AIDS를 만들어 내거나 확산시키고 있다는 믿음을 버리지 않지만 말이지요.

일부 법학자들은 우리 헌법 제36조가 "혼인과 가족생활은 개인의 존엄과 양성의 평등을 기초로 성립되고 유지되어야 하며 국가는 이를 보장한다."고 규정하고 있기 때문에 어디까지나 혼인과 가족생활은 오직 양성 사이에서만 보장된다고 주장하기도 합니다. 일리 있는 주장이기는 하지만, 이는 헌법이 보장하고 있는 것이 권리의 극대치라는 오해에서 비롯된 것입니다. 헌법은 국민에게 보장된 권리와 제도의 최소한을 규정한 것이지, 최대한을 규정한 것이 아닙니다. 이 헌법규정을 만든 사람들은 여성에 대한 역사적, 법률적 차별에 대한 반성으로 양성평등을 규정했을 뿐, 성별에 관한 평등은 오직 양성 사이에만 성립한다고 제한한 것이 아닙니다.

과거에는 "미국헌법이 모든 남성(men)은 평등하다고 규정했기 때문에 여성은 그 보호대상이 아니다."라고 주장한 사람들이 있었습니다. "미국 헌법제정자들이 인간이라고 할 때는 흑인을 포함하지 않았으므로 헌법은 흑인의 평등권을 보장하지 않는다."고 주장한 사람도 있었습니다. 지금 이런 해석을 받아들이는 사람은 아무도 없습니다. 헌법의 기본권 규정이 권리를 보장하기 위한 것이지 제한하기 위한 것이 아님을 기억한다면, 동성애자들에게도 개인의 존엄과 평등에 기초한 혼인과 가족생활을 보장해줄 충분한 이유가 있음을 알 수 있습니다.

미국이나 한국이나 동성애 반대자들이 내세우는 그나마 유일하게 설득력 있는 근거는 '성경이 동성애는 죄라고 규정했다.'는 것입니다. 그러나 동성애를 죄로 규정하고 있다는 성경 구절 대부분은 신학자들 사이에서도 심각한 논란거리입니다. 소돔과 고모라(Gomorrah)를 비롯해서 동성애자들을 심판한 것으로 보이는 구절들은 대개 폭력과 강압에 의한 성관계, 나그네에 대한 핍박 등 성경이 다른 윤리와 밀접한 관련이 있기 때문에 동성애 그 자체를 비난하는 것인지는 불분명합니다. 『레위기』 규정은 유대교 정결규정의 일부이기 때문에 '두 가지 직물로 지은 옷을 입으면 안 된다.' 든지, '두 가지 작물을 한곳에 심으면 안 된다.' 등의 다른 정결규정들을 현대에 적용하지 않는 것처럼 직접 적용은 곤란하다는 해석이 있습니다. 「고린도전서」나 「디모데전서」에 나오는 관련 구절들은, 동성애를 지칭하는 것으로 보이는 헬라(Hellas)어 자체가 자주 쓰이는 단어가 아니라서 정확히 어떤 범위를 의미하는지 분명하지 않습니다. 「로마서」 구절은 이방신전의 남창행위가 성행하던 로마의 특수성을 반영한 것이라는 해석도 있습니다.

심지어 존 셸비 스퐁(John Shelby Spong) 주교처럼 사도 바울이 동성애자이자 호모포비아이기도 해서 신약에 동성애 관련 규정이 나왔고, 역사적으로 가톨릭 신부라는 성직이 동성애자들의 피신처 역할을 했다는 극단적인 주장을 펴는 사람도 있습니다. 더 이상 기독교도 이 문제에 대해 한목소리를 낼 수 있는 형편이 아닌 것이지요. 거기다가 근본적으로 특정 종교의 윤리가 과연 일반사회의 법이나 제도의 직접적 근거가 될 수 있느냐도 문제입니다. 일부 극단적인 이슬람교 신자들이 여성이 남성보다 열등하다는 코란(Koran) 구절을 들이대면서 여성에 대한 제도적 차별을 주장한다고 해서 그 논리를 받아들일 수 없는 것과 같은 이치입니다. 이런 논거는 특정 종교 안에서 자기들끼리 규범의 유효성을 놓고 토론할 때 제시되어야 하는 것이지, 사회적 공론의 장에 등장할 이야기는 아닙니다.

종교에 기초해 동성애자 차별을 주장하고 자신들만의 '가족' 개념을 강요하려고 한 사람들은 대개 자기 덫에 걸리는 경향이 있습니다. 하비 밀크와 함께 샌프란시스코 시의원으로 일하던 댄 화이트(Dan White, 1946~85)는 독실한 가톨릭 가정에서 자라나 베트남전쟁에 참전한 뒤 소방관으로 일하면서 7층 불길 속의 모녀를 구해 미국을 상징하는 영웅으로 떠올랐던 사람입니다. 이런 전력을 바탕으로 시의원회에 들어간 화이트는 스스로 동성애자, 마약중독자들에 맞서 가정과 종교의 가치를 지키는 수호자로 자리매김했습니다.

그러나 밀크가 존 브리그즈의 법안에 맞서 승리를 이끌어내면서 인기를 얻어가는 데 반해 자신은 날로 초라해져간다고 느낀 그는, 시의원직을 사임하는 승부수를 던졌다가 시장이 덜컥 사직원을 받아들이는 바람에 위기를 맞습니다. 그야말로 신앙적으로 위기를 극복해야 하는 상황이 온 것인데, 댄 화이트는 그냥 자기 분노를 아무에게나 쏟아버리는 길을 선택합니다. 1978년 11월 27일 시청에 권총을 들고 잠입해 시장과 밀크를 쏘아 죽인 것입니다. 두 명을 살해하고도 정신상태가 정상이 아니었다고 주장해 5년형만 선고받은 화이트는 출소한 지 2년도 안 되어 자살로 생을 마감합니다.

가족과 아이들을 지키자고 목소리를 높이던 애니타 브라이언트 역시 플로리다에서 큰 승리를 얻었지만, 캘리포니아에서는 하비 밀크 등의 반대로 패배를 경험합니다. 동성애 인권운동가들은 브라이언트가 모델로 나오는 플로리다 오렌지주스에 대한 불매운동을 벌였고, 그녀는 모델 일자리를 잃게 됩니다. 엎친 데 덮친 격으로 1980년 남편과 이혼까지 하게 되는데, 역시 근본주의자였던 남편은 "이혼은 하나님이 금하신 것이므로 하나님의 눈으로 볼 때 그녀는 여전히 나의 아내"라고 선언하기도 했습니다. 가족적 가치를 팔고 살던 그녀에게 이혼은 자신의 지지기반을 잃는 치명타였습니다. 근본주의자들은 애니타를 용서하지 않았고, 더 이상 기독교 집회에 초청하지 않았으며, 그녀는 수입의 마지막 원천까지 잃었습니다.

나중에 "교회는 떨쳐 일어나 이혼과 여성이 직면한 문제를 극복할 필요가 있다."고 말했지만, 거기에 귀를 기울이는 사람은 아무도 없었습니다. 1990년에 새 남편과 함께 가수로서 재기를 시도하지만 그것도 실패하여 파산했고, 과거와 같은 좋은 시절은 다시 돌아오지 않았습니다. 근본주의를 바탕으로 동성애를 공격하던 그녀가 오히려 근본주의의 뜨거운 맛을 보게 된 셈이지요. 최근 근본주의 기독교의 대표 주자로 동성애자들을 맹공격하던 중, 막상 자신은 성매매 남성과 관계를 맺고 마약까지 하다가 적발되어 망신을 당한 테드 해거드(Ted Haggard) 목사도 호모포비아의 경계선상에서 왔나 갔다 하는 근본주의자들의 위태로운 위상을 잘 보여주는 사례입니다. (김두식, 『불편해도 괜찮아』 중에서)

논의과제

❶ 똘레랑스의 개념과 이 사상의 등장 배경에 대해 정리해보자.

❷ 사회적 약자에 대한 차별과 똘레랑스 사상이 어떻게 연결될 수 있는지 논의해보자.

❸ 함께 제시된 글은 성소수자의 인권에 대한 글이다. 위의 사례에서 인권 침해의 본질적 문제는 무엇인지, 차별과 소외를 넘어 소통으로 나아갈 수 있는 방법은 무엇인지에 대해 논의해보자. 그리고 한국 사회에서 인권이 침해되는 상황을 더 조사하고 발표해보자.

읽기자료 2

탯줄은 몇 살에 끊기나?: 학생인권, 가족과 부모의 벽 넘기

빈칸에 공통으로 들어갈 말은 무엇인가?

학생부 교사: 우리도 두발 자유 해 주고 싶지만 ______ 들이 싫어해서 안 돼요.

교육청: ______ 들의 알 권리와 교육 수요자로서의 권리를 보장하기 위해 학생들이 상벌점을 받을 때마다 ______ 들의 휴대전화로 문자 메시지가 가도록 할 것입니다.

담임교사: 보충수업 참가 ______ 동의서에 사인 받아서 내일까지 내라.

교사: 넌 무슨 애가 그렇게 학교에 불만이 많고 사고만 치니? 다음 주 중에 ______ 오시라고 해!

학생: 오늘 성적표 나오는 날인데 ______ 이 또 뭐라고 할지 걱정이다, 걱정.

학생인권은 흔히 학교와 학생 또는 교사와 학생 사이의 관계 문제로 여겨진다. 그런데 학생인권이라는 드라마에서 주연이 아닌 듯하면서도 빠지지 않고 등장하는 사람이 있으니, 바로 학부모다. 학부모가 이 드라마에서 맡고 있는 배역의 비중은 결코 작지 않다. 학생들이 억울한 일을 겪을 때 학생의 편을 들어 주는 사람으로 등장하기도 하고, "내 자식 놈이니 때려서라도 정신 차리게 해 주세요"라고 말하는 사람으로 출연하기도 한다.

청소년의 삶에서 가족은 때로는 학교보다 더 큰 영향력을 미친다. 학생들이 가장 두려워하는 말 가운데 하나가 "부모님 모셔 와!"다. 학부모가 자녀에 대한 지도권을 학교에 넘겨주었기 때문에 학교는 학생을 지도하고 관리할 책임과 동시에 권리가 있다고 여기는 사람이 많다. 그래서 정작 학교에서 생활하는 건 학생인데도 학부모에게 더 자세히 설명하고 학부모의 의견을 더 비중 있게 고려한다. 학생이 보충수업이나 자율학습에 참여할지를 결정할 때도 학생 자신이 아니라 학부모의 동의 여부를 물어본다. 학교의 주요 사항을 결정하는 학교운영위원회를 구성할 때도 학부모 대표는 모시지만 학생 대표는 초대받지 못한다. 성적과 발달특기사항 등 학생의 학교생활에 관한 온갖 정보가 기록되는 교육행정정보시스템(NEIS)에도 학부모는 접속할 수 있지만 학생은 접근 불가다. 이렇게 보면 학부모가 사실상 최종 결정자가 된다. 학생이 원하지 않아도 학부모가 결정하면 두말없이 따라야 할 일은 너무도 많다. 학교에서 부당한 일을 겪은 학생이 뭔가 항의를 하려 해도 학부모가 학교의 처사를 두둔하거나 참으라고 하는 경우엔 어쩔 도리가 없다.

사실, 학교보다 집에서 더 큰 문제가 일어나는 경우도 적지 않다. 교사의 체벌을 문제 삼는 학부모 중에도 집에서 자녀를 때리는 이들이 있다. 학교에서 일어나는 종교 강요는 공식적으로나마 금지되어 있지만, 가정에서의 종교 강요는 부모의 정당한 양육 방식으로 이해된다. 학교에서 이루어지는 일기장 검사가 학생의 사생활을 침해한다는 국가인권위원회 결정이 나와 있지만, 자녀의 일기장을 몰래 읽어 보는 학부모를 막을 방도는 없다. 입시에 별 도움이 안 되는 동아리 활동을 교사가 그만두라 하면 어떻게든 버티지만, 집에서 그만두라며 용돈을 끊으면 계속할 도리가 없다. 이런 일들은 밖으로 잘 드러나지 않는 데다 문제로 바라보는 사람도 많지 않다.

학생은 아직 미성숙하고 경제적, 정서적으로 부모(보호자)에게 의존해서 살고 있는 만큼, 학부모가 자녀의 삶과 교육에 영향력을 행사하고 권한을 갖는 것이 당연하다는 생각을 어떻게 봐야 할까? 학부모의 판단을 학생의 판단보다 더 중시하는 것은 당연한 일일까? 학생의 인권은 무대 밖으로 밀려나고 학부모의 자녀 지도권과 학교의 학생 지도권이 무대 위에서 껴안거나 다투는 장면을 계속 보고 있어야 할까?

무엇이 나를 위한 것인지 어떻게 알지?

> 자유의 원리는 정신적으로 성숙한 사람들에게만 적용될 수 있다는 사실은 굳이 부연할 필요가 없다. [……] 미개사회에 사는 사람들도 이 대상에서 제외하는 것이 좋다. 미개인들을 개명시킬 목적으로 그 목적을 실제 달성하는 데 적합한 수단을 쓴다면 이런 사회에서는 독재가 정당한 통치 기술이 될 수 있다. —존 스튜어트 밀, 『자유론』 중에서

"이게 다 너를 위한 거야." 학생이 아니라 학부모가 최종 결정권을 행사할 때 흔히 따라 나오는 말이다. 이 말에는 여러 가지 메시지가 담겨 있다. 학생은 미성숙하므로 성숙한 부모가 대신 판단해 주어야 더 바람직한 결과를 얻을 수 있다는 것, 충동적이고 미성숙한 학생을 보호하기 위해서는 어른의 통제가 필요하다는 것, 그리고 다 자식 잘되라고 하는 간섭인 만큼, 마음에 들지 않더라도 받아들여야 한다는 것 등이다. 학생이 정말 미숙한지 아닌지를 따지는 일은 제쳐 두고 이런 질문을 던져 보자. 좋은 것을 강요하는 것은 과연 괜찮은 일일까? 그것이 정말 본인에게 좋은 것인지는 어떻게 알 수 있나?

1859년 『자유론』을 내놓아 유명해진 영국의 철학자, 존 스튜어트 밀은 자유의 소중함을 이야기하는 책에서 "자유는 정신적으로 성숙한 이들에게만 허용되어야 한다"고 썼다. 또, 미개인을 개명시키기 위해서는 독재도 정당화된다고 했다. 당시 유럽 강대국들이 아시아, 아프리카 등 세계 여러 나라를 침략하고 그 나라 사람들을 지배한 식민 정책을 정당화한 논리도 이와 같았다. 한 나라 안에서 여성이나 노예를 미개인으로 바라보고 그들을 억압하는 일을 정당화한 논리도 그랬다. 그리고 지금도 이 논리가 별다른 저항 없이 적용되는 집단이 바로 미성년자이다.

어떤 이유로든 한 집단에 대한 독재가 정당화되는 순간, 그 독재의 논리는 사회 전역으로, 세계 곳곳으로 전파될 수 있다는 깨달음은 2차 세계대전에 대한 반성으로부터 유

엔(UN)이 만든 '세계 인권선언'에 잘 반영돼 있다. 아무런 자격 없이, 단지 인간이라는 이유만으로 누구나 권리의 주인이 될 수 있어야 한다는 게 바로 인권의 원칙이다. 그리고 인권을 보장한다는 말은 자기 삶에 대한 통제권은 자기에게 있어야 함을 인정한다는 뜻이다. 만약 성숙한 사람에게만 인권이 보장된다면 그것은 특정한 사람만 누리는 특권이다. 아니면, 성숙한 사람들만 누리는 '성숙권'이라고 불러야 하지 않을까? "난 네가 싫어"라는 말로든 "너를 위해서야"라는 말로든, 그 사람에게서 결정권을 빼앗는다면 그것은 온전한 사람으로 보지 않는다는 뜻은 아닐까.

옛날 바닷새가 노나라에 날아와 앉았다. 노나라 임금은 이 새를 친히 종묘 안으로 데리고 와 술을 권하고, 아름다운 궁궐의 음악을 연주해주고, 조와 돼지, 양을 잡아 대접했다. 그러나 새는 어리둥절해하고 슬퍼하기만 할 뿐, 고기 한 점 먹지 않고 술도 한 잔 마시지 않은 채 사흘 만에 결국 죽어버리고 말았다. —『장자』(莊子) 「지락」(至樂) 편

『장자』「지락편」에 나오는 바닷새 이야기는 '너를 위해서' 뭔가를 일방적으로 해 주는 태도가 어떤 비극적 결말을 가져오는지 잘 보여준다. "누구나 자신의 문제에 관해서는 최고의 판관"이라는 말이 있다. 물론, 혼자 결정을 내리기에 앞서 신뢰할 만한 사람의 의견을 물어보고 참고해서 결정하는 것이 더 좋은 경우도 있다. 한 발 물러서 있기 때문에 좀 더 객관적으로 보고 현명한 조언을 해 줄 수 있기 때문이다. 하지만 그 사람이 보지 못한 걸 나는 볼 수 있다. 결국, 문제를 해결할 힘은 자기 자신에게 있다. 스스로 결정해야 나중에 후회가 되어도 자신이 책임지고 성숙할 수 있다.

주위 사람의 관심이나 도움을 기대할 수 없는 삶은 쓸쓸하다. 그러나 그토록 기대했던 관심과 도움이 '간섭과 강요'로 변질된다면, 그 삶은 더더욱 불행하다. 내 삶이지만 내가 사는 것이 아니게 된다. "너를 위해서"라는 말이 학생 자신의 욕구와 결정을 무시하는 주문이 되어서는 안 된다. 그 말이 아무리 선한 의도에서 나온 것일지라도, 본인에 대한 존중이 빠져 있다면 그것은 사랑이 될 수 없다. 학부모의 경우에도 예외가 아니다. 자녀는 나로부터 나왔지만 '내 것'은 아니니까. "결국 선택은 너의 몫이지만 무엇이 널 위해 좋은 것인지 얘기해 보자"라는 태도가 중요하지 않을까.

권리의 주인은 누구인가?

"우리 부모 세대는 탯줄을 끊지 못했지."

"뭐라고?"

주혁은 침묵했다. 긴 말을 준비하는 모양이다. 한참 후 주혁은 침묵한 적도 없다는 듯이 말을 시작했다.

"자식을 자궁 밖으로 내보낸 후에도, 자식이 학교를 가고 취직을 해도 탯줄이 주렁주렁 이어져 있어. 끊임없이 영양분을 공급해서 자식이 살아 있도록 하는 것이 부모의 일이라고 믿지. 물론 엄청난 자기희생이지만 또한 엄청난 책임 회피야. 자식에게 영양분을 스스로 모으는 방법을 가르치지 않거든. 그건 학교가 해 줄 거라고 믿지. 그런데 학교에서 가르치는 것은 상급 학교에 가는 방법뿐이야. 결국 졸업장은 따지만 그때도 탯줄은 이어져 있어. 아는 것이라곤 상급 학교로 가는 방법뿐이고 더 이상 갈 학교도 없으니 방법은 두 가지지. 탯줄을 부여잡고 빈둥거리거나 세상을 온통 학교로 만들거나.

자녀는 부모로부터 왔지만, 부모의 것은 아니다. 권리의 주인은 개인이지, 그가 속한 가족이나 가족을 대표하는 가장이 아니다. 공부할 권리의 주인은 학생이지 학부모가 아니다. 그럼에도 학교에서는 학부모들이 원한다는 이유로 자율학습을 강제하고, 학생의 인권을 제한한다. 보충수업도 학부모가 원하면 빠질 수 없고, 부모가 원하면 자율학습이 아니라 학원을 선택해야 한다. 그렇다면 공부할 권리, 학습권은 학생의 권리가 아니라 의무가 아닌가. 학교는 학부모의 자녀 지도권을 넘겨받은 기관, 학부모의 권리를 위해 존재하는 곳이 아니라, 학생의 학습권을 위해 세워진 곳이다.

아무리 자녀를 사랑하는 부모라고 할지라도 공부를 대신해 주거나, 학교를 대신 다녀 줄 수는 없는 노릇이다. 학교에서 결국 당하는 것은 학생 자신이다. 학교의 모든 결정은 학생에게 영향을 미치고, 그 결과 학부모의 삶도 흔들리고 변한다. 부모와 자녀는 다른 인격체이기에 서로 의견이 같을 수도 있고 다를 수도 있다는 건 당연하다. 부모가 옷을 사다 주면 자녀는 환호성을 지를 수도 있고 옷장에 처박아 둘 수도 있다. 이 당연한 이치를 학교생활에서도 인정해야 하지 않을까.

몇 해 전까지만 해도 민법에는 "미성년자인 자(子)는 부모의 친권에 복종해야 한다."

는 조항이 포함돼 있었다. 자녀를 기른다는 이유만으로 자녀의 인격과 운명까지 지배할 권리는 없다는 생각이 조금씩 자라난 결과, 그 조항은 사라졌다. 그러나 여전히 자녀를 부모의 소유물 또는 딸린 존재 정도로 생각하는 인식이나 제도가 곳곳에 남아 있다. 여전히 민법에서는 부모(보호자)가 갖는 친권(親權) 가운데 일부로 자녀가 살 곳을 지정할 권리와, 법원의 허가를 얻어 감화 또는 교정 기관에 자녀를 위탁할 수 있는 징계권을 인정하고 있다. 교육 정책을 결정하는 자리에 학부모 대표나 단체는 초대받아도 학생들은 초대받지 못한다. 아기가 태어나면 즉시 탯줄을 자르지만, '사회적 탯줄'은 잘리지 않은 채로 남아 있는 셈이다. 이 탯줄을 자르고 부모와 청소년이 서로 다른 사람이라는 걸 인정할 때, 청소년의 권리의 주인은 바로 청소년 자신이라는 걸 확실하게 할 때, 친권의 울타리를 넘어설 수 있을 것이다.

희생은 희생을 부른다

집을 나오고 나니 하나에서 열까지 다 힘들다. 그 중에 가장 힘든 것은 텅텅 빈 지갑!

계획된 '출가'가 아니라서 모아 둔 돈도 없고 당장 돈을 벌 수 있는 특별한 기술이나 인맥도 없고, 알바를 하려고 해도 노동부의 허가증이 필요한 나이여서 일자리를 구할 수도 없다. 지금 얹혀사는 곳은 신림이고 학교는 구로여서 학교에 가려면 버스와 지하철을 타야 해서 차비도 많이 든다. 밥 사 먹느라 또 돈 들고……. 수입은 없는데 지출을 계속 해야 하니 빚이 생겼다. 거기다 앞으로 급식비에, 학교운영지원비에, 고등학교 가려면 입학금에 교복 값, 준비물 비용도 만만치 않고, 소풍 · 수련회비도 내야 하는데……. 아프면 병원비도 내야 하고 계속 얹혀살기 그러니까 월세도 내야 하는데……. 아무리 아껴 살아도 돈 나갈 구멍이 너무 많다. 내가 공부하고 싶어도 돈이 없어서 못 할 수도 있다고 생각하니 우울했다. 〔……〕 두 번째로 날 힘들게 하는 건 보호! 알바를 할 때나 휴대전화를 살 때도 보호자 동의가 없으면 어쩔 수가 없다. 보호자 동의 없이 할 수 있는 일은 손에 꼽을 정도로 드물다. 그나마 엄마와 예전에 한 약속 중 하나가 '고등학교 입학에 한해서 보호자 동의를 해 준다'라는 것이어서 고등학교는 돈만 되면 갈 수는 있을 것 같다. 이런 생각이 들었다. 내 삶이고 내가 할 일들인데 나보다 왜 보호자가 중요한 걸까? 내가 가고 싶은 길과 부모님이 갔으면 하는 길이 다른 건 당연한 거잖아. 서로 다른 인격체니까. 자식은 부모의 소유물도 축소판도 아닌 하나의 인격체잖아. 그런데도 청소년에게는 선택할 권리도 스스로 자기 인생을 만들어 나갈 권리도 없다. [……] —「돌아갈 수 있을까, 돌아가야 할까: 가출 소년 따이루, 자유를 찾아 집을 나오다」, 『인권오름』, 2008년 1월 9일

가출한 중학생이 『인권오름』이란 매체에 기고한 글이다. 부모가 요구하는 삶과 다른 삶을 살기로 한 학생이 겪는 고단함이 잘 드러나 있다. 집을 나와 다른 곳에서 살고 싶어 하든, 같이 살아도 정신적으로 독립하고 싶어 하든, 부모로부터 독립을 꿈꾸는 학생들에게 어김없이 돌아오는 이야기가 바로 "부모가 너희를 먹여 살린다"는 말이다. 부모가 없는 경우는 예외겠지만, 틀리지 않은 얘기다. 사정이 이렇다 보니, 먹여 살리는 부모가 더 많은 권한을 갖는 것이 당연하게 보이기도 한다. 자신의 권리를 내세우면서 부모의 뜻을 거스르는 학생은 "부모는 등골 빠지게 고생하는데 바라는 것만 많다"는 비난을 듣는다.

사실, 부모의 입장에서 보면 고생해서 키운 자식이 자기 뜻과는 다른 결정을 내릴 때 걱정되고 서운한 마음도 들 수 있다. 부모의 뜻과 다른 결정을 내릴 때면 사람들은 왠지 모를 죄책감을 느낀다. 그런데 부모와 자녀 관계를 이렇게 한쪽의 일방적 희생으로만 해석할 수 있을까? 부모는 자식을 낳느라고 고생했지만, 자식도 자라느라 고생한 것이 아닐까.

학생이 부모의 반대를 무릅쓰고 제 뜻대로 밀고 나가려면 많은 희생을 감수해야 한다. 급기야 집을 나오거나 집에서 쫓겨나면, 당장 하늘을 가려 줄 방 한 칸 구하기도 힘들다. 가출 소년 따이루는 얹혀살 집이라도 구했으니 그나마 사정이 나은 편이다. 그래도 당장 내일부터가 걱정이다. 어떻게 버틴다 해도 교육비, 병원비 등 앞으로 해결해야 할 일이 태산이다. 이처럼 가정의 울타리를 벗어나면 고생길이 훤하기 때문에, 청소년들은 대개 자기 뜻을 꺾고 부모의 뜻을 따르는 길을 택한다.

학부모가 자기희생을 내세워 자녀의 뜻을 꺾는 일이 반복되지 않으려면, 학생이 부모의 희생을 이유로 자기를 희생시키는 일이 반복되지 않으려면, 학생이 부모에게 의존하지 않고 자립할 수 있는 조건이 갖추어져야 한다. 사실, 부모에게 의존하는 삶이 개인의 잘못은 아니지 않은가? 부모에게 얹혀사는 주제에 권리나 주장한다고 비난하기보다는, 부모는 자식 때문에 자기를 희생하고 자식은 부모 때문에 자신의 꿈을 포기할 수밖에 없는 구조를 바꿔야 하지 않을까? 유럽의 몇몇 나라에서는 청소년이 혼자 살거나 커플로 동거할 경우, 집 월세의 50~60%를 정부에서 보조해준다. 반면에, 한국에서는 청소년

의 자립을 지원해 주는 제도를 찾아보기 힘들다. 부모도 자식 하나 키우려면 온갖 고생을 해야 한다. 그러다 보니 더 간섭할 일이 많아지고, 노후를 보장받기 위해서라도 '말 잘 듣고 공부 잘하는 아이' 로 키우고 싶은 욕심이 강해지는 건지도 모른다. 그렇다면 부모가 양육 부담에서 좀 더 자유로워질 때, 자녀에 대한 강요도 줄어들지 않을까? 학생 복리의 의견과 결정을 존중하는 사회라면 그 학생이 성장하는 데 필요한 자원을 부모에게만 책임지우지 않고 사회가 공적으로 책임져야 한다. 그래야만 부모와 청소년 양쪽이 모두 자신의 삶을 제대로 누릴 수 있는 사회가 만들어질 것이다.

학생인권을 주장하는 것은 학부모가 가진 것을 빼앗아 오자는 것도 아니고, 학부모를 학생의 삶에서 밀어내고 간섭하지 말라고 외치는 것도 아니다. 그것은 학부모의 위치를 제자리로 되돌려 놓아야 한다는 이야기이고, 학생과 학부모가 같이 살아가기 위해 어떤 관계를 맺어야 하는지에 대한 문제 제기이다. 부모는 자녀가 믿고 의지할 수 있는 든든한 언덕이자 조력자가 될 수 있다. 그러나 간혹 부모라는 이유로 주연의 자리를 대신 차지하고 자녀에게 불행을 강요하기도 한다. 학부모가 주인공으로 나설 무대는 자신의 삶이어야 한다. 학생인권은 이렇게 자녀의 삶에만 붙잡힌 채 자기 무대를 잃어버린 학부모도 자유를 되찾아야 한다는 이야기를 함께 건네고 있다. (공현 외, 『인권, 교문을 넘다』 중에서)

논의과제

❶ 부모가 미성년인 자(子)에 대해 가지는 친권의 범위가 어디까지 확장될 수 있는지, 부모의 친권과 청소년의 자율권은 어떻게 충돌하고 조정될 수 있는지 논의해보자.

❷ 청소년들이 '사회적 탯줄' 을 자르고 스스로 권리의 주인이 되기 위해서는 어떠한 자세가 필요한지 생각해보자.

읽기자료 3

이제까지 우리는 인권이 개인의 자유와 공동체의 집단적 이해를 저울질해 균형점을 찾는 것이라는 주장을 반박했다. 그런 주장을 좇다보면, 인권은 평화롭고 안전하게 살아가기 위한 다수의 이해관계에 묻혀서 흔적도 찾을 수 없게 된다. 그래서 국제 인권법의 요체는 인권을 제약하려면 사전에 제정된 법에 따라 (국가 안보나 공공질서 등) 정당한 목적을 달성하기 위해 필요 불가결하고 비례적인 조처만 취하라는 것이다. 이제 이 공식이 어떻게 작동하는지 좀 더 구체적으로 살펴볼 필요가 있다.

권리들 간에 서로 우선권을 얻기 위해 경쟁이 벌어지는 상황이 있을 수 있는데, 그렇다면 이런 권리들 사이의 저울질이 정당화되는 건 어떤 경우인지 이해하기 위해서다. 앞서 우리는 이와 대조적인 상황들, 즉 고문당하지 않을 권리는 어떻게 해서 절대적인 성격의 권리로 간주되는지, 또한 법의 지배 아래서 자유권은 어째서 다른 사람들의 잠재적 위험을 이유로 완전히 무시돼선 안 되는지를 살펴봤다. 이제 다른 이해관계와 충돌했을 때 인권 자체를 양보해야 하는 상황을 생각해 보자.

사생활의 보호

사생활이란 개념은 우리를 인권의 심장부에 자리한 근본 쟁점들로 인도한다. 흔히 많은 이들이 '유서 깊은' 사생활의 권리가 요즘 들어 끊임없이 공격받고 있다고 생각하지만, 사생활 보호라는 개념이 어디서 유래했는지는 결코 명확하지 않다. 오히려 그 기원을 추적해보면 사생활 보호란 전통적인 헌법상 권리가 아니라는 사실을 발견하게 된다. 18세기 혁명에서 사생활 보호에 대한 요구는 찾아볼 수 없다. 사실, 사생활 보호는 필요에 따라 임시변통으로 개발된, 다시 말해 사생활을 침해당하면 누구나 당혹감과 분노를 느끼기 때문에 이에 대응해 만들어낸 개념인 것 같다.

인권법에서도 사생활 보호는 부서적인 권리다. 사생활 침해는 인간의 존엄성, 가정의 안온함, 통신의 비밀, 성적 비밀, 정체성, 가족의 권리 등에 대한 침해이기도 하므로 이런 여타의 권리들에 근거해 사생활 침해에 대응할 수도 있다. 다만 이를 보완해 주는 개념으로 사생활 보호가 이용되는 것이다.

어떤 이들은 사생활 보호가 자연적 요구라고 말한다. 고대로부터 인간은 개인적 삶의 일부를 공중의 시선으로부터 감춰야 했음을 입증하는 종교적 문헌에서 주장의 근거를 찾기도 한다. 그러나 많은 사람들이 나체나 용변, 성생활 등을 남에게 보이지 않아야 한다고 여긴다고 해서 그것이 곧바로 보편적 권리로서의 사생활의 유래나 보호 범위를 밝혀주는 것은 아니다.

사생활의 권리를 언급한 사례는 1881년 미국의 한 재판에서 찾아볼 수 있다. 자신의 의사와 무관하게 출산 과정이 노출된 한 여성이 제기한 소성이었다. 이 여성에게 승소 판결을 내리면서 법원이 적용한 죄목은 폭행죄였지만, 판결문에서 '그의 아파트에 대한 사생활의 권리'를 언급한 대목이 나온다. 사생활의 권리를 더욱 발전시킨 계기는 1890년 훗날 미 연방대법관이 된 루이스 브랜다이스 변호사와 새뮤얼 워런 변호사가 공동 저술한 법학 논문 「사생활의 권리」(The Right to Privacy)다. 워런 스스로 원치 않았는데도 딸의 결혼식이 언론에 보도된 것이 논문을 쓰게 된 동기로 작용한 듯하다. 어쨌든 19세기에 사생활의 권리는 허락 없이 사생활을 지켜보거나 널리 알리는 일에 초점을 맞추고 있었다. 브랜다이스와 워런의 연구에는 다음과 같은 사례들이 언급돼 있다. 앨버트 왕자와 빅토리아 여왕이 그린 에칭(etching) 작품들을 공중에 배포하지 못하도록 한 영국 법원의 명령, 한 여배우의 임종 장면을 그린 그림의 사본을 유족 보호 차원에서 유표하지 못하도록 한 프랑스 법원의 조처, 후손의 요청에 따라 비스마르크의 임종 장면 사진을 압수하도록 한 독일의 사례.

여러 나라에서 이와 관련한 법률이 발달하면서 사생활이란 개념을 통해 보호할 대상이 과연 무엇인지에 대해 관심의 초점이 변화해왔다. 제2차 세계대전이 끝날 무렵, 사생활 보호에 대한 관심은 다양했다. 일찍이 쿠바는 세계인권선언에 사생활 보호 조항을 넣자고 제안했다. 이 제안은 명예 · 평판 · 소통 등 세 가지를 보호 대상으로 못 박았다. 명예와 존엄성의 보호에 대한 강조는 미주 국가 간 인권보호체계가 이어받았다. 그러나 세계인권선언을 초안한 이들의 관심은 더 넓었다. 결국 세계인권선언과 이후 이어지는 인권 조약들은 명예와 평판의 침해뿐 아니라 '사생활 · 가족 · 가정 · 통신'의 침해까지 포괄해 다루고 있다. 나아가 보호 범위는 아래에 소개할 인간 존엄성의 특정 측면까지 포함하도록 재정의되고 있다.

다른 권리들의 경우 상응하는 의무가 바로 식별되지만 사생활의 권리는 상응하는 의

무가 무엇인지 딱 집어 말하기 어렵다. 이 권리는 다른 사람의 표현의 자유나 알 권리 등을 침해하지 않는 한도까지만 인정될지도 모른다. 사생활의 권리가 적용되는 범위는 다른 권리와 마찬가지로 범죄 예방이나 공중 보건의 향상 등 일반적인 사회적 이해관계에 따라 제한되기도 한다. 그러나 소유에 근거한 권리(이 경우 사생활의 권리는 개인의 초상이나 인격 등을 보호하는 것이 된다)라는 인식을 떠나 개인 및 가족의 삶에 대한 현대적 인식으로 시선을 옮겨보면, 우리는 사생활의 권리를 정의하는 데 더욱 어려움을 겪게 된다. 사생활 보호에 대한 기대치의 변화, 그리고 사생활을 침해할 수 있는 기술적인 발달에 대응하면서 사생활의 권리 개념도 확장되고 있는 것이다. 이는 사생활이란 개념이 지닌 힘이다.

요약해보자. 오늘날 사생활이란 무엇인가? 우리를 엿봐서는 안 되고, 우리에 관한 특정 정보나 이미지를 우리의 허가 없이 유통시켜선 안 된다는 요구를 포함한다. 사생활 보호에 대한 요구는 왜 생겨났는가? 엿보는 행위를 당한 권력자들이 화가 났기 때문이다. 나아가, 사생활 보호는 가족과 가정, 통신 등을 자의적인 외부의 간섭으로부터 보호할 필요성과 동일시됐다. 게다가 명예와 평판을 보호해야겠다는 의지도 작용했다. 사생활은 어떻게 보호되는가? 역사적으로는 사생활을 침해하는 물건을 유포시키지 못하도록 함으로써 보호했다. 사생활이란 개념이 처음 법적으로 의미를 띠게 된 시기에는 에칭 작품이나 사진, 신문 등을 통해 이미지의 사본을 만들어 퍼뜨린 게 무제가 됐다. 그러나 최근의 기술적 진보, 예를 들어 데이터 보관, 디지털 이미지, 유전자 식별, 망막 스캔, 인터넷 등은 사생활에 새로운 위협을 드리우고 있다. 사생활의 권리는 이제 이런 도전들에 맞서기 위해 새롭게 해석되고 있다.

우리는 오늘날 사생활의 최소한 다섯 가지 차원을 구별할 수 있다. 첫째, 엿보이고 싶지 않은 바람이 있다. 대다수 사람들은 옷을 입지 않은 상태로 남들에게 노출되고 싶어하지 않는다. 이로부터 여러 권리들이 가지를 치는데, 이를테면 나체 상태의 수색이나 구금, 의료 관련 상황, 몰래카메라, 기타 형태의 감시 등과 관련한 권리를 들 수 있다. 둘째, 우리 자신에 대한 정보나 이미지가 유포되는 걸 막고 싶은 바람이 있다. 그런 정보를 남들이 알면 곤란하거나 우리의 이익을 해칠 수 있는 경우에 특히 그렇다. 셋째, 남들과 통신할 때 제삼자의 도청이나 감시를 받기 싫은 욕구가 있다. 인권 조약들에 애초 규정된 사생활 보호 조항은 '서신 왕래' 만 포함시켰지만, 이제는 감청을 비롯한 전화 통화

감시, 전자우편에 대한 고용주 감시 등도 다룰 수 있도록 개념이 확장됐다. 넷째, 우리의 신체적 · 정신적 건강도 보호받아야 한다. 사생활 보호에 관한 법은 가정 폭력, 성적 학대, 체벌, 환경적 위험 등으로부터 우리를 보호하는 쪽으로 발전돼왔다. 다섯째, 통제받지 않고 우리의 인격을 계발할 수 있는 기회가 주어져야 한다. 성이나 자기 정체성 · 교제 등에 관해 선택의 자유가 없다면, 우리는 자신의 인격을 온전히 발현하는 데 실패할지도 모른다. 이런 맥락에서 합의된 국제 인권 조약들이 동성애 행위를 범죄화한 여러 나라의 법률을 폐지하는 데 단단히 한몫을 해왔다.

사생활 영역을 인권 보호로부터 격리시키려는 시도

그러나 사생활이란 개념에는 또 다른 측면이 있다. 여성에 대한 가정 폭력에 사법권이 개입하는 것을 사생활이라는 이유로 막아왔다. 가정부를 고용하거나 클럽 · 모임의 가입자를 모집할 때 특정 인종을 배제하는 행위마저 사생활이라는 이유로 정당화했다. 정부의 개입으로부터 자유로워야 할 사적인 영역이라는 이유로 부부간 성폭행이나 어린이 학대 · 여성 할례 등이 인권 논쟁의 대상에서 벗어났고, 이런 쟁점을 다루는 것 자체가 사생활의 침해로 여겨졌다.

이런 문제점들은 공법(公法)과 사법(私法)을 분리하는 인식 탓에 더욱 심화됐다. 많은 나라의 법률 체계는 (인권보호의 영역을 포함한) 공법은 정부와 관련된 문제를 규제하고, 사법은 정부와 연계되지 않은 사적인 주체들 사이의 분쟁을 규제한다는 전제 아래 진화했다. 이에 따라 사적인 문제는 공권력이 관여할 일이 아니라는 주장이 종종 제기된다. 이런 식의 사고방식에 따르면, 사적인 영역에서 인간의 존엄성에 관한 문제가 발생해도 국가의 개입이나 인권법의 적용을 통해 해결할 수 없게 된다. 더욱이 국제법도 다양한 조약을 통해 국가에 의무를 부과하는 방향으로 발달해오면서 결과적으로 사적인 영역을 규제 대상에서 배제하는 사고방식을 허용하는 셈이 됐다. 각종 국제 재판소나 위원회가 다룰 수 있는 사건은 정부를 상대로 한 제소에 국한되기 때문에 모든 인권침해 사건은 정부의 개입이 있을 때만 성립한다는 추정이 생겨난 것이다. 사적인 영역에서의 인권침해에는 국제 인권법이 적용되지 않는다고 여겨졌다.

하지만 이제는 사정이 변했다. 첫째, 인권 조약에 따라 설립된 국제기구들은 국가의 인권 보호 의무를 재해석함으로써 개인 또는 비정부 기구에 의해 권리를 침해당한 경우에도 그 피해자들을 보호할 의무가 국가에 있다고 보기 시작했다. 이런 의무를 흔히 적극적 의무(positive obligation) 또는 보호 의무(obligations to protect)라고 한다. 둘째, 국제범죄에 관한 법이 발달하면서 국제법 위반에 대한 개인의 책임 문제가 불거졌다. 국제사회가 대처해야 할 가장 극악한 잔학 행위 가운데 어떤 것들은 국가의 개입 없이도 일어난다. 그 명백한 사례가 바로 반군들에 의한 성폭행, 고문, 민간인 학살 등이다. 이렇게 국가가 아닌 행위 주체도 인권 보호 의무가 있다는 주장이 힘을 얻고 있다. 또한 평화유지 활동을 펴는 유엔이나 NATO, 세계은행(WB) · 국제통화기금(IMF) 같은 국제 금융기구, 다국적 기업을 비롯한 기업체, 모든 유형의 정당, 종교 집단, 노동조합, 클럽, 협회 등 국가 이외의 행위 주체도 인권 보호 의무가 미치는 범위 안에 있는 것으로 간주된다.

전통적으로 공법 · 사법을 구분하고 그 결과 가정 · 가족문제를 공적 영역에서 배제한 것은 여성과 여성의 권리에도 악영향을 미쳐 페미니스트들한테서 집요한 비판을 받았다. 사적인 영역에서 이뤄지는 여성 억압을 정치적 쟁점으로 다루려면 공법 · 사법의 구분을 폐지하는 게 필수적이라는 주장이 여러 차례 제기됐다. 특히 인권 담론이 전통적으로 공적 영역에 초점을 맞추는 바람에 무력 충돌이나 경제 개발, 일터, 가족 등의 분야에서 여성들이 걱정하는 문제들을 '잊고 있었던' 게 분명하다. 그렇다고 사생활의 권리를 폐지하는 게 해법은 아니다. 사생활의 권리에 호소함으로써 개인이 자신의 신체나 성적 관계, 개인 정보 등에 대한 통제권을 어느 정도 확보할 수 있었음은 입증된 사실이다. 앞으로 할 일은 여성들의 주장을 진지하게 받아들이고 인권이 사적인 영역에도 적용된다는 사실을 인정하는 것이다.

사생활과 다른 가치들 사이의 저울질

사생활의 권리는 표현의 자유와 충돌한다. 이 두 가치를 저울질하는 건 분명 전후 맥락을 봐야 하는 일이다. 어떤 이는 문화적으로 결정되는 문제라고 할지도 모른다. 대수롭지 않은 일이라고 여기는 사람들도 있을 것이다. 관련된 쟁점의 이해를 돕기 위해 다음과 같은 상황을 예로 들어보자. 어떤 신문이 자녀들과 함께 있는 한 유명 여성의 사진을 보도할 자유를 주장한다. 인권은 (신문의) 표현의 자유와 (여성 유명 인사의) 사생활의 권리를 동시에 요구한다. 어떤 선택을 해야 할까? 여기서 우리는 인권 체계가 한갓

교통법규와 같은 것이 아님을 명심해야 한다. 이 문제는 사람들 사이에서, 심지어 법률 전문가인 법관들 사이에서조차 서로 다른 결론을 내릴 여지가 많다. 모든 건 사건의 맥락에 달려 있다. 그러나 요즘에는 종종 이런 분란을 해결하기 위해 '서로 다른 가치 사이의 저울질'이란 차원에서 논의가 이뤄진다. 이때 고려해야 할 원칙들이 무엇인지 분명히 하기 위해 인권의 사전에 대하는 어휘들이 사용된다.

모나코 캐럴라인 공주의 사진 보도와 관련한 사건에서 독일 연방헌법재판소의 재판관들은 해당 보도가 사생활 침해라는 주장에 동의하지 않았다. 표현의 자유에 의해 보호되는 언론사의 요구를 더 중시했다. 모든 이들의 정보접근권을 보장하려면 그런 보도를 허용해야 한다고 봤다(자료 25 참고). 반면, 유럽인권재판소 재판관들은 캐럴라인 공주의 사생활 보호에 무게를 실었다(자료 26 참고).

최근에는 사생활의 개념이 소음을 비롯한 공해로부터 개인을 보호하는 문제로까지 확장되고 있다. 이는 사생활의 권리가 절대적인 권리가 아니며, 서로 충돌하는 권리 사이에서 사생활의 권리가 과연 침해되었는지 판단하기 위해 정책결정자들이 복잡한 셈을 해야 하는 시대가 왔음을 의미한다. 2001년 영국 히드로 공항 인근 주민들이 유럽인권재판소에 소송을 제기했다. 공항에서 나오는 야간 소음으로 '가정 · 사생활 · 가족의 삶을 존중받을 권리'를 부당하게 침해당했다는 제소에 대해 유럽인권재판소 1심 재판부는 5대 2의 판결로 주민들의 손을 들어줬다. 그러나 항소심 재판부는 12대 5의 판결로 영국 정부가 주민들의 권리와 다른 이들의 권리, 즉 승객의 여행할 권리 및 국가 경제에 필요한 기업의 영업권 사이에서 균형을 잘 잡았다고 판단했다. 이에 대해 반대표를 던진 재판관들은 영국 정부의 정책이 적절한 균형을 잡지 못했다고 봤는데, 그 이유는 다음과 같다.

> 인권 보호와 환경 보호의 시급한 필요성이 서로 긴밀히 연결되는 상황에서 우리는 건강이야말로 가장 기본적인 인간의 욕구이며 무엇보다 우선시돼야 한다고 본다. 이 사건에서처럼 밤낮으로 계속해서 또는 주기적으로 비행기 엔진의 소음이 일상을 뒤흔든다면, 가정의 사생활과 관련해 인권이 의미하는 바는 과연 무엇인가?

건강을 사생활의 한 요소로 보호하려 할 때 그것이 항공기 이용자들과 국가 경제에 방해가 된다면 이는 분명한 딜레마다.

점차 늘어나는 CCTV와 유전자 정보의 이용에 관해서도 앞서 제기된 것과 같은 질문을 해야 할 것이다. 거기에 정당한 목적이 있는가? 사생활의 침해가 누구나 접근 가능한 법률에 의해 승인된 것인가? 그런 침해가 민주 사회의 기준에서 볼 때 범죄와 안보 위협으로부터 공동체를 보호하기 위해 정말 필요한 것인가? 고용주나 보험회사가 유전자 정보를 이용해 미래에 건강상 문제가 일어날 가능성이 높은 사람을 식별해내고, 미래의 발병 가능성에 근거해 부당한 차별을 하게 되리라는 우려도 나오고 있다.

사생활에 어느 정도의 우선권을 줄지는 각각의 사정에 달려 있다. 해당 사회나 정책결정자가 사생활 보호에 어느 정도의 중요성을 부여하는지도 영향을 미칠 것이다. 이런 판단을 내릴 때 사생활 보호의 근본적 목적을 되새겨보는 게 도움이 될 듯하다. 사생활보호는 한 개인이 다른 사람과의 관계 속에서 불필요한 간섭 없이 자신의 인격을 충분히 발현할 수 있도록 하기 위한 것이다. 사생활이라는 개념이 인권을 부인하는 데 활용되는 경우, 예를 들어 공적인 인물이 비판을 피해가기 위해 사생활이라는 주장을 편다거나 가정 폭력에 공권력이 미치지 못하도록 하기 위해 사생활을 들먹인다거나 인종차별 등 각종 차별을 정당화하기 위해 사생활을 이유로 드는 경우에는 각별한 주의가 요망된다. 사생활의 권리는 인권 보호의 국제적 노력을 증진시키는 데 중요한 기여를 해왔다. 그러나 동시에 다른 권리를 훼손하는 데 쉽게 동원되는 도구이기도 했다. 사생활이 위협받고 있다는 주장은 앞으로도 계속 제기될 것이다. 그런 주장에 얼마나 무게를 둘지는 바로 사생활 보호를 통해 우리가 진정 보호하려는 가치가 어떤 것인지에 달려 있다.

자료 25. 독일 연방헌법재판소의 1999년 12월 15일 결정

언론의 기능이 여론 형성에 있다고 해서 단순한 오락 기사를 헌법상 보장된 언론 자유의 대상에서 제외해선 안 된다. 여론 형성은 오락의 대척점에 서 있는 것이 아니다. 오락성 기사도 여론 형성에 기여할 수 있다. 어떤 상황에서 그런 기사는 오로지 사실만 다룬 정보성 기사보다 더 지속적으로 여론 형성을 촉진하거나 그에 영향을 미칠 수 있다. 게다가 언론계에선 정보와 오락 사이의 구별을 없애는 경향이 점증하고 있으며, 이는 하나의 언론기관 차원에서는 물론 개별 기사 차원에서도 관찰되고 있다. 예를 들면 오락을 가미한 방식으로 정보를 전달하거나, 정보와 오락적 요소를 섞어서 작성하는 기사(infortainment)가 그것이다. 이는 많은 독자가 오락 기사에서 그들이 중요하거나 재미있다고 여기는 정보를 얻고 있음을 의미한다.

자료 26. '폰 하노버 대 독일' 사건에 대한 유럽인권재판소의 2004년 결정

앞에서 언급했듯, 사생활 보호와 표현의 자유를 저울질하는 데 결정적인 요소는 해당 사진과 기사의 보도가 일반의 이해관계가 걸린 토론에 기여하는지 여부다. 이 사건에서 문제가 된 사진과 기사는 그런 기여를 전혀 하지 않았음이 분명하다. 왜냐하면 청구인(캐럴라인 공주)은 공적인 업무를 수행하지 않는 인물이며, 문제가 된 사진과 기사도 오로지 그의 시시콜콜한 사생활만 다뤘기 때문이다.

나아가 청구인이 비록 널리 알려진 인물이고 외부와 완전히 차단되지 않은 장소에 나타났다고 하더라도, 대중이 그의 위치와 사생활에서의 행동 방식 등을 알아야 할 정당한 이해관계를 지닌 것은 아니라고 본다.

문제의 사진과 기사를 보도하는 데 잡지사들의 상업적 이해관계가 걸려 있듯 대중에게도 그런 사진과 기사를 보고자 하는 요구가 있다고 하더라도, 이 사건에서 그런 요구는 사생활을 효과적으로 보호받을 청구인의 권리에 굴복해야 한다는 게 본 법정의 견해다.

(앤드류 클래펌, 『인권은 정치적이다』 중에서)

논의과제

❶ '사생활' 또는 '사생활 보호'가 나타낼 수 있는 다양한 의미를 정리해보자.

❷ 모나코 캐럴라인 공주의 사진 보도와 관련하여 독일 연방헌법재판소와 유럽인권재판소는 상반된 판결을 내리고 있다. 이와 같이 사생활의 권리와 표현의 자유가 충돌하는 경우에 어떠한 판결이 더 타당한지 논의해보자.

❸ 한국 사회에서 사생활의 권리와 표현의 자유가 충돌한 사례를 찾아보고 이에 대한 자신의 견해를 정리해보자.

❹ 위에서 제시된 사례와 같이 개인의 자유와 공동체의 이해가 충돌하는 경우에는 어떠한 것이 있는지, 이에 대한 해결은 어떠한 기준으로 이루어져야 하는지 논의해보자.

제4장 힘과 권력

홉스(Thomaas Hobbes)에서 베버(Max Weber)에 이르는 자유주의 정치철학에 따르면 국가가 국민에게 행사하는 폭력은 사사로운 감정, 증오, 국가의 자기 이해에 바탕을 둔 것이 아니라 질서와 평화, 공공의 복리라는 더 큰 가치를 목표로 한다. 그러나 실상 국가는 사회적 강자의 권리를 배타적으로 옹호하기 위해 언론을 통제하고 여론을 왜곡하며 부당한 폭력을 행사하기도 한다. 또한 언론은 정치권력과 결탁하여 스스로를 권력화하며 현대 사회의 절대 권력으로 떠오르고 있다. 2부 4장에서는 전쟁이나 테러, 군사독재와 같이 눈에 보이는 폭력뿐만 아니라 눈에 잘 띄지 않고 분명하게 지각되지 않는 폭력의 구조를 언론 권력과 국가 권력을 통해 살펴보고 폭력의 메커니즘을 생각해보도록 한다.

읽기자료 1

경제 권력에 의해 짓밟힌 공익 언론

언론과 민주주의의 관계에 대해 이야기를 나눠보겠습니다. 선생님은 민주사회에 반드시 필요한 커뮤니케이션의 조건을 무엇이라고 생각하십니까?

Chomsky: 이 점에서 나는 아담 스미스와 생각을 같이합니다. 평등을 향한 노력이 있어야 한다고 생각합니다. 기회의 평등만이 아니라 실질적인 평등이 보장되어야 합니다. 즉 존재의 모든 차원에서 정보에 의해 평등하게 접근할 수 있고, 그렇게 수집한 정보를 바탕으로 의사결정을 내릴 수 있어야 합니다. 따라서 민주적인 커뮤니케이션 시스템은 대중의 폭넓은 참여를 보장하고 공익(共益)을 반영하는 시스템이어야 합니다. 또한 진실과 성실과 발견이라는 실질적 가치를 반영할 수 있어야 합니다.

밥 맥체스니(Bob McChesney)는 최근에 발표한 『텔레커뮤니케이션, 매스미디어, 민주주의』(Telecommunications, Mass Media and Democracy)에서 1928년부터 1935년까지 미국에서 벌어진 라디오 통제에 대한 논쟁을 자세히 다루었습니다. 대체 그 전쟁은 어떻게 벌어진 것입니까?

Chomsky: 아주 흥미로운 주제를 다루었다는 점에서 맥체스니는 중요한 일을 해냈습니다. 오늘날에도 우리는 '정보 고속도로' 라고 일컬어지는 것과 유사한 전쟁을 벌이고 있기 때문에 무척이나 시의 적절한 연구물이라 할 수 있습니다.

1920년대에, 인쇄기의 발명 이후로 매스 커뮤니케이션을 가능하게 해준 주된 수단이 등장했습니다. 바로 라디오였습니다. 라디오는 고정된 청취권을 갖기 때문에 제한된 수단인 것은 부인할 수 없는 사실입니다. 그래도 정부가 라디오를 통제할 것이란 생각은 누구나 쉽게 할 수 있었습니다. 다만 문제는 "정부가 어떤 형태로 규제할 것이냐?"라는 것이었습니다.

정부는 대중의 참여가 보장된 공영라디오를 선택할 수 있었습니다. 이런 방식을 택한다면 사회가 민주화된 만큼 민주화된 공영 라디오를 가질 수 있으니까요. 따라서 소련의 공영라디오는 전체주의적 색깔을 띠었지만 캐나다나 영국의 공영라디오는 전체적으로, 사회가 민주화된 만큼 민주적인 모습을 보여주고 있습니다.

하여간 전 세계에서 비슷한 논쟁이 벌어졌습니다. 적어도 라디오를 마음 놓고 선택할 수 있는 부유한 나라들에서는 그런 논쟁이 벌어졌습니다. 그리고 거의 모든 나라에서 공영라디오 방송을 선택했습니다. 내가 알기로는 예외가 없었습니다. 하지만 미국은 민영라디오를 선택했습니다. 물론 100퍼센트는 아니었습니다. 그래도 누구나 소규모 라디오 방송국을 차릴 수 있었습니다. 예컨대 대학 구내를 청취권으로 한 대학 라디오 방송국도 가능했습니다. 하지만 실질적으로 미국의 모든 라디오 방송국이 힘 있는 민간 기업의 손에 넘어가고 말았습니다.

맥체스니의 지적처럼 이런 흐름에 거센 저항이 있었습니다. 종교단체와 노동조합 그리고 시민단체가 미국도 다른 나라들이 택한 방향을 택해야 한다고 주장했습니다. 그러나 미국은 기업이 지배하는 나라입니다. 그 때문에 그들의 저항은 실패로 돌아가고 말았습니다.

더욱 놀라운 사실은 기업이 이데올로기 전쟁에서도 승리를 거두었다는 사실입니다. 라디오를 민간 기업에 넘긴다는 것은 시장논리에 따라 국민에게 선택권을 주는 것이기 때문에 그것이 민주주의의 실현이라는 주장이었습니다. 민주주의의 개념을 왜곡한 해석이 아닐 수 없습니다. 왜냐고요? 당신의 힘은 당신이 소유한 달러에 의해 결정되기 때문입니다. 또한 국민에게 선택권을 준다고 하지만, 선택의 대상들이 힘을 가진 사람들에 의해 결정되기 때문입니다. 하지만 기업계의 주장은 폭넓은 호응을 얻었습니다. 자유주의자들마저도 기업계의 주장을 민주적인 해결책으로 인정했습니다. 그 결과로 1930년대 중반쯤 게임의 승부는 실질적으로 끝나고 말았습니다.

그로부터 10년 후 텔레비전이 등장하면서 똑같은 다툼이 재현되었습니다. 적어도 미국을 제외한 세계의 다른 국가들에서는 치열한 다툼이 있었습니다. 하지만 미국에서는 전투다운 전투가 없었습니다. 어떤 갈등도 없이 텔레비전은 완전히 민영화되었습니다. 거듭 말하지만 대부분의 다른 나라, 아마도 미국을 제외한 모든 나라에서 텔레비전은 공공방송으로 출발했습니다.

1960년대에 들면서 다른 나라들에서도 텔레비전과 라디오가 부분적으로 민영화되었습니다. 미국처럼, 중앙집권적 구조를 지닌 민간 기업이 라디오와 텔레비전의 공공성을 조금씩 무너뜨리기 시작했습니다. 반면에 미국에서는 공영라디오와 텔레비전이 희미하게나마 태동되기 시작했습니다.

적어도 내가 알기에, 그에 대한 이유는 심도 있게 연구된 적이 없었습니다. 하지만 민영방송국들이 프로그램의 일부를 공공의 목적에 할애해야 한다는 연방통신위원회(Federal Communications Commission)의 요구를 귀찮게 생각한 까닭에 공영방송국이 탄생한 것이라 여겨집니다. 실제로 CBS는 이런 법적 조건을 어떻게 만족시켜야 할 것인가에 대한 자료를 수집하는 데 상당한 직원을 고용해야 했습니다. 한마디로 연방통신위원회의 요구는 목에 걸린 가시와도 같은 것이었습니다.

마침내 민영 방송국들은 이런 짐을 덜어낼 묘안을 생각해냈습니다. 자금력이 부족한 소규모 공영방송국의 설립을 인정해주자는 것이었습니다. 이런 제안과 더불어 그들은 연방통신위원회의 족쇄에서 풀어달라고 요구했습니다. 이렇게 해서 공영라디오와 텔레비전이 탄생한 것입니다. 지금은 이런 공영방송국들마저도 기업자금에 손을 벌리고 있지만 말입니다.

점입가경입니다. 요즘 들어서는 PBS(Public Broadcasting Service)가 '원유방송국'(Petroleum Broadcasting Service)이란 비아냥까지 듣고 있지 않습니까!

Chomsky: 계급의식이 강한 기업계의 이해관계와 힘이 반영된 결과입니다. 기업계는 언제나 치열한 계급전쟁을 벌이니까요. 이런 문제가 인터넷을 비롯한 새로운 쌍방향 커뮤니케이션 테크놀로지에서도 일어나고 있습니다. 우리는 다시 한 번 똑같은 갈등을 겪게 될 것입니다. 어쩌면 벌써 싸움이 시작되었을지도 모릅니다.

솔직히 말해서, 장기적으로 볼 때 우리에게는 어떤 희망도 없습니다. 상업적으로 운영되는 라디오는 분명한 목적을 띠고 있습니다. 즉 그 방송국을 소유하고 관리하는 사람들이 결정한 목표입니다.

앞에서도 언급했듯이 그들은 의사결정자나 참여자를 원치 않습니다. 그들은 소극적이고 순종적인 소비자를 원할 뿐입니다. 정치적 방관자를 원할 뿐입니다. 파편화되고 소외되어 제한된 자원들마저도 결집시키지 못하는 사람들, 권력자에게 독설을 퍼부으며 도전할 정도로 독립적인 강력한 힘으로 성장하지 못할 사람들을 원할 뿐입니다.

그렇다고 소유자가 항상 내용을 결정하는 것일까요?

Chomsky: 장기적인 관점에서는 그렇습니다. 내용이 소유자가 용납할 수 있는 수준을 넘어선다면 틀림없이 내용을 제한하려고 나설 테니까요. 하지만 어느 정도 융통성은 있을 것입니다.

투자자들은 텔레비전 스튜디오까지 내려가지 않고도, 그들이 원하는 대로 토크쇼의 사회자를 움직일 수 있습니다. 훨씬 교묘하고 복잡한 메커니즘을 이용해서, 방송 관계자들을 소유자와 투자자가 원하는 방향대로 확실하게 끌어갈 수 있습니다. 예컨대 소유자의 가치관에 따라 움직여주는 사람만을 관리자, 편집자 등으로 승진시키는 방법입니다.

그런데도 그들은 상당히 자유로운 존재라고 생각할 수 있습니다. 예컨대 톰 위커(Tom Wicker)처럼 자유롭고 독립적인 존재라고 떠들어대는 사람을 생각해보십시오. 그는 "누구도 내게 뭘 하라고 말하지 못해. 나는 내 생각대로 말할 뿐이야. 우리 회사는 완전한 자유가 보장된 곳이라고!"라고 주장합니다.

물론 그에게는 그렇게 보일 수도 있습니다. 그의 상관들이 흡족해할 정도로 그들의 가치관에 동조한다는 것을 증명해보였기 때문에 그가 원하는 것을 무엇이나 자유롭게 써댈 수 있는 것입니다.

그런데 PBS와 NPR(National Public Radio, 국립공영라디오)은 걸핏하면 좌익 방송이라고 공격받고 있는데요?

Chomsky: 그래서 아주 흥미로운 비판이라 할 수 있습니다. 사실 PBS와 NPR은 기업계와 매우 가까운 부유한 전문가들의 관점과 이해관계를 전반적으로 대변해주는 엘리트 기관입니다. 하지만 어떤 기준에서는 때때로 개혁적이고 자유주의적 성향을 보여줍니다.

예를 들어 설명해 보겠습니다. 예컨대 낙태의 권리와 같은 문제에 대해 기업 경영자들의 생각을 조사해보면 그들은 상당히 개방적인 성향을 보여줄 것입니다. 하지만 평등권이나 언론의 자유와 같은 사회적 쟁점들에 대해서도 그런 개방성을 보여줄지는 의문입니다. 그들이 근본주의자, 예컨대 거듭 태어난 기독교인이 될 가능성은 없습니다. 하지만 일반 국민보다 사형을 더 반대하는 성향을 띨 수는 있습니다. 또한 미국 기본권 연맹을 지원하는 부자와 기업도 적지 않습니다.

요컨대 사회적 질서에서 그들에게 이익을 주는 것이라면 그들은 아낌없이 지원합니다. 이런 기준에서 볼 때 미국을 지배하는 사람들은 개방적이고 자유주의자입니다. 이런 특징이 PBS와 같은 제도적 기관에 반영되어 나타나는 것입니다.

선생님은 23년 동안 NPR에 딱 두 번밖에 출연하지 않았습니다. 그리고 맥닐 레러 뉴스아워에는 거의 20년 동안 단 한 번 출연했습니다. 만약 선생님이 맥닐 레러 뉴스 시간에 열 번 정도 출연했으면 어떻게 되었을까요? 뭔가 차이가 있었겠습니까?

Chomsky: 별다른 차이는 없었을 것입니다. 게다가 그 수도 확실치가 않습니다. 내 기억력이 그다지 정확지 않거든요. PBS 지역방송국들에는 여러 번 출연한 것으로 기억합니다.

저는 전국방송국을 말하는 것입니다.

Chomsky: 그렇다면 당신이 지적한 수가 맞을 것입니다. 하지만 그런 것은 크게 중요하지 않습니다.

내 생각이지만, 프로파간다의 운영자들이 영리한 사람들이라면 나와 같은 반대자들과 비판가들에게 더 많은 시간을 할애할 것입니다. 그럼 폭넓은 토론을 거치고 있다는 느낌을 국민에게 안겨주면서 그들의 입장을 한층 합리화시킬 수 있을 테니까요. 하지만 프로파간다가 지나치게 한쪽으로 기울어지면 반대자들에게 시간을 할애해도 별 효과가 없습니다. 그래서 프로파간다는 쟁점들을 새로운 이야기들로 조작하고, 오락 프로그램에서 살짝 끼워 넣는 수법을 사용합니다. 실제로 미디어들은 이런 식으로 국민의 관심을 다른 곳으로 돌리면서 국민을 어리석고 소극적인 방관자로 만들어 갑니다.

그렇다고 내가 이런 미디어들에 간혹 출연하는 것을 반대하는 것은 아닙니다. 하지만 효과가 별로 없다고 생각합니다. 진정으로 필요한 것은 세상의 다른 모습을 분명하고 이해하기 쉽게 매일 보여주는 것입니다. 보통 사람들의 생각과 관심을 고스란히 보여주는 것입니다. 제퍼슨이나 듀이와 같은 사람들의 글에서 읽을 수 있는 민주주의와 참여에 대한 관점을 진실되게 보여준 것입니다.

이렇게 될 때에야 비로소 영향력을 갖습니다. 실제로 현대 사회에서도 이런 일은 가능합니다. 예를 들어, 영국에는 1960년대까지 이런 철학을 유감없이 밀고 나간 주요한 매스 미디어가 있었습니다. 그 덕분에 노동자계급의 문화가 유지되고 활성화되면서 영국 사회에 엄청난 영향을 끼쳤습니다.

인터넷에 대해서는 어떻게 생각하십니까?

Chomsky: 인터넷은 많은 장점을 갖고 있다고 생각합니다. 하지만 걱정스런 부분도

적지 않습니다. 물론 객관적으로 증명할 수 없기 때문에 내 직관적인 생각으로 대답해보겠습니다. 우리는 화성인도 아니고 로봇도 아닙니다. 인간의 삶에서 얼굴을 직접 맞대고 대화를 나누는 것보다 중요한 부분은 없을 것입니다. 그래야 우리가 서로에 대한 이해를 돈독히 하며 건전한 인격체로 성장해갈 수 있으리라 믿습니다.

키보드를 두드리고 상징적 기호와 대화할 때와 얼굴을 맞대고 대화할 때 상대에게 같은 느낌을 가질 수 있겠습니까? 십중팔구 다른 느낌일 것입니다. 이처럼 얼굴을 직접 맞대고 개인적으로 접촉하지 않고 원격으로 조작되는 추상적 관계가 늘어날 때 우리가 기대한 것에 바람직하지 않은 영향을 미칠 것입니다. 인간애가 줄어들 것이라고 생각합니다. (노암 촘스키, 『촘스키, 세상의 권력을 말하다 2』 중에서)

논의과제

❶ 정치권력이 미디어를 통제하는 방식에 대해 논의해보자.

❷ 위의 글에서 말하고 있는 민주적인 커뮤니케이션 시스템이 구현되기 위해 필요한 것은 무엇인지 생각해보자.

❸ 위의 글에서 지적하고 있는 공영 언론의 문제점을 극복하기 위해 소셜미디어가 대안이 될 수 있는지 논의해보자.

읽기자료 2

내 생각은 정말 내 생각일까

우리는 정보의 바다에서 살고 있다. 그런데 신문 방송이 시시각각 전하는 뉴스와 인터넷에서 만나는 정보들은 과연 얼마만큼의 진실을 함유하고 있을까? 누구도 알지 못한다. 모든 정보의 진실성 여부 또는 '진실 함유도'를 정확하게 따지려면 천문학적 비용이 들어가기 때문이다. 그래서 웬만한 것은 다, 누가 특별히 허위라는 문제제기를 하고 분명하게 입증하지 않는 한, 대충 어느 정도는 사실이려니 여기게 된다. 이것이 평범한 사람들이 언론 보도를 대하는 기본자세이며, 우리네 삶의 어찌할 수 없는 한계다. 우리는 진실인지 알 수 없는 정보를 숨 쉬고, 왜곡과 거짓을 마시며 살아가야 한다. 그러니 의심해볼 수밖에 없다. 내가 가진 생각은 정말 내 생각일까?

만약 어느 힘센 신문이 자기 나름의 목적의식에 입각해 특정한 종류의 사건에 대해 고의적으로 진실을 왜곡하고 거짓 정보를 지속적으로 내보낸다면, 나는 그렇다는 것을 인지할 수 있을까? 그렇지 않을 것이다. 그 왜곡 보도 또는 허위 보도 때문에 이익을 보거나 피해를 입는 사건 관련자나 당사자가 아니라면, 내가 거기에 왜곡과 거짓이 있다는 사실을 알기 어렵다. 따라서 그 보도가 적어도 '어느 정도'는 진실일 것이라고 생각하게 된다. 일부 왜곡이나 부정확한 내용이 없지는 않겠지만, 그래도 "설마 아니 땐 굴뚝에 연기 나랴"라고 생각하는 것이다. 더욱이 그 사건이 말초적 호기심과 감성을 자극하는 선정성을 지니고 있을 경우, 나는 거기 휩쓸려 들어가 보도의 진실성 여부를 아예 따지지도 않게 된다. 이렇게 말하고 보니 내 생각이 아무래도 내 생각이 아닌 것 같다.

보이는 것과 진실의 거리

이론적으로 보면 누구나 왜곡 보도와 허위 보도의 피해자가 될 수 있다. 그러나 실제로 피해자가 되는 경우는 매우 드물다. 그래서 사람들은 그 위험에 대해 별로 깊게 생각하거나 고민하지 않는다. 어떤 신문사가 언론 자유라는 아름다운 이름 뒤에서 고의적인 왜곡 보도와 허위 보도를 자행함으로써 누군가의 인권을 유린하고 범죄를 유발했다고 하자. 누가 어떻게 이 불의를 바로잡을 수 있을까? 바로잡는 것은 고사하고, 사람들이 이런 사실을 인지할 수나 있을까? 오히려 그 보도를 진실이라고 믿고 인권을 유린당한 피해자를 욕하게 되지 않을까? 뵐은 『카타리나 블룸의 잃어버린 명예』(Die Verlorene Ehere der Katharina Blum)라는 소설에서 바로 이 문제를 다루었다.

그리 길지 않은 이 소설에는 부제가 있으며 다음과 같은 '모토'까지 딸려 있다. "이 이야기에 나오는 인물이나 사건은 자유로이 꾸며낸 것이다. 저널리즘의 실제 묘사 중에 「빌트」(Bild)와 유사점이 있다고 해도 그것은 의도한 바도, 우연의 산물도 아닌, 그저 불가피한 일일 뿐이다." 소설 후기에서 뵐은 이 작품의 주제가 언론이 저지르는 범죄의 원인과 양상을 다루는 것임을 분명하게 밝혔다.

중요한 것은, 이 이야기에는 '카타리나 블룸의 잃어버린 명예' 라는 제목뿐만 아니라, '폭력은 어떻게 발생하고 어떤 결과를 가져올 수 있는가' 라는 부제도 있다는 것이다. 헤드라인 폭력에 대해서는 거의 알려지지 않았고, 그것이 어떤 결과를 가져오는지에 대해서 우리는 그저 조금밖에 알지 못한다. 신문들이 정말 금수 같은 그들의 '무지함' 으로 무엇을 야기할 수 있는지 한번쯤 연구해보는 것은 범죄학의 과제일 것이다.

이 소설에서는 신문의 '헤드라인' 이 살인 사건을 부른다. 사건 개요는 무척 단순하다. 1974년 2월 20일 수요일 저녁, 스물일곱 살 먹은 젊은 여자 카타리나 블룸은 아는 사람이 주최하는 댄스파티에 참석하기 위해 집을 나섰다. 블룸은 한 번 이혼한 경력이 있는, 아주 착실하고 평범한 전문 가사 관리인이다. 그로부터 나흘이 지난 2월 24일 일요일 저녁, 블룸이 경찰관의 집 초인종을 누른다. 그녀는 경찰관에게, 낮 12시 15분경 자기 아파트에서 『차이퉁』 기자 베르너 퇴트게스를 총으로 쏴 죽였다고 말한다. 그리고 후회의 감정을 느끼기 위해 일곱 시간 동안 시내를 배회하고 교회에도 갔지만 조금도 후회하는 바를 찾지 못했다면서, 자신을 체포해달라고 요청한다. 소설은 이 나흘 동안 카타리나 블룸에게 무슨 일이 일어났는지를 이야기한다.

카타리나 블룸의 비극은 그날 댄스파티에서 처음 본 루트비히 괴텐이라는 남자한테 '필(feel)이 꽂힌' 데서 시작되었다. 그녀는 "오직 괴텐 하고만" 춤을 추었고, 파티가 끝나자 자기 아파트로 함께 가서 밤새 사랑을 나누었다. 괴텐은 자신이 어떤 이유 때문에 경찰에 쫓기는 중이라고 했다. 이 남자를 진심으로 사랑하게 되었다고 느낀 블룸은, 다음 날 새벽 괴텐이 몰래 아파트를 빠져나갈 수 있도록 아파트단지의 지하 통로를 가르쳐주었다. 그리고 오래전부터 자기를 유혹하려고 치근댔던 어떤 남자가 준 별장 열쇠를 주고 거기 숨어 있도록 한다. 그녀는 남자가 붙잡히면 합당한 처벌을 받을 것이고, 그래도 그 다음에 계속 사랑할 수 있으리라 믿었다. 그래서 특별히 범죄를 저지른다는 의식이 없이 사랑하는 남자에게 자기가 줄 수 있는 것을 줌으로써 그 사랑을 표현했다. 그게 전부였다. 더도 덜도 아니었다.

다음 날 아침 아파트에 경찰이 들이닥쳐 카타리나 블룸을 체포했다. 그 현장에 『차이퉁』이라는 신문의 사진기자가 곧바로 등장한다. '차이퉁' (Zeitung)은 '신문' (新聞)이라는 뜻을 가진 독일어 일반명사다. 그런데 이 소설에서는 일반명사가 아니라 특정한 신문의 제호로 사용되었다. 『차이퉁』은 카타리나 블룸과 루트비히 괴텐 사건을 특종 보도한다. 그녀가 체포되는 사진을 대문짝만하게 게재하면서 실명과 얼굴을 그대로 노출시켰다. 루트비히 괴텐의 '흉악한 범죄 혐의'를 마치 확인된 사실처럼 보도했다. 카타리나 블룸이 검찰 조사를 받는 과정에서 나온 세세한 심문 내용을 지면에 중계방송을 했다. 『차이퉁』은 카타리나 블룸의 가족 관계와 이혼 전력, 재산 관련 사항을 비롯해 아주 개인적인 사생활까지 남김없이 까발림으로써 그녀의 인격과 명예를 짓밟았다.

『차이퉁』 지면에 보도된 카타리나 블룸과 그 주변 인물들은 실로 심각한 범죄 의혹의 주인공들이다. 루트비히 괴텐은 "1년 반 전부터 수배 중인 은행 강도이자 살인자"이며 카타리나 블룸은 "강도의 정부(情婦)"다. 그녀의 죽은 아버지는 "위장한 공산주의자"였다. 겨우 스물일곱 먹은 가정부가 값이 11만 마르크나 되는 아파트를 소유한 사실로 미루어 볼 때, 그녀가 "은행에서 강탈한 돈의 분배에 관여한" 의혹이 있다. 카타리나 블룸은 "포르쉐를 모는 강도의 애무가 좋아서" 우직한 방직공 남편을 버린 냉혹한 여인이다.

중병을 앓던 어머니가 딸의 행실에 충격을 받아 숨졌는데도, 카타리나 블룸은 "한 방울의 눈물도" 보이지 않았다. 그녀는 "좌파 그룹의 지령"을 받고 "명망 높은 학자이자 사업가"인 S의 경력을 파괴하기 위해 그가 소유한 별장을 괴텐에게 은신처로 제공했다. 카타리나 블룸에게 일자리를 주고 그녀가 아파트를 소유하도록 대출을 알선해준 "좌파 변호사" 블로르나 박사의 역할이 무엇이었는지 의문이며, 대학생 시절 "빨갱이 트루데"로 불렸던 부인 트루데 블로르나도 공학박사로서 카타리나 블룸의 집이 있는 아파트 단지의 설계 도면을 다 알고 있었던 만큼, 괴텐의 도주와 관련하여 어떤 역할을 했는지 의혹을 밝혀야 한다.

카타리나 블룸과 그녀를 돌봐주는 사람들의 안온했던 일상은 한순간에 파괴되었다. 그녀의 우편함에는 저질 음란 편지가 쇄도했고, 누군가 한밤중에 전화를 걸어 음담패설을 늘어놓았다. 변호사인 블로르나 박사의 비즈니스도 엉망이 되었고 부인 트루데도 곤경에 빠진다. 이 모두가 『차이퉁』의 보도 때문이었다. 사람들은 이 보도를 사실이라고 믿으면서 카타리나 블룸을 더 심하게 모욕하는 데 가담했다.

그러면 진실은 무엇인가? 루트비히 괴텐은 은행 강도가 아니며 살인을 한 적도 없다. 그는 군인들의 급여가 든 금고를 털고 무기를 훔쳐 도망친 탈영병일 뿐이다. 경찰은 괴텐이 댄스파티에서 카타리나 블룸을 만나기 전부터 그를 밀착 감시하고 있었다. 블룸의 집 전화를 도청했고 S의 별장을 포위한 채 괴텐을 관찰했다. 경찰은 그가 접촉하는 사람을 파악하기 위해 체포 시점을 늦추고 있었을 뿐이다. 이런 사실을 괴텐과 블룸은 모르고 있었다. 카타리나 블룸은 "강도의 정부(情婦)"가 아니었다. 그녀는 범죄자이기 때문에 괴텐을 사랑한 것이 아니라 범죄자임에도 불구하고 사랑했다. 어린 나이에 결혼했던 남편과 헤어진 것은 그가 단 한 번도 "다정하게" 대해주지 않고 늘 "치근덕거리기만" 했기 때문이다.

카타리나 블룸의 아버지는 진폐증으로 사망한 가련한 노동자였을 뿐 공산주의자였던 적이 없다. 그녀는 은행 융자를 받아 아파트를 구입했으며 원리금을 착실하게 갚아나가는 중이었다. 병든 어머니에게 정기적으로 돈을 보냈고 절도죄로 감옥에 간 오빠에게도 종종 영치금을 보냈다. 어머니는 딸의 행실 때문이 아니라 담당 의사의 만류에도 불구하고 몰래 병실에 들어가 인터뷰를 했던 『차이퉁』 기자 때문에 충격을 받아 사망했다. 블룸은 어머니의 시신을 확인하고 병원을 나오면서 하염없이 눈물을 흘리며 슬피 울었다. 명망 높은 사업가 S는 블룸을 유혹하려고 비싼 반지와 별장 열쇠를 떠안겼지만 그녀는 눈곱만큼도 그를 좋아하지 않았으며, 그와 관련하여 비난받을 그 어떤 행동도 하지 않았다. 블로르나 박사 부부는 빈틈없이 일을 처리하는 블룸 덕분에 살기가 아주 편해졌기에 고마운 마음에서 그녀에게 저금리 대출을 알선해주었다. 부인 트루데는 진심으로 인간 카타리나 블룸을 좋아했다. 그게 다였다. 이것이 진실이었다. 그러나 이 진실을 아는 것은 당사자들뿐, 수백만 독자들은 『차이퉁』이 보도한 것을 진실이라고 생각했다.

이 소설을 처음 읽었을 때, 숨이 막혔다. 『차이퉁』이 카타리나 블룸의 명예를 짓밟은 방식이 너무나도 '리얼'했기 때문이다. 그것은 당시 내가 현실에서 보고 경험했던, 그리고 오늘 현재에도 목격할 수 있는 언론의 행태와 정말로 똑같았다. 『차이퉁』은 주로 두 가지 방법을 썼다. 첫째는 검찰청 조사실에서 오간 이야기를 악의적으로 왜곡해 중계방송을 하는 것이다. 이것은 모든 문명국가의 형법이 금지하는 불법적인 '피의 사실 유포'에 해당하는 범죄행위다. 검사나 검찰 수사관 중에 누군가가 『차이퉁』 기자와 '정보 밀거래'를 하지 않는다면 일어날 수 없는 일이다. 국가기관과 언론기관이 한통속이 되어 저지르는 이러한 불법행위는 누구도 막을 수 없다. 결코 원치 않았던 S의 아파트 방문, 얼마짜리인지도 몰랐던 반지, S의 별장 열쇠 등에 관한 사항을 비롯하여 『차이퉁』이 내밀한 사생활 관련 정보를 왜곡 보도해 자신을 모욕하는 데 대해, 그리고 그런 일을 바로

잡을 방법이 사실상 전혀 없다는 사실에 대해, 카타리나 블룸은 어찌할 수 없는 절망감을 느낀다. 작가는 그 장면을 이렇게 묘사했다.

> 카타리나는 이틀 치 『차이퉁』을 핸드백에서 꺼내 보고, 국가가—이렇게 그녀는 표현했다—이런 오욕으로부터 그녀를 보호해 주고 그녀의 잃어버린 명예를 회복시켜주기 위해 할 수 있는 일이 전혀 없는지 물었다. 그사이 그녀는, 심문이 왜 '삶의 세세한 구석까지 파고드는지' 잘 이해할 수는 없지만, 그런 심문이 전적으로 정당하다는 것쯤은 아주 잘 알게 되었노라고 했다. 하지만 심문할 때 거론된 세세한 사항들을 어떻게 『차이퉁』이 알게 되었는지, 게다가 어떻게 하나같이 왜곡되고 오도된 진술로 알게 되었는지 그녀는 도무지 납득이 가지 않는다고 했다.

『차이퉁』이 카타리나 블룸의 명예를 짓밟은 또 하나의 수법은 그녀를 아는 사람들이 한 말을 교묘하게 왜곡하는 것이었다. 『차이퉁』은 카타리나 블룸을 아는 모든 사람들을 찾아내 인터뷰했고, 그녀를 도덕적으로 비난할 목적으로 그들이 한 말을 왜곡 인용했다. 『차이퉁』은 어머니, 전남편, 오빠, 어린 시절 살았던 마을의 신부, 가사 관리를 해주었던 옛 고객, 과거에 근무했던 직장의 동료와 상사, 아파트 이웃 주민 등을 가리지 않고 인터뷰한 다음 그들의 입을 빌려 카타리나 블룸을 비난했는데, 다음과 같은 『차이퉁』 기사가 전형적인 사례였다.

> 고등학교 교감으로 퇴직한 히페르츠 박사와 그의 부인 에르나 히페르츠는 블룸의 행적에 대해서 놀라움을 표시하기는 했지만, "특별히 예상 밖"이라고 하지는 않았다. [……] 결혼한 딸 집에 머물고 있는 그들을 『차이퉁』의 한 여기자가 찾아냈는데, 그곳에서 고대 문헌학자이자 역사학자인 히페르츠는—블룸은 3년 전부터 그의 집에서 일하고 있었다— "모든 관계에서 과격한 한 사람이 우리를 감쪽같이 속였군요"라고 했다.

그런데 히페르츠 박사 부부는 카타리나 블룸을 잘 알고 신뢰하는 사람들이다. 그들이 결코 그녀를 비난할 리가 없다. 그들은 절대 그렇게 말하지 않았다. 기자가 그들의 말을 비틀어 인용했던 것이다. 소설에 등장하는 진실은 다음과 같았다.

블로르나가 나중에 히페르츠에게 전화를 걸었는데, 그는 다음과 같이 말했다고 한다. "카타리나가 과격하다면, 그녀는 과격하리만치 협조적이고 계획적이며 지적입니다. 내가 그녀를 잘못 보았나 보군요. 그런데 난 40년간 경험을 쌓은 교육자요. 사람을 잘못 보는 일이 거의 없는데요."

소설 속에서 모든 신문이 이렇게 했던 것은 아니다. 수많은 다른 신문들은 카타리나 블룸의 명예를 손상시키지 않고 사건을 보도했다. 그러나 그렇다고 해서 『차이퉁』 보도의 위력이 줄어든 것은 아니었다. 『차이퉁』은 가장 널리 읽히는 신문이기 때문이다. 다른 신문들의 보도는 카타리나 블룸의 명예를 손상시키지 않았지만, 그녀가 잃어버린 명예를 되찾는 데 도움이 되지도 않았다. 『차이퉁』의 왜곡 보도에 대해 보도하고 비판하는 신문은 없었기 때문이다. 신문이 다른 신문을, 기자가 다른 기자를 비판하는 일은 좀처럼 일어나지 않는다. 소위 동업자들끼리 서로 비판을 자제하는 '침묵의 카르텔'이 있기 때문이다. 카타리나 블룸을 감시하는 업무를 맡은 여성 경찰관이 그녀를 위로하려고 했을 때 그녀가 보인 반응은 절망 그 자체였다.

그녀는 『차이퉁』 읽기에 완전히 몰두하고 있는 블룸을 돕기 위해 잠시 동료에게 감시를 맡기고, 블룸이 연루되어 심문받은 내용, 그녀가 수행했을 만한 역할에 관해 철저히 객관적인 형식으로 보도한 다른 신문들을 문서실에서 가져다주었다고 한다. 3, 4면에 실린 짧은 기사에서는 블룸의 성과 이름을 전부 밝히지 않고 가정부 카타리나 B양으로만 언급했다고 한다. 예컨대 『움샤우』에는 열 줄 정도의 기사가 났고, 물론 사진도 실리지 않았으며, 전혀 결함 없는 사람이 불운하게 연루되었다고 했다. 그녀가 블룸에게 가져다 준, 오려낸 신문 기사 열다섯 장은 카타리나를 전혀 위로하지 못했고, 그녀는 그저 이렇게 묻기만 했다고 한다. "대체 누가 이걸 읽겠어요? 내가 아는 사람들은 하나같이 『차이퉁』을 읽거든요!"

명예 살인

카타리나 블룸은 경찰에 쫓기는 범죄자를 도망가게 했지만 실제로 수사에 장애를 조성하지는 않았다. 범죄로 처벌받을 만한 일을 저지르지도 않았다. 그렇지만 그녀의 명예는 진흙 발에 짓이겨졌고 삶은 막다른 골목에 봉착했다. 카타리나 블룸이 진실을 알리고 짓밟힌 명예를 되찾을 수 있는 길은 아무 데도 없었다. 그런 절망적인 상황에서 카타리나 블룸은 다음과 같은 『차이퉁』 일요일판 기사를 읽었다.

여전히 자유의 몸이고 정체를 알 수 없는 카타리나 블룸의 입증 가능한 첫 번째 희생자는 바로 그녀의 어머니라고 할 수 있다. 그녀의 어머니는 딸의 행실에 대한 충격으로 살아남지 못했다. 어머니는 죽어가고 있는데 그 딸은 강도이자 살인자인 한 남자와 다정하게 춤추었다는 것 자체가 이미 너무 기이한 일이고, 그녀가 어머니의 죽음 앞에서 전혀 눈물을 흘리지 않았다는 것은 거의 극도의 변태에 가깝다. [……] 그 사이 본지에 거의 확고히 입증된 정보들이 제보되고 있다. 그녀가 신사 방문을 받은 것이 아니라, 그녀 자신이 별장을 찾아내기 위해 청하지 않은 숙녀 방문을 했다는 것이다. 블룸의 그 비밀스러운 드라이브 여행은 이제 비밀스럽지 않다. 그녀는 존경받는 한 사람의 명예, 그의 가족의 행복, 그의 정치적 경력을 양심 없이 위험에 빠뜨렸고, 착실한 아내의 감정과 네 명의 아이에 대해서는 전혀 신경 쓰지 않았다. 블룸은 좌파 그룹의 지령에 따라 틀림없이 S의 경력을 파괴해야 했을 것이다.

카타리나 블룸은 아는 사람의 집에서 권총을 몰래 챙겼다. 그리고 관련 기사를 도맡아 쓴 베르너 퇴트게스 기자에게 전화를 걸어 자신의 아파트에서 단독 인터뷰를 하자고 말한다. 다음은 그가 약속한 시간에 현관문을 밀고 들어선 후 벌어진 일에 대한 카타리나 블룸의 진술이다.

"나는 깜짝 놀랐어요. 그때 난 즉각 알아보았어요. 그자가 얼마나 추잡한 놈인지. 정말 추잡한 놈이라는 걸요. 게다가 귀여운 구석까지 있더군요. 사람들이 귀엽다고 할 만한 모습이요. 자 당신도 사진들을 본 적이 있지요. 그가 이렇게 말하더군요, '어이, 귀여운 블룸양, 이제 우리 둘이 뭐 하지?' 라고요. 난 한마디도 하지 않고 거실로 물러나며 피했지요. 그는 나를 따라 들어와서는 말했어요. '왜 날 그렇게 넋 놓고 보는 거지? 나의 귀여운 블룸 양, 우리 일단 섹스나 한탕 하는 게 어떨까?' 그 사이에 내 손은 핸드백에 가 있었고 그는 내 옷에 스칠 정도로 다가왔어요. 그래서 난 생각했어요. '어디 한탕 해보시지, 이판사판이니까' 라고요. 그러고는 권총을 빼 들고 그 자리에서 그를 향해 쏘았습니다. 두 번, 세 번, 네 번. 정확히 몇 발인지는 모르겠습니다. 그건 경찰 보고서를 찾아보면 알 수 있을 겁니다. 그래요. 한 남자가 내 옷에 손댄 것이 내게 뭔가 새로운 사건이었다고 생각하실 필요는 없습니다. 당신도 아마 열네 살부터, 아니 훨씬 더 전부터 집안일을 해보았다면, 그런 일은 이미 익숙할 겁니다. 그렇지만 이 자는 '섹스나 한탕 하자' 라고 했고, 그래서 난 생각했던 겁니다. 좋다. 지금 총으로 탕탕 쏘아주마. 당연히 그는 예상을 못 했겠지요. 그는 1초도 안 되는 짧은 순간 나를 뚫어져라 쳐다보았어요. 아니, 영화에서 어떤 이가 갑자기 청천 하늘에 날벼락 맞듯 살해될 때처럼 놀라운 표정으로 날 바라보더군요."

소설의 부제를 다시 보자. '폭력은 어떻게 발생하고 어떤 결과를 가져올 수 있는가?' 여기서 '폭력' 은 신문 헤드라인의 폭력 또는 언론의 폭력을 의미하는 것일 수도 있고, 카타리나 블룸의 살인을 가리키는 말일 수도 있다. 뵐은 후기에서 폭력이 '무지' 에서 발생한다고 말했다. 여기서 '무지' 란 "처지를 바꾸어놓고 생각해보는 능력의 전적인 결여"를 의미한다.

주위에는 다이너마이트가 놓여 있고, 『차이퉁』은 늘 거짓말을 해대는 파괴적인 초강력 주둥이로 경찰에게 정보를 전달해주거나 경찰에서 정보를 입수하면서(그런 정보 교환 시, 우스울 정도로 사소한 것이 혐의점이 되곤 한다) 헤드라인, 혐의, 비방, 비열함을 마구 내휘두른다. 거기서는 어떠한 장미도 꽃을 피우지 못하며, 그사이 이 '소박한 소녀' 는 사랑하는 사람이 도망가도록 도와줌으로써 정말로 벌 받을 만한 행동을 했고, 명예와 품위를 잃는다. 〔……〕 그 기자는 그녀가 왜 자신에게 그렇게 화가 나 있는지를 전혀 이해하지 못한다. 그녀는 폭발하고 만다. 〔……〕 『차이퉁』에 헤드라인과 센세이션을 제공하고 다른 신문에까지 '진짜' 이야기를 제공하려 함으로써 그저 자신의 의무를 다했을 뿐인, 신문기자의 이런 끔찍한 '무지' , 그렇다, 거의 아무것도 알지도 생각하지도 못하는 그의 무지함이 카타리나로 하여금 권총을 뽑아 들게 하는 데 결정적인 역할을 했을 수 있다.

이 소설에는 '모토' 가 딸려 있다. "이 이야기에 나오는 인물이나 사건은 자유로이 꾸며낸 것이다. 저널리즘의 실제 묘사 중에 『빌트』와 유사점이 있다고 해도 그것은 의도한 바도, 우연의 산물도 아닌, 그저 불가피한 일일 뿐이다." 이 모토는 뵐이 처음부터 『빌트』를 겨냥했음을 의미한다. 『차이퉁』이라는 소설 속의 신문은 바로 『빌트』라는 현실의 신문이다. '빌트' (Bild)는 '사진' 또는 '그림' 이라는 뜻을 가진 단어다. 『빌트』라는 제호는 이 신문의 본질적 속성을 드러낸다. 『빌트』에는 날마다 적어도 열 장 정도는 벗은 여자 '사진'이 등장한다. 제목은 대문짝만 하게 뽑는데 기사는 몇 줄을 넘어가지 않는다. 그야말로 전형적인 황색신문(yellow paper)이다.

하지만 『빌트』는 인기 여배우의 허니문 같은 말랑말랑한 주제만 다루는 평범한 연예 전문지가 아니다. 매일 400만 부 넘게 팔리는, 첨예한 정치 사회 이슈도 과감하게 다루는, 영향력 막강한 일간신문이다. 그런데 정치 사회 이슈를 다루는 『빌트』의 시각은 매우 보수적이며 왕왕 극우적이다. 보도 스타일은 극도로 선정적이다. 소설에서 뵐이 묘사한 『차이퉁』의 보도 행태는 정확하게 『빌트』의 모습과 일치한다. 노벨 문학상을 받았고 국제 펜클럽 회장을 역임한 저명한 소설가가 독일 최대 일간신문을 노골적으로 공격하는 소설을 쓴 것이다. 문학의 역사에서 전무후무한 일이다. 이 소설은 그 자체로서 하나의 '중대한 사건'이었다. (유시민, 「내 생각은 정말 내 생각일까, 하인리히 뵐 『카타리나 블룸의 잃어버린 명예』」)

논의과제

❶ 한국 사회에서 위의 글에 제시된 소설의 내용과 유사한 사례를 찾아 논의해보자.
❷ 아래의 글을 참조하여 언론의 정보 왜곡에 대한 비판적 사고를 기르기 위해 어떤 자세가 필요한지 생각해보자.

비판적인 사고의 중요성

> 진정으로 진리를 추구하는 자가 되려면 삶에서 적어도 한번은
> 모든 것을 최대한 의심해 보아야 한다. —데카르트

앞에서 지적한 것처럼, 대부분의 사람들은 회의주의자를 모든 것에서 흠집만 찾으려는 냉소적인 사람으로 생각한다. 하지만 회의주의자는 이런 사람이 아니다. 회의주의자

는 어떤 주장을 믿기 전에 그 증거를 평가해 보고 싶어 하는 사람일 뿐이다. 회의주의는 하나의 방법이지 태도가 아니라는 말이다. 진정한 회의주의자는 믿을 만한 주장을 충분히 수집해서 어떤 주장을 믿거나 부정할 수 있게 되기 전까지는 분명한 입장을 취하지 않는다. 실제로 회의주의자는 어떤 믿음에 반대되거나 들어맞는 증거의 정도에 따라서 믿음을 결정한다. 그리고 이들은 당연히 "색다른 주장에는 색다른 믿음이 필요하다"라는 말을 만트라〔힌두교와 불교에서 신비하고 영적인 능력을 가진다고 생각되는 신성한 말(구절 · 단어 · 음절)〕처럼 여긴다.

회의주의의 특징은 과학성에 있다. 사람들은 흔히 과학자와 회의주의자들을 너무 편협하다고 비판한다. 회의주의자들은 세계의 작용원리에 대한 자신들의 이론에 들어맞지 않는다는 이유로, 초감각적 지각력이나 유령 같은 것도 이론에 들어맞지 않는다는 이유로 믿지 않는다고 비난한다. 하지만 과학자들은 새롭고 때로는 황당하기까지 한 이론들을 뒷받침해 주는 증거를 찾기 위해 끊임없이 노력한다. 실제로 새로운 이론을 만들어내서 이를 실증적으로 증명하는 과학자는 엄청난 명예와 부를 누린다. 그리고 사람들도 다른 사람의 생각을 검증하는 데만 열심인 과학자는 기억해 주지 않지만, 다윈이나 아인슈타인처럼 혁신적이고 중요한 개념을 제시한 이들은 분명하게 기억한다.

그렇다면 초상현상 같은 기이한 주장을 믿는 이들과 회의주의자들 간에는 어떤 차이가 있을까? 회의주의자와 과학자는 어떤 주장을 받아들이기 전에, 되풀이해서 보여줄 수 있는 무시하지 못할 증거를 요구한다. 당신도 과학자라면 으레 초감각적 지각력이나 외계인의 존재를 입증할 분명한 증거를 찾아야 한다고 생각하지 않겠는가? 이런 증거를 찾는 과학자는 상당한 지위를 누리며 역사적으로 길이길이 기억된다. 그래서 언제나 마음을 열어 두는 것도 과학자와 회의주의자들에게는 중요한 목표 중 하나다. 실제로 진정한 회의주의자는 미묘한 균형을 유지하기 위해 애쓴다. 칼 세이건은 이를 다음과 같이 적확하게 설명했다.

> 두 개의 상충되는 요구들, 즉 우리에게 제시된 모든 가정들을 가장 회의적인 자세로 꼼꼼하게 살피면서 동시에 새로운 생각들에 마음을 활짝 열어 두는 것 사이에서 절묘하게 균형을 유지하는 것이 필요한 것 같다. 당신 안에 비판적인 지각력이 전혀 없으면, 쓸모없는 생각과 가치 있는 생각을 구분하지 못한다. 모든 생각이 똑같이 타당하다면 타당한 생각이 하나도 없다는

의미이기 때문에 당신은 결국 방황하게 된다.

서두에 나와 있는 것처럼, 철학자인 버트런드 러셀과 나사 소속의 과학자인 제임스 오베르그는 "진정으로 진리를 추구하는 자가 되려면, 삶에서 적어도 한 번은 모든 것을 최대한 의심해 보아야 한다"고 했다. 이 말이 회의주의자들을 은유적으로 설명한 것이라면, 믿음을 형성할 때 회의적인 태도를 취하는 것이 합당하지 않을까? 그런데 우리는 왜 좀 더 자주 회의적인 태도를 취하지 못하는 걸까? 왜 회의적으로 생각하고 싶어 하지 않는 걸까? 회의주의자가 되려면 불확실성을 삶의 중요한 일부로 받아들여야 하는데, 대부분의 사람들이 불확실성과 모호함을 싫어하기 때문일 것이다.

회의주의자들은 자료를 충분히 얻기 전에는 어떤 것도 믿으려 하지 않는다. 그러나 대부분의 사람들에게 이것은 어려운 일이다. 보통은 불확실성을 싫어하고 모호함도 잘 견디지 못하기 때문이다. 그래서 우리는 모호함이 가득한 세상에서 무언가를 믿고 싶어 한다. 하지만 진실이기를 바란다고 해서 어떤 것이 정말로 진실이 되는 것은 아니다. 믿음을 갈망하는 마음이 믿음의 근거가 될 수는 없기 때문이다.

회의주의자들은 흔히 이렇게 말한다. "나는 모릅니다." 이해가 가는 말이다. 누구도 모르는 것들이 대부분이기 때문이다. 본래 알 수 없는 것들도 있고, 현재의 지식으로는 알 수 없는 것들도 있다. 예를 들어 우주의 크기를 고려할 때 다른 생명체가 존재할 수도 있다. 하지만 현재로서는 믿을 만한 증거가 없으므로, 다른 생명체가 정말로 존재하는지 알 수 없다. 그래서 회의주의자는 당분간 외계인의 존재에 대한 믿음을 보류한다. 그러나 외계 지성체 탐색기—다른 행성에서 송신되는 라디오 신호를 찾아 하늘을 스캔하는 장치—가 외계인이 존재한다는 분명한 증거를 찾아내면, 회의주의자도 태도를 바꿀 것이다.

강한	←	보통의	←	미약한	←	모른다	→	보통의	→	미약한	→	강한
불신		불신		불신				믿음		믿음		믿음

〈그림 2〉 믿음의 연속체: 중간 지점에서 시작해 점진적으로 강한 믿음이나 강한 불신 쪽으로 이동한다.

우리도 회의주의적인 자세로 삶의 불확실성을 받아들여야 한다. 실제로 입증되지도 않았고, 어리석고 위험할 수도 있는 믿음들로 우리의 삶을 가득 채우는 것보다 이런 태도가 훨씬 좋지 않을까?

본질적으로 믿음은 하나의 연속체처럼 생각하는 것이 좋다. 〈그림 2〉를 보면 믿음이 강한 불신에서 강한 믿음까지 폭넓게 퍼져 있음을 알 수 있다. 그러나 중요한 점은 연속체의 중간 지점에 "나는 모른다"는 태도가 존재한다는 것이다.

믿으려는 열망 때문에 우리는 너무 빨리 오른쪽 끝으로 기울어져서 무언가를 강하게 믿어버린다. 믿을 만한 증거가 거의 없는데도 말이다. 그러나 올바른 태도는 중간 지점에서 시작해서, "나는 모른다"는 사실을 인정한 다음, 어떤 주장을 뒷받침해 주거나 부정하는 증거들을 검토하는 것이다. 이렇게 증거와 주장의 개연성을 평가하다 보면, 강한 불신 쪽이든 이와 반대쪽이든 연속체상에서 더 멀리 나아가게 된다. 이렇게 하면 다양한 생각들에 더 많이 마음을 열어 두게 되고, 좀 더 많은 근거들을 토대로 믿음을 형성하게 된다. 그러다 보면 물론 "연속체상에서 움직일 때 어떤 접근법을 취하는 것이 가장 좋을까?" 하는 의문도 일어난다. (토머스 키다, 『생각의 오류』 중에서)

읽기자료 3

남일당 빌딩에 나타난 국가

2009년 1월 19일 새벽 다섯 시, 어둠에 잠겨 있던 서울특별시 용산구 한강로의 빈 건물에 철거민 32명이 들어갔다. 남일당 빌딩이다. 이 건물은 서울역과 한강 사이 총 50조 원 규모의 초대형 건설사업이 벌어진 용산 4구역에 있었다. 내로라하는 건설업체들이 모두 용산에 뛰어들었다. 용산 4구역 사업은 삼성물산이 주도하는 가운데 포스코건설과 대림건설 등 대기업들이 시공에 참여했다. 정당한 보상을 받지 못했다고 생각해서 모인 4구역 상가 세입자와 그들을 지원하는 철거민단체 간부들은 옥상에 망루를 세우고 인화물질을 반입해 화염병을 만들었다. 정당한 보상을 받을 때까지 그곳에서 농성하기로 한 것이다. 문제의 용산 4구역에는 원래 890명의 세입자가 살고 있었다. 그 가운데 434명이 상가 세입자였다.

농성은 오래가지 못했다. 겨우 25시간이 지난 1월 20일 새벽 여섯 시 반, 건설회사의 용역을 받은 철거전문회사 직원들의 협조 아래 테러진압을 임무로 하는 경찰특공대가 건물에 진입했다. 옥상 망루에도 경찰 헬기가 특공대를 투입했다. 이 과정에서 불이 났다. 농성자 다섯 명과 경찰특공대원 한 명이 화염 속에서 목숨을 잃었다. 진압작전은 한 시간 반 만에 종료되었다. 살아남은 농성자들은 모두 체포되었다. 구속된 철거민들은 모두 유죄판결과 징역형을 받았다. 정부의 행동을 비판하고 대통령의 사과와 구속자 석방을 요구하면서 남일당 빌딩 근처에서 촛불집회와 시위를 했던 인권단체 활동가들도 유죄선고를 받았다. 남일당 건물은 2년 뒤 철거되어 영원히 사라졌다. 불이 난 경위는 끝내 명확하게 밝혀지지 않았다.

사람들은 이 사건을 '용산참사'라고 불렀다. 이 비극을 불러들인 책임이 누구에게 있다고 생각하든 간에, '용산참사'를 보면서 많은 사람들이 고통을 느꼈다. 돈을 향한 욕망, 빼앗긴 권리를 찾으려는 몸부림, 로보캅을 연상시키는 경찰특공대의 복장, 타오르는 불길, 무너지는 망루, 경찰 헬리콥터가 내뿜는 소음, 비명을 지르며 죽어간 사람들이 참극의 한가운데 서 있었던 것, 그것은 다름 아닌 국가였다. 도대체 국가는 무엇인가? 삶의 터전을 빼앗긴 세입자들은 너무나 억울한 일을 당했는데도 국가가 그 억울함을 들어주지 않는다고 생각했다. 그래서 최후의 방법으로 남일당 빌딩에 올라갔다. 그런데 그 행위에 대한 국가의 대응은 즉각적인 무력진압이었다. 억울함을 하소연할 최소한의 기회조차 주어지지 않았다. 국가는 그들을 사회의 안전을 위협하는 '도시 게릴라'로 취급했다. 그날 그곳에서 죽어간 시민들에게 국가는 무엇이었나?

용산참사에 대해 사람들은 저마다 조금씩 다르게 반응했다. 그 모든 반응은 크게 보아 네 갈래로 정리할 수 있다.

첫째는 국가가 할 일을 했다는 것이다. "농성자들의 폭력은 불특정 다수, 무고한 시민들의 재산과 생명을 심각하게 위협하는 도심 테러행위로 볼 수 있다. 경찰특공대의 임무는 시설불법점거, 난동 등 주요 범죄를 예방, 진압하는 것이다." 범죄와 무질서로부터 국민의 생명과 재산을 지켜주는 것이 국가의 임무이니, 사람이 죽은 것은 안타까운 일이지만 남일당 빌딩에서 국가는 마땅히 할 일을 했다. 이렇게 주장하는 사람들이 있었다.

둘째는 국가가 하지 말아야 할 일을 했다는 것이다. 도시재개발사업은 지주와 건물주, 시행사와 시공사 등이 도시공간을 재창조하여 토지의 수익성을 높임으로써 개발이익을 취하기 위해 벌이는 사업이다. "사업 속도를 높일수록 개발이익이 커진다. 어떤 주체도 수십 년간 거주하면서 영업을 해온 세입자의 생존권을 충분히 배려하지 않는다." 남일당 빌딩 농성은 개발이익의 분배를 둘러싸고 벌어진, 건설회사와 재개발조합을 한편으로 하고 세입자들을 다른 한편으로 하는 집단적 이익분쟁이었다. 민간의 이익분쟁에 곧바로 뛰어들어 폭력을 행사함으로써 사람을 죽게 만드는 것은 국가가 절대 하지 말아야 할 일이다. 이런 주장이다.

셋째는 국가가 원래 그런 것이라는 견해였다. "국가라는 이름으로 자행된 폭력으로 사랑하는 가족마저 저세상으로 보낸 철거민을 향해 거침없이 징역 8년을 구형한 검찰의 행태는, 국가란 곧 자본과 권력을 독점한 자들의 기득권 강화와 유지를 위한 도구임을 거듭 일깨운다." 경찰특공대의 모습으로 남일당 빌딩에 출현한 국가, 살아남은 농성자들에게 징역형을 구형하고 선고한 검사와 판사의 행위를 통해 모습을 드러낸 국가, 이런 국가는 기득권자만을 떠받드는 '계급지배의 도구'이다. 용산참사는 국가가 원래 그런 존재이며, 그 성격은 변하지 않았음을 보여준다는 것이다.

넷째는 국가가 해야 할 일을 제대로 하지 않았다는 것이다. "전세권자의 재산권과 주거권을 위태롭게 하면서 재개발조합과 건설업체의 이익을 편향되게 보호하는 법률 개선에 대해서는 일언반구도 없이 전세권자에게만 법을 준수하라고 강요하는 것은 진정한 '법의 지배'가 될 수 없다." 국가의 법은 정의를 구현하는 것이어야 한다. 국가는 모든 시민을 공정하게 대하면서 사람들 사이에 정의를 실현해야 한다. 용산참사는 국가가 불의한 법을 고치려는 노력을 하지 않고 어느 한편으로 치우치게 집행했기 때문에 발생했다. 요컨대 국가가 해야 할 일을 제대로 능력 있게 하지 않아서 용산참사가 일어났다는 것이다.

어느 것이 '올바른' 견해일까? 사람마다 다르게 대답할 것이다. 어떤 견해도 전적으로 터무니없다고 하기는 어렵다. 저마다 일리가 있다. 그러나 용산참사와 같은 사건이 일어나는 나라는 평화로운 국가가 아니며 훌륭한 국가도 아니다. 이것만은 다툴 여지가 없다. 자기가 마땅히 받을 권리가 있다고 여기는 어떤 것을 얻기 위해 건물을 점거하고 인화물질을 반입한 것이 명백한 불법행위였다고 할지라도, 공권력을 무분별하게 행사하여 사람들을 죽음의 구렁텅이로 밀어 넣는 국가의 행위는 훌륭하다고 할 수 없다. 남일당 빌딩에서 국가가 마땅히 해야 할 일을 했다고 생각하는 사람조차도, 그것이 훌륭한 국가가 할 일이라고는 말하지 않을 것이다.

우리는 모두 대한민국이 훌륭한 국가이기를, 앞으로 더 훌륭한 국가가 되기를 바란다. 그런데 우리가 훌륭한 국가를 상상할 수 있다면, 반대로 나쁜 국가 또는 훌륭하지 않은 국가도 생각할 수 있을 것이다. 따라서 훌륭한 국가에 대해서 말을 하려면, 먼저 국가 그 자체에 대해서 이야기해야 한다. 훌륭하든 그렇지 않든, 국가가 국가인 이상 모든 국가에 공통적인 그 무엇이 있을 것이기 때문이다. 도대체 국가란 무엇인가? 이것이 국가와 관련하여 검토해보려는 첫 번째의, 그리고 가장 중요한 질문이다. 제1장에서 제3장까지, 우리는 서로 다른 대답 세 가지를 살펴볼 것이다.

같은 질문을 다르게 할 수도 있다. 국가는 무엇을 하는, 또는 무엇을 해야 하는 존재인가? 누구나 한 번은 떠올려보았음직한, 무척 소박하고 간단한 질문이다. 국가의 본질에 대해서 깊이 탐구하지 않아도 용산참사와 같은 사건을 보면 저절로 이 질문이 떠오른다. 이 간단한 질문을 두고 수천 년 동안 동서고금의 철학자들이 상충하는 대답을 여럿 내놓았다. 그런데 이것은 단순한 견해 차이에 그치지 않았다. 문명의 역사에서 국가가 생겨난 이후 벌어졌던 수많은 정변과 폭동, 대규모 살육, 혁명, 전쟁들이 이 질문과 관련되어 있다. 오늘날 대한민국에서 벌어지는 정치적 · 사회적 · 이데올로기적 대립과 분쟁도 그렇다. 국가의 본질과 역할에 대한 견해 차이는 때로 목숨을 건 집단혈투를 부른다. 용산참사도 그런 일에 속한다.

국가의 본질과 역할이 무엇인지를 해명하는 철학과 이론은 몇 가지 큰 흐름으로 갈래를 나눌 수 있다. 첫째는 국가주의 국가론이다. 이것을 신봉하는 사람들을 가리켜 전체주의 성향을 지녔다고 한다. 국가주의 국가론의 논리체계를 처음으로 분명하게 세운 인물은 영국 철학자 토마스 홉스였다. 둘째는 자유주의 국가론이다. 존 로크에서 애담 스미스를 거쳐 하이에크까지 소위 고전적 자유주의자와 신자유주의 철학자들이 오랜 세월에 걸쳐 이 이론을 만들었다. 이것은 오늘날 모든 문명국가의 자유주의자들이 신봉하는 보수적 국가론이다. 셋째는 마르크스주의 국가론이다. 카를 마르크스가 창안한 이 이론은 150여 년 동안 헤아릴 수 없이 많은 진보주의자들을 끌어당겼다. 넷째는 목적론적 국가론이다. 이것은 고대 그리스 철학자 플라톤과 아리스토텔레스가 펼쳤던 가장 오래된 이론이다.

〔……〕

마키아벨리의 통치술

2011년 1월과 2월에 튀니지의 벤 알리 대통령과 이집트의 무바라크 대통령이 금괴를 싸들고 외국으로 도망쳤다. 수십 년 장기 독재와 생활고에 지친 국민들이 더는 참지 못하고 대규모 시위를 벌인 데다 군부마저 시위 진압을 거부했기 때문이다. 경찰력으로 시위를 진압할 수 없을 때 남는 것은 국가의 외적인 힘인 군대뿐이다. 권력자들은 혁명의 위기에 봉착하면 이 외적인 힘을 내부로 돌려 국민의 저항을 분쇄하려 한다. 우리나라에서는 1960년 4 · 19 혁명 때 이승만 정권이 그렇게 하다가 실패 했다. 반면 1980년 5 · 18 광주 민중항쟁 때 전두환의 신군부는 군대의 힘을 동원하는 데 성공했다. 군 지휘관들이 군대가 정부의 소유물이 아님을 선언하고 정부의 명령 이행을 거부하면 정부가 무너질 수 있다. 벤 알리와 무바라크 정부는 그 길을 갔다. 홉스가 국가와 정부, 국가와 군주를 구분하지 않은 것은 명백한 오류였다.

야비하고 잔혹한 방법으로 권력을 장악하고 휘두른 전제군주의 행태도 홉스의 책임은 아니다. 전제군주제가 홉스의 이론보다 먼저 존재했던 만큼, 전제군주가 국가권력을 성공적으로 운영하는 데 필요한 '통치술 매뉴얼'도 홉스의 이론보다 먼저 나와 있었다. 이탈리아 도시국가 피렌체의 정치가였던 마키아벨리(Niccolo Machiavelli, 1469~1527)의 대표작 『군주론』(Il Principe)이 그것이다. 마키아벨리는 스페인의 침략으로 피렌체 공화정이 무너지고 메디치(Medici)가의 왕정이 복원된 직후였던 1513년, 이 책을 메디치 가문의 군주 로렌초(Lorenzo)에게 헌정했다.

마키아벨리의 조언에 따르면 현명한 군주는 언제나 강력한 군대를 보유해야 한다. 군주는 꼭 덕을 갖출 필요는 없지만 반드시 덕을 갖춘 것처럼 보여야 한다. 신민의 결속과 충성을 유지하기 위해 필요하다면 잔인하다는 평을 듣는 것을 두려워하지 말아야 한다. 군주는 자신을 두려운 존재로 만들되, 신민의 사랑을 받지는 못하더라도 미움을 사는 일은 피해야 한다. 자비롭고 신의가 있고 인간적이고 정직하고 경건한 것처럼 보여야 좋겠지만, 언제든 필요하면 정반대로 행동할 태세를 갖추고 실제로 그렇게 해야 한다. 신의를 지키는 것이 불리할 때는 약속을 지킬 수 없으며 지켜서도 안 된다. 군주는 미움을 받을 일은 다른 사람에게 떠넘기고 인기를 얻는 일은 자신이 친히 해야 한다.

이것은 홉스가 높이 받들어 세운 국가의 '통치권자'에게 필수적이고 유용한 기술이다. 그런데 마키아벨리는 이것이 다른 정치체제, 특히 공화정과는 전혀 어울리지 않는다는 것을 잘 알고 있었다. 특히 공화정의 바탕인 자유의 정신이 가장 위험하다는 것을 직시했다. 그 자신이 한때 도시국가 피렌체 공화정의 외교관이었기 때문이다. 그래서 그는 점령 이전에 자신들의 법에 따라서 살아온 도시나 군주국을 다스리는 일의 어려움을 특별히 경고했다. 자유로운 생활양식에 익숙해진 도시국가를 지배하게 된 사람은, 그 도시를 멸망시키지 않으면 자기가 파멸할 각오를 해야 한다고 했다. 그런 도시는 시간이 흐르고 새로운 통치자가 이득을 주어도 결코 잊을 수 없는 자유의 정신과 옛 제도를 명분삼아 반란을 일으킨다. 지배자가 내분을 조장하거나 주민을 분산시켜놓지 않을 경우, 그들은 유리한 기회가 오면 즉각 잃어버린 자유와 옛 제도를 되찾으려고 반란을 일으킨다는 것이다. 홉스의 국가론과 마키아벨리의 통치술은 잘 어울리는 이론서와 매뉴얼이다. 홉스의 국가론을 신봉하는 사람이라면 마키아벨리의 통치기술을 당연히 받아들인다.

어떤 독자들은 홉스와 마키아벨리의 이론과 통치술이 오늘의 현실에서 쓰임새는 없지만 호사가들 사이에서 수집할 가치가 있다고 인정되는 일종의 사상적 골동품 비슷하다고 생각할지도 모르겠다. 그러나 결코 그렇지 않다. 만약 권력에도 유전자라는 것이 있다면, 이 두 사람의 주장은 권력의 유전자 가장 깊은 곳에 각인되어 있다. 국가권력을 행사하는 권력자와 통치를 받는 인민의 문화유전자(meme)에도 마찬가지로 각인되어있다. 무의식적이고 본능적인 행동을 유발하는 이 문화유전자는 현대의 민주주의 국가에서도 여전히 왕성하게 활동하고 있다. 국민이 선출한 권력자들이 헌법과 법률의 제한을 넘어 국민 위에 군림하고, 주권자인 국민이 권력자의 부당한 권력행사를 용인하거나 그 앞에 굴복하는 현상을 이해하려면 홉스와 마키아벨리의 도움을 받아야 한다.

국가주의 국가론은 국가의 목적을 오직 하나로 규정한다. 사회 내부의 무질서와 범죄, 그리고 외부 침략의 위협에서 인민의 생명과 안전을 지키는 것이다. 따라서 이를 위해서는 다른 모든 가치를 희생시킬 수 있으며 어떤 수단이든 다 쓸 수 있다. 이런 이론이 현실에서 큰 힘을 발휘하는 것은 인간이 느끼는 가장 강력한 감정인 공포감, 무질서와 범죄 또는 외부의 침략에 대한 본능적 공포감을 기반으로 삼고 있기 때문이다. 국가를 절대화하고 개인을 국가에 종속시키는 전체주의 체제는 언제나 현실적 또는 가상적 위협에 대한 대중의 공포감을 토대로 성립했다. 민주주의 사회에서도 사람들의 의식 밑바닥에는 그런 공포감이 깔려 있다. 누군가 여기에 불씨를 던지면 이성을 마비시키는 정치적 광풍이 언제든 일어날 수 있다. 특히 대한민국은 그런 비극적 사태가 언제든지 쉽게 찾아들 수 있는 나라이다. 홉스의 국가론을 이렇게 자세히 다루는 것은 대한민국을 이해하는 데 특별히 큰 효용이 있는 이론이라고 생각하기 때문이다. (유시민, 『국가란 무엇인가』 중에서)

논의과제

❶ 홉스의 국가주의 국가론을 정리하고 한국 사회에의 적용 여부에 대해 논의해보자.

❷ 국가의 폭력이 정당화된 사례를 찾아보고 개인의 자유를 제한하는 국가 폭력의 위험성에 대해 논의해보자.

❸ 국가론에 대해 지금까지 논의된 다양한 견해들을 참조하여 바람직한 국가의 역할은 무엇인지 생각해보자.

제3부

인문 · 사회계열 글쓰기의 실제

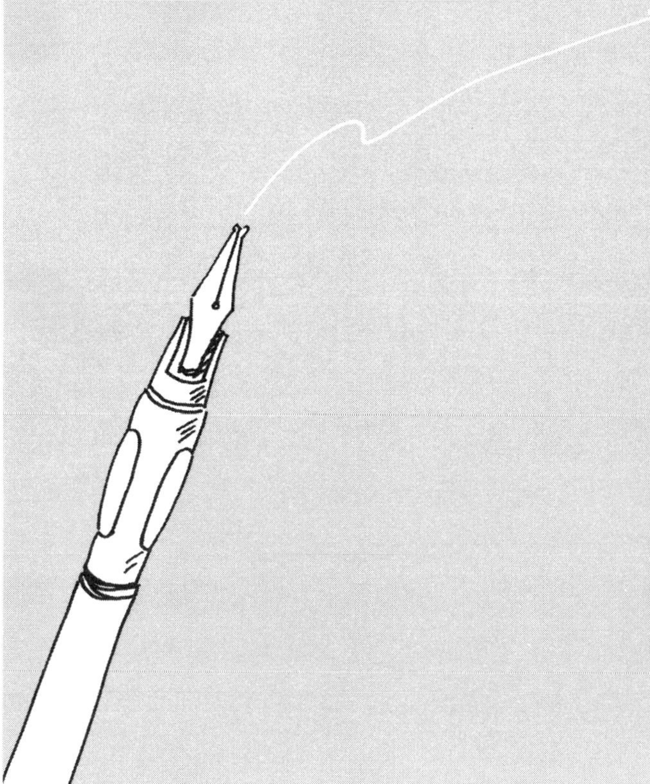

제1장 성찰적 글쓰기

성찰이란 어떤 대상에 대해 살피고 깊이 생각함으로써 깨닫는 것을 의미한다. 이때 대상은 나 자신일 수도 있고, 어제 읽은 책일 수도 있고, 오늘 아침에 뉴스로 접한 사회 현상일 수도 있다. 나와 내 주위에서 벌어지는 갖가지 일들이 때론 내 마음속에 큰 파문을 일으키는 순간이 바로 성찰이 시작되는 지점이라고 할 수 있다.

나를 둘러싼 세상의 모든 일을 성찰적 자세로 접하기는 어려울 뿐만 아니라 불가능하다. 시간과 공간의 제약만 생각하더라도 우리에게 주어진 여유는 모든 것을 성찰하기에는 턱없이 부족하다. 그러므로 내게 중요한 것, 그리고 나를 둘러싼 사회에서 중요한 것 등을 우선 선별하여 그에 대해 성찰해볼 필요가 있다.

성찰은 어렵고 힘든 작업이기도 하다. 그런데 이렇게 어렵고 힘든 성찰을 굳이 할 필요가 있을까? 무엇을 생각하거나 생각하지 않거나 그것은 선택의 문제이다. 성찰도 이와 같아서 세상의 일들을 성찰적 사고 없이 스쳐 지나가는 그런 것으로 볼 수도 있다. 하지만 지금까지 인류의 경험은 성찰이야말로 보다 나은 자아와 사회를 이루는 밑거름임을 말하고 있다.

1. 내 생각의 기원과 근거

특정 사안을 바라보는 관점이나 입장, 태도 등은 단지 개인적인 차이에서 비롯되는 것은 아니다. 이는 나의 생각, 나의 고유한 가치관, 나의 개성적인 사유라고 여겼던 것들이 사실은 타인들과의 관계 속에서 형성된 것이라는 점을 의미한다. 따라서 나 자신의 생각에는 나와 동일한 생각을 지닌 특정한 집단의 세계관, 이데올로기 등이 반영되어 있으며 또 내 생각은 나와는 다른 생각을 지닌 특정 집단의 의식 구조나 이데올로기에 대해서는 배타적인 태도를 드러내게 된다. 이런 점에서 내 생각에는 내가 의식하지 못하는 타인의 흔적이 각인되어 있다고 할 수 있다. 그렇다면 '내 생각은 어떻게 내 생각이 되었나?' '지금 내가 생각하는 바'가 어떻게 형성되었는지에 대한 이 물음은 자기 성찰의 출발점이라고 할 수 있다.

읽기자료 1

네 가지 경로

우리 몸은 건강하지 않을 때 통증을 느끼거나 열이 오르는 등 자각증세를 보인다. 몸이 아파 병원을 찾으면 의사가 제일 먼저 '어디가 아파서 왔느냐?'고 묻는다. 환자의 자각증세를 묻는 것이다. 우리 몸의 자각증세는 은총과 같다. 만약 건강하지 않은데 자각증세가 없으면 그 상태를 그대로 놔두게 되어 몸을 그르치게 된다. 암이 아주 나쁜 고질병인 이유는 죽음에 이르게 하는 치명적인 병인데도 자각증세가 너무 늦게 찾아온다는 점에 있다.

이처럼 우리 몸은 건강하지 않는 대부분의 경우 자각증세를 보여 건강하지 않다는 사실을 스스로 알게 해주지만 우리 생각은 그렇지 않다. 너무 늦어서 탈이지만 그래도 종내는 자각증세를 보이는 암보다도 더 지독해서 그릇된 생각, 그래서 내 삶을 그르칠 수 있는 생각을 갖고 있을 때에도 자각증세가 없다. 자각증세는커녕 그 생각을 고집한다. 생각의 성질이 그와 같다. 그러면 다시금 물어야 할 것이다. '지금 내가 생각하는 바의 세계, 즉 의식세계는 어떻게 내 것이 되었을까?'라고. 내 안에 들어오는 '음식물'과 내 안에 들어오는 '생각'을 비교해보면 더 쉽게 이해할 수 있다.

근대 이후 모든 사람의 몸의 주체는 원론적으로 자기 자신이다. 과거 봉건사회의 노예나 종은 자기 몸의 주인이 아니었지만 지금은 모든 사람의 몸의 주인은 자기 자신이다. 내 허락을 받지 않고는 아무도 내 몸을 범접할 수 없다. 내가 내 몸의 주인이므로 건강을 유지하려고 입 안에 넣는 음식을 선택하는 사람은 나 자신이다. 나 말고는 내가 어렸을 때의 부모님뿐이다. 내가 어렸을 때 나를 낳고 길러주신 부모님이 내 입 안에 넣을 음식을 선택했을 뿐, 나 말고는 아무도 내 허락 없이 내 입 안에 음식물을 넣을 수 없다. 부모님은 내 몸에 좋거나 좋다고 판단되는 것만 내 입 안에 넣고 나쁘거나 나쁘다고 판단되는 것은 넣지 않았다. 나 또한 내 몸에 좋거나 좋다고 판단되는 음식물만 내 입 안에 넣는다. 이처럼 내 입 안에 넣는 음식물을 선택하는 사람은 나와 내가 어렸을 때 부모님 말고는 없다.

이에 반해, '생각'은 그렇지 않다. 내가 자라는 동안 꾸역꾸역 들어온다. 나에게 다가오는 생각들이 내 삶을 위해 좋은 것인지 나쁜 것인지 또는 나에게 내 삶의 주인이 되도록 하는 것인지, 지배세력에게 자발적으로 복종하도록 하는 것인지 판단할 수 없는 동안에도 내 안에 스며들어왔다. 내 안에 음식물을 넣은 주체는 나와 나를 위하는 부모뿐이지만, 나에게 생각을 집어넣은 주체는 나와 내 부모만이 아니다. 나와 내 부모, 교사, 이웃뿐만 아니라 모든 이들이 자유롭기 어려운 이 '사회'이기도 하다. 그렇기 때문에 우리가 우리 안에 채우는 '생각'이나 '주장' 또는 '이념'은 이 사회에서 강조되는, 이 사회를 관통하는 것들로서 이 사회를 지배하는 세력이 요구하는 '지배적인 그것'일 수밖에 없다.

따라서 내 안에 생각을 집어넣는 실제 주체인 사회를 비판적으로 바라보는 안목을 갖춰 나가면서 기존에 형성된 생각을 끊임없이 수정하여 나의 주체성을 확장하지 않으면 진정한 자유인도, 내 삶의 진정한 주인도 되기 어렵다.

오늘도 한국의 지배세력은 그들 마음대로 역사 교과서를 바꾸고 미디어법을 밀어붙이고 있다. 마르크스가 강조한 "한 사회를 지배하는 이념은 지배계급의 이념이다"라는 명제를 되돌아본다면, 내가 고집하는 내 생각은 내가 주체적으로 형성한 것이 아닐 때 필경 지배계급이 나에게 갖도록 요구한 것에 지나지 않음을 간파해야 한다. 쉽게 말해, 내가 갖고 있는 의식이어서 그것을 고집하며 살아가지만 나에게 그 의식을 갖도록 한 주체는 내가 아니라 지배세력이라는 것이다. 우리에게 제도교육과 미디어에 대한 비판적 성찰과 분석이 요구되는 까닭이 여기 있으며, 사회를 비판적으로 바라볼 줄 아는 눈이 필요한 까닭이 여기에 있다. 지배세력의 기획에 의한 일방적 세뇌와 주입에서 벗어나 제대로 된 성찰을 하기 위해서는 폭넓은 독서와 토론, 직접적인 견문이 꼭 필요하다.

'내 생각은 어떻게 내 것이 되었을까?'라는 질문을 다시 던져보자. 생각하는 동물인 나는 지금 갖고 있는 내 생각을 고집하며 살아간다. 그런데 지금 내가 갖고 있는 생각은 태어났을 때엔 분명 없었다. 그렇다면 지금까지 내 삶을 지배해왔고 앞으로도 계속 지배할 내 생각은 어떤 경로로 내 것이 되었을까? 이 물음은 실로 엄중하다. 그럼에도 우리는 이 질문이 요구하는, 각자가 겪은 사회화 과정에 관해 스스로 묻고 답하는 훈련이 안 되어 있다.

이 질문을 진전시키기 위한 하나의 편법으로 우리가 받은 교육경험에 맞게 보기를 들어보도록 하자. 내가 지금 가진 생각은 다음 보기의 각 경로를 통해 얼마만큼 내 것이 되었을까 생각해보자. 물론 정확하게 계량할 수 없는 질문이지만, 이 질문은 틀림없이 자기성찰의 계기가 될 것이다.

1) 폭넓은 독서, 2) 열린 자세의 토론, 3) 직접 견문, 4) 성찰

내게 '폭넓은 독서'란 이런 의미다. "지금까지 살아온 사람들 중 책을 남긴 사람의 생각을 내가 '주체'적으로 참조하는 것." 책은 항상 닫힌 채 서가에 꽂혀 있다. 그 책들을 내가 펼쳐 읽는 것이다. 내게 '열린 자세의 토론'이란 "나와 동시대를 살아가는 사람의 생각을 열린 자세로 참조하려고 '주체'적으로 소통하는 것"이다. 또 '직접 견문'이란 "오감을 가진 주체로서 다양한 경험과 여행 등을 통해 인간과 사회를 직접 보고 겪고 느끼는 것"이다. 그리고 '성찰'이란 "폭넓은 독서와, 열린 토론, 그리고 직접 견문을 통해 만나는 뭇 생각들이 소우주와 같은 나의 의식세계 안에서 서로 다투고 비벼지고 종합되고 정리되는 과정"을 뜻한다.

위의 네 가지 중에서 가장 중요한 것은 물론 독서다. "사람은 그때까지 읽은 책이다"라는 말이 있다. 스페인의 한 작가는 이런 말을 했다. "우리는 모두 감옥생활을 하고 있다. 우리의 눈과 귀가 보고 들을 수 있는 세계는 지극히 좁기 때문이다. 그런데 이 감옥에 하나의 창이 나 있다. 놀랍게도 이 창은 모든 세계와 만나게 해준다. 바로 책이라는 이름의 창이다." 이렇게 폭넓은 독서를 바탕으로 토론과 직접 견문, 성찰을 통하여 주체적으로 의식세계를 형성한 사람은 자기 삶에 책임을 질 줄 알며 아무리 팍팍한 세상이라도 당당할 수 있다. 자기 삶의 진정한 주인이기 때문이다. (홍세화, 『생각의 좌표』 중에서)

학습활동 1

앞의 글을 읽고 나만의 생각이라고 여겼던 것이 과연 무엇인가 생각해보자. 나의 생각 속에 타인의 생각이 어떻게 연결되며 나의 성장 배경, 사회적 위치 등이 나 자신의 생각을 형성하는 데 어떠한 영향을 미치고 있으며 결국 내 생각은 어떻게 내 것이 되었을까를 생각해보자.

읽기자료 2

본인 스스로 나치의 피해자이기도 했던 여성 철학자 한나 아렌트(Hannah Arenddt, 1906~1975)의 평생 화두는 나치즘으로 상징되는 전체주의(totalitarianism)를 철학적으로 해명하는 것이었다. 그녀가 1951년에 『전체주의의 기원』(The Origins of Totalitarianism)이라는 책을 쓰게 된 것도 단순히 우연만은 아니라고 할 수 있다. 그렇지만 이 책은 우리에게 많은 아쉬움을 남긴다. 제목과는 달리 이 책은 우리에게 나치즘과 같은 전체주의가 발생하게 된 이유를 속 시원하게 말하고 있지 않기 때문이다. 다행스럽게도 전체주의의 기원에 대한 그녀의 성찰은 다른 책에서 확인할 수 있다. 1961년 12월, 예루살렘에서 열렸던 아이히만(Adolf Eichmann, 1906~1962)의 재판을 기록한 『예루살렘의 아이히만』(Eichmann in Jerusalem)이라는 책에서다. 아이히만은 유대인 학살에 핵심적으로 관여했던 인물로서 당시 히틀러 치하에서 유대인 이주국을 총괄했던 관료였다.

전범으로서 수배를 받고 있던 아이히만은 1960년 5월 아르헨티나에서 이스라엘 비밀경찰 모사드에 의해 체포되어 이스라엘로 강제 송환된다. 마침내 1961년 12월 그는 유대인 600만 명을 학살한 혐의로 예루살렘에서 재판을 받게 된다. 아렌트는 『뉴요커』(The New Yorker)지의 특파원으로 예루살렘에서 아이히만 재판 과정을 직접 살펴볼 수 있는 기회를 얻게 된다. 그리고 1963년 그녀는 자신이 보았던 것, 그리고 생각했던 것을 『뉴요커』지 2월 호와 3월 호에 두 차례에 걸쳐 기고문 형식으로 싣는다. 『예루살렘의 아이히만』은 이 두 가지 기고문을 토대로 집필된 것이다. 그녀의 결론에 따르면, 아이히만은 악의에 가득 차 있는 잔혹한 인물이 아니라, 평범한 사람이었다. 『뉴요커』에 아렌트의 기고문이 실리자마자, 그녀의 동포, 즉 세계 각지에 흩어져 살고 있던 유대인들은 심한 거부 반응을 보인다. 유대인들에게 아이히만은 악마와 같은 인물이었기 때문이다. 이런 그들에게 아렌트의 기고문은 당혹스러운 것, 나아가 분노를 자아내기에 충분한 것이었다.

아렌트에 따르면 유대인들의 기대와는 달리 아이히만은 살아가면서 우리가 이웃에서 흔히 만날 수 있는 평범한 시민에 지나지 않았다. 그렇다면 아이히만이 관여했던 유대인 학살이란 전대미문의 악은 어디로부터 유래한 것일까? 『예루살렘의 아이히만』에서 아렌트가 숙고하고자 했던 것은 바로 이 문제였다. 그녀의 대답을 들어보자.

> 자신의 개인적인 발전을 도모하는 데 각별히 근면한 것을 제외하고는 아이히만은 어떤 동기도 갖고 있지 않았다. 그리고 이런 근면성 자체는 결코 범죄적인 것이 아니다. 그는 상관을 죽여 그의 자리를 차지하려고 살인을 범하려 하지는 않았을 것이다. 이 문제를 흔히 하는 말로 하면 그는 단지 자기가 무엇을 하고 있는지 결코 깨닫지 못한 것이다. [……] 그는 어리석지 않았다. 그로 하여금 그 시대의 엄청난 범죄자들 가운데 한 사람이 되게 한 것은 [결코 어리석음과 동일한 것이 아닌] 순전한 무사유(sheer thoughtlessness)였다. [……] 이처럼 현실로부터 멀리 떨어져 있다는 것과 이러한 무사유가 인간 속에 아마도 존재하는 모든 악을 합친 것보다 더 많은 대파멸을 가져올 수 있다는 것, 이것이 사실상 예루살렘에서 배울 수 있는 교훈이었다. (『예루살렘의 아이히만』)

방금 읽은 구절은 아이히만이 저지른 범죄에 관한, 다시 말해 전체주의의 기원에 대한 아렌트의 최종 진단을 담고 있다. 아렌트는 아이히만이 준법과 근면을 철저하게 실천했던 관료였다는 사실에 주목한다. 아이히만은 승진을 위해서 사악한 음모를 꾸민 적도, 나아가 관료 사회에 요구되는 법규도 어긴 적이 없으며, 오히려 자신의 소임에 근면하고 성실하게 임했던 사람이었다. 아이히만이 법정에 오르게 된 이유는 그가 나치 치하에서 관료로서 최선을 다한 일밖에 없었다. 관료로서 조직이 부여한 임무를 수행한 것이 과연 죄가 될 수 있을까? 만약 최고 통치권자가 히틀러가 아니라 선한 인격자였다면, 아이히만은 절대로 법정에 설 일이 없을 사람이었다.

그렇다면 아렌트는 아이히만에게 면죄부를 주어야 한다고 주장한 것일까? 결코 그렇지 않다. 분명히 아이히만은 유대인 수백만 명을 학살한 일에 대해 책임을 져야 할 전범이다. 그렇지만 아이히만 자신은 단지 상부의 명령에 따랐을 뿐이라고 자신의 죄를 인정하지 않았다. 우리는 아이히만을 어떻게 설득할 수 있을까? 바로 이것이 아렌트가 직면한 문제였다. 스스로 책임이 없다고 주장하는 아이히만에게 그녀는 '순전한 무사유'(sheer thoughtlessness)의 책임을 부과한다. 아이히만은 자신에게 부여되었던 상부의 명령이 유대인에게 어떤 영향을 미칠지, 그리고 유대인의 입장에서 자신이 수행할 임무가 어떤 의미로 다가올지 성찰하지 못했다는 것이다. 아렌트는 더불어 살아가는 삶에서 '사유'란 하지 않아도 상관이 없는 '권리'가 아니라 반드시 수행해야만 할 '의무'라고 강조한다.

베버(Max Weber, 1864~1920)가 지적했던 것처럼 현대 사회는 분업화와 전문화의 과정을 통해 구조화된 사회이다. 분업화와 전문화가 심해지면 심해질수록, 우리는 서로에 대해 무관심해지게 마련이다. 그래서 우리는 같은 조직에 속해 있어도 서로가 무슨 일을 하는지조차 알지 못하며, 심지어 알려고도 하지 않는다. 더군다나 모든 일들이 너무나 전문화되고 분업화되어 있어서 우리는 자신이 지금 하고 있는 일이 도대체 어떤 성격의 일인지 반성할 틈도 별로 없다. 그렇다면 우리는 아렌트가 지적했던 것처럼 언제든지 아이히만이 될 가능성에 노출되어 있다고 할 수 있다. 우리가 아이히만처럼 무사유의 상태에 빠져 있다면, 아이히만이 저지른 악, 즉 무사유로 인한 악은 도처에서 생겨날 가능성이 있는 것이다. 『예루살렘의 아이히만』이라는 책에 '악의 평범성(banality)에 대한 보고서'라는 부제가 붙어 있는 이유도 바로 이 때문이다. 아렌트는 우리에게 묻고 있다. "지금 당신은 근면과 성실이란 미명 아래 사유의 의무를 방기하고 있는 것은 아닌가?" "지금 당신은 생각해야 할 것을 생각하고 있는가?" (강신주, 「사유의 의무: 아렌트, 『예루살렘의 아이히만』」)

학습활동 2

앞의 글을 읽고 사유와 성찰의 중요성에 대해 생각해보자. 그리고 나는 지금 무엇을 사유해야 하는가에 대해 성찰해보자.

2. 자아에 대한 성찰

우리가 가장 잘 아는 것은 무엇일까? 다른 모든 사람들은 결코 모르고 오직 나 혼자만 아는 그런 사실은 어떤 것일까? 또 모든 사람이 그런 사실을 저마다 지니고 있다면 그런 사실은 어떤 것인가? 이런 물음을 찬찬히 살피면 답은 바로 자기 자신, 즉 자아임을 금방 알 수 있다. 어느 누구보다도 자기 자신에 대한 것은 자기 자신이 가장 잘 알기 때문이다.

하지만 과연 그럴까? 때로 주위 사람들이 나에 대해 이러저러한 말을 할 때 '내가 과연 그런가?' 하고 의구심이 든 적은 없는가? '나는 결코 그렇지 않은데' 하며 억울함을 느낀 적은 없는가? 따라서 자기 자신에 대해서는 다른 누구보다도 바로 자기 자신이 가장 잘 안다는 것은 맞는 말이기도 하고 틀린 말이기도 하다. 일기에 적어 넣을 수 있는 내밀한 비밀 같은 것은 남들은 모르고 자기 자신만 알겠지만, 반대로 남들이 말해주기 전에는 결코 깨닫지 못하는 자신의 모습도 있는 것이다.

자아성찰의 필요성은 바로 여기서 제기된다. 예를 들어 내가 나를 객관화하여 요모조모 살펴봄으로써 평소에는 몰랐던 나의 또 다른 면을 발견할 수 있고, 좋은 점과 나쁜 점을 가려낼 수 있으며 이를 통해 보다 나은 자아를 만들기 위해 노력할 수 있다. 또한 복잡한 세상을 살다가 문득 자기 자신이 파편화되었다고 느낄 때 바로 그 순간에도 자아성찰의 필요성은 제기된다. '나는 나 하나인데 내 삶은 왜 이렇게 이질적인 것들로 이루어질까?' 이런 물음이 머릿속을 맴돈다면 바로 자아성찰의 시간이 도래하였음을 깨달아야 한다.

나는 누구인가?
- 내가 생각하는 '나'와 타자가 생각하는 '나'는 같은가?
- 내가 생각하는 '나'와 현실적인 '나'는 같은가?

1) 내가 생각하는 '나'와 타자가 생각하는 '나'는 같은가?

'나'를 성찰하는 방법은 우선 '나'의 존재에 대한 물음으로 시작되어야 한다. 왜냐하면 성찰은 나에 대한 객관적 인식을 기반으로 하기 때문이다. 여기에서 중요한 것은 내가 생각하는 '나'의 모습과 타자가 생각하는 '나'의 모습이 같아야 한다는 것이다. 인간은 자기를 중심으로 생각하는 본능이 있고, 자신을 합리화하는 경향이 많다. 예를 들어 나의 행동이 정당하다고 생각하지만 타자의 입장에서 바라볼 때 그 행동은 정당할 수도 있고, 그렇지 않을 수도 있다. 하나의 행동이 입장에 따라 달리 해석되고 수용될 수 있는 가능성이 있다는 것이다. 따라서 나를 성찰하기 위해서는 다른 사람의 입장에서 나의 행동과 생각이 옳은 것인가를 판단해야 할 필요가 있다. 성찰은 달리 말하면 타자와 나의 인식의 차를 좁히는 방법이라고 할 수 있다. 그러기 위해서는 내가 나를 객관화하여 볼 수 있어야 한다. 여기에서 객관화라는 것은 내가 나를 제3자의 입장에서 바라보고 평가하는 것을 말한다. 나의 아집이나 자기합리화가 아닌, 내가 다른 사람이 되어 나를 바라보아야 한다는 것이다. 그러나 이러한 객관화는 쉽게 잘 이루어지지 않는다. 객관화된 나를 바라보고 나를 반성할 수 있는 힘을 기를 때 비로소 성찰이 이루어진다고 할 수 있다.

2) 내가 생각하는 '나'와 현실적인 '나'는 같은가?

몽테뉴는 『수상록』에서 "나는 나에 대해서만 말한다. 다른 것에 대해 말할 때에는 나는 헤매며 주제로부터 벗어난다"라고 하였다. 그만큼 자아에 대한 성찰은 가장 충실한 정신 활동이라 할 수 있다. 그러나 나에 대해서 말할 때 주의해야 할 점은 자신의 처지와 입장을 헤아릴 줄 아는 지혜가 필요하다는 것이다. 이것은 현실 속의 나를 제대로 인식하느냐의 문제와 관련된다. '내'가 이 사회, 이 세계 속에서 어떠한 사회적 위치에 있으며, 어떠한 책임을 가지고 생활하고 있는지 살펴봐야 한다는 것이다. 우리는 현재 한 사람의 학자로서, 또는 사회인으로서, 아니면 학생으로서 각자 자신의 위치에서 해야 할 직분과 의무가 무엇인지 아는 것이 필요하다. 현실을 직시하지 않고 성찰하는 것은 매우 위험한 일 중의 하나이다. 따라서 자아의 성찰은 세계 속의 '나'를 거시적인 안목으로 세계 속의 '나'로 객관화하여 바라볼 수 있는 시선이 전제되어야 한다고 할 수 있다.

글쓰기	자아에 대한 성찰의 방법: '나'를 객관화하기
	자아에 대한 성찰의 결과: '나'에 대한 사고와 반성

3) 사유의 주제를 '나'로 한정하여 글쓰기

자아 성찰적 글쓰기는 본질적인 '나'와 대면하는 시간이기도 하다. 그래서 좀 더 치열하게 자신을 바라볼 수 있는 시각이 필요하다. '나'는 누구인가라는 성찰을 위해 타자가 인식하는 '나'와 세계 속의 '나'를 객관화하여 인식해야 하며, 그것을 통해 반성적 자아를 형성하여 성숙한 인간의 모습을 갖추어야 할 것이다. 이러한 성찰은 사유에서 끝나는 것이 아니라 좀 더 구체화하여 글쓰기로 이어질 필요가 있다. 글쓰기를 통해 자아의 상을 구체화하고, 이러한 형상화를 통해 보다 깊은 성찰이 이루어질 수 있을 것이다.

자아 성찰은 다양한 방식의 글쓰기로 연결될 수 있다. 자기소개서, 자서전, 일기 등등이 자아 성찰을 위한 글쓰기의 대표적인 형태이다. 여기에서는 글쓰기를 통해 자아 성찰의 예를 몇 가지 살펴보고 이것을 글쓰기로 연습해보자.

읽기자료 3

니콘 FM2

처음으로 산 수동카메라. 35~70mm 렌즈가 장착되어 있고 모터 드라이브는 없다. 그러므로 모든 것이 수동이다. 이 카메라는 빛이 들어오는 구멍, 그것을 조절하는 조리개, 그리고 셔터만으로 이루어져 있다. 불필요하거나 과장된 기능은 하나도 없다. 간혹 내 의도와는 상관없이 기가 막힌 사진을 뽑아낸다. 나와 함께 유럽과 터키, 캄보디아, 태국, 인도네시아를 여행했다. 그리하여 나는 이 카메라가 본 것만을 기억하게 되었다. 내 눈의 기계적 확장태라 할 수 있겠다.

달과 6펜스

중학교 3학년 때 이 책을 처음 읽었다. 소풍 전날이어서 오후가 되자 학교는 묘지처럼 텅 비어버렸다. 나는 혼자 도서실에 가서 소실을 읽었다. 그러자 뿔테안경을 낀 국어선생이 다가와 나를 귀순용사 보듯 들여다보았다. "소설 좋아하니?" 내가 고개를 끄덕이자 그는 내게 한 권의 소설을 건네주었다. 『달과 6펜스』. 증권거래인 스트릭랜드는 어느 날 아름다운 아내와 아이들, 그리고 직장을 버리고 홀연히 떠난다. 그리고 그림을 그린다. 고갱을 모델로 한 이 소설에 나는 매료되었다. 그리고 계시처럼 어떤 예감에 휩싸였다. 그건 내 삶의 행로가 스트릭랜드의 그것처럼 드라마틱하게 바뀌리라는 것이었다. 나는 경영학과의 학부와 대학원을 멀쩡히 졸업하고 갑자기 소설가가 되어버렸다. 어쩌면 그 전환의 1퍼센트쯤은 서머셋 몸, 혹은 그 국어선생의 탓이다.

대금

1986년 3월 2일. 신입생 수강신청 날이었다. 나는 학생회관 1층에서 신입생을 상대로 열린 국악기 전시회를 보러 갔다. 난생 처음 보는 희한한 악기들 중에서 대금을 발견했다. 대나무에 구멍을 몇 개 뚫은 지극히 단순한 그 악기를 불어보고 싶어서 국악연구회라는 동아리 가입 원서에 이름을 적었다. 가입번호 2번이었다.

대금을 불기는 쉽지 않았다. 손가락은 구멍을 막지 못하고 아무리 거센 숨을 불어도 소리가 나질 않았다. 5월이 돼서야 내 대금에선 소리가 났다. 공강 때마다 달려가 그 대나무 막대기를 어깨에 얹었지만 모든 음을 낼 수 있었던 건 그로부터 한 달이 더 지나서였다. 그로부터 삼 년간을 대금과 함께 살았다.

2학년 때 어느 젊은 장인으로부터 산 내 대금은 동아리에선 명기라는 소리를 들을 정도로 맵짠 소리를 내질렀다. 청의 떨림도 경쾌했고 음의 파장도 깊고 길었다. 그 대금이 지금은 방구석에서 먼지 쌓인 채 말라가고 있다. 입김을 받지 못하는 대금은 버림받은 후궁과 같다.

갈대의 단면을 잘라보면 얇은 막 한 겹이 숨어 있는 것을 볼 수 있다. 그것을 잘 발라내어 말리면 대금의 청공을 막는 청이 된다. 청을 청공에 붙여 대금을 불면 저음과 고음에서 음이 떨린다. 풀피리의 원리와 비슷하다. 입김의 수증기가 청에 젖어들어 평상시의 소리에 파동을 얹어준다. 그 청은 너무도 약해서 오로지 입김만을 견딘다. 누군가 손가락으로 조금만 힘을 주어 누르면 힘없이 파열되고 만다. 또한 청은 아주 낮은 음과 아주 높은 음에서만 운다. 내가 알던 어떤 여자를 닮았다. 그녀도 청처럼 자기 삶의 아주 낮은 곳, 그리고 아주 높은 곳에서 울었다.

내게 대금을 배웠던 여자였는데, 어느 날 내게 황동규의 시를 적어주었다. "당신이 나에게 바람 부는 강변을 보여주면은 나는 거기에서 얼마든지 쓰러지는 갈대의 자세를 보여드리겠습니다." 그녀는 갈대의 속으로 만들어진 청이었고 나는 음습한 곳에서만 자라나는 굵디굵은 쌍골죽이었다. 나는 바람 부는 강변을 보여주지 않았고 그래서 그녀도 쓰러지는 갈대의 자세를 보여주지 못했다.

지금 내 대금의 청은 늘어질 대로 늘어져 모든 음에서 떨린다. 모든 음에서 떨린다면 그건 더 이상 청으로서 가치가 없다. 하지만 그건 다 내 탓이다. 내 무심함과 게으름 때문. 미안하다.

맥주

내 사주를 보면 나무가 나온다고 한다. 나무, 그런데 그 나무는 커다란 바위에 짓눌려 있다고 한다. 점쟁이는 덧붙이기를, 바위가 짓누르고 있으니 세상에 대해 원한이 많겠다. 하지만 걱정하지 마라. 나무는 자라게 마련이고 바위는 부서지게 마련이니, 서른이 넘으면 부드러워지겠다. 그 얘기를 들었을 때, 내 나이 스물셋이었다. 점집을 나와 길을 걷는데 어깨가 무거웠다. 하늘을 보았다. 달리의 그림처럼 하늘에 떠 있는 거대한 바위. 그 무게를 느꼈다고 하면 좀 심한가? 어쨌든 그날부터 난 내가 나무라는 걸 한시도 의심하지 않았다. 달리기보다 수영을 좋아하고 소주보다 맥주를 즐기는 것도 다 내가 나무인 탓이다.

묵주

로사리오. 묵주. 성모송을 반복 암송하기 위한 구슬꿰미.

한때 나는 프란치스코회의 수사가 되고 싶었다. 그래서 며칠씩 수도원에 들어가 수사들과 똑같은 생활을 했다. 수도원의 모든 것이 좋았다. 둥글고 커다란 식탁. 짙은 밤색의 수사복. 식사는 일제히 시작해 마지막 사람이 끝낼 때까지 계속되었다. 단촐하지만 장엄한 미사. 단선율로 깔리는 그레고리안 성가. 저녁식사 후부터 아침까지 이어지는 대침묵. 적막. 고요.

왜 그렇게 수사가 되고 싶었던 것일까? 이유는, 글쎄, 공포였다고 말할 수밖에 없다. 가장이, 아버지가 된다는 일의 두려움. 수사라는 직업의 매력은 가장이 되지 않아도 된다는 것이었다. 그저 기도하고 일하고 공부하면 그만이라고 생각했다. 그럴 만했다. 그때 내 나이 열여섯이었으니까.

어쨌든 나는 수사가 되지 않았다. 아이는 없지만 결혼도 했다. 그런데, 나는 가끔 그런 생각을 한다. 지금의 내 생활도 수사의 그것과 그리 다르지는 않다고. 나는 소설이라는 정체불명의 신을 모시는 문단이라는 수도원에 살고 있다고. 수사들은 식사 시간 이외에는 말을 나누지 않고 각자 자기의 방으로 흩어져 대침묵에 들어간다. 그들 개개인의 신앙의 깊이는 아무도 모른다. 모두가 자기의 골방에서 신을 의심하며 자신을 자책하며 영원히 끝나지 않을 묵주기도를 바친다. 여전히 신은 응답이 없다.

스텔라 GX

내가 처음으로 운전했던 100만 원짜리 중고차. 모델명 스텔라 GX. 그 고물차를 몰고 새벽이면 중부고속도로를 달려가던 시절이 있었다. 차는 또한 처음으로 완벽하게 주어진 혼자만의 공간이었다. 차가 너무 좋아서 자동차동호회에 가입했고 용돈을 모두 털어 켄우드 카스테레오를 장만했다. 어느 날, 그 차가 멈춰버렸다. 운행거리 18만 킬로미터였다. 고치러 온 카센터 주인은 고치는 값이 차 값보다 비쌀 거라고 말해주었다. 그래서 그 차를 그냥 그 주인에게 넘겨버렸다.

지금도 가끔 그 차를 운전하던 때의 순정한 설렘이 그립다. 어떤 동창, 어떤 친척 못지않게 그 청색 스텔라 GX가 그립다. 그래서 나는 교통사고로 아끼던 차가 폐차되는 장면을 보며 엉엉 울던 중년의 남자를 이해할 수 있다.

지포라이터

7년째 가지고 다니는 라이터가 있다. 앞면에 이렇게 써 있다.

'Limited Edition No. 0339' 이건 뚜껑 부분이고 몸통 부분엔 'Pteranodon The Cretaceous Period' (익룡, 백악기)라는 글자가 금박으로 양각되어 있다. 그리고 뚜껑과 몸통에 걸쳐 날개를 펼친 익룡 한 마리가 아래를 굽어보며 날고 있다. 그 아래에는

'Length(길이) 8m' 라고 친절하게 부연해놓았다.

불을 붙이려 뚜껑을 열 때마다 목이 잘리는 이 괴수의 몸을 장식한 금박은 이제 귀퉁이가 하나둘 떨어져나가 그야말로 화석처럼 보인다. 이 라이터를 선물한 친구가 그랬다. 널 닮아서 샀어. 7년 동안 나는 단 한 번도 그 익룡이 날 닮았다고 생각해본 적이 없다. 백악기라는 낯선 시대에도 관심이 없다. 단지, 이 라이터는 잃어버리기엔 아깝게 너무 오래 가지고 다녔다. 그래서 없어진다면, 무척 마음이 아플 것 같다. 그러지 않으려고 나는 불만 붙이고 나면 그걸 신속하게 오른쪽 호주머니에 집어넣는 버릇을 들였다. 야, 안 가져간다 안 가져가. 테이블에다 좀 올려놔라. 애타게 불을 찾는 술친구들의 성화에도 굴하지 않고 나는 꿋꿋이 라이터를 호주머니에 집어넣었다가 원하는 사람이 있을 때마다 꺼내어 라이터를 건네준다. 주머니 속의 익룡, No. 339. 아직은 멀쩡하다. (김영하, 『포스트잇』 중에서)

이 글은 소설가 김영하가 자신의 자화상을 하나의 물건 혹은 숫자, 경험 등을 통해 재현하고 있다. 이러한 방법은 '나'를 보다 객관화해 볼 수 있다는 장점이 있다. 여기에서는 소설가 김영하가 걸어온 삶의 주요한 단편들이 고스란히 전해지고 있다. 이러한 방식으로 자신의 삶을 반추하기 위해서는 '나'를 둘러싼 세계에 대한 관심을 가질 필요가 있다. 그리고 자신의 유년의 기억, 현재의 상황 등을 총체적으로 사유해야 할 것이다. 자신의 삶을 성찰하기 위해서는 우선 자신의 삶에 대한 기록이 전제되어야 한다. 이 기록은 진부한 것으로 채워질 수도 있지만 매우 참신한 것으로 채워질 수도 있다. 진부한 것은 자신을 드러내는 데 별다른 효과를 지니지 않지만 개인적인 참신한 경험은 온전히 자신을 드러내는 역할을 한다. 모든 경험은 경험하는 주체가 그것을 얼마나 보고 느끼느냐에 따라 의미가 결정된다고 한다. 또한 진부한 것에서 참신함을 이끌어내는 시각이야말로 성찰의 출발점이라고 할 수 있다. 또한 타자와 차별화된 지점들을 보여줄 수 있다는 점에서 '나'의 존재 이유를 찾을 수도 있다.

학습활동 3

❶ 앞의 자기 성찰적 글쓰기의 주제, 소재, 구성, 표현에 대해서 논의해보자.

❷ 성찰적 글쓰기를 하기 위해 '나'를 주제로 하여 사유해보자.

❸ 앞의 글을 참조하여 자신을 대표할 수 있고 다른 사람과 차별화할 수 있는 물건이나 경험을 떠올려보고, 이를 한 편의 글로 표현해보자.

읽기자료 4

이번 학기에 내가 가르친 영어 회화 과목 교과서에는 각 단원마다 재미있는 토론 제목들이 딸려 있다. '내게 소중한 것들'이라는 단원에 속한 제목들로는 「너의 집에 불이 난다면 제일 먼저 무엇을 꺼내겠는가?」 또는 「아무도 살지 않는 섬에 가서 여생을 보내야 한다면 무엇을 가져가겠는가?」 등이 있다. 전자에 대해 학생들은 보통 돈, 일기, 통장, 보석, 사진첩, 성경 등을 말하고, 후자에 대해서는 '여(남)자, 컴퓨터, 자동차, 휴대폰, CD 플레이어' 등을 꼽는다.

누군가 내게 같은 질문을 한다면—즉 내가 소유한 물건 중에 제일 소중한 것을 꼽으라면— 아마 나는 차, 컴퓨터 또는 책들이라고 말할 것이다.

그러나 이것은 금전적인 기준을 적용했을 때의 경우이고, 가격과 관계없이 내가 소유한 물건들 중에 가장 중요하고 필수불가결한 것은 단연 목발이다. 차가 없으면 불편하긴 해도 택시를 타면 될 것이고, 컴퓨터나 책이 없으면 선생 노릇 하는 데는 지장이 있겠지만 사람 노릇 하는 데는 그다지 큰 걸림돌이 아니다. 하지만 목발이 없다면 나는 단 하루도 제대로 움직일 수 없다.

'목발의 세계'에 익숙지 않은 사람들은 가끔 이 목발이라는 생소한 물건에 대해 질문한다. 목발도 신발처럼 왼쪽 오른쪽이 따로 있는지, 나무로 만든 것과 알루미늄으로 된 것 중 어느 것이 더 비싼지, 한 개만 가지고도 걸을 수 있는지, 밑의 고무는 갈아 끼울 수 있는 것인지 등등.

그런데 얼마 전에는 학생 하나가 내게 꿈속에서도 목발을 짚고 다니는지 물었다. 그런 질문을 받아본 것은 처음이었는데, 새삼 생각해보니 나는 꿈에도 분명히 목발을 짚고 있었다. 아니, 짚고 있을 뿐만 아니라 현실에서처럼 한 발짝 한 발짝마다 온 신경을 쏟으면서 넘어질까 봐 조심하면서 걸었다. 목발이 바로 내 다리나 마찬가지이므로, 꿈속이라고 해서 다리 없이 돌아다니지는 못할 테니까 말이다.

내가 지금 짚고 다니는 목발은 정확히 22년 전인 1978년 9월 뉴욕시의 어느 의학 기구 용품점에서 산 것이다. 내가 유학자 올버니에 있는 뉴욕주립대학교에 간 지 꼭 일주일 후였다. 일부러 미제 목발을 사려고 미국 갈 때까지 기다린 것도 아니었다. 그렇게 급하게 목발을 사게 된 데는 사연이 있다.

유학 생활의 첫 학기가 시작되고 첫 강의가 있는 날이었다. 저녁 7시에 시작해서 10시에 끝나는 '여성과 문학' 이라는 수업이었다. 첫 시간이니까 그저 교안(教案)이나 한 번 읽고 끝나겠지 했던 내 생각은 큰 오산이었다.

카우보이 차림의 여 교수는 듣도 보도 못한 책을 스무 권쯤 들고 들어와 하나씩 들어가며 설명했다. 학생들도 마치 그런 책은 골백번도 더 읽었다는 듯 열띤 토론을 벌였다. 처음 간 곳에서, 처음 보는 사람들 사이에 앉아 전혀 생소한 책들을 보는 기분, 그것은 한마디로 사방이 꽉 막힌 막막함이었다.

말 한마디 못하고 긴장된 마음으로 앉아 있다가 드디어 수업을 마치고 터덜터덜 기숙사로 돌아오는데, 주위에는 인적도 없고 하늘에는 추석이 가까웠는데 유난히 큰 보름달만 휘영청 밝았다. 건너편 음대 쪽에서 누군가가 부는 처량한 색소폰 소리가 들렸다. 갑자기 사랑하는 사람들과 너무 멀리 떨어져 있다는 사실이 가슴을 때리면서 지독한 향수가 밀려왔다. 온몸이 무너져 내리는 것 같았다.

나의 그런 마음을 눈치 챘는지, 순간 목발 하나가 부러지면서 나는 그대로 땅바닥에 나뒹그러졌다. 엉겁결에 겨우 일어나 앉기는 했지만 혼자서는 일어설 수가 없었다. 그날따라 주위에는 지나가는 사람도 하나 없어 도움을 청할 수조차 없었다.

그렇게 길바닥에 주저앉아 얼마간 시간을 보냈다. 어렸을 때부터 나는 가끔 목발과 보조기 없이 꼼짝할 수 없는 상태로 길바닥에 앉아 다른 사람들의 구경거리가 되고 있는 악몽을 꾸곤 했었다. 그 느낌은 비참한 좌절감, 지독한 당혹감이었다.

그러나 실제로 그런 상황에 처해보니 그것은 꿈속의 느낌과는 전혀 달랐다. 그것은 당혹감도, 슬픔도, 좌절감도 아니었다. 그냥 '이상한' 느낌이었다. 마치 나 혼자 4차원의 세계에 떨어진 것 같은, 유리벽 속에 갇혀 아무리 소리쳐도 다른 사람들이 듣지 못하는, 그런 고립된 세상 속에 갇혀 있는 기분이었다.

모든 것이 낯설었지만, 그곳에 영원히 버려진다 해도 상관없다는 듯, 마음은 오히려 담담했다. 얼마나 시간이 흘렀을까, 결국 지나가던 사람이 기숙사로 연락해 룸메이트 바버라가 휠체어를 가지고 왔다. 하지만 그때 길바닥에 주저앉아 있던 그 시간은 아직도 내 일생에 가장 잊지 못할 시간 중 하나이다.

다음날 뉴욕에 살고 있던 오빠가 급히 올버니로 와 함께 가서 산 것이 바로 내가 지금 사용하고 있는 목발이다. 독일제였는데, 내게는 너무 길어서 주인이 길이 조정 나사못을 맨 밑에 박아 가장 짧은 길이로 만들어 주었다.

부러진 목발보다 나무도 훨씬 더 튼튼해 보였고, 항상 겨드랑이가 아파서 어머니가 두텁게 붕대를 매어 주시던 어깨받이는 탄력성 있는 검정색 플라스틱으로 되어 있어 전혀 배기지도 않았다. 손잡이도 내 손에 꼭 맞아 그야말로 '맞춤 목발' 같았다.

원래 물건 값을 잘 기억하지 못하는 나지만, 그 목발의 가격은 분명히 기억한다. 11달러였다. 어떻게 그렇게 쌀 수 있었는지 모르지만, 당시 환율이 520원이었으므로 세금까지 합쳐 단돈 6천 원에 내 다리를 산 셈이다.

내 인생의 새로운 장이 시작되는 유학 첫날 그 '이상한' 세계에 털썩 주저앉아 버린 나를 다시 일으켜 준 목발은 그때부터 이제껏 22년 동안 내 몸을 지탱하는 버팀목이 되어 주었다(영어로는 목발을 crutch라고 하는데, 여기에는 '정신적 지주'라는 뜻도 있다).

목발의 평균 수명이 얼마나 되는지 모르지만, 아마 그보다 훨씬 오래 되었을 내 목발은 주인과 함께 늙어, 이제는 전신이 다 긁힌 자국이요, 이리저리 움푹 패고 불에 탄 자국까지, 크고 작은 상흔들로 덮여 있다. 하필이면 조심성 없고 칠칠치 못한 주인을 만나 목발 팔자치고는 참으로 센 팔자지만, 여전히 조금도 휘임 없이 꿋꿋하게 제 역할을 했다.

목발 위의 상흔들은 내 일생의 가장 중요한 시기—20대에서 40대에 이르기까지—의

하루하루를 새겨 놓은 나의 역사요, 나무 위의 내 인생 역정이다.

하지만 그건 내 생각이고, 미관상 볼썽사나운 것은 사실이다. 볼썽은 그렇다 치고, 더욱 곤란한 점은 걸을 때마다 삐걱거리는 소리가 너무 난다는 것이었다. 그래서 도서관이나 성당같이 조용한 장소에 갈 때마다 그 소리 때문에 실내에 있는 사람들이 모두 쳐다보았다.

급기야 얼마 전에는 성당에서 나오는데 옆에 있었던 남자가 쫓아 나오더니, 자신이 보조 기구 가게를 운영하는데 목발 한 세트를 무료로 주겠다고 제안하기까지 했다.

아마 내가 형편이 좋지 않아서 그렇게 낡은 목발을 짚고 다니는 줄 안 모양이었다. 물론 그런 것은 아니다. 단지 너무 익숙하다 보니 시각적으로나 청각적으로 다른 사람들의 눈을 끌 만큼 낡았다는 것을 그냥 잊고 살 뿐이다.

그런데 요즈음 들어 부쩍 동생으로부터 지독한 압박을 받고 있다. 목발이 하도 낡아 그것을 짚고 있는 사람 자체가 아주 초라하고 옹색해 보인다는 이유에서였다. 동생의 말에 따르면 목발에도 '유행'이라는 것이 있는데, 나무로 된 목발은 이미 오래전에 유행이 지났고 요새는 알루미늄으로 된 목발이 유행이라는 것이다. 아닌 게 아니라 나처럼 전통적인 구식 목발을 짚고 다니는 사람은 별로 보지 못한 것 같다.

그러더니 미국에 사는 언니에게 연락해 얼마 후에는 언니가 미제 목발 한 세트를 보내왔다. 그런데 그게 정말이지 유행의 첨단을 걷는 목발(이 경우는 나무가 아니라 알루미늄으로 되어 있으니 알루미늄 발?)이었다. 어디서 구했는지 모르지만, 전체가 번쩍번쩍 빛이 나고 어깨받이와 손잡이 테두리에는 플라스틱으로 된 주홍색 선이 둘러 있어 나의 낡은 목발과는 비교가 안 되는, 이제껏 내가 본 목발 중에 가장 '아름다운' 목발이었다.

당장 어머니와 동생들의 성화에 못 이겨 새로운 목발에 익숙해지기 위한 연습에 들어갔다. 놀랍게도 많은 연습을 할 필요도 없이 그 아름다운 알루미늄 발에 금방 익숙해졌다. 손잡이도 내 손에 꼭 맞고 겨드랑이도 배기지 않는 게, 20여 년 간 써온 낡은 목발 못지않게 아주 편했다. 무엇보다 걸을 때마다 삐걱거리는 소리가 나지 않아, 갑자기 내 스스로 발레리나가 된 것처럼 우아해진 듯한 느낌이었다.

멋있고 우아한 발레리나가 되어 미끄러지듯 소리 없이 집 안을 이리저리 걷다 보니 문득 버림받은 채 초라한 모습으로 목욕탕 한구석에 기대어 있는 낡은 목발이 눈에 띄었다.

순간 그 모습이 너무나 낯설고 불쌍해 보였다. 내 다리는 나 없이 거기 서 있고, 나는 다른 사람의 다리 위에 얹혀 있는 느낌이었다. 그럼에도 불구하고, 나는 유행에 민감한 멋쟁이가 되기 위해 매몰차게 눈을 돌리고 계속 걷는 연습을 했다.

그때 마침 초등학교 5학년짜리 조카 범서가 들어왔다.

"와— 이모! 새 다리야? 짱 멋있어!"

"그래? 멋있지? 아주 번쩍번쩍하지?"

나는 자랑스럽게 알루미늄 발을 내보이며 말했다.

"응. 되게. 이모, 옛날에 「터미네이터 2」 영화 비디오로 같이 봤지? 거기에 쇠로 된 사람 나오잖아."

"쇠로 된 사람?"

내가 의아해서 묻자, 내 목발을 이리저리 어루만지면서, 범서가 감탄 섞인 목소리로 대답했다.

"응, 왜 그 사람 있잖아. 쇳물이 돼서 흘렀다가 이 사람 저 사람으로 막 변신해서 터미네이터 쫓아다니는 그 로봇 인간! 이모가 바로 그 로봇 인간 같애! 와— 되게 멋있다."

내가 지금 어떤 목발을 사용하고 있는지는 여러분 상상에 맡긴다. (장영희, 「나의 목발」)

위의 글은 자신의 경험을 통해 자아상을 구축하는 과정을 잘 보여주고 있다. 이 글에서 필자는 자신의 신체적 장애를 딛고 성숙한 인간으로 성장하는 과정을 이야기하고 있다. 여기에서는 과거의 경험을 통해 '나'의 이미지가 형성되고 있으며, 이것은 나와 타자를 구별하게 하는 기표의 역할을 하고 있다. 이야기 속의 인물로서 '나'를 등장시키는 것은 나를 좀 더 객관화하여 보여줄 수 있는 방법이 될 수 있다. 그리고 '나'가 이야기 속에 전제되어 있기 때문에 좀 더 쉽고 재미있게 자아상을 구축할 수 있다.

여기에서 주의해야 할 점은 '나'를 너무 영웅화하거나 비하하면 안 된다는 것이다. 경험을 하는 주체가 영웅적으로 묘사되면 그 인물에 대해 신뢰성을 잃게 된다. 이러한 경우에는 '나'에 대한 성찰을 제대로 하지 않고 글쓰기를 했다고 보이기 쉽다. 그렇다고 하여 '나'를 너무 비하할 필요도 없다. '나'를 비하할 경우에는 자신에 대한 믿음이 결핍되어 있는 것으로 간주되기 때문에 그것 또한 객관화되었다고 보기 힘들다. 따라서 너무 영웅화하여 합리화하지 않고 비하하지 않는 객관적 태도를 유지하는 것이 성찰적 글쓰기에 필요한 자세라고 할 수 있다.

학습활동 4

❶ 앞의 자기 성찰적 글쓰기에서 자기 객관화가 잘 이루어졌는지, 그리고 어떠한 방식으로 재현되고 있는지 논의해보자.

❷ 성찰적 글쓰기를 하기 위해 '나'의 경험을 마인드맵을 통해 시간적 · 공간적 인물로 도시해보자.

❸ 앞의 글을 참조하여 '나의 가장 소중한 기억', '내 생애에서 가장 중요한 순간', '어려움을 극복한 경험' 등에 대해 한 편의 글을 완성해보자.

제2장 비평적 글쓰기

비평은 글을 읽고 쓰는 사람이라면 누구나 할 수 있는 자연스러운 활동이다. 아름다운 광경을 보고 '멋지다' 고 말하거나, 슬픈 영화를 보고서 '가슴이 아려온다' 고 말하는 것 자체가 비평 활동이기 때문이다.

비평이란 예술작품 또는 문화적 현상을 대상으로, 그에 대한 좋고 나쁨, 또는 그 안에 담겨 있는 의미를 해석하고 평가하는 일련의 행위를 말한다. 그러나 그러한 대상에 대한 일차적인 감상이나 단순한 의견을 '비평' 이라고 할 수는 없다. 삶에 대해서든 예술작품에 대해서든 한 걸음 물러나서 그 일에 대해 객관적 거리를 유지하며 깊이 생각하고 내면적 성찰을 할 때 진정한 비평이 시작된다. 즉 비평이란 단순히 감수성에 기대어 쓸 수 있는 문학적 상상력을 곁들인 글이라기보다는 자신이 접하는 대상에 대해 의문을 제기하고, 분석하고, 정리하고, 비교할 필요성을 심각하게 인식할 때 가능한 지적인 독서의 연장 활동이다.

그래서 비평적 글쓰기는 다음과 같은 특징을 가지고 있다.

첫째, 자신의 경험과 주관적 지식에 대한 나름의 비판적 시각을 가지고 있어야 한다. 전문가만이 비평적 글쓰기를 하는 것이 아니다. 자신의 문화적, 예술적 경험을 나름의 비판적 시각으로 설명하는 진지한 태도는 비평적 글쓰기의 첫걸음이다.

둘째, 비평적 글쓰기는 능동적 독서 행위의 연장이므로 글을 쓸 때에 다른 참고 도서를 충분히 활용해서 글쓰기를 하는 것도 좋다.

셋째, 비평적 글쓰기의 대상은 책이나 영화뿐만이 아니라 일반 대중문화 전반을 대상으로 삼을 수 있다. 즉, 비평적 글쓰기는 책을 소개하기 위한 서평도 있을 수 있고, 대중문화에 대한 개인적인 의견에서부터 전문적인 식견을 다루는 글까지 다양할 수 있다.

따라서 좋은 비평이란 궁극적으로 글과 인간, 사회의 관계에 초점을 맞춰야 한다. 비평으로 인해 기존의 문화 현상은 좀 더 폭넓은 사고의 대상이 되는 것이다.

앞서 언급했듯이 비평의 범위는 매우 넓다. 여기서는 비교적 자주 접하는 비평문인 평론과 대중문화 비평을 살피며 비평적 글쓰기를 연습해보고자 한다.

1. 평론

평론이란 책이나 영화, 컴퓨터 게임, 음악 등 세상에 발표된 작품에 대해 전체적인 내용을 소개하고 이에 대한 평가를 쓴 글이다. 평론에는 정보 제공, 작품에 대한 상세한 설명, 필자의 의견 표명이 들어간다. 근본적으로 평론은 작가를 위해서 쓰는 것이 아니라 독자를 위해서 쓰는 것이다. 따라서 독자의 생각과 요구가 무엇인지는 물론, 어떻게 마음을 움직이며 유사한 분야에 대해 지속적인 흥미를 가지게 할 수 있는지에 대해 알고 있어야 한다. 평론은 어떤 작품 내지 상품에 대한 대중의 반응에 큰 영향을 미칠 수 있다. 따라서 자신의 의견과 주장에 대한 책임감과 윤리성, 대상에 대한 전문성을 갖추어야 한다.

다음의 예문을 읽어보자.

> ① 『무소의 뿔처럼 혼자서 가라』, 『고등어』, 『봉순이 언니』로 독자들에게 많은 사랑을 받고 있는 소설가 공지영이 7년 만에 신작 장편을 가지고 돌아왔다. ② 세 명의 여자를 살해한 남자, 세 번이나 자신을 살해하려 한 여자. ③ 다른 듯 닮아 있는 두 남녀의 만남을 통해 삶과 죽음이라는 인간 본연의 문제를 깊이 있게 묘사한 소설이다. ④ 누구에게도 말하지 못한 '진짜 이야기' 들을 나누며, 애써 외면해왔던 자기 안의 상처를 들추고 치유해나가는 둘의 모습이 슬프고 아름답게 그려진다.
>
> ⑤ 소설 속에서 작가는 각기 다른 여러 인물의 시각에서 신산한 세상살이와 삶의 상처들을 들여다본다. ⑥ 겉으로는 아주 화려하고 가진 게 많은 듯 보이지만, 어린 시절에 겪었던 씻을 수 없는 상처와 가족들에 대한 배신감으로 인해 냉소적인 삶을 살아가며 여러 번 자살기도를 했던 서른 살의 대학교수 문유정. ⑦ 그리고 불우한 어린 시절을 보내고 세상의 밑바닥으로만 떠돌다가 세 명의 여자를 살해한 죄로 사형선고를 받은 스물일곱의 정윤수. ⑧ 그 둘은 첫 만남부터 마치 자신을 보는 듯 닮아 있는 서로의 모습을 '알아본' 다.

⑨ 그 둘이 보내온 시간은 겉으로는 그저 무심하게, 겨울이 가고 봄이 오고, 또 여름이 오고 가을이 오는 시간이지만, 두 사람에게는 사는 동안 한 번도 경험해보지 못했던 생생하게 살아 있는 시간으로, "때로는 서로가 빛이 되고 때로는 어둠이 되어 화석처럼 굳어 있는 고뇌의 심층에서 찬란한 빛의 조각들을 캐"(신영복)내는 공간으로 자리한다.

⑩ 사랑, 용서, 진정한 인간의 조건에 대한 이야기.

위의 예문은 공지영 작품인 『우리들의 행복한 시간』을 소개하는 '출판사 리뷰'이다. 첫 번째 문단은 네 문장으로 되어 있지만 작가의 이력(①), 작품 속 인물(②), 작품의 플롯(③)과 줄거리(④)를 일목요연하게 정리해놓았다. 두 번째 문단은 이 소설의 서술 특징을 설명(⑤)하고, 앞서 제시한 인물들의 이야기 선을 따라 다시 한 번 인물들의 생을 정리(⑥, ⑦)하고, 이 소설에서 가장 중요한 사건인 두 인물의 만남(⑧)을 부각시켜놓았다. 세 번째 문단은 작품의 제목이기도 한 '시간'에 초점을 맞추어 두 인물이 만났던 사계절의 시간이 서로에게 커다란 행복일 수밖에 없는 이유를 '공간'으로 비유하면서 의미화(⑨)하고 있다. 특히 작품의 내용과 결부된 저명인사의 감상평을 인용하면서 책이 가지고 있는 감동을 잘 보여주고 있다. 그러면서 마지막 문단에서는 이 소설을 읽으면서 눈여겨보아야 하는 핵심어들을 다시 한 번 나열(⑩)하고 있다.

소설책을 소개하기 위한 짧은 글이지만, 책을 선택하기 위해서 독자가 알아야 할 정보들이 알차게 담겨 있음을 알 수 있다. 작가의 전작 소개를 통해 '공지영'이라는 유명작가, 서로 어울릴 것 같지 않은 두 남녀의 사랑 이야기라는 독특한 소재, 그리고 '사랑, 용서, 진정한 인간의 조건'이라는 주제의식 등을 효과적으로 강조함으로써 독자를 유혹하고 있다.

타인에게 관심을 가져야 비로소 내가 보인다

공지영의 신작 『우리들의 행복한 시간』(푸른숲)을 두고, 모 신문의 기자는 '신파극'이라 일갈한다. 그 기자, 의미나 제대로 알면서 그런 말을 하는 건지 모르겠다. 기자가 말하는 '신파극'이란 "뻔한 인물이 지어내는 뻔한 사건을 말하고, '뻔하다'는 건 예상한 대로 이야기가 흘러간다는 뜻"이며 "사형수 남자와 대학교수 여자가 주인공이니 주인공 얘기만 듣고선 신파란 말이 떠올랐다"고 한다. 더욱 기가 막히는 건 "여러 단점에도 불구하고, 소설은 재.미.있.다."고 알량한 칭찬을 덧붙인 부분에서다.

일단 얄궂게 시작하고 뒤에 가서 그럴싸한 찬사로 반전을 꾀해보겠다는 의도였을 것으로 보인다. 그러나 그런 극적 효과를 노리기 위해서는 갖춰야할 것들—읽는 이를 잡아끄는 흡인력, 자연스럽고도 공감할 만한 내용—이 있다. 그의 리뷰에서 발견되지 않는 것들이다.

신문을 보고 상했던 마음을 책의 뒷면에 있는 황석영과 신영복 선생의 추천평이 풀어주었다. 그러나 종래 얼치기 리뷰로 인한 엉뚱한 상상은 꼬리에 꼬리를 물고 이어졌다. 그건 문학에 대한 모종의 불온한 상상이기도 하다.

'이 세상 모든 문학은 '신파극' 이다!'

그렇다. 모든 문학은 '신파극' 이다. 최소한 문학은 신파극이 될 개연성을 숙명처럼 지니고 있다. 문학이 뭔가. 인간의 삶을 글로 옮겨놓는 것 아닌가. 그런데 우리네 삶이라는 건 대체로 신파적이다. 신파조로 어울리고 부닥치고, 신파조로 사랑하다 헤어지고 아파하는 우리네 삶, 그것을 담는 그릇이 문학이다.

그런데 신파가 대체 어떻다는 건가? 소설은 늘 새롭고 신선한 소재를 다루어야만 하는가. 현란한 문장과 화려한 구성으로 치장해야만 한단 말인가. 그 잘난 셰익스피어의 희곡들은 고상하고, 「이수일과 심순애」, 「검사와 여선생」 등은 그저 그런 신파극일 뿐인가. '신파' 라는 말에 발끈하는 이유는 바로 그 거지 같은 식민성에 대한 반발이기도 하다.

문제는 그 뻔한 신파극을 어떤 관점에서 어떤 문장으로 어떤 목적을 위해, 그리고 어디를 향해 쓰느냐가 아닐까. 그런 면에서 공지영의 소설 『우리들의 행복한 시간』은 훌륭하기 그지없다. 자칫 신파극이 될 수도 있는 소재를 아름다운 사랑 얘기로 포장해냈기 때문만은 아니다. 사형제도라는 따끈따끈한 이슈를 정면으로 파헤치는 시의성 때문만도 아니다.

따뜻함이다. 부박한 현실에 따뜻한 기운을 불어넣으려는 작가의 분투가 눈물겹도록 아름답게 여겨졌기 때문이다. 사형수와 부유한 대학교수, 겉으로는 전혀 어울릴 것 같지 않은, 정반대의 삶을 살아온 두 사람이 사실은 많은 부분 닮아 있다. 요는 상처다. 세상에 상처 없는 사람들이 어디 있을까마는 그 둘의 상처는 본질적으로 동류의 것이다. 왜냐하면 그것은 불가항력적인 상황에서 맞닥뜨린 상처였으며, 세상의 어느 누구도 그들의 상서에 대해 일말의 동정이나 위로는커녕 관심조차 가져주지 않았기 때문이다.

그 상처를 고리로 둘은 정신적인 사랑을 나누기 시작한다. 형식은 그동안 아무한테도 하지 못했던 자신들의 상처를 상대에게 솔직하게 털어놓기. 이상하다. 상대의 상처에 대해 귀를 기울이고 마음을 열자 그것이 고스란히 자신의 상처를 치유하는 효과가 생긴다. 그러나 아쉽다. 그들에게 허락된 시간이 너무 짧다.

소설에 결론이라는 게 따로 있을 리 없다. 다만 이 소설의 분명한 메시지를 다시금 되새겨 보고 싶다. 누구에게나 아픈 상처가 있다. 그것을 치유해야만 비로소 행복해질 수 있다. 그러나 치유의 방식을 찾기 위해서는 발상의 전환이 필요하다. 내 것이 아닌 타인의 고통을 이해하고 같이 아파하는 것, 그것이 결국은 나의 상처를 치유하는 가장 확실한 방식이다.

모 인터넷 서점에 달려 있는 댓글 형식의 독자 감상문이다. 글은 전체적으로 봤을 때 '신파' 라는 평어를 필자가 비판적으로 검토하는 내용과 『우리들의 행복한 시간』을 '따뜻함' 으로 의미화한 감상으로 구성되어 있다.

우선 필자는 『우리들의 행복한 시간』을 신파극이라고 말한 신문 기자의 의도를 살펴보고, "이 세상 모든 문학은 '신파극' 이다" 라는 선언 아닌 선언을 하면서 남녀 간의 사랑 이야기를 신파극이라고 치부하는 발상은 '식민성' 에 기인한 문학적 상상력의 빈곤이라고 일갈한다. 사용되는 진부한 사랑 이야기의 소재와 내용을 '어떠한 목적에서 어떻게 꾸미느냐' 에 따라 작품의 질이 달라질 수 있다고 말한다. 그러면서 『우리들의 행복한 시간』이 신파극의 내용과 소재를 담아내고는 있지만, 인간적인 '따뜻함' 을 통해 아픈 상처를 치유하는 소설을 만들어내고 있음을 지적한다.

이 필자는 소설을 읽으면서 단순히 줄거리만을 나열하지 않고 자신만의 비평적 태도를 드러내고 정서와 윤리 의식을 드러냄으로써 『우리들의 행복한 시간』에 대한 이해와 의미 해석을 더 풍요롭게 하고 있다. 소설의 문학성과 대중성에 대해 나름의 비평적 시각을 가지고 있다는 점, 사람들의 내면 상처에 대해 공감하는 감수성을 가지고 있다는 점에서 이 글을 쓴 필자는 고급 독자에 해당한다.

위에서 살펴보았듯, 평론(서평)은 단순히 책을 소개하는 것만이 그 글쓰기의 목적이 아니다. 책을 읽은 감상을 기록하는 것뿐만이 아니라, 삶에 대한 가치관과 사회에 대한 윤리 의식까지를 환기해내면서 세계관을 정립하는 계기를 마련한다는 점을 명심해야 할 것이다.

읽기자료 1

최근 한국 영화에서 '북한' 이라는 금기의 해체는 매우 주목할 만하다. 남북정상회담에 의해 김정일이라는 상징적인 인물이 남한의 브라운관에 화려하게 등장했다면, 「쉬리」에서부터 「간첩 리철진」, 「공동경비구역 JSA」에 이르는 영화들은 '북한' 이라는, 남한 대중의 무의식에 낯설고도 균질적인 집단으로 자리 잡고 있던 대상을 개별화되고 차별화된 몇몇 형상들로 스크린 위에 데뷔시킨 흥미로운 사례들이다. 1999년에 개봉된 「쉬리」는 금강산 관광과 잠수정 사건으로 표상되는, 동포이면서도 적인 북한에 대한 착종되고 모순적인 양가감정을 교묘히 활용함으로써 금기의 선을 가볍게 건드렸고, 거기에 가미된 액션과 멜로가 그 '터치' 를 더욱 '안전하게' 보장해 주었다. 「간첩 리철진」은 '간첩' 을 영화 제목과 주인공으로 노골적으로 내세웠을 뿐만 아니라 선전용 포스터에는 인공기마저 활용하고 있다. 서울을 활보하는 이 '간첩' 에 대해 이 영화는, 40년간 서울에서 고정간첩 생활을 하고 있는 부모에게서 태어난 자녀들과 그가 자연스럽게 어울리는 장면들에 정성을 들임으로써, 매우 '인간적' 인 면모를 지닌 형상으로 그려내는 데 성공한다.

이제 2000년의 「공동경비구역 JSA」에 이르면 남북이 서로 총구를 마주 대고 있는 최전방 초소가 일종의 유희적인 공간으로 해체되어 버리기에 이른다. 이 영화의 흥행 신화를 남북정상회담 특수로 해석하는 시각도 있지만, 정작 이 영화의 가장 큰 성과 중 하나는 휴전선 최전방의 긴장된 상황이 갖는 아이러니를 발랄한 상상력으로 포착한 점이라고 할 수 있다. '국가의 안위' 라는 거대 이념과 그것을 보존하는 제도적 장치에 의해 어쩔 수 없이 전방에서 '적'과 대치하고 있는 남북한의 젊은이들. 불과 50m의 자그마한 다리를 사이에 두고 상대편의 도발 가능성을 감시하는 이들 사이에 싹터버린 인간적인 친밀감. 국가적 차원의 '적'과 개인적 차원의 '친구'가 동일한 대상으로 환원될 수밖에 없는 이러한 아이러니는 실은 전후 한국의 여러 문화예술 작품에서 즐겨 다루어진 주제이지만, 이제 이 영화에서 그것은 전후 세대와 반공 세대가 가지고 있는, 매우 구체적이지만 또 매우 추상적이기 그지없어서 금기시된 북한의 이미지를 뛰어넘는, 새로운 이미지로 표현된다.

여기에 지대한 역할을 한 것이 배우 송강호와 신하균의 이미지임은 두말할 필요가 없다. 50년 반공의 역사는, 당대 남한 최고의 배우 송강호의 이미지가 북한군 장교의 기존 이미지와 중첩되어 '멋진 형'으로 재탄생하는 순간 무색하게 종말을 고한다고 말하면 지나친 과장일까? 「넘버3」와 「조용한 가족」, 「반칙왕」에서 다져진 썰렁하면서도 코믹한 그의 이미지는, 그가 북한군 장교의 옷을 입고 초코파이를 한 입에 삼키는 순간, 그리고 김광석의 노래를 들으며 아스라한 표정을 짓는 순간, 북한 군인의 경직되고 서슬 퍼런 이미지를 잠식해 버린다. '신예'라 할 수 있지만 「기막힌 사내들」과 「간첩 리철진」을 통해 이미 엉뚱하고 '귀여운 남동생'의 이미지를 덧입고 있던 신하균은 어떤가. 강아지를 앉혀 놓고 스케치하고, 화구를 선물로 받았을 때 울먹이는 그 나이 어린 북한 군인은, 그가 아무리 입으로는 "국군은 비키라 이거야. 거 미군하고 한판 붙게"라는 '과격한' 말을 지껄여도, 결코 두렵거나 낯선 존재로 형상화되지 않는다. 그들로 인해 남한의 젊은 관객들은 처음으로, 북한 사투리를 '우리 동포의 사투리'로 친근하게 받아들이는 경험까지 하게 된다.

그러한 순간들은 분명 '탈이념'적인 경험의 순간들이다. 「공동경비구역 JSA」가 마지막 부분에 깔아 놓은 비극적 색채보다는, 송강호와 신하균의 캐릭터가 이 점에 있어서는 훨씬 '탈반공주의'적이고 '이념비판'적이고 '체제비판'적이다. '동포끼리 총구를 맞대고 있는 상황'이라는 윤리 교과서에서 배운 추상적인 비극관념보다는, 송강호와 신하균이 형상화하는 '멋진 형'과 '귀여운 남동생'을 총으로 쏠 수밖에 없었던 그 구체적인 상황을 통해 우리는 비극을 체험한다. 형과 동생이라는 가족적 코드 내에서 이념이라는 것은, 그것이 공산주의이든 자유민주주의이든 간에, 폭력적일 뿐만 아니라 무가치한 것으로 변질되는 것이다.

「쉬리」는 어떤가. 많은 관객을 울렸던 클라이맥스 장면, 즉 북한 최고의 저격수 이방희와 남한 OP요원이 총구를 맞대고 선 장면, 아니 결혼을 앞둔 사랑하는 남녀가 총구를 맞대고 선 장면. 어느 편이 총을 맞고 쓰러졌든 간에 그 장면에서 패배한 것은 남한과 북한이라는 체제와 그것을 수호하는 이념으로 읽힌다. 「간첩 리철진」에서 고정간첩들의 타락한 의식은 어떤 이름으로 정의될 수 있는가. 그것은 공산주의의 쓰레기인가, 아니면 그들이 남한이라는 자본주의 사회에 기생하면서 체득한 생존논리인가. 흥미롭게도 이 영화에서 고정간첩들은 그 두 가지 이념의 틈바구니에 끼어 살아가는 하이에나처럼 그려진다. 그들의 손에 희생당하는 리철진이, 고정간첩의 딸이지만 남한의 여느 발랄한 여대생들처럼 '이념과는 무관한' 색채를 지닌 화이와 교감하는 장면들은 그래서 의미심장한 '탈이념' 의 순간들이다.

이 글에서는 이 시대 유일하게 '순수 이념적인' 집단으로 남아 있는 것처럼 보이는 북한을 남한의 젊은 영화들이 어떤 이미지와 표상과 코드를 활용하여 다루고 있는가를, '탈이념' 의 관점에서 분석해보고자 한다. 이 영화들은 모두 북한이라는, 그간 남한의 대중문화 담론에서 '금기' 시되어 왔던 대상을 다루고 있으며, 그 시각에 있어서는 다양한 방식으로 '탈이념' 적인 가치들을 옹호하고 있다. 이것은 90년대 이후 남한의 대중문화, 특히 영화의 이데올로기를 설명하는 데 있어서 매우 중요한 지점이다. 왜 하필 '북한' 인가, 그리고 '북한' 이라는 껄끄러운 대상을 다루는 데에서 이념의 문제를 어떻게 처리할 것인가. '이념의 시대' 라고 할 수 있는 80년대를 지나온 지 한 세대도 지나지 않은 시점에서 '북한' 과 '이념' 의 문제를 다루는 대중적 담론의 형식과 내용은 어떤 것인가. 손쉽게 생각한다면 이들 영화들은 '탈이념의 시대' 라 일컬어지는 90년대 이후 남한 대중의 의식적, 무의식적 상황을 그대로 반영하는 것처럼 보기도 한다. 남한과 북한이 '이념' 과 '체제' 를 근거로 하여 대립하고 있는 상황 자체가 우습고 무의미한 상황으로 그려지기 시작하며, 오히려 이제 북한과 남한은 '이념' 이나 '체제' 와 같은 기준으로 변별될 수 있는 것이 아니라, '비인간적' 인 가치가 만연한 사회로서 동일시되는 것이라고 말할 수도 있을 것이다. 혹은 좀 더 비판적으로 얘기한다면, 개인이 아니라 사회적 차원의 문제들을 겨냥하는 이념적 카테고리들이 이제 남한의 소비주체들에게 별다른 매력 요인으로 작용하고 있지 않다는 반증이 될 수도 있다.

'탈이념' 은 수사학적인 성격이 짙은 개념이다. 그것은 '탈냉전' 과 동일한 맥락에서 쓰이기도 하고, '포스트모더니즘'을 등에 업고 탈정치적인 뉘앙스를 풍기기도 한다. 상식적인 말이지만, 이념으로부터 '벗어난다'는 것은 불가능하다. 어떤 체제와 사회와 개인이건 체계화되고 균질적인 하나의 이념만을 신봉하며 살아간다는 것도 불가능하지만, 그 모든 이념 자체에서 벗어난다는 것 역시 불가능한 것이다. 따라서 '탈이념'이라는 개념은 이념 자체를 부정한다기보다는 특정 이념의 전일적인 지배를 거부하거나, 이념을 유일한 기준으로 삼는 가치관을 거부하는 '한정적'인 맥락 속에서 사용될 수 있는 개념인 것이다. 그런 의미에서 '탈이념'은 특정한 맥락 속에서, 다분히 수사학적인 의미에서 소통되고 활용되는 개념이다. 21세기를 전후한 시점의 남한 대중영화가 '탈이념'적 관점에서 북한을 다룸으로써 대중적인 호응을 얻었다는 것은 그 자체로 고무적인 일이기는 하지만, 이 글은 이때 '탈이념'이라는 것이 어떤 이미지와 코드들에 기대어 부각되고 있는가를 분석해 보려고 한다. 「쉬리」와 「공동경비구역 JSA」에서 북한이라는 대상은 어떤 이미지와 코드를 통해 재현되었기 때문에 그토록 남한 대중에게 어필할 수 있었는가, 그리고 이때의 이미지와 코드를 뒷받침하고 있는 집단적 무의식은 어떤 것인가. 따라서 그것은 '이념'을 거부하기 위해 무의식적으로 전제하고 있는 '이념'들이란 물론 체계화되고 균질적인 어떤 것은 아닐 것이다. 영화를 만든 사람들이나 거기에 호응한 관객들이 의식하지 않았던(못했던), 무의식의 차원에 깊이 침잠된 어떤 것이라는 점에서, '이데올로기'라는 표현이 좀 더 익숙할 지도 모르겠다. 그렇다면 이 글은 이 영화들에서 옹호되는 '탈이념'적 가치들이 어떠한 이데올로기적 의미들을 갖는가를 살피는 글이 될 것이다.

〔……〕

위의 영화들은 어쩌면 한국 영화 관객의 대다수를 차지하고 있는 미래 통일 세대(?)가 북한에 대해 갖고 있는 의식적, 무의식적 태도를 매우 정확하게 보여주고 있는지도 모른다. 이 영화들에서 북한 사람들은 모두 '군인'이지만, 전쟁을 통해 체험한 '군인'의 이미지가 아니라 남한 대중의 감수성에 상처를 주지 않으면서 충분히 용인될 수 있을 만큼 순치되고 친숙한, 어찌 보면 '남한의 그림자'와 같은 이미지로 나타난다. 부모세대처럼 전쟁이라는 체험을 통해 접해보지도 못했던 대상, 그러나 '같은 민족'이라는 추상적 동질성 아래 점점 남한의 일상생활에 침투해 들어오고 있는 대상. 이미지의 대상에 대해 남한의 젊은 대중들은 반공주의와 같은 근원적 적개심은 갖고 있지 않지만 낯설고 모호한 감정을 숨기지는 못한다. 낯선 미지의 대상이 다가올 때 대중적 차원에서는 흔히 일정한 표상을 구성함으로써 그것을 이해하려는 습관이 있다. 표상 구성은 대상화 방식의 일종이고, 낯설고 모호한 대상을 특정한 이미지에 가두려는 시도이다. 특히 영화와 같은 시각적이고 대중적인 장르는 이러한 표상 구성에 매우 능하다. 위의 세 영화들에서 북한이라는 낯설고 모호한 대상은 이념적인 색채가 탈각된 대신 '인간적' 이고 친근한, 남한의 문화적 코드에 포용될 만한 표상으로 나타난다. 그것은 한마디로 말하자면 일종의 '식민지' 의 표상이다. 북한 사람들에게서 이념적인 색채를 탈각한 것은 그들을 '인간' 으로 바라보려는 시도라고도 말할 수 있겠지만, 다른 한편으로는 그들을 '남한식으로 순치된' 인간으로 만들겠다는 욕망의 표현이기도 하다. 그렇기 때문에 이들 영화에서 '이념' 의 대립 항으로 놓여진 소위 '인간적' 이라는 가치는, 매우 수상쩍다.

그러나 이것은 21세기를 전후한 '현재 시점' 에서만 유효한 이야기이다. 앞으로 이 북한이라는 미지의 대상은 속속 다양한 차이의 권리 주장을 하며 남한의 대중문화에 등장하게 될 것이고, 그에 따라 북한의 표상은 매우 빠른 속도로 변화하게 될 것이다. 위의 영화들은 그 단초를 보여주었다는 의미가 있을 뿐이고, 이것으로 앞으로의 양상을 미리 단정하기는 매우 어렵다. 이 영화들에는 분명, 북한이라는 금기를 해체하는 유토피아적 성격과, 그 풀려난 금기의 대상을 동일화하는 이데올로기적 성격이 공존한다. 또한 기나긴 반공의 역사를 돌이켜 볼 때, 이 유토피아적 성격의 의미는 결코 과소평가될 수 없다.

다만 두려운 것은, 우리의 척박한 문화적 토양으로 미루어 짐작하건대, 풀려난 금기의 대상을 모호한 채로, 그 정체성을 빨리 규정하려 하지 않으면서 내버려 두는 여유와 개방성을 앞으로 기대하기는 어려울 것이라는 점이다. 발화되지 않은 것들, 표상되지 않은 무형의 것들, 우리의 언어와 코드로 설명할 수 없는 것들, 그런 낯선 것들에 대해 우리 문화가 얼마나 배타적이고 폭력적인지를 우리는 너무나 잘 알고 있기 때문이다. (백문임, 「'탈이념' 의 정치학: 「쉬리」, 「간첩 리철진」, 「공동경비구역 JSA」」 중에서)

학습활동 1

❶ 위 글의 필자가 거론한 영화 한 편을 예로 들어 탈이념적 사고방식이 구체적으로

어떻게 표현되고 있는지 토론해보자.

❷ 위 글에서 거론된 영화들처럼 동일한 소재나 동일한 주제를 다루고 있는 영화 두세 편을 비교 · 분석하여 영화 평론을 써보자.

읽기자료 2

〔……〕「지하철1호선」은 한국 관광객의 꼬임에 넘어가 그 아이를 임신한 채 한국을 찾아와 애인을 찾고 있는 연변 처녀가 서울역에서 청량리에 이르는 지하철 1호선을 오가며 여러 사람들을 만나면서 겪는 이야기를 담고 있다. 연변 처녀가 만나게 되는, 지하철 1호선을 삶의 터전으로 삼고 있거나 스쳐 지나가는 다양한 인간 군상들을 통해 보여지는 한국 현실의 만화경이 이 뮤지컬의 주요 부분을 구성한다. 회사원, 취객, 청소부, 가출한 여고생, 노인, 대학생, 노숙자, 소녀가장, 앵벌이, 창녀, 가짜 운동권 대학생, 제비족, 잡상인, 구청 단속반, 포장마차의 욕쟁이 할멈, 강남의 유한 과부들, 소매치기, 자수성가한 여사장, 깡패, 조선족 등 우리가 지하철 주변에서 흔히 만날 수 있는 전형적인 인물들이 등장해 우리 사회의 현실과 그 속에서 사는 삶의 다양한 모습들을 쏟아놓는다. 이들이 풀어내는 다양한 사연들은 대부분 관객들로 하여금 폭소를 터뜨리게 하는 해학적 재담으로 포장되어 있지만 그 밑바닥에는 알게 모르게 슬픔이 배어 있다. 사실 이 뮤지컬의 기본 바탕은 한국 사회의 희극적 현실 속에 잠재한 비극성에 대한 성찰이라 할 수 있다.

그러나 그러한 비극성은 풍자적 재담과 해학적 대사로 포장되어 관객들에게 중압감으로 다가오지 않는다. 비극적 현실의 중압감이 느껴질 때면 어김없이 웃음과 풍자의 난장판이 끼어들면서 비극은 날것 그대로가 아니라 웃음으로 중화된 거리를 갖고 다가오게 된다. 이 절묘한 '낯설게 하기'를 통해 관객은 때로 어이없고 때로 통쾌한 웃음과 함께 우리의 현실을 아프게 성찰하는 역설적 경험을 갖게 되는 것이다.

5인조 록밴드 '무임승차'가 들려주는 강렬한 라이브사운드가 이 작품의 정서적 무게 중심을 튼튼히 지탱하고 있다는 것도 빼놓을 수 없다. 1천 회가 넘는 공연을 라이브 무대로 소화한 '무임승차'의 든든한 연주 실력에서 뽑아져 나오는 음악은 때로 관객의 정서적 몰입을 이끌기도 하고 때로 몰입을 차단하면서 적절한 긴장을 유발하게 한다. 철저한 연습으로 무장된 이들의 라이브 연주는 그것만으로도 충분히 즐거운 경험을 제공한다. 무엇보다도 「지하철1호선」에서 관객을 끌어당기는 매력은 템포 빠른 장면 전환에서 느껴지는 무대의 역동성이다. 효율적으로 디자인된 무대 장치가 수시로 자리를 옮기면서 지하철 구내와 계단, 객차 안, 서울역 등 다양한 공간을 만들어내고 결코 넓다고 할 수 없는 무대 위에서 불과 11명의 배우가 숨 가쁘게 움직이며 80여 명의 등장인물을 연기해 낸다. 치밀한 연출과 연기 훈련이 뒷받침되지 않으면 불가능한 일이다.

잘 알려져 있다시피 이 작품의 연출자 김민기는 70년대 저항적 청년문화의 흐름을 일구었던 작곡가 겸 가수이다. 그의 노래들은 시대 상황과 현실의 아픔을 절절하게 드러내는 시대정신의 표현이며 우리 대중음악사에 우뚝 선 걸작들로 평가받는다. 그의 노래들에서 보여지는 가장 중요한 특성은 개인의 내밀한 의식을 통해 현실 상황을 드러내는 탁월한 시적 형상화의 능력과 우리말의 표현을 가장 적절한 음악적 구조로 재현해내는 놀라운 음악적 재능이다. 그의 그런 재능은 뮤지컬이라는 또 다른 형식에서도 유감없이 발휘된다. 「지하철1호선」 곳곳에서 그의 장기는 빛을 발하고 있는데, 스쳐 지나가는 듯한 대사 한마디, 노래 한 대목에서도 어김없이 인물의 내면과 잠재된 욕망의 세계까지 핀셋으로 집어내듯 드러내는 솜씨는 가히 놀랄 만하다. 예컨대 지하철을 타고 가는 승객들이 마주 앉은 다른 사람들을 훔쳐보며 떠올리는 생각들을 주고받으며 노래 부르는 대목은 가히 압권이며 지하철에서 물건을 파는 잡상인의 대사를 랩음악의 스타일로 거의 완벽하게 담아낸 장면은 이 작품이 외국 작품의 번안이라는 사실이 믿어지지 않을 만큼 자연스럽다.

그런가 하면 쏟아지는 재담 중간 중간에 한 번씩 곰보할매가 부르는 「산다는 게 참 좋구나, 아가야」, 걸레가 부르는 「울 때마저도 아름다운 너」 같은 아리아가 펼쳐지며 관객의 호흡을 진정시키고 서정적인 울림을 자아낸다. 그런 음악적 배치는 복잡한 현실의 악다구니 속에도 결코 사라지지 않는 삶과 인간에 대한 사랑과 희망이라는 이 작품의 기본정신을 적절하게 드러낸다. 바로 이런 디테일한 음악적 연출이야말로 이 작품이 다름 아닌 김민기의 것임을 확연히 드러내는 부분이며 대중을 빨아들이는 이 작품의 힘이다.

90년대 이후 우리 문화 전반을 특징짓는 현상은 무겁고 진지한 예술적 태도가 점차

사라지면서 가볍고 향락적인 경향이 주류를 차지하게 되었다는 점이다. 현실을 아프게 성찰하는 대신 표피적인 즐거움을 추구하는 것은 90년대 이후 문화계 전반을 장악한 신세대 집단의 가장 큰 특징이다. 정치와 현실에 대한 무관심, 감각적 쾌락주의, 소비문화에의 경도 등 신세대 집단이 보여주는 문화적 경향들은 그대로 우리 문화 전반에 확산되었다. 80년대 내내 때로 성찰적이고 때로 공격적인 진지함의 무게를 견지했던 진보적 민중문화의 여러 흐름들이 90년대 내내 하강 국면을 겪어온 것은 그런 변화의 한 측면이다. 이런 상황은 70년대와 80년대 대학을 중심으로 진보적인 목소리의 중심이며 창조성의 교두보 역할을 했던 청년문화가 90년대를 겪으면서 사실상 해체되어 버린 것과 맥을 같이한다. 요즘 들어 대학에는 청년세대다운 열정과 고뇌, 진보적이고 실험적인 창조정신의 맥을 찾기 어렵다. 그런 가운데 문화마저도 자본과 시장의 논리로 재단하면서 이를 자기 영토화하려는 경쟁은 치열해지고 있고 그 결과 문화산업과 그 시장의 규모는 놀라운 속도로 증가하고 있다. 시장의 확대와 창조성의 소멸, 이 엄청난 모순의 극치야말로 지금 우리 문화가 경험하고 있는 혼돈의 핵심 내용이다.

이런 상황을 극복하기 위해 필요한 것이 21세기적인 새로운 청년문화의 구성이라는 것이 내 생각이다. 이는 단지 80년대식 진지함의 무게를 되살려야 한다는 뜻이 아니다. 90년대가 이념의 중압감에서 벗어나면서 개인의 쾌락과 주체의 욕망이라는 세계를 발견한 것은 나름대로 분명한 진보의 의미가 있다. 중요한 것은 여기에 80년대가 추구했던 역사와 사회와 진보에 대한 진지한 열망을 어떻게 결합하는가의 문제이다. 개인을 놓치지 않으면서 사회와 이웃을 함께 보는 시각을 갖는 것, 개인의 욕망 실현과 더불어 함께 사는 사회의 실현을 모순 없이 구현할 수 있는 좀 더 새로운 전망을 만드는 일이다. 가벼움과 진지함의 결합, 육체와 정신의 결합, 개인과 사회의 결합, 쾌락주의와 역사주의의 결합이 그것이다.

다소 엉뚱하게 들릴지 모르지만 내게 「지하철1호선」은 바로 그러한 전망에 대한 하나의 실마리로 다가온다. 이 작품에서 등장인물들은 각자의 독특한 삶의 배경을 가지면서 살아 있는 개인이지만 서로 흩어져 있으면서 동시에 서로 강하게 엮여 있는 사회적 존재들이다. 이런 인물의 성격은 장면 장면에서 웃음과 눈물, 긴장과 해소를 적절히 배분하고 있는 극적 구조와 긴밀한 상관관계를 갖고 있다. 그래서 관객은 비교적 부담 없이 밑바닥 삶의 애환에 접근하면서 우리 사회의 온갖 부조리한 단면들을 성찰할 수 있게 된다. 20대에서 40대에 이르기까지 비교적 폭넓은 관객층이 서로 큰 장벽을 느끼지 않으면서 공감할 수 있는 것도 그와 같은 극적 구성에 힘입은 바 크다. 20대가 추구하는 감각적 즐거움과 개인주의적 취향을 만족시키면서 30, 40대의 사회적 관심과 역사적 전망을 아우를 수 있는 기획, 이 작품이 성공할 수 있었던 핵심적 요인이 바로 그것이며 내가 이 작품에서 청년문화의 새로운 가능성을 읽게 되는 것도 바로 그것 때문이다. (김창남, 「김민기의 「지하철1호선」 청년문화의 21세기적 가능성」)

학습활동 2

❶ 위 글의 필자는 뮤지컬 「지하철1호선」이 80년대 우리 사회의 가치관과 현재적 삶의 결합으로 세대를 아우르는 공감을 얻을 수 있었다고 보고 이 뮤지컬이 청년문화의 새로운 가능성을 제시했다는 점을 높이 평가하고 있다. 뮤지컬 「지하철1호선」에 대한 다른 평론을 찾아보고 위의 평론과 비교해보자.

❷ 「지하철1호선」은 베를린 그립스 극단의 「Line 1」(원작자: 폴커 루트비히)을 한국적인 상황에 맞게 번안한 작품이다. 이와 같이 외국 작품을 번안한 뮤지컬이나 서로 다른 형식(소설—영화, 영화—연극, 영화—뮤지컬 등)으로 표현된 작품을 선정하여 표현방식의 차이, 전달 효과의 차이 등을 분석해보자.

❸ 현재 공연 중인 연극이나 뮤지컬 한 편을 선정하여 작품의 내용을 소개하고 비평하는 글을 써보자.

2. 문화비평

현대 사회는 멀티미디어에 의해 다양한 대중문화와 사회 현상이 중개되는 시대다. 사람들의 다양한 취향보다도 더 많은 문화 콘텐츠가 제공된다고 말해도 틀린 말은 아니다. 멀티미디어가 쏟아내는 수많은 대중문화를 접하면서 자신의 취향에 맞는 내용을 선별하고 나름의 가치를 부여하는 행위는 현대인에게 필수적인 능력이다. 특히 개인 블로그나

미니 홈피가 성행하는 현실에서 본다면, 자신만의 대중문화 경험과 감상을 정리하고 표현하는 글쓰기 행위는 무엇보다도 중요한 소통적 행위가 되었다. 그런 점에서 대중문화에 대한 경험과 그에 대한 가치 판단을 글로 표현하는 일은 개인적인 취향을 세련되게 만드는 작업일 뿐만 아니라, 현대 대중문화에 능동적으로 참여하는 행위이기도 하다.

문화비평은 사회 전반에 흐르는 일종의 사회 현상과 대중들의 생활 패턴 등 전반적인 사회 문제를 해석하고 평가하는 행위이다. 즉 문화비평은 사회 전반에서 진행되고 있는 유행이나 관심거리를 다루고 이에 대한 정보를 전달하며, 필자의 논리적이면서도 비판적인 시각을 전달하면서 독자를 설득하는 글을 말한다. 이에 문화비평가는 문화를 비판하는 악역을 맡고도 문화에 협력하는 역할을 하는 사람이라고 할 수 있다.

또한 문화비평은 우리 사회와 대중문화의 현상에 대해 비판적 문제제기를 하거나 문화 현상에 대해 가치 판단을 하는 과정에서 그것을 공론화하려는 목적에 부합해야 한다. 다양하고 복잡한 문화적 현상이 만연하는 우리 시대의 대중문화적 특징 때문에 특정한 문화 현상에 대해 올바른 가치와 비판적 시각을 가지기란 쉽지 않을뿐더러, 특정한 시각을 강요할 수도 없다. 그러나 공공선과 대중문화의 효율적 소비를 위해서는 사회 현상에 대한 올바른 이해와 합의가 뒤따라야 한다. 바로 그러한 과정에서 문화비평은 주도적인 역할을 수행할 수 있다.

문화비평은 다음 사항에 유념하며 써야 한다. 무엇보다도 특정한 문화 현상에 주목해야 한다. 포괄적인 문화 현상을 서술할 수도 있지만, 남들이 간과하기 쉬운 문화 현상을 발견하고 그것이 현상적으로 드러나는 모습과 또 그 현상의 이면에 놓여 있는 다양한 현상에 관심을 가져야 한다. 그리고 왜 그러한 문화 현상에 주목하게 되었는지 반문하면서 자신의 논점을 분명히 인식해야 한다. 특정한 문화 현상을 경험하면서 부여하는 자신만의 의미는 바로 자기 자신의 삶의 경험과 지식, 그리고 노력 여하에 따라서 다양해질 수 있다. 그리고 너무나 당연한 말이지만, 그러한 논점을 문화 현상과 결부지어 설득력 있게 설명해나가야 한다.

읽기자료 3

우리는 이렇게 놀았다

"삼천 개구리 처녀 임금님의 생신/하루 이틀 사흘 나흘 닷새 음악대회를 열었다/토끼 할머니 토끼 사세요. 여우 할머니 여우 사세요/찐빵 찐빵 지고지고 삼팔선."

어렵사리 구한 고무줄을 다리에 걸고 폴짝폴짝 뛰면서 부른 고무줄놀이 노래다. 머슴애들은 시샘이나 하듯 줄을 끊고 줄행랑을 쳤고, 계집애들은 약이 올라 또다시 폴짝폴짝. 노랫말의 앞뒤가 맞지도 않을뿐더러 "지고지고 삼팔선"과 같은 말은 뜻도 몰랐으나 아이들은 목청껏 이 노래를 불렀다. 1960, 70년대 흔히 볼 수 있는 놀이 풍경이다.

이름도 낯선 놀이들— '찐똘이' 도 그렇고, '보물 다까리' 에 하루해가 지는 줄도, '오징어가이샹' 에 가랑이가 째지는 줄도 몰랐다. 놀이 이름 역시 뜻도 몰랐지만 60, 70년대 농촌의 어린이들은 철따라 놀이를 바꾸며 놀았다. 나중에야 안 일이지만 '보물 다까리' 는 보물을 빼앗는다는 일본말[集り]이고 오징어가이샹은 일본말 개전(開戰)에서 온 말이었다. 더러는 오징어가이샹을 '오징어 낌' 이라 불렀는데 이는 영어 게임(game)에서 온 말이 분명하다. 하지만 그때는 그런 말을 알 리 없었고 관심도 없었다. 다만 패를 지어 공격하고 수비하며 이겨야겠다는 일념으로 놀이에 흠뻑 빠졌을 따름이다.

변변한 놀잇감이 없었던 시절, 주위에 널려 있는 자연물이 당연히 놀이의 도구가 되었다. 돌조각으로 공기놀이 · 고누 · 비석치기를 했으며, 풀을 이용해 호드기를 불고 풀싸움을 하거나 풀각시를 만들어 놀았다. 여름철 쇠꼴을 베다 지치면 쇠꼴을 걸고 낫치기를 했고, 겨울철에는 솔가리를 긁다 힘들면 애써 모은 솔가리를 놓고 갈퀴치기를 했다. 넓은 공터나 고샅길에서 자치기를 하거나 굴렁쇠를 굴리며 뛰었다. 모두가 자연 그대로를 활용하고, 자연 속에 함께하는 놀이임엔 틀림없다.

놀기는 어른들도 마찬가지. 대표적인 놀이는 뭐니 뭐니 해도 겨울철이나 명절 때가 되면 벌어지는 윷놀이. 물론 막걸리가 주였지만 작은 내기에서 시작해 '내기윷' 이라는 놀음으로 변하여 종내에는 멱살잡이로 끝나기 일쑤였다. 하지만 모나 윷이 나올 때마다

"모로구나 모—"라며 흥겹게 불러대는 소리는 동네를 흔들어대고도 남았다. 간혹 아이들이 구경이라도 할라치면 "애들은 가라, 가!" 호통소리에 목이 움츠러들며 어른들의 놀이가 그렇게 부러울 수가 없었다. 어른들이 노는 모습을 곁눈질로 짐작할 수밖에 없었지만 주막이나 아무개 사랑에 모여 밤새도록 노름을 했다. 화투놀이가 노름으로 변한 것이다.

80년대는 스포츠가 프로라는 이름으로 등장, 보는 놀이로서 대중성을 확보해 갔다. 이른바 3S정책이라는 시각에서도 오명을 쓸 법하지만 분명한 것은 프로야구 · 프로축구 · 프로농구가 대중을 사로잡았다는 사실이다. 82년 3월 27일 동대문구장에서 프로야구는 막을 올렸는데, MBC청룡과 삼성라이온즈의 개막전에 전두환 전 대통령이 시구를 했다.

너나없이 야구선수들의 이름과 그들의 활약상을 침을 튀기며 떠들기에 바빴고, 아이들은 골목길에서 맨손야구를 즐겼다. 넉넉한 가정의 아이들이 멋진 유니폼에 야구방망이를 들고 다니는 것은 부러움 그 자체였다. 가뜩이나 민족적 사랑을 받아온 축구의 경우 83년 프로축구가 출범하면서 아예 '국민의 놀이'가 됐다. 마을마다 동네마다 조기축구회가 발족되고 86년 월드컵 이후 6회 연속 본선 진출이라는 쾌거를 이루었다. 2002 월드컵에서 4강에 오른 게 전혀 우연이 아니다.

특히 80년대 들어 아파트가 다량 건설되고 컬러 TV가 보급되면서 놀이문화도 크게 바뀌었다. 고샅길을 누비던 아이들의 놀이는 사라지고, 차츰 닫힌 공간에서 혼자만의 놀이를 즐길 수밖에 없었다. 사정은 컴퓨터의 보급도 마찬가지. 지금은 기억에서 사라졌지만 '퐁'이라는 게임과 테트리스는 게임치곤 초보적이었으나 젊은이를 사로잡았다. 72년에 처음 선을 뵌 '퐁'은 두 개의 막대기를 조정해 공을 쳐내는 일종의 공놀이 게임이다. 컴퓨터가 귀한 시절인지라 문방구의 오락기 앞에 쪼그려 앉아 이 놀이를 즐기는 모습은 도시 아이들의 흔한 풍경이 되었다. 80년대 후반에는 전자오락실이 전국 도시를 장악했고, 전자오락실은 젊은이들의 사랑방 구실을 해냈다. 수많은 청소년 문제를 일으킨 주범으로 지목되기도 했지만 도시의 놀이는 이처럼 사랑방 형태로 변모해 버리고 말았다.

흔히 '온라인게임'이라 불리는 사이버놀이는 90년대를 넘어서면서 쾌속적인 변모를 꾀한다. 미국의 블리자드(Blizzard)가 개발한 '스타크래프트'를 시발점으로 다양화되고, 광범위하게 유통되었다. PC방의 출현도 놀이문화를 급격하게 바꿔나갔다. 온라인게

임들은 더욱 정교해지고 더욱 치밀해지면서 청소년의 보편적인 전국 놀이로 자리 잡고 말았다. PC방은 이제 낯설고 음침한 곳이 아니라 젊은이의 사랑방 구실을 톡톡히 수행하고 있는 공간이 되고 말았다.

온 국민의 놀이 '고스톱' 속에 대통령들 다 있네

"고스톱이야말로 신이 만든 놀이다."

고스톱이 인기를 끄는 것은 아무래도 화투 한 목과 신문 한 장만 있으면 아무 때나, 어디서나 놀이가 가능하기 때문이다. 또 워낙 재미있는 데다 걸리는 시간도 짧으며, 너나 없이 '날' 수 있는 가능성의 게임이기 때문이기도 하다. 통계에 의하면 서울시민의 87.1%가 고스톱을 쳤다고 한다.

고스톱은 다른 놀이와는 확실히 다르다. 놀이를 하기 전에 세부 규칙을 합의한다는 점도 그렇고, 승자의 의지에 따라 마감(stop)과 계속(go)이 결정되는 이른바 개방성이 크다는 점이 더욱 그렇다. 놀이를 어떻게 하느냐에 따라 기하급수적인 점수를 얻을 수 있다는 점도 주목된다. 대박이라 부름직한 대형사고를 누구나 칠 수 있고, 그래서 '한판'에 대한 기대치가 어느 놀이보다 높다. 이것이 고스톱이 가진 강점이자 뭇사람이 빠져드는 까닭이다. 알다시피 고스톱은 화투놀이의 하나다.

포르투갈의 '카르타'가 일본에 전해지면서 변형됐다는 화투는 우리나라에 들어오자마자 기존의 놀이인 골패나 투전을 밀어내버리고 일반적인 놀이가 되었고, '섰다', '도리짓고 땡', '육백', '나이롱뻥' 같이 다양한 놀이로 퍼졌다. 꾼이 아닌 사람들끼리는 그저 푼돈내기 민화투를 즐기거나 심심풀이로 재수떼기를 했지만 화투놀이는 가히 망국적인 놀이라 비난받을 만큼 성행했다. 그중 단연코 1위는 고스톱이다. 약간의 논란이 있지만 고스톱은 1950년대 일본의 '고이코이'(こいこい)에서 나왔다는 게 정설이다. 놀이를 하기 전에 규칙을 합의해야 하고, 승자의 뜻에 따라 놀이의 지속 여부가 결정되며, 피 열 장을 1점으로 친다는 점 등이 매우 비슷하다. 이 놀이가 60년대 말 우리나라에 알려지고 70년대 중반 이후 일반화됐다는 것이다.

본디 화투는 20끗이니 열 끗이니 다섯 끗이니 하는 위계를 지닌 놀이인데, 고스톱은 이를 '위상적' 놀이로 바꾼 것이라 할 수 있다. 광으로 3점을 나거나 피로 3점을 나거나 마찬가지다. 그만큼 모든 패의 위상이 높아진 것이니, 어떤 이는 이를 민중의 위상이 강화된 민주주의가 구현된 놀이로 해석하기도 한다.

고스톱은 '시대의 거울'이기도 하다. 그만큼 시대 상황을 두루 반영하기 때문이다. 유신공화국 때는 '박정희 고스톱'이 인기를 끌었다. 1등 마음대로 규칙을 바꿀 수 있는 특권이 주어진다는 점에서 유신독재를 빗댄 것이다. 80년 신군부가 정권을 찬탈하자 '전두환 고스톱'이 생겼고, 최규하 전 대통령이 꼭두각시가 되자 '최규하 고스톱'이 나왔다. 선(先)은 아무리 패가 좋아도 무조건 죽어야 한다는 것이 '최규하 고스톱'이며, 판을 싹쓸이한 이는 상대방의 패 중 자신이 원하는 패를 한 장씩 가져간다는 것이 '전두환 고스톱'이었다. 5공 말기에는 또 다른 '전두환 고스톱'이 유행했는데, 주인공이 대머리라는 점에 착안하여 8광이 나오면 상대방의 패를 아무거나 가져오는 식이었다.

또 노태우 정권을 빗대어 '노태우 고스톱'도 유행했고, 'DJ 고스톱'과 '홍트리오 고스톱'도 유행했다. 이처럼 고스톱은 세태를 반영하는 담론의 구실을 했고, 그런 이야기를 통해 질곡의 현실을 곱씹었던 것이다. 아무리 시대가 변한다 해도 한 가지 분명한 건 오늘은 물론 내일, 그 다음다음 내일에도 고스톱은 여전히 우리 곁에 살아 있을 것이란 점이다. (장장식, 『중앙일보』, 2005년 7월 18일)

학습활동 3

❶ 예전의 놀이 문화와 사이버 놀이 문화의 차이점을 비교 · 분석해보자.

❷ 대학생활에서 학생들이 즐기는 다양한 놀이를 찾아 각각의 특징을 살펴보고 대학의 놀이 문화가 변화하는 양상을 분석해보자.

❸ '고스톱'과 같이 시대상이 반영된 놀이를 찾아 그 시대의 모습이 놀이에 어떻게 투영되어 있는지 분석하는 문화비평문을 써보자.

읽기자료 4

21세기 대한민국에 살고 있는 사람들은 20세기 가계부 지출 항목에 '생수'라는 어색한 단어를 추가했다. 봉이 김선달처럼 '지천에 널린 물'을 용기에 담아 공식 판매하기 시작한 것은 1988년 서울올림픽 무렵. 당시 외국 선수들을 위해 생수 판매를 일시적으로 허용했다가 올림픽이 끝난 직후에 근거 법률을 바로 폐지해버렸다고 한다. 졸지에 범법자가 된 생수 생산업자들은 생수 판매를 계속 허용해달라며 헌법소원을 제출했고, 결국 헌법재판소는 생수 판매 금지 조치는 깨끗한 물을 마실 권리(행복추구권)를 침해한다며 생수업자들의 손을 들어주었다. 정부는 1995년 '먹는 물 관리법'을 제정해 생수 시판을 공식적으로 허용했다.

예수의 기적 같은 에비앙의 탄생

생수의 공식 명칭은 '먹는 샘물'이다. 그러나 빙하를 녹이고 200미터 심층 바다에서 지하수를 뽑아내 "이것이 살아 있는 물〔生水〕이다!"라고 주장하는 순간, 수돗물과 보리차는 졸지에 '죽은 물'〔死水〕이 되어버렸다.

인간이 하루에 먹는 물 소비량은 약 2리터, 1년이면 730리터, 70년이면 5만 1,100리터. 평생 먹을 물을 프랑스 고급 생수 '에비앙'(Evian)으로 채우려면 7,700만 원, '제주 삼다수'로 채우려면 2,100만 원 정도가 든다. 그러나 수돗물로 채운다면 단돈 1만 6,380원. '삶의 질'을 중히 여기는 21세기 현대인들은 제 몸의 70퍼센트를 차지하는 물의 수질 관리를 위해 수천만 원을 쓰고 있다는 얘기다.

21세기에 갓 접어들 무렵, '물을 사 먹는 데 돈 내는 것을 꺼리는 사람들'을 위해 생수 회사들이 내놓은 마케팅 전략은 '약장수 수법'이었다. "이 물 한번 먹어봐! 10년 앓던 병도 단숨에 떨어져!"라는 약장수 멘트를 근사한 스토리텔링으로 바꾸고, 약 냄새 팍팍 나는 그럴듯한 이름을 생수에 걸어 사람들을 현혹했다.

그 대표적 예가 바로 에비앙. 에비앙을 판매하는 다논(Danone: 떠먹는 요구르트로 유명한 유제품 회사)에 따르면, 에비앙의 역사는 '예수의 기적'을 연상시킨다. 프랑스 혁명이 일어난 1789년, 눈 덮인 알프스 산맥의 산자락에 위치한 마을 에비앙에 신장결석을 앓던 한 후작이 요양을 하러 왔다. 어느 날 마을 주민으로부터 약효가 있는 우물물이 있다는 귀띔을 받고 그 물을 구해 마신 후 신기하게도 병이 깨끗이 나았다.

그 후 그는 이 우물물의 정체를 탐구한 결과, 알프스의 눈과 비가 15년에 걸쳐 녹고 어는 과정을 통해 정화되어 아주 깨끗하면서도 미네랄이 풍부한 물이라는 사실을 알게 됐다. 이 우물을 소유하고 있는 마을 주민이 이 말을 전해 듣고 우물물을 팔기로 결심하여 1878년 처음으로 프랑스 정부로부터 공식 승인을 받아 상업화한 물이 에비앙이다. 그러나 속지 마시라. 원래 신장결석은 아무 물이나 많이 먹으면 돌이 빠져나가는 병이니 '에비앙의 효과' 라고 믿지 마시라(어떤 이는 맥주를 진탕 마시기도 한다).

어디 그뿐이랴. '이온수' 니 '약수' 니 '육각수' 니, 약효 냄새가 나는 온갖 이름을 샘물에 붙여 팔았으니 이건 물이 아니라 만병통치약이다. 그러나 안타깝게도 미네랄과 게르마늄이 함유된 물이 인체에 좋다는 과학적 근거는 아직 없다. 그래서 이제는 의약품으로 혼동할 우려가 있는 명칭은 쓸 수 없다고 생수의 이름을 법으로 제한해 놓은 상태다.

심지어 얼마 전에는 생수 회사의 심장을 서늘하게 만드는 연구 결과도 나왔다. 독일의 한 연구 팀은 '광천수' (mineral water)를 담은 플라스틱 병이 남성 호르몬을 교란시킨다는 연구 결과를 발표한 것이다. 프랑크푸르트 괴테 대학의 수상생태계 환경오염학과 연구 팀에 따르면, 플라스틱 병과 유리병에 담긴 광천수의 수질을 비교 분석한 결과 플라스틱 병에서 여성 호르몬인 에스트로겐이 60퍼센트나 높게 검출됐다고 한다. 연구 팀은 이것이 남성 호르몬을 교란할 위험이 있다고 보고한 것이다.

살아 있는 세균이 많아 생수?

그렇다면 사람들은 왜 비싼 돈을 주고 생수를 사 먹는 걸까? 21세기에 왜 이런 문화가 생긴 걸까?

'수돗물이나 보리차보다 더 맛이 있어서' 라고 생각하는 분도 많이 계실 것 같다. 실제로 '제주 삼다수' 나 '볼빅' (Volvic)은 굉장히 맛있다. 볕이 좋은 수영장에서 선베드에 누워 볼빅을 마시며 폴 오스터의 소설을 읽는 것만큼 여유로운 휴가도 없다.

그러나 생수의 인기를 맛으로만 설명하긴 힘들다. 전 세계적으로 '맛있는 생수 찾기' 란 '해운대에서 잃어버린 머리핀을 찾는 것' 만큼 어려운 일이기 때문이다. 전 세계는 지금 '맛없는 생수' 천지다. 프랑스 생수 에비앙을 보라. 전 세계적으로 가장 많이 팔리는 생수라지만, 에비앙처럼 맛없고 밍밍한 물이 또 어디 있을까? 언젠가 저녁식사 자리에서 프랑스 친구에게 "프랑스 사람들은 에비앙이 맛있니?"라고 물어봤더니 그가 혀를 길게 늘어뜨리며 "It sucks!"(맛없지!)라고 대답했다(1990년대 섹스 심벌 킴 베이싱어[Kim Basinger]는 에비앙으로 머리를 감는 것으로 유명한데, 그 이유가 혹시 맛이 없어서가 아닐까?).

"생수가 일반 물보다 더 깨끗하니까"라고 믿고 마시는 분들도 많다. 그러나 그것은 사실과 다르다. 얼마 전 한 국회의원이 국회에 제출한 자료에 따르면, 생수 업체에 대한 환경부의 특별점검 결과 '수질 관리 부실'로 2년 연속 지적받은 업체가 생수 업체의 절반인 11개 업체에 달하는 것으로 나타났다. 2년 동안의 특별점검 결과를 보면, 원수(原水)의 경우 일반 세균이 많게는 100CFU/ml 이상 기준을 초과하거나 총대장균군이 검출되는가 하면 심지어 판매되는 제품에도 총대장균군이 검출된 것으로 나타났다. 최근 NGO 단체인 수돗물시민회의는 자체 조사 결과 "수돗물, 생수 등 28가지 종류의 물을 검사 의뢰한 결과 수돗물에서는 미생물이 나오지 않았고 생수에서는 일반 세균 등 미생물이 나왔다"고 밝혔다. '살아 있는 세균이 많아서' 생수인가 보다.

'생수를 먹으면 좋은 일도 하게 되니까'라고 애써 위안하는 분들도 있다. 요즘 생수 회사들은 사치스러운 이미지를 벗고 환경 파괴의 비난으로부터 벗어나고자 다양한 캠페인을 벌이고 있다. 예를 들어, 볼빅의 경우 '1L-for-10L' 캠페인이란 것을 한다. 영국에서 시작된 이 캠페인은 영국에서 볼빅의 생수 1리터가 판매될 때마다 아프리카에 10리터를 보내주는 자선 사업을 하고 있다(볼빅 생수병에는 물론 홈페이지에서도 대대적인 광고를 하고 있다). 에비앙에서도 물 부족 국가에 물을 보내거나 지구 온난화를 막는 캠페인을 벌여 '빙하를 녹여 판다'는 이미지를 벗으려고 노력하고 있다.

그럼에도 생수 한 병을 마시는 것은 자동차 1킬로미터를 운전하는 것과 동일한 정도로 환경에 영향을 주며, 생수 1리터를 만드는 것이 같은 양의 수돗물을 생산할 때마다 600배에 달하는 이산화탄소를 배출한다. 환경단체들이 2조 원이 넘는 생수산업에 반기를 드는 이유도 이 때문이다.

그렇다면 도대체 왜 우리는 생수를 마시는 걸까? 아마도 21세기 '생수'는 이제 '패션 아이콘'이 아닐까 싶다. 뉴욕에서 나온 '탭드 뉴욕'(TAP'D NY), 비타민이 함유된 '글라소 비타민 워터'(Glauceau Vitamin water), 영국의 '티낭'(Ty Nant)의 세련된 디자인을 보라. 어쩜 그렇게 마시고 싶게 만들어놓을 수 있을까?

'탭드 뉴욕'의 물은 뉴욕의 수도꼭지에서 받은 맹물을 역삼투압 방식으로 정수하는 생산과정을 거친 최첨단 과학기술 물이다! 세련된 디자인의 물병 안에 이 물을 담았으니 잘 팔릴 수밖에. 또 글라소 비타민 워터는 어떤가? defense, focus, balance, endurance, essential, energy, rescue, charge 등 총 15가지 맛에 비타민과 칼슘, 글루코사민, 칼륨, 마그네슘, 아연 등을 첨가한 건강 음료로 10년째 인기를 끌고 있는 물이다.

21세기 필수 아이템

심지어 개가 마시는 생수도 나왔다. 제주산 생수에 감귤나무 목초액, 자일리톨, 키토산 등을 넣은 애견용 생수 '다나안'은 자일리톨 성분이 애견의 입 냄새를 제거해주고 변 냄새 제거 효과도 있다고 하니, 우리는 진정 '요지경 21세기'에 살고 있다(가격은 1.5리터 한 병에 3,000원이다).

생수가 비싼 것은 물 때문이 아니라 그놈의 '병' 때문이다. 4,800미터의 알프스 산맥(에비앙), 해저 200미터 이하에 존재하는 청정한 고유수(마린 워터), 캐나다산 빙하수(휘슬러), 프랑스산 탄산수(페리에), 남태평양 피지 지하 암반에서 뽑아낸 암반수(피지 워터), 핀란드에서 수입한 자작나무 수액(버치 샙) 등 전 세계 산천에서 귀하디귀한 물들을 한반도까지 공수하려니, 리터당 1만 원이 넘을 수밖에.

그다지 몸에 좋지도 않고, 깨끗하지도 않고, 지구에 유익하지도 않지만, 생수는 이제 휴대전화처럼 '패션 액세서리'가 됐으며, 상류 사회에 대한 '대리 체험'이자 '자기 과시 소비'의 아이템으로 '21세기의 필수품'이 되어버렸다. (정재승, 「21세기 봉이 김선달들」)

학습활동 4

❶ 현대 사회에서 생수가 패션 액세서리가 되고 계층을 나누는 상품으로 등장하게 된 상황과 이를 둘러싼 사회·문화·경제적 측면의 파급력을 논의해보자.

❷ 상품화될 수 없는 것을 상품으로 개발하는 현대 자본주의 사회의 특성을 설명하고

위의 글에서 제시한 '물' 이외의 다른 대상을 예로 들어 이것의 경제적인 효과에 대해 논의해보자.

❸ 위의 글은 '생수'가 현대 사회에서 문화적 아이콘으로 새롭게 등장한 배경과 그것의 의미를 참신한 시각으로 관찰하고 있다. 이와 같이 이미 존재했지만 현대 사회에 문화적 아이콘으로 새롭게 해석해볼 수 있는 대상을 선정하여 문화비평문을 써보자.

제3장 시사적 글쓰기

사회에는 다양한 삶의 모습이 존재한다. 사회구성원으로서 우리는 주변에서 쉽게 경험하고 접할 수 있는 일상뿐만 아니라 직접 접할 수는 없지만 중요한 사건들에 대해서 알고 싶어 한다. 그런데 곰곰이 생각해보면 이러한 호기심은 단순히 앎에 대한 욕구 차원에 머무는 것이 아니다. 자기가 직접 겪지 못한 상황이라고 하더라도 그 상황을 제대로 알아야만 공동체의 떳떳한 구성원으로 살 수 있기 때문이다. 여기서 사회의 다양한 모습을 객관적으로 전하는 글쓰기의 필요성이 제기된다.

정보 수집은 그 자체가 목적이기도 하지만 수집된 정보를 바탕으로 문제를 진단하고 대안을 모색하는 과정이 보다 실질적이고 본질적이다. 아무런 문제가 없다면 정보 수집 욕구는 그다지 왕성하지 않을 것이고, 반면에 구체적으로 집어낼 수는 없지만 무엇인가 문제인 듯이 느껴진다면 그 무엇을 구체화하기 위한 첫걸음으로 그와 관련된 정보를 수집하게 되고 또 활발한 토론을 위해 널리 알리게 된다. 그러면 그 문제에 대한 분석 · 비판 · 대안 등의 반응이 또 다른 글로써 나타나게 된다. 이렇게 글쓰기가 반복되고 겹치는 과정에서 우리는 보다 나은 공동체를 향해 나갈 수 있는 처방을 얻게 되고 이상도 얻게 된다.

여기서는 기사문과 사설을 대상으로 객관적인 정보를 전달하는 글쓰기와 공적인 문제에 대해 나름대로 평가하고 주장하는 글쓰기를 연습하기로 한다.

1. 기사문

1) 기사문이란?

기사문은 자신이 직접 보고 듣고 조사한 사실을 객관적이고 사실적으로 써서 다른 사람에게 전달하는 글이다. 따라서 객관적이면서 정확한 사실의 전달이 필수적이며 또 시의 적절한 내용을 신속하게 전할 필요도 있다. 기사문은 사실을 알리는 것이 일차적인 목적이므로 장황한 수식이나 설명보다는 간단명료한 표현이 요구되며 독자 누구라도 쉽게 읽고 이해할 수 있어야 한다.

2) 기사문 작성 방법

기사문은 일반적으로 표제 · 전문 · 본문으로 구성된다. 전문은 때로 두문이라고도 한다. 표제는 기사의 머리 부분에 해당하며 전문은 내용을 6하 원칙에 따라 요약한 부분이다. 이렇게 요약된 내용은 본문 부분에서 상술하게 되는데, 본문에는 해설이나 논평이 덧붙을 수도 있다.

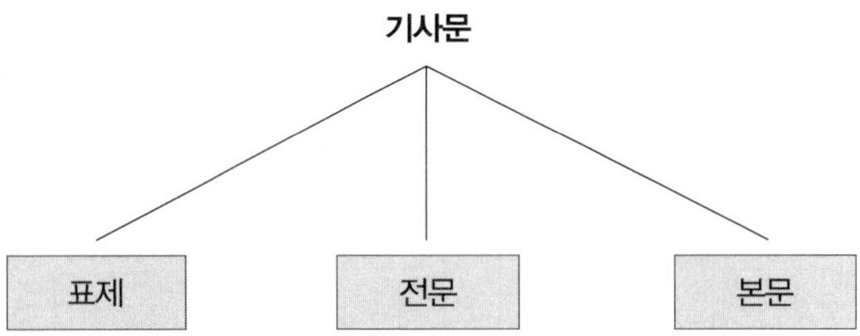

① 표제 작성 방법

표제는 기사의 핵심 내용을 짧은 어구로 요약하되 인상적인 표현으로 독자의 시선을 끌어야 한다. 짧은 어구로 표현하다 보면 완전한 문장 형식을 갖추지 않은 표제가 쓰이기도 한다. 그리고 같은 내용의 기사라고 하더라도 표제에 따라 그 전달 효과가 달라지기도 한다. 때때로 영화나 소설의 제목 하나만 보고 그 내용을 짐작하고 평가하듯이 기사문의 표제도 기사 전체를 대표하는 제목이라고 보아도 무방하다. 기사의 내용을 하나의 단일 표제로 나타낼 수 없을 만큼 큰 경우에는 부제를 두기도 한다. 부제는 표제를 이어 내용을 보다 구체적으로 나타내야 한다.

② 전문 작성 방법

전문은 아래의 6하(5W 1H) 원칙에 따라 기사 내용을 요약한 것이다. 전문을 통해 사실 내용은 완전하게 기술되어야 한다.

(1) 누가(Who)　(2) 언제(When)　(3) 어디서(Where)
(4) 왜(Why)　(5) 무엇을(What)　(6) 어떻게(How)

전문은 위의 6하 원칙에 따라 작성하되 6하 원칙에 해당하는 모든 것을 밝힐 필요는 없다. 핵심적인 사항을 간추리되 6하 원칙에 따라 작성하면 된다. 이 과정에서 빠진 6하 원칙은 본문에서 보충하면 된다. 이렇게 전문에서 6하 원칙을 유동적으로 적용하는 것은 6하 원칙에 얽매이다 보면 자칫 간결하고 명확해야 한다는 기사문의 요건을 어길 수 있기 때문이다.

③ 본문 작성 방법

본문은 보도하는 사실이나 사건에 대해 구체적이고 상세하게 서술하는 부분이다. 일반적으로 전문의 내용을 이어 원인이나 배경, 그리고 관련된 사항들을 언급한다. 필요한 경우 해설이나 논평을 덧붙이기도 한다.

3) 여러 가지 기사문

사실이나 사건에 대한 객관적인 정보를 전달하는 것이 기사문의 1차 목적이다. 하지만 경우에 따라서는 객관적인 정보를 전달하는 기사에 더해 그에 대한 해설이나 논평을 기사로 작성할 수도 있다. 또 문화면에 등장하는 기행문 등은 기사이긴 하지만 객관성보다는 기자의 주관적 감상이 많이 드러나기도 한다. 이렇듯 기사는 그 목적에 따라 객관성을 넘어설 수도 있다. 일반적인 분류에 따르면 기사문은 다음과 같이 나눌 수 있다.

(1) 보도 기사: 사실이나 사건을 신속하고 정확하게 전달한다.
(2) 해설 기사: 독자의 이해를 돕기 위한 기사로 객관성에 더해 공정성을 유지한다.
(3) 탐방 기사: 특정 장소에 대한 정보를 전하고 주관적인 견해나 평가를 담는다.
(4) 대담 기사: 특정 인물의 육성을 통해 사실을 알아내고 확인한다.

읽기자료 1

언론보도의 객관성과 공정성

미국 보스턴대 명예교수인 하워드 진은 미국인들의 세상 인식 방법과 관련해 '객관성'과 '중립성'에 관한 신화를 지적했다. 이 신화에 빠지게 되면 세상을 제대로 보는 게 매우 어려워진다. 아니, '함정'이라고 불러도 좋겠다. '객관성'과 '중립성'을 내세우는 미국 언론매체들이 제공하는 세계에 대한 지식과 정보만을 소비하는 미국인들이 제대로 된 세계적 안목을 갖는다는 건 기대하기 어렵기 때문이다. 진은 "왜 우리는 '객관성'을 그토록 소중히 여겨야 하는가? 의견이란 것이 마치 순수한 것인 양, 그 어떤 이해관계와도 관계가 없는 것인 양 말이다. 설령 우리의 생각을 혼란스럽게 만들지 모를 정보라고 해도 숨기지 않는 것, 사실을 사실대로 우리가 보는 대로 말하는 것, 이런 의미의 객관성이라면 우리는 진정 객관적이길 원한다"며 다음과 같이 주장한다.

> 그렇지만 그 어떤 의견이 우리 시대의 사회적인 투쟁과 아무런 관련이 없다든가, 투쟁의 어느 편에도 가담해 있지 않은 듯 행세하는 것이 객관이라면, 우리는 전혀 객관적이고 싶지 않다. 실제로 중립을 지킨다는 것은 불가능한 일이다. 이미 부와 권력이 특정한 방법으로 분배되고 특정한 방향으로 움직이고 있는 세계 속에서 중립을 지킨다는 것은 현 상태를 있는 그대로 받아들인다는 것을 뜻한다. 전쟁 대 평화, 국수주의 대 국제주의, 평등 대 탐욕, 민주주의 대 엘리트주의 등 여러 이해관계들이 끊임없이 충돌하고 있는 오늘날의 세계에서 중립을 유지한다는 것은 불가능할 뿐만 아니라 바람직하지도 못하다고 나는 생각한다.

우리는 언론보도와 관련해 객관성을 강조하곤 하지만, 진의 주장처럼 과연 무엇이 객관성인지, 객관성이 가능한 목표인지, 객관성이 바람직한 것인지 등을 둘러싼 논쟁이 치열하다. 그럼에도 가능한 한 선의의 객관성을 추구해야 한다는 데엔 별 이견이 없는 것 같다.

객관성과 객관주의는 어떻게 다른가? '객관성'은 "객관적 실재를 적합하게 반영하는 진술이나 이론 등을 형성하는 것을 지향하는 과학적 탐구의 특징 및 원리"인 반면, '객관주의'는 "과학적 탐구는 (탐구대상에 대한) 그 어떤 비판적 평가나 계급적인 평가 또는 당파적인 판정을 내려서는 안 된다는 세계관적 방법론석 사고방식"이다. 따라서 "객관 보도가 지향해야 할 방향은 객관성이지 객관주의가 아니라는" 주장도 있다. 그러나 대체적으로 두 개념은 혼용돼 쓰이는 게 현실이다.

역사적으로 언론보도의 객관주의(objectivity)는 1830년대 미국 저널리즘의 혁명기에 주요 독자가 상인과 정치 엘리트에서 일반 대중으로 전환되는 과정에서 '사설에 대한 뉴스의 승리' '의견에 대한 사실의 승리'로 나타났다. 그 이면에 숨은 정치경제적 이유로는 ① 시장 확대(모든 사람을 만족시키거나 적어도 강한 반발은 피할 수 있다), ② 비용 절감(심층 취재를 할 필요가 없으므로 취재 인력과 시간을 절감할 수 있다), ③ 조직의 안전(심층 분석과 판단으로 인한 논란의 부담과 명예훼손의 위험 부담에서 벗어날 수 있다) 등이 지적되고 있다. 객관주의의 사실에 대한 강조는 이슈보다는 이벤트 중심의 뉴스, 또는 이슈를 다루더라도 구조적인 이슈보다는 사건성 이슈 중심의 뉴스를 양산해내고 있어 지배 이데올로기의 재생산에 기여하고 있다는 주장도 제기되고 있다. 객관적 보도의 지침들이 미국 대학 저널리즘 과목에 정착된 건 1890년이었는데, 객관적 보도가 미국에서 산업화가 가장 빨리 이루어졌던 시기에 언론의 숭배 대상이 된 건 결코 우연이 아니라고 보는 시각도 있다.

그 역사적 배경이야 어찌 됐건, 오늘날 객관주의는 일반적으로 보도에서 의견과 사실의 분리, 그리고 사실을 편견 없이 전한다는 보도 태도이고, 불편부당주의는 어느 한쪽의 견해나 주장에 치우침이 없이 중립적인 입장에서 보도하거나 논평한다는 원칙이지만 그 구분이 명확한 건 아니다. 공정성에 대한 정의도 각 사회마다 학자마다 달라서 적잖이 혼선을 빚고 있다.

스웨덴 정치학자 웨스터슈탈(J. Westersthal)은 1983년 객관성을 확대된 의미로 규정해, 뉴스 객관성의 구성 요소를 '사실성'(factualness)과 '불편부당성'(impartiality)으로 나누어 고찰하면서, 사실성=진실성(truth)+적합성(relevance), 불편부당성=균형성(balance)+중립성(neutrality)으로 정의했다. '진실성'은 보도가 사건과 관련된 신뢰할 만한 정보를 제시하고 있느냐의 여부, '적합성'은 보도와 관련된 사안들의 선정이 일관되고 정직하게 이루어졌는지의 여부, '균형성'은 각 당파에 똑같은 양의 시간이나 지면을 할애하느냐, 특정 사건에 대해 일정한 입장이 있느냐 없느냐, 각 당파에 대해 긍정적이냐 부정적이냐의 여부. '중립성'은 기자가 사건으로부터 일정한 거리를 유지하는 걸 의미한다.

객관성과 공정성은 상호 교환적으로 사용돼왔으나 객관성이 인식론과 관련하여 복잡한 문제를 야기한다는 측면에서 공정성을 객관성과 구분하여 사용하기도 한다. 이민웅이 제시한 공정성의 새 종합 모델은 다음과 같은 5개 측면에서 공정성을 고찰한다.

진실성

① 정확성, ② 완전성(부분적인 사실의 정확성도 중요하지만 전모를 밝혀주는 종합정보의 제공)을 일컫는다.

적절성

기사의 선택(뉴스 가치와 의제 설정의 문제)과 처리 과정(내용상 중요한 것들을 빠트리지 않고)에서 적절한가?

균형성

논쟁적인 쟁점 또는 상대가 있는 갈등적인 기사를 취급할 때 적용되는 기준으로 크게 두 가지로 나눌 수 있다. ① 양적 균형(지면의 크기나 시간의 배분), ② 질적 균형(이슈에 관련된 당사자들의 대표적인 모습과 일상이 균형 있게 정리되어 전달됐느냐의 여부).

다양성

① 사회적으로 중요한 이슈에 대해 다양한 견해와 정보를 제공해야 한다. ② 이슈 자체가 다양한 국민적 관심사를 반영해야 한다(게이트 키퍼의 계급적 편향성 문제가 있다).

중립성

균형성의 내용 평가 측면으로 볼 수 있다. 선택된 사실을 평가함에 있어 어느 한쪽을 편들지 않는 불편부당한 평가. 양시양비론의 문제. 불편부당성의 진정한 의미는 중립적인 자세로 문제에 접근하되, 진실에 직면하고서도 중립성을 내세워 가치판단을 유보해서는 안 된다.

강명구는 「탈사실의 시대에 있어 뉴스 공정성의 개념 구성」이라는 논문에서 '뉴스 공정성의 평가 모형'을 제시했는데, 뉴스 공정성을 ① 사실성 검증(정확성, 균형성), ② 윤리성 검증(합법성, 윤리성), ③ 이데올로기 검증(전체성, 역사성) 등으로 나누었다. 여기서 가장 주목할 건 강명구가 뉴스의 이데올로기적 정당성을 전체성과 역사성으로 나누어 고찰했다는 점이다. 그는 다음과 같이 말한다.

> 전체성이란 하나의 사건을 사회과정에 위치지어 인식함을 의미한다. 늘상 반복되는 것이지만 노사갈등에 관한 보도는 파업이 시작되거나 경찰이 투입되어야만 비로소 보도가 시작된다. 그리고 노동현장의 갈등을 바라보는 뉴스프레임 역시 대단히 고정되어 있다. 특히 노사대결이 많은 경우 노동과 공권력의 대결이라는 틀에서 해석되고 규정된다. 이러한 현실 규정의 틀을 가리켜 현실의 단편화된 인식이라 할 수 있고 동시에 사건의 전체성에 대한 인식의 결여를 의미한다고 할 수 있다. 역사성이란 사건의 전체적 인식과 동전의 양면을 이룬다고 할 수 있다. 전체성이 사건을 구조적 조건과 관련지어 인식하는 것이라면, 역사성은 사건을 시간적 지속 안에서 파악하는 것이다. 의회정치 보도에서 자주 나타나듯이 여야의 극한대결이라고 규정되는 의회정치의 저발전 상태는 한국 의회정치에 대한 역사적 인식을 결여할 때 자칫 반의회주의적 정서와 정치적 냉소주의로 귀결될 수 있다.

한국 언론에서 객관주의는 어떻게 이용돼왔을까? 남재일은 "한국 신문의 객관주의 관행은 형성 과정의 역사적 조건에서 정치적 비판을 통제하기 위해 현상보다는 사건, 해석보다는 사실 기술을 우월한 보도 형식으로 간주하는 '탈정치적 사건 중심 보도' 관행을 정착시켜왔다고 할 수 있다"며 다음과 같이 말한다.

> '탈정치적 사건 중심 보도' 관행은 객관성의 하위 개념 중 기사가 현실을 얼마나 잘 반영했는가의 문제인 유관성(relevance)보다 전달된 사실의 정확성 여부만을 강조하는 진실(truth)의

개념을 특권화한다. 이 관행이 내면화된 기자들은 정치적 비판이 자유로운 현재의 상황에서 사건 중심 보도의 편집 관행에 내포된 정치적 의미를 간파하기 쉽지 않기 때문에 사건 중심 보도에 관한 성찰 또한 사실성을 보완하는 기능적 차원에서 상상하기 쉽다. 그래서 정치적 통제가 사라진 이후 정치적 비판이 자유로운 최근에도 〔……〕 사건 중심 보도 관행의 경향은 여전히 강하게 남아 있다. 이는 여전히 탈정치적 사건 중심 보도 관행을 객관성을 담보하는 절차로 수용하고 있다는 것이 아닐까?

인터넷 대중화는 객관성의 의미를 어떻게 바꿀까? 미국 인디애나대학 저널리즘스쿨 학자 브래들리 햄은 '언론의 객관성'에 대해 인터넷을 이유로 들어 사망 선고를 내렸다. 그는 "어느 쪽에도 치우치지 않은 언론사를 더 많은 사람이 볼 가능성이 많고, 광고주는 이런 매체를 선호했다. 윌리엄 허스트와 조지프 퓰리처가 캠페인성 · 선정성 기사로 경쟁한 것처럼 언론들이 광고를 위해 '객관성'을 강조하고 추구한 것이다. 또 사회에 매체가 적고, 그 매체의 영향력이 큰 상황에서는 객관성과 공정성을 필요로 하기도 했다"며, 그러나 이젠 모든 게 달라졌다고 주장한다.

이제는 수용자들이 어떤 매체에 대해서도 어떤 사안에 대해서도 객관성이나 공정성을 요구하지 않는다고 본다. 사람들이 자신들의 관심 있는 분야나 시각의 매체를 선택하고 또는 스스로 매체를 만들기도 한다. 그런 점에서 오히려 19~20세기 거대 언론사에 의해 지배된 민주주의를 개인 민주주의로 되돌린다고 볼 수 있다.

그런 흐름이 있는 건 분명하지만, 객관성과 공정성이 여전히 언론보도의 중요한 덕목으로 간주되고 있는 게 현실이다. 역사학 분야에서 객관성 문제에 비교적 균형된 입장을 취하고자 했던 E. H. 카(Edward Hallet Carr, 1892~1982)는 "산을 다른 시각에서 보면 다른 모습처럼 보인다고 해서 그 형체가 객관적으로 아예 없거나 또는 무수하게 많은 것은 아니다"라고 했다. (강준만, 『대중매체 이론과 사상』 중에서)

학습활동 1

❶ 언론 보도에서 객관성 · 공정성 · 중립성이라는 표현이 의미하는 바가 무엇인지, 언론 보도에서 실현 가능한 개념인지에 대해 논의해보자.

❷ 언론 보도의 객관성 · 공정성 · 중립성과 대립되는 개념은 무엇인지 생각해보자.

❸ 언론의 보도기사가 갖추어야 할 가장 중요한 요건은 무엇인지에 대해 논의해보자.

❹ 현재 발행되고 있는 신문에서 객관성과 공정성이 잘 지켜졌다고 판단되는 기사와 그렇지 않은 기사를 선정하여 비교 · 분석해보자.

읽기자료 2

MBC 뉴스의 외국인 노동자 보도, 의도적으로 왜곡해

지난 6월 1일 MBC 뉴스데스크에 〈식민 지배 반감에… 인도네시아인 집단 폭행〉라는 제목의 뉴스가 보도되었다. 내용은 지난 4월에 경기도 안산에서 동티모르 출신 외국인 노동자들이 인도네시아인 2명을 "과거 식민지배 역사를 둘러싼 민족감정 때문에" 집단 폭행했다는 것이다.

그러나 MBC 이남호 기자가 보도한 이 뉴스는 사실과 다소 다르게 왜곡된 것으로 밝혀졌다. 안산이주민센터의 자료에 따르면, 단순히 술을 먹고 사소한 시비가 폭행으로 이어진 단순폭행사건을 민족감정으로 인한 조직적인 폭력으로 과장하여 표현하였고, 실제와 다른 점도 많다는 것이다. 보도 내용과 다른 사실은 다음과 같다.

1. 술집에서 술을 마신 것이 아니라 공원에서 마신 것이다.
2. 동티모르인들이 시비를 건 것이 아니라, 맞은 것에 격분한 것이고, 길에서 만난 사람이 아니라 함께 술을 마시던 사람 중 한 명이다.
3. 경찰 진술에서도 동티모르인들은 인도네시아인에 대한 반감이 아니라, 담뱃불을

든 손으로 기분을 상하게 하였고, 캔맥주로 얼굴을 맞아 화가 나서 그랬다고 진술하였다.

4. 자막처리가 잘못되었다. 자막에는 "옛날에 동티모르가 인도네시아로부터 지배를 받아 평소 감정이 좋지 않습니다"라고 되어 있으나, 실제 발언 내용은 다음과 같다. "옛날에는 같은 나라였는데 지금은 따로 떨어져 있다."

결국, 술을 마시고 사소한 시비로 인해 벌어진 단순 폭행사건을 이주민들의 국적을 이용하여 민족감정으로 인해서 벌어진 싸움으로 확대하여 보도한 것이다. 특히 자막처리에 있어서 실제로 발언한 내용을 왜곡하여 방송국이 의도적으로 편집하여 넣은 내용은 문제가 심각하다. 더구나, "인도네시아 사람들은 많은데 자기들은 적으니까 피해를 본다고 생각한 거죠"라는 경찰청의 자의적인 판단을 인터뷰 내용으로 집어넣어 문제를 더 심각하게 만들었다.

이뿐만이 아니라, MBC 이남호 기자는 6월 2일에도 〈외국인 범죄 심각… 민족 간 갈등에 조직적 폭력〉라는 제목의 뉴스를 또 보도했다. 기자는 2010년 10월에 벌어진 스리랑카 사건을 다시 들춰내며, 앞서 말했던 4월에 벌어진 인도네시아 사건을 동시에 다루면서, "최근 외국인 범죄가 잇따라 발생해서인지 행인이 뜸하고 밤거리는 다소 을씨년스런 분위기입니다. 밤늦게까지 장사하는 사람들도 불안한 표정들입니다"라고 의도적으로 우범지역이라는 이야기를 했다. 또한 "여기가 무법천지라니까요. 이 동네 자체가……. 여기는 경찰서 하나 더 생겨야 해요"라는 주민 인터뷰를 통해서도 이러한 내용을 확대재생산했다.

결국 외국인 범죄에 대한 이번 MBC 뉴스의 보도는 비록 실제로 벌어졌던 폭력 사건을 바탕으로 했지만, 그 내용을 더욱 과장하고 왜곡하여 표현했으며, 더구나, 실제로 발언하지 않은 내용을 자막으로 내보내는 등 외국인에 대한 부정성을 부각시켰다. 사건의 본질을 왜곡하고 확대재생산하여 이주민들을 왜곡된 이미지로 얼룩지게 만들었다.

이는 사실에 대해서 제대로 조사하지 않은 채, 경기도 지방경찰청의 보도자료만을 그대로 가져다가 받아쓰기 식의 기사를 작성한 언론의 문제이다. 이에 대해 MBC 뉴스는 이주민들에게 명백히 사과하고, 정정보도를 해야 할 것이며, 기자로서의 자성을 촉구한다. (경기민주언론시민연합[http://ggccdm.tistory.com/635], 2011. 6. 22.)

학습활동 2

❶ 2부 4장의 '읽기자료 2'에서 논의한 내용을 참조하여 위 글의 사례와 같이 사실 왜곡 또는 확대재생산을 통해 선정적으로 보도된 기사를 찾아보고 그러한 보도가 나타나는 원인을 분석해보자.

❷ 기사문 작성 방법을 참고하여 언론의 왜곡 보도가 나타나는 원인을 분석하는 한 편의 기사문을 써보자.

읽기자료 3

안철수가 말하는 '88만원 세대, 불행해진 이유'

[창간 10주년 기획] 88만원 세대를 88억 원 세대로

(대담: 유병률 기획취재부장)

안철수 서울대 융합과학기술대학원장은 고목과 새싹의 비유를 들었다. 그는 "새싹(벤처기업)이 자라지 못해 청년 일자리가 안 생기고 빈부격차와 같은 사회적 문제가 발생한다. 고목(대기업)만 있는 숲은 한번 불이 나면 숲 전체가 타버린다"고 말했다.

■ 안철수 서울대 융합과학기술대학원장 인터뷰

"한국에는 새싹(벤처기업)이 생겨나도 밟혀죽는다. 20대가 불행해진 것도 이 때문이다. 대기업 중심의 사회구조가 바뀌어야 창업이 일어나고 한국경제의 미래가 보장된다. 지금이 어떤 시기인가. 산업혁명보다 더 근본적인 변화가 일어나고 있다. 10년 후가 정말이지 암담하다." 평소 목소리 톤에 변화가 거의 없는 그이지만, 이날만큼은 높낮이가 심했다. 많이 답답했던 모양이다.

지난 9일 서울 여의도 안철수연구소에서 만난 안철수 서울대 융합과학기술대학원장(49)은 "대기업 과보호를 중지하고 벤처와 중소기업 육성으로 정책을 전환했어야 하는

데 시기를 놓친 게 불행을 자초했다"고 지적했다. 안 원장은 20대에 대해서도 "창의적인 것과는 반대쪽인 스펙과 문제풀이를 위해 노력하는 것이 안타깝다"고 말했다.

유: 20대를 '88만원 세대'라고 한다. 그러나 능력이 부족한 게 아니다. 선배세대보다 오히려 우수한 측면도 많다. 이들의 불행은 어디에서 기인하는가.

안: 능력이 부족하거나 노력이 적어서가 아니다. 기성세대가 만들어놓은 사회구조적인 문제 때문에 불이익을 받는 것이다. 사회구조적 문제이다 보니 20대는 일종의 포기 상태다. 수동적으로 상황을 받아들이고 어떻게 하면 살아남을까 행동한다. 불행하고 안타깝다. 대기업이 만드는 일자리는 200만 개도 안 된다. 갈수록 줄고 있다. 그런데도 대기업 친화정책이 계속돼왔다. 처음부터 답은 나와 있었다. 대기업은 글로벌 경쟁력을 유지하기 위해 끊임없이 경영효율화와 해외 공장 이전을 해야 한다. 거기에 대고 일자리 만들라고 얘기하는 건 잘못된 것이었다. 그게 오류였다. 트리클다운 효과가 없다는 것도 3년 동안 해보고 난 지금에야 인정하지 않나. 답답한 일이다.

유: 사회구조적인 문제라 했는데 문제의 핵심은 무엇인가.

안: 대기업 위주의 산업구조를 적절한 시기에 바꾸지 못했다는 것이다. 물론 경제개발 때는 중요한 전략이었고 그 덕분에 여기까지 올 수 있었다. 그러나 적절한 시기에 중소기업이나 벤처 육성으로 전환했어야 했다. 대부분 일자리는 벤처기업과 중소기업에서 나오는데 여기서 막혀버렸다. 이 때문에 창업도 안 일어나고 계층간 격차는 가속화하고 있다. 불행의 근원을 좇아가보면 새로운 벤처기업 창업과 중소기업의 성공 확률을 높이는 쪽으로 정책을 전환하는 시기를 놓친 데 있다. 그렇다 보니 지금은 새싹이 없고 생겨나도 밟혀 죽는다. 10년, 20년 후가 정말이지 암담하다. 이런 구조가 바뀌어야 창업이 활발히 일어나서 한국경제의 미래가 보장된다.

유: 한국에서 애플과 같은 기업이 나온다면 고목(대기업)이 진화해서일까, 아니면 새싹(벤처기업)이 성장해서일까.

안: 질문의 프레임이 잘못됐다. 오너 경영이 정답이냐, 전문 경영이 정답이냐는 문제와 마찬가지로 한쪽에 정답이 있는 게 아니다. 대기업이 변신을 해서 될 수도 있고 벤처기업이 될 수도 있다. 중요한 건 시장이 투명하고 공정한 체제로 가는 것이다. 누가 1등을 하든 실력으로 1등을 할 수 있게 해야 한다. 실력이 떨어지면 자리에서 내려와야 한

다. 그런 시장구조를 만들어야 한다.

유: 최근 스마트혁명 열풍이다. 2000년 전후 카지노판 같은 거품이 또다시 낄 가능성도 있지 않나.

안: 1990년대 말 벤처거품은 진짜 거품이었다. 실제로 돈 버는 회사가 없었다. 수익모델 자체가 불확실한 상태였다. 그러나 지금의 2차 IT혁명에서는 대부분 회사가 돈을 벌고 있다. 미국의 소셜게임업체 징가의 지난해 매출은 원화로 1조 원에 육박한다. 창업한 지 2년밖에 안 된 소셜커머스업체 그루폰은 IT회사로는 최단 시간에 가장 많은 영업이익을 올렸다. 실질적으로 돈 버는 회사가 많아진 게 3년 전부터였는데 열풍이 꺼지기는커녕 더 커지고 있다. 또 하나 차이는 예전에는 키워드가 인터넷 하나뿐이었지만 지금은 모바일뿐 아니라 소셜, 커머스, 클라우드 등 4가지가 묶여서 맞물려 진행되고 있다는 점이다. 1가지 아이템이 죽어버리면 다 같이 꺼져버리던 것과는 상황이 다르다.

유: 90년대 말 인터넷혁명 초기에도 다르다는 말이 나왔다. 결국 과대포장으로 밝혀진 것 아닌가.

안: 인터넷혁명 당시에는 과도한 기대로 무너졌다. 그러나 이제 학습효과가 생겼다. 사람들은 신기술이 나온 뒤 어느 정도 시간이 걸린다는 것을 다 알고 있다. 소셜네트워크가 본격적으로 퍼진 게 5년 정도 됐다. 그러나 최근 들어서야 잠재력을 완전히 발현하고 있다.

유: 18세기 산업혁명과 비교가 가능할까.

안: 산업혁명보다 더 근본적인 많은 변화가 일어나고 있다. 이집트와 리비아사태를 봐라. 이제 사람들은 소셜네트워크를 어떻게 이용하는지 확실히 알게 됐다. 정치 지형까지 바꾸고 있다.

산업혁명보다 더 근본적 변화
90년대말 벤처거품과는 달라
한국의 10년 후는 정말 암담해

유: 최근 정부의 청년창업 지원이 자금지원으로만 흐르고 있다는 비판이 많다. 자금을 어떻게 받는지 알려주는 컨설팅업체도 성행하고 있다. 창업 자체보다 창업 프로모션

이 더 활황이라고 한다.

안: 그런 문제가 분명히 있다. 원래 정부에서 해야 하는 일은 인프라다. 예를 들어 산중턱에 좋은 터가 있으면 정부는 도로를 건설하고, 치안을 유지하고, 환경을 관리하면 된다. 그러면 사람들이 알아서 가게도 세우고 하는 것이다. 가장 안 좋은 건 정부가 가게 만드는 사람에게 직접 자금을 대주는 것이다. 지금 정부의 창업지원을 보면 창업비용을 대주는 데만 치우쳐 있다. 아무래도 생색이 나기 때문이다. 그러니 그쪽으로만 계속 아이디어가 나오는 것이다.

반면 민간에서 투자할 수 있는 자금 규모는 비정상적으로 적다. 초기기업에 투자가 왜 안 되는지 근본 원인을 따져보면 다시 대기업과 중소기업간 불공정거래 문제로 연결된다. 투자자들은 평생 투자할 것이 아니기 때문에 투자자금을 회수할 수 있어야 한다. 선진국 경제구조에서는 투자회수의 경로가 2가지인데 하나는 인수 · 합병(M&A), 또 하나는 상장이다. 미국은 90%가 M&A를 통해 자금을 회수한다.

얼마 전 실리콘밸리로 출장을 갔을 때 구글 사람에게 들은 얘기다. 새로운 분야에 진출하려고 하는데 그 분야에서 아주 일을 잘하는 벤처기업이 있었다고 한다. 구글에서 인재를 뽑아서 해봤는데도 경쟁이 안 됐다고 했다. 결국 1조 원을 주고 그 기업을 인수했다. 그게 정상이다. 한국에서는 하청을 주고 독점계약을 한다. 마치 동물원에 집어넣고는 자기 일만 시키고, 말라 죽으면 또 찾아서 동물원에 집어넣는다.

유: 그러나 대기업이 M&A를 할 만한 벤처기업이 없다는 것도 문제 아닌가.

안: 맞는 말이다. 그래서 보통 3가지를 문제점으로 든다. 첫 번째가 앞서 말한 대기업과의 불공정거래 관행이고 두 번째가 바로 벤처기업 경영자의 실력 부족이다. 대기업에서 독점계약을 요구하면 납품할 수 있는 기회로 생각하고 동물원에 알아서 들어가는 식이다. 들어가서 다시는 못 나온다. 세 번째 문제가 좀비이코노미다. 공정경쟁에서 지면 빨리 도태돼야 하는데 정부지원 등으로 연명한다. 그런 기업들이 덤핑을 하는 것이다. 도태될 기업들이 덤핑을 하면 전체 시장의 가격구조가 완전히 깨져버린다.

경영효율 필요한 대기업에
일자리 만들라는 것은 잘못
몇 년 사회경험 후 창업 나서야

유: 청년창업 활성화를 위해 어떤 인프라가 갖춰져야 하나.

안: 5가지 정도다. 우선 인력들을 잘 훈련할 대학의 역할이 중요하다. 지금은 벤처기업이 필요로 하는 인재를 기르는 교육이 없다. 두 번째는 벤처캐피탈의 문제다. 지금투자뿐만 아니라 조언하고 이끌어주는 역할이 필요하다. 연대보증과 같은 금융권의 대출 관행도 고쳐져야 한다. 초기에 담보가 없으면 대표가 개인연대보증을 해야 하는데 이 경우 한 번 실패하면 재기할 수 없다. 또 회계, 콜센터, 홍보 등의 아웃소싱 산업이 발전해야 한다. 기업이 시작할 때부터 병력을 분산할 수는 없다. 벤처기업이 본연의 일에 집중하도록 아웃소싱 인프라가 있어야 한다. 정부정책도 중요하다. 대 · 중소기업간 불공정거래 관행 개선, 환율정책 등이다.

유: 청년창업의 가장 이상적인 경로는 무엇인가.

안: 사실 학생 창업이 최악이다. 그나마 나은 건 대학 졸업 후 창업하는 것이다. 더 좋은 것은 일단 취직해 대기업이든 중소기업이든 2~3년 정도 조직과 경영을 경험하고, 다양한 사람들과 휴먼네트워크를 쌓은 다음에 창업하는 것이다. 그래야 실패 확률을 줄일 수 있다. 무엇보다 20대 젊은이들이 너무 스펙 위주, 문제풀이 위주, 속도 위주로 노력하는 게 안타깝다. 사회구조적인 문제 때문이지만 창의적인 것과는 완전히 반대쪽에 집중하고 있다. 새로운 분야에 대한 상상력과 도전정신을 키워야 한다. (『머니투데이』, 2011년 6월 16일)

학습활동 3

❶ 위의 대담 기사에서 다루고 있는 핵심 내용을 요약해보자.

❷ 대담 기사 작성을 위해 준비해야 할 사항이 무엇인지 조사하고 교수님을 방문하여 대담 기사를 써보자.

2. 논설문

1) 논설문이란?

논설문은 자신의 주장이나 의견을 논리적으로 전개해 상대방을 설득하는 글이다. 대표적인 예가 신문의 사설이며 시론이나 칼럼도 이에 해당한다. 때로 논설문은 설명문과 구분하기 어렵기도 하지만 두 가지 글은 글을 쓰는 태도와 목적에서 확연히 구분된다. 설명문은 사실에 대한 정보를 알기 쉽게 전달하는 것이 목적이지만 논설문은 어떤 것이 사실인가 아닌가, 그리고 무엇이 옳고 그른가를 따져 자신의 의견과 주장을 상대방에게 납득시키는 것이 목적이다.

논설문은 크게 학술적인 것과 비평적인 것 두 가지로 나뉜다. 학술적인 논설문은 흔히 논문이라고도 하는데 논증을 위주로 전문적인 학술 내용을 다루게 된다. 이에 대해서는 4장에서 구체적으로 다루게 된다. 비평적인 논설문은 잘된 점과 잘못된 점을 지적하여 잘된 것은 권장하고 잘못된 것은 바로잡도록 설득하는 글이다.

2) 논설문 작성 방법

논설문을 쓰기 위해서는 우선 적절한 주제를 선정해서 그에 대해 충분히 연구해야 한다. 연구 단계에서 각종 자료를 모으게 되는데, 모아진 자료는 체계적으로 분류해야 한다. 이러한 작업을 바탕으로 본격적인 논설문 쓰기에 들어가게 된다.

① 논거와 논증을 통한 주장

자신의 주장을 상대방에게 납득시키기 위해서는 주장만 있어서는 안 되고 그 주장을 뒷받침할 만한 논거가 있어야 한다. 논거란 논리의 근거를 말하는데, 객관적이고 경험적인 자료가 가장 신빙성을 지닌다. 논설문의 성패는 논거의 발견에 있다고 해도 과언이 아니다. 이렇게 모아진 논거에 더해 비슷한 주장을 폈던 사람들의 견해를 보태면 주장에는 더욱더 힘이 실리게 된다. 객관적인 논거에 권위를 실어줌으로써 자신의 주장을 더욱 강화할 수 있는 것이다.

물론 논거가 바로 주장과 직결되는 것은 아니다. 그 사이에는 논증의 과정이 개입하게 된다. 즉 논거를 바탕으로 자신의 주장을 논증하는 것이 논설문의 논리적 흐름이라고 할 수 있다. 논증에는 여러 가지 방법이 있다. 대표적인 몇 가지만 아래에 소개한다.

(1) 귀납: 여러 가지 구체적인 사례〔논거〕를 종합하여 결론〔주장〕을 이끌어냄.
(2) 연역: 일반적 원리〔논거〕로부터 구체적인 사례에 대한 해석〔주장〕을 이끌어냄.
(3) 유추: 유사성에 근거하여 사례〔논거〕에서 또 다른 사례에 대한 해석〔주장〕을 이끌어냄.
(4) 인용: 권위 있는 원리나 주장〔근거〕에 기대어 결론〔주장〕을 이끌어냄.

한 편의 논설문에는 위에 소개된 여러 논증의 방법이 복합적으로 쓰이게 마련이다. 또 실제 논증 과정에서는 귀납과 유추가 동시에 쓰이기도 하고 또 연역과 인용이 뒤섞여 쓰이기도 한다. 중요한 것은 논거와 주장을 잇는 논리적 과정, 즉 논증이 논리적인 오류를 범하지 말아야 한다는 점이다.

논거 ➡ 논증 ➡ 주장

② 논증의 유형

앞서 언급했듯이 논증은 논거와 주장을 잇는 논리적 추론 과정이다. 논증 절차는 다양하지만 몇 가지 유형으로 나뉠 수 있다. 논증의 대표적인 두 유형을 살피면서 논증하는 방법을 익히기로 한다.

(1) 문제 분석과 해결책 마련: 문제 분석과 해결책 마련은 가장 기본적인 논증 방식이라고 할 수 있다. 이 방식은 우선 문제시되는 사실이나 사건의 발견에서 시작한다. 이어 그 문제의 원인을 분석하는 단계가 이어지고 끝으로 해결책이 제시된다.

    이 논증 방식의 핵심은 문제의 원인을 찾는 통찰력과 해결책의 구체적 실현 가능성에 있다. 원인에 대한 파악이 논리적이고 균형적일수록 그리고 해결책이 실천할 수 있는 구체성을 띨수록 논증은 힘을 얻게 된다.

(2) 반론을 통한 주장: 논설문은 자신이 새로 발견한 문제를 토대로 할 수도 있지만 이미 공론화된 문제를 가지고 쓸 수도 있다. 특히 어떤 문제에 대한 원인이 분석되

고 해결책이 이미 제안되어 있을 때 거기서 문제점을 발견했거나 반론의 가능성을 포착했다면 반론을 통해 주장을 하는 논설문을 쓸 수 있다.

이 논증 방식의 핵심은 다른 이의 주장에 대한 평가가 논리적이고 공정하게 이루어졌는가에 있다. 어설픈 논리로 다른 이의 주장에 반론을 펴는 것은 어불성설이기 때문이다. 또한 반론만 제기하고 미처 대안을 제시하지 못한다면 이것도 그다지 올바른 태도라고 하기 어렵다. 비판의 제기라는 가치는 있겠지만 궁극적인 목적, 즉 문제의 해결에는 그다지 도움이 되지 않기 때문이다. 따라서 반론을 통한 주장은 어떤 문제에 대한 나름의 주장을 가졌는데 이 주장이 다른 이의 주장과 배치될 때 사용할 수 있는 논증 방식이라고 할 수 있다.

③ 논설문의 구성

논거를 마련하고 논증 방식을 정했다면 논설문 쓰기의 뼈대는 갖추어졌다고 할 수 있다. 이제 남은 것은 구체적인 글쓰기 방식, 즉 논설문의 구성 방식을 정하고 실제로 집필에 들어가는 것이다.

논설문은 일반적으로 서론—본론—결론의 삼단 구성을 취한다. 서론은 글의 머리에 해당하는 것으로 독자의 시선을 끌어당길 만큼 흡인력이 있어야 한다. 문제를 제기하면서 글을 쓰게 된 동기나 목적을 제시하는 것이 일반적이다. 서론에서 제기된 문제는 본론으로 이어져 심화된다. 특히 본론에서는 각종 논거를 통한 논증을 통해 핵심 주장에 다가서게 된다. 서론이 문제의식을 독자에게 뚜렷이 각인시키듯이 결론은 주장을 독자에게 다시 한 번 명확히 각인시키는 역할을 한다. 특히 본론의 논증 과정을 간략히 요약하고 주장을 상기시킴으로써 글을 마무리하는 방법이 많이 쓰인다.

(1) 서론: 문제 제기, 동기와 목적 등

(2) 본론: 논거를 통한 논증, 주장

(3) 결론: 요약

읽기자료 4

지식정보사회가 도래했다고 한다. 정보가 돈이 되는 사회, 정보가 권력이 되는 사회에서는 "천재 한 명이 만 명을 먹여살린다."는 신화가 진실로 간주된다. 정보의 중요성이 극대화된 정보사회를 지탱하는 중심제도가 바로 저작권과 특허권으로 대표되는 지적재산권이다. 흔히 지적재산권은 재산권과 마찬가지로 '천부인권'으로 대우받는다. 지적재산권은 무조건 보호해야 하고 권리자의 허락 없이 이용하는 것은 도둑질이라는 고정관념이 굳건하다. 재산권에 기반한 이런 관념은 최근에야 만들어졌지만 지적재산권 제도의 세계화와 함께 강화되고 있다. 한편, 소유물의 형태가 '지적산물'인 지적재산권은 복제나 모방이 쉬워 소유자의 배타적인 지배가 불가능하다는 점에서 '일반적인 재산권'과도 다르다. 예를 들어 엠피3와 같은 파일 이용자 사이에 공유하는 피투피(P2P)의 경우 파일 저작권자가 공유행위를 막는 것은 사실상 불가능하다.

배타적 소유권을 인정하기 위한 권리, 지적재산권

이른바 선진국에서 의약품 한 가지가 개발되면 성분, 조제방법 등 수많은 특허가 출원되고 이것이 고가의 가격을 보장해준다. 초국적 제약자본에게 특허는 '마이다스의 손'인 셈이다. 하지만 그 약을 먹어야만 살아남을 수 있는 환자 입장에서는 어떤 의약품을 독점하고 있는 제약사가 약가를 고가로 책정하면 어쩔 도리가 없다. 특허제도는 '왜 약이 그렇게 비싸지?,' '같은 약이면서도 특허를 출원하지 못했을 뿐인 카피약은 왜 사용할 수 없나?'라는 목숨이 걸린 질문에는 대답하지 않는다.

어떤 사람이 지식을 가지고 있다면 그 지식은 해당 사회를 거쳐간 수많은 사람들의 업적이 누적된 결과일 수밖에 없다. 그러므로 지식은 본질적으로 공공재이다. 하지만 지식정보사회는 지식을 자본주의 시장의 상품으로 만들기 위해 희소성을 부여한다. 즉 정보를 사적 소유의 대상으로 만들기 위해 타인의 이용을 배제하고 침해자를 처벌할 수 있는 제도가 필요한 것이다. 지적재산권 제도는 이를 위해 △지적재산권자만이 자기의 지적창작물이나 영업상의 표지를 이용하도록 하고 △제3자가 이용하려면 지적재산권자의 허락을 받아야 하며 △허락 없이 무단으로 이용하는 것을 금지하고 있다. 간단히 말하면 지적재산권은 지적산물을 배타적으로 소유할 수 있는 권리이다. 지적재산권은 자연적으로 존재하지 않는 '부족 상태'를 인위적으로 '창출'하기 위해 고안된 장치인 셈이다.

지적재산권이라는 신화

저작권은 1557년 영국에서 왕령으로 수립된 인쇄 · 제본 · 도서판매업자의 길드(Stationers' Company)가 그 회원에게 부여한, 필사본을 인쇄를 통해 복제할 수 있는 권리(Copyright)로부터 비롯되었다. 저자는 길드의 회원이 아니었으므로 출판 시 수고비를 받는 것으로 만족해야 했다. 이후 출판업자의 독점에 대항하기 위해 1709년 앤여왕법(The Stature of Anne)이 제정되어 저작권은 누구나 가질 수 있되 그 기간이 한정되었다. 이와 함께 인간은 자신의 노동의 산물을 소유한다는 로크에 개념에 기초해, 작가는 자신이 지적 · 정신적 노력을 들였다는 사실만으로 작품에 대한 자연재산권을 가진다는 관념이 보편화됐다.

특허권의 기원은 베니스의 주요산업이었던 직조기술의 독점을 보장하기 위해 1474년 제정된 베네치아 특허법(Venetian Patent Law)에서 찾을 수 있다. 이 법은 현대 특허제도가 가지고 있는 발명에 대한 조건인 △새롭고 △유용하며 △고안된 것이어야 한다는 조건을 요구했고, 특허의 보호기간인 10년 안에는 모방을 금지했다. 당시 베니스는 경쟁력을 갖기 위해 대자본의 투자가 필요했고, 대자본은 직조에 필요한 발명과 기술혁신, 직조기계의 설비 등에 대한 투자를 법적으로 보호받고자 했던 것이다. 즉, 애초 특허는 발명가와 발명 아이디어보다는 부상하는 자본가를 보호하기 위한 것이었다.

특허제도가 유럽 전체에서 보편화되자, 19세기 말에는 인위적인 독점을 반대하는 반특허운동이 일어났다. 이 운동은 특허법이 부여하는 독점적 특권이 세계무역을 저해하고 특히 후진국에게 불리하게 작용한다고 비판했다. 이에 따라 네덜란드는 1817년 제정된 특허법을 1869년부터 1910년까지 폐기한 바 있다. 스위스는 1888년 특허법 제정을 위한 국민투표가 부결되었다. 영국에서는 1907년 강제실시권 조항이 삽입되기도 했다.

지식의 확산을 가로막는 지적재산권

이후 지적재산권 제도는 '무역관련 지적재산권에 관한 협정'(트립스 협정)을 통해 세계적 표준으로 거듭났다. 하지만 지적재산권의 정당성을 묻는 질문은 아직 답을 찾지 못하고 있다. 지적재산권을 옹호하는 대표적인 논리는 지적 노동의 결과에 대한 권리를 보장해야 한다는 것이다. 이는 '재산권이 왜 정당한가?' 라는 질문에 대한 18세기 철학자 로크의 대답과 일맥상통한다. 로크에 따르면 인간은 다른 사람들이 하기 싫어하는 고통을 감수하면서 노동을 통해 재화를 산출하므로 그 산출물에 대한 정당한 권리를 얻는다. 정당한 노동에 따른 산출물이라면 부와 빈곤의 격차가 생기는 것은 자연스럽다는 것이 로크의 생각이다. 하지만 지적재산권에서 이런 논리는 통하지 않는다. 지적 산물이 노동자 한 사람이나 소집단의 노동에서 비롯되는 것은 결코 아니기 때문이다. 모든 지적 업적은 사회적 진공상태에서 존재하는 것이 아니라 수많은 사람들이 이전에 남긴 업적 위에서만 이루어질 수 있는 사회적 산물이다.

정보는 옷과 자동차, 집, 토지 등의 유체물(physical objects)과는 다르다. 유체물은 한 번에 한 사람만 사용할 수 있는 배타적인 재산 형태이지만, 정보는 얼마든지 거듭 복제할 수 있으며 복제행위가 원본을 손상시키지 않음은 물론 원소유자의 사용에도 해를 미치지 않는다. 지적재산권을 탐탁치 않게 여겼던 토마스 제퍼슨의 유명한 '촛불론' 도 이 점을 지적한다. "누가 나의 관념을 전달받았다고 해서 나의 것이 줄어들지는 않는다. 누가 내 등잔의 심지에서 불을 붙여갔더라도 내 등잔불은 여전히 빛나고 있는 것이다." 사회 전체의 관점에서 보면 보다 많은 사람들이 정보를 이용할수록 사회 전체의 이익은 커진다. 흔히 더 많은 아이디어의 창작을 촉진하기 위해 지적재산권이 필요하다고 말하지만 지적재산권이 오히려 지식의 확산을 가로막고 있다. 아이디어의 개발을 촉진하기 위해 아이디어를 사용할 자유를 빼앗을 필요가 있다는 지적재산권의 기본전제는 모순일 뿐이다.

지적재산권을 옹호하는 또 다른 논리는 지적산물에 대한 저자의 기여를 보상해야 한다는 것이다. 특히 저작권료나 특허사용료로 생계를 유지해야 하는 가난한 소설가나 발명가를 떠올린다면 설득력이 있어 보인다. 하지만 저자의 공헌도를 평가하는 척도가 반드시 시장일 필요는 없다. 이른바 '로열티' 로 충분히 돈을 벌고 있는 사람은 매우 소수의 개인이거나 거대 기업이다. 지적 노동자들은 공공으로부터 적절한 대가를 받고 그 지적노동의 산물은 공공의 재산으로 누구나 사용할 수 있는 시스템도 가능하다. 또한 개인적 만족과 사회적 인정 등 금전으로 계산할 수 없는 이익은 저자가 독점적 권리를 가지지 않아도 저자에게 항상 따라다닌다.

지적재산권과 인권을 구분하는 국제인권기준

흔히 지적재산권의 근거로 국제인권기준을 들기도 한다. 유엔 사회권규약 제15조 1항은 '자기가 저작한 모든 과학적, 문학적 또는 예술적 창작품으로부터 생기는 정신적, 물질적 이익의 보호로부터 이익을 받을 권리'를 보장하고 있다. 세계인권선언 제27조도 비슷한 문구로 이를 보장하고 있다. 물론 '과학의 진보 및 응용으로부터 이익을 향유할 권리'를 함께 보장하고 있어, 창작자의 권리를 인정하면서도 공중의 이익과 균형을 맞추어야 함을 내재적 한계로 설정하고 있다는 해석이 덧붙는다. 이런 이해는 지적재산권을 하나의 인권으로 이해하고 다른 권리와의 충돌에서 균형을 유지하는 방향을 지향하고 있다.

하지만 국제인권기준은 법조문의 형식을 띤 다른 규범과 마찬가지로 문구 그대로 읽어서는 안 된다. 사회권위원회의 '초안 작성 역사'(Drafting History)에 따르면 사회권규약 초안 작성자들은 지적재산권에 대한 관심이 거의 없었고 기껏해야 사적 이익을 보호하는 것보다는 새로운 창작과 발명에 접근할 공중의 이익을 증진하는 데에 더 많은 주안점을 두었을 뿐이다. 초안 작성자들의 압도적인 다수는 지적재산권의 주요 역할이 무역이나 개발, 식품 또는 건강 분야로 이동할 것임을 인식하지 못했다. 더불어 개인으로서의 저자에 대한 권리만 염두에 두었고 기업이 소유하는 특허권이나 업무상 창작한 저작물에 대한 권리는 고려하지 않았던 것이다.

시간이 흐름에 따라 규약에 대한 사회권위원회의 이해도 달라졌다. 2001년 사회권위원회는 국가가 건강과 식량, 교육과 관련된 의무를 이행하는 것을 더 어렵도록 만드는 어떠한 지적재산권 제도도 규약에 위반된다고 강조했다. 2005년 사회권위원회는 규약 해석의 기준이 되는 「일반논평17」을 통해 "인권과 달리, 지적재산권은 일반적으로 일시적인 성격의 것이며, 철회하거나 다른 사람에게 허가되거나 양도될 수 있다"며 인권과 지적재산권을 "동일시하지 않는 것이 중요하다"고 강조했다. 즉 지적재산권이 인권이 아님을 선언한 것이다. 위원회는 지적재산권 제도가 "주로 기업의 이익과 투자를 보호"하지만 인권은 "민족, 공동체 또는 기타 집단과 그들의 집단적 문화유산 간 인격적인 유대를 보호"한다고 분리했다. "저자의 정신적 및 물질적 이익의 보호의 범위는 국내법 또는 국제협정 하에서 지적재산권으로 지칭되는 것과 반드시 일치하지 않는다"는 위원회의 지적은 현행 지적재산권 제도가 인간의 권리가 아니라 자본의 이익을 보호한다는 위원회의 문제의식을 보여주는 것이다. 또 위원회는 "어떠한 발명의 상업화가 생명권, 건강권 및 사생활 보호 등 인간의 권리와 존엄성의 완전한 실현을 위태롭게 할 경우 이러한 발명을 특허대상에서 제외시키는 등의 방법"을 제시하고 있다.

지적재산권을 극복하기 위하여

지적재산권의 그물을 벗어나기 위해 지적재산권 제도를 거부하고 지식의 공적 소유를 확대하려는 시도는 이미 존재한다. 원하는 사람이라면 누구나 무료로 이용할 수 있는 컴퓨터 소프트웨어인 자유/오픈 소스 소프트웨어(Free/Open Software)가 그것이다. 개발자들은 저작권에 대한 대안으로 공유권(shareright)을 제시하며 "당신은 이것을 복제할 수 있지만 단, 당신에게서 이것을 제공받은 사람도 또한 복제할 수 있어야 한다"는 문구를 프로그램에 첨부한다. 이는 사용자로 하여금 복제를 부추기고 저작권을 거부하도록 한다. 개발자들은 자신의 지적 산물에서, 그리고 다른 사람들에게 서비스를 제공하는 데서 만족을 얻는다. 이는 지적재산권을 독점하려는 세력에 대한 저항이자, 소프트웨어를 사회적 자산으로 축적하고 공유하려는 운동이다.

이런 시도는 지적산물이 가진 특성 때문에 가능한 시도일지도 모른다. 재산권의 다른 영역과 지적재산권은 분명히 다르므로 그 극복 방식도 다를 것이다. 그럼에도 불구하고 재산권에 대한 저항이 공통적으로 지향해야 할 방향은, '돈' 때문이 아니라 생산과 창조의 과정에서 기쁨을 느낄 수 있고, 누구나 그 생산물을 자유롭게 향유할 수 있으며, 생산과정에 대한 적절한 인정을 굳이 경제적인 측면이 아니더라도 받을 수 있도록 하는 사회 시스템의 근본적인 변화일 것이다. (강성준, 「지적재산권, 인권이 아니라 특권」)

학습활동 4

❶ 위의 글에서 주장하는 것은 무엇인가?

❷ 위의 글에서 주장을 펴기 위한 근거로 제시된 것은 무엇인가?

❸ 위의 글과 다른 시각으로 작성한 글을 찾아서 비교해보자.

읽기자료 5

홍수 피해 줄인 4대강 사업, 지류 지천도 정비해야

비가 많이 내린 지난달 22일부터 이달 16일까지 1,636억 원의 재산피해가 발생했다고 중앙재난안전대책본부가 집계했다. 강수량이 비슷했던 1998년과 2006년의 10분의 1 수준이다. 중앙재난안전대책본부는 한강 · 낙동강 · 영산강 · 금강 등 4대강 살리기 사업을 피해 감소의 한 요인으로 꼽았다. 강바닥의 두꺼운 퇴적층을 준설해 하천 수위를 낮췄기 때문이다. 4대강 공사가 마무리 단계로 접어들고 있지만 하천의 생태계 변화나 탁도(濁度)에서도 위험 요소가 발견되지 않았다는 게 전문가들의 판단이다.

4대강 사업은 올해 말이면 본류(本流)의 큰 그림이 완성된다. 낙동강 8개 보 현장 가운데 최상류 지역인 상주보 공구는 공정이 98%에 이른다. 갈수기에는 실개천 같던 곳에 물이 넉넉하게 흘러 강 같은 모습을 갖추었다. 4대강 사업은 수해 방지와 수량 확보 성과를 거두었으나 지류 지천까지 손을 본 뒤라야 명실상부한 사업효과를 기대할 수 있다. 일부 환경단체들은 4대강 사업이 역행침식(본류와 지천의 낙차가 커져 강바닥과 강기슭이 깎이는 현상)을 일으킨다고 주장한다. 실제로 4대강의 일부 지류 지천에서는 이번 집중호우 때 유량이 늘고 유속이 빨라져 바닥이 파이고 퇴적층이 드러났다. 준설작업을 끝낸 곳으로 토사가 밀려와 다시 준설해야 하는 사태도 벌어졌다.

4대강 수질 개선 비용이 2조 2,000억 원이나 되지만 지류에서 더러운 물이 유입된다면 본류의 수질 개선은 의미가 없다. 전체 준설비용의 10%인 5,000억여 원을 해마다 재준설에 투입해야 한다는 우려도 나온다. 23일 상주보에서 본보 논설위원과 만난 김관용 경북지사는 "70개나 되는 낙동강 지류 지천을 서둘러 보강하지 않으면 침식 재퇴적 수질오염 같은 부작용을 피할 수 없고 친환경 수변생태 공간도 조성하기 어렵다"고 걱정했다. 한강 · 영산강 · 금강도 같은 고민을 안고 있다.

4대강 지류 지천 5,500km를 정비하는 데 20조 원 정도가 소요될 것으로 예상된다. 지방 하천의 정비 책임은 지방자치단체에 있지만 재정자립도가 낮은 지자체들이 비용을 대는 것은 사실상 불가능하다. 예산을 한꺼번에 지원하기 어렵다면 정비가 시급한 곳부터 우선순위를 정해 단계적으로 추진할 필요가 있다. 올 4월 대통령직속 지역발전위원회는 이명박 대통령에게 '지류 개선 기본구상'을 보고하려다 연기한 바 있다. 4대강 사업을 성공적으로 마무리 지으려면 지류 지천 정비계획과 재원조달 방안이 마련돼야 한다. (『동아일보』, 2011년 7월 25일 사설)

4대강 홍수 피해 없다고?

'공학적으로 이번 홍수 원인은 물 흐름을 왜곡시킨 보 건설과 하천 평형상태 깬 대규모 준설, 결국 4대강 사업 속도전이다'

지난 4일 심명필 4대강 살리기 추진본부장이 기자간담회를 개최해 중부지역 홍수 피해에 대한 견해를 밝혔다. 한마디로 요약하면, 4대강 사업의 주요 공정인 준설로 인한 홍수 피해는 거의 없었고 일부 홍수 피해 사례는 4대강 사업과 무관하거나 현재 조사 중이라는 것이다. 소낙비는 일단 피하고 보자는 식인데, 편리한 논리다.

우리나라 하천 설계에 사용하는 강우량은 하천마다 차이는 있지만 100년 빈도 강수량, 즉 100년에 한번 발생 가능한 강수량을 사용하고 있다. 대체로 하루 300mm 안팎에 해당한다.

지난 5월 봄비는 하루에 평균적으로 50mm 정도의 강수량인데, 구미 1차 단수사태, 상주보 제방 일부 유실사태 등이 발생했다. 지난 6월 장맛비의 경우 4대강 유역 차원에서 보면 강우량이 하루에 100mm에도 미치지 못했는데, 구미 2차 단수, 상주보 인근 낙동강 본제방 일부 유실, 왜관철교 붕괴 등의 홍수 피해가 발생했다.

공학적으로 강우(홍수)의 규모를 결정하는 기준은 강우 강도인데, 이는 하루 또는 한 시간 동안의 단기간에 발생한 강우량의 크기이다. 6월 한 달 동안 비가 예년보다 많이 왔다는 것은 홍수 규모를 설명하는 데는 의미가 없으며 그 때문에 예기치 못한 홍수 피해가 발생했다는 논리는 공학적으로 잘못된 것이다.

이번 봄비와 장맛비는 통상적인 수준의 강우에 불과한데도 홍수 피해 사례 하나하나가 심각하다. 반면 2002년 태풍 루사, 2003년 태풍 매미로 인하여 전국토가 쑥대밭이 되었을 때도 4대강 사업 구간에서는 별다른 홍수 피해가 없었고, 물론 하천범람 사례도 없었다.

구미 1차 단수사태는 준설로 낮아진 하천 수위를 높이기 위하여 설치한 차수시설(시트파일)이 불어난 강물에 유실돼 발생했다. 구미 2차 단수사태는 4대강 사업 때문에 새롭게 설치한 횡단관로 유실이 원인이다. 횡단관로는 일반적으로 강바닥 2~3m 아래에 묻는다. 6m 정도 준설을 하면 기존 횡단관로가 물에 노출되기 때문에 더 깊이 묻었지만, 부실 설계 또는 부실 공사로 새롭게 설치한 횡단관로가 유실된 것이다. 구미에서 발생한 두 차례 단수사태의 원인은 모두 4대강 사업의 일환인 준설에 있다. 덧붙인다면 안전불감증도 또 하나의 이유다.

왜관철교의 경우 준설을 하기 전에 교량보호공을 설치했어야 하는데, 보강공사를 하지 않은 교각이 무너졌고 교량은 기능을 상실했다. 2일치 국토부 보도자료를 보면 4대강 사업 구간에 설치될 교량보호공은 총 111곳으로, 57개는 이미 설치했고 나머지 54곳도 설치할 계획이다. 4대강 사업의 준설 달성률이 97%에 이르지만 교량의 절반이 안전을 담보할 수 없는 상태인 것이다. 교량보호공은 본격적인 준설을 하기 전에 설치했어야 할 시설물이다.

상주보 사고는 수문(가동보)을 하천의 왼쪽으로 편향되게 설치한 결과다. 이에 따라 물의 흐름이 왼쪽으로 쏠리면서 제방 아래쪽 밑부분에 있는 모래를 파냈다. 결국 4대강 사업으로 설치한 제방은 흔적도 없이 완전 유실됐고, 낙동강 본제방도 일부 유실됐다. 최근 들어 홍수로 낙동강 본제방이 유실된 사례가 없다는 점을 고려한다면, 이번 사태는 심각한 것이다. 이는 명백한 상주보의 설계 잘못이다. 수리모형실험으로 이러한 설계 잘못을 찾아낼 수도 있었지만, 수리모형실험을 형식적으로 하다 보니 예산만 낭비한 셈이다. (『한겨레』, 2011년 7월 12일 사설)

4대강의 진실, 심판의 날이 다가왔다

4대강 문제는 경제 · 환경에다 정치 · 이념 · 종교까지 가세한 MB 정권 최대의 논쟁거리였다. 정부는 4대강 사업이 '혁신적 국토 개조'라고 내세우는 반면, 반대 진영은 '단군 이래 최대 재앙'이라 공격해왔다. 진실은 어느 하나일 것이다. 그러나 양측 주장이 워낙 극단을 달리는 바람에 국민으로선 뭐가 옳고 그른지 판단할 도리가 없었다.

그렇게 국론을 양분(兩分)시킨 2년여의 시간이 흐른 뒤, 드디어 심판의 순간이 시작되고 있다. 4대강 사업의 핵심인 보(洑 · 댐) 건설과 준설은 90% 공정률을 넘겼다. 이달 말이면 4대강 유역에 16개 보를 만들고, 564km 구간의 강바닥 모래를 파내는 공사가 대체로 마무리된다. 그리고 때를 맞춰 여름 홍수 시즌이 시작된다.

홍수는 4대강의 진실을 판가름할 첫 번째 심판장이다. 4대강 논란에는 여러 논쟁거리가 있지만, 다른 이슈들은 실제 검증에 시간이 걸릴 수밖에 없다. 수질 개선 효과를 확인하려면 적어도 1~2년은 기다려야 하고, 가뭄 해소에 도움되는지는 가뭄이 와봐야 알 수 있다. 하지만 홍수를 둘러싼 논쟁은 올여름만 지나면 당장 진위가 판명날 것이다.

정부는 4대강 사업이 홍수 조절을 위한 획기적 프로젝트라고 내세워왔다. 반면 반대 진영은 4대강 사업 때문에 도리어 홍수 피해가 커질 것이라고 주장하고 있다. 똑같은 사안을 놓고 양측 전망은 하늘과 땅 차이로 벌어져 있다.

4대강 사업이 홍수 피해를 줄여준다는 정부 논리는 단순 명료하다. 대규모 준설로 강에 담을 수 있는 물의 양(量), 즉 '물그릇'이 커졌다는 것이다. 강바닥을 파내 물의 소통 공간을 키웠기 때문에 홍수 수위를 최대 3.9m 낮출 수 있다고 정부는 주장한다. 반면 반대 진영은 "문제는 보(댐)"라는 논리로 반격하고 있다. 4대강 곳곳에 세워진 보가 물의 흐름을 막아 범람 위험을 키울 것이라는 주장이다. 정부가 보의 수문(水門)을 열어 물을 빼내면 된다고 반박하면, 반대측은 수문 없는 고정보 구간은 어떡하느냐고 재반박한다.

반대측은 또한 강바닥 준설의 후유증도 홍수 때 본격화할 것이라고 주장한다. 지류와 본류의 낙차(落差)가 커지면서 지류 주변이 깎여 나가는 '역행(逆行)침식'이 시작됐다는 것이다. 지류가 본류로 흘러들어오는 교차점의 강바닥이 패어 나갈 가능성도 제기하고 있다. 정부는 이런 후유증을 인정하면서도 강바닥에 콘크리트나 돌망태를 깔면 해결된다고 반박한다. 하지만 반대측은 콘크리트 설치물이 급물살에 떠내려갈 위험성이 있다고 재차 공격한다. 이렇게 공격 → 반박 → 재반박이 꼬리 물고 이어지면서 끝없는 말싸움이 계속돼 왔다.

그동안 찬 · 반 양측은 자기 편리한 대로 말의 성찬(盛饌)을 쏟아낼 수 있었다. 실제 검증이 필요 없었기 때문이다. 하지만 곧 열릴 '홍수의 재판정'에선 피해갈 수 없는 진실의 선고가 내려지게 된다.

심판은 복잡할 것도 없다. 4대강의 홍수 피해 상황을 보면 누가 국민을 속여왔는지 알 수 있다. 예년 수준 홍수가 닥쳤을 때 피해가 줄었다면 반대측이 틀린 것이고, 피해가 커졌다면 정부가 틀린 것이다. 애매한 변명으로 도망갈 구멍이라곤 없다.

만약 정부가 틀렸다면 장밋빛 전망을 부풀린 책임자를 문책하고 사업을 재검토해야 할 것이다. 반대 경우라면 온갖 언설을 쏟아냈던 일부 학자 · 환경운동가 · 정치인 · 종교인들이 혹세무민(惑世誣民)의 죄를 참회해야 한다. 2년간 헷갈렸던 국민은 4대강의 심판을 벼르고 있다. (『조선일보』, 2011년 6월 2일 사설)

학습활동 5

❶ 위에 제시된 글은 동일한 현상에 대해 서로 다른 시각을 보여주고 있다. 각 사설에서 제시된 주장과 근거가 무엇인지, 각 주장에 따라 논조가 어떻게 달라지는지 분석해보자.

❷ 현재 우리 사회에서 문제가 되고 있는 현상에 대해 위와 같이 서로 다른 주장을 펼치는 글을 찾아서 비교해보자.

❸ 각 사설에서 제시된 주장 가운데 하나를 선택하여 나머지 주장에 대해 반론을 펼치는 글을 써보자.

제4부

논문 쓰기

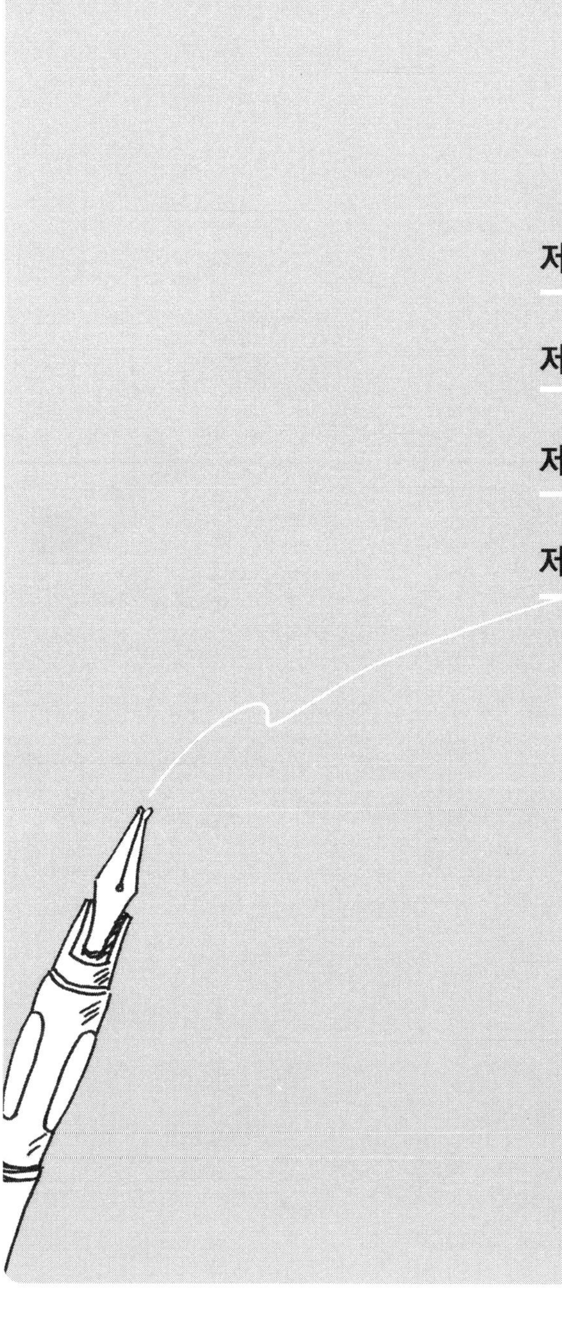

제1장 논문의 개념과 종류

1. 논문의 개념

논문이란 "어떤 주제에 대해 나름대로의 생각이나 주장을 내세우고 논리적으로 짜임새 있게 정리하여 이를 읽는 사람들에게 설득력 있게 전달하는 글"을 말한다. 이러한 논문에는 일반 또는 교양 논문과 학술 논문의 두 가지가 있다. 일반 또는 교양 논문이란 신문이나 잡지에서 흔히 볼 수 있는 일반적인 주제나 시사적인 문제를 다룬 논문을 말한다. 그러나 이러한 일반 또는 교양 논문은 엄밀한 의미에서의 논문이라고 하기 어렵다. 일반 또는 교양 논문은 일반인들을 위한 교양적 해설문이거나 각종 현안에 대한 시사평론의 성격을 넘어서기 어렵기 때문이다. 따라서 학문 세계에서 흔히 논문이라고 하는 것은 학술 논문을 말한다.

학술 논문은 그 내용이 학문적인 수준을 갖추어야 함은 물론이고 그 형식 또한 학술 논문의 이름에 값하는 격식을 갖추어야 하는데, 무엇보다도 학술 논문은 발견된 진리의 보고라는 특성을 갖는다. 즉 아직까지 밝혀지지 않았던 진리를 구명하는 글이 바로 논문이라는 것이다. 바로 이 점이 논문을 해설이나 비평과 같은 글과 구별케 하는 주요 특성이다.

진리는 거의 무한히 많이 존재한다고 볼 수 있다. 그 가운데서 지금까지 밝혀진 것도 있고 그렇지 않은 것도 있으며 잘못 밝혀진 것도 있다. 논문은 바로 이러한 밝혀지지 않은 진리를 드러내거나 잘못 밝혀진 것을 수정하는 글이다. 따라서 논문의 생명은 독창성에 있다. 아무리 방대하고 문장이 아름다운 글이라도 이미 다 알려진 사실만 나열해서는 논문으로서의 가치가 전혀 없는 것이다.

그렇기 때문에 논문은 자료, 방법론, 결론의 세 가지 중에서 최소한 한 가지 이상은 새로운 것이어야 한다. 물론 세 가지 모두가 새롭고 창조적이면 더욱 좋다. 그러나 세 가지 중에 하나만이라도 새로우면 논문으로서의 가치를 인정받을 수 있다. 이미 사용되었던 방법론으로 이미 도출된 결론이 나왔더라도 자료가 새로우면 그것은 그것대로의 가치가 있다. 왜냐하면 새로운 자료를 통하여 지금까지 사용된 방법론이나 결론을 입증함으로써 그 방법이나 결론의 타당성을 좀 더 보강하고 확증하는 공헌이 있기 때문이다.

또한 이미 있었던 자료, 이미 사용된 방법으로 연구를 했다고 하더라도 연구자의 식견에 따라 얼마든지 다르게 해석하고 판단할 수 있으며 이에 따라 새로운 결론이 나타날 수 있다. 이처럼 결론이 새로우면 이미 있었던 결과를 시정한다는 점에서 훌륭한 가치가 있다.

그 밖에 방법이 새로워도 또한 그것대로의 가치가 있다. 그것은 입증 과정이 다르기 때문에 결론이 같더라도 기왕의 결론을 보강할 수 있고 새 방법론을 개척했다는 점에서 공헌하는 바가 있기 때문이다. 그러나 이미 다루어진 자료를 대상으로 하여 별다른 방법도 없이 남들이 모두 지적한 사실을 써놓는다면 그것은 논문으로서는 휴지에 불과한 무가치한 것임을 강조해둔다.

여기서 우리는 논문이 독창성을 생명으로 한다는 것을 알 수 있다. 그러나 독창성이라는 것이 다른 사람이 한 것과 다르기만 하면 무조건 가치가 있다는 말은 아니다. 자료라고 하더라도 가치가 많은 자료와 가치가 적은 자료가 있으며, 방법론이나 결론도 기왕에 있었던 것보다 더 참신하고 타당성이 있어서 학계에 기여하는 바가 있어야 한다.

자기의 독창이라고 하더라도 타인에게 공감을 줄 수 없거나 객관적으로 논증되지 못하는 견해는 그 가치를 인정받을 수 없다. 아무리 훌륭한 착상이라 하더라도 그것을 증명할 수 없다면 공상이나 다름없으며, 그것이 증명되기 전까지는 논문의 결론은 될 수 없다. 따라서 주장하고자 하는 견해가 있으면 그 주장을 뒷받침하는 객관적인 증거를 제시하여 자기의 주장이 옳다는 것을 치밀하게 따져야 한다. 그러기 위하여 논문을 쓰는 사람은 여러 가지 논증 방법을 알아야 한다. 자료를 분류하고 문제를 한정하고 비교하고 대조하는 방법뿐 아니라, 각종 분석 증명의 원칙, 귀납법, 연역법 등의 원리나 응용에 대해서도 체득할 필요가 있다.

2. 논문의 종류

앞서 우리는 진정한 논문은 학술 논문이라고 했다. 그러나 대학의 학부 과정에서 주어지는 과제물이 모두 학술 논문의 성격으로 쓰일 것을 요구하는 것은 아니다. 대학 학부 과정에서의 논문을 기준으로 하여 분류하면 ① 연구 논문(research paper), ② 보고문(report), ③ 평론(review)의 세 종류로 나눌 수 있다. 이 세 종류의 논문의 특징을 간단히 들면 다음과 같다.

① 연구 논문: 연구 논문은 앞에서 말한 바와 같이 자료나 연구 방법 또는 해석 등에서 새로운 것이 반영되어 창의성 있고 독창적인 결론을 이끌어내는 데에 그 목적이 있기 때문에 자료, 방법, 결론의 세 가지 요소 중에서 어느 하나 또는 그 이상이 새롭고 다른 것이어야 한다.

② 보고문: 보고문에는 여러 부문에 있어서의 조사 보고를 비롯하여 답사 보고, 관측 보고, 채집 보고, 실험 보고 등이 있다. 이 보고문은 정확성을 그 생명으로 삼고 있다. 따라서 정확하지 못한 보고, 특히 허위적인 보고나 주관적인 보고 등은 아무런 가치도 없다.

③ 평론: 평론은 주로 어떤 책이나 논문을 직접 읽지 못한 사람을 위하여 쓰는 글이기 때문에 공평무사하고 객관적이어야 한다. 그리고 필자의 비판이나 의견이 필요할 때에는 반드시 비판이라는 것을 밝혀서 읽는 사람이 올바른 판단을 내릴 수 있도록 해야 한다.

제2장 논문 쓰기 준비

1. 문제의 발견과 선정

앞에서 우리는 논문의 생명이 독창성에 있다는 사실을 확인했다. 즉 논문은 아직까지 밝혀지지 않은 새로운 진리를 밝혀내는 데 그 목적이 있는 것이다. 새로운 진리의 발견은 인류 문화 발전에 기여하는 요소이며, 논문이야말로 인류의 발전을 촉진하는 계기가 된다고 할 수 있다.

그렇다면 우리가 논문을 쓰기 위해서 제일 먼저 필요로 하는 것은 새로운 것이 무엇인지를 아는 일이다. 그러나 이것은 결코 쉬운 일은 아니다. 새로운 것을 안다는 말은 지금까지 알려진 사실을 모두 안다는 말이 된다. 즉 학계의 수준을 파악하여야 한다는 말이다. 학계의 수준도 모르고 논문을 쓴다는 것은 어떤 의미에서 난센스이며 있을 수 없는 일이다. 그렇기 때문에 논문은 아무나 쓸 수 있는 글이 아니며, 부단히 자기 전공 분야의 전단면(前端面)을 감각하는 사람이 쓰는 글이다.

그러면 새로운 것이 무엇인가를 알기 위하여 어떻게 할 것인가? 이에 대해서는 물론 지금까지 자기 전공 분야의 업적들을 모두 섭렵하여야 한다. 그러나 이와 같은 일은 간단하지 않다. 각처에서 많은 사람들에 의하여 이루어지고 있는 연구 업적을 구하기도 어려울 뿐만 아니라 구했다고 해서 그것을 모두 읽고 소화하기란 더더욱 어려운 일이다. 그렇기 때문에 개설서나 사전류를 통하여 대체적인 윤곽을 파악하고 자기가 관심을 갖고 있는 문제와 직접적으로 관련되는 중요 연구 업적에 대해서 관심을 집중할 필요가 있다.

이렇게 하기 위해서 학생들은 전공 강의에 충실해야 되고 강의실에서뿐만 아니라 연구실에서도 교수와의 개인적 접촉을 통하여 참고문헌을 소개받고 특수한 문제에 대해 질의를 하고 지도받을 필요가 있다. 교수들은 자기 전공 분야에 대해서는 항상 새로운 단면을 감각하고 있으며, 교수와의 접촉은 학생만이 누리는 특권임을 알아야 한다. 또한 교수뿐만 아니라 학계의 선배 동학들과 끊임없이 의견을 교환하여 자기의 독단적인 오류를 시정해야 한다. 학문은 결코 혼자의 생각으로 달성되는 것이 아님을 강조해둔다.

이와 같이 새로운 문제를 발견할 수 있는 경지에 도달하면 구체적으로 문제의 신정에 착안하게 된다. 논문은 새로운 문제의 제기와 그에 대한 답안이라고 볼 수 있다. 지금까지 학생들은 다른 사람이 낸 문제만을 풀어왔다. 그리하여 자기 스스로 문제를 내고 그것을 푼다는 것은 이해하기 곤란할지도 모른다. 그러나 논문은 자기가 낸 문제를 자기가 푸는 글이다. 대개 학계에서 이미 제기되어 있는 문제도 있다. 그러나 논문을 쓰려면 이미 제기된 문제라도 자기 스스로 그 문제를 한정하고 고쳐서 자기가 풀 수 있는 문제로 바꾸지 않으면 안 된다.

문제의 성격은 여러 가지가 있다. 그러나 일반적으로 '무엇이냐?' 라는 문제와 '왜?' 라는 문제의 복합적인 성격을 갖는다고 할 수 있다. 무엇에 대한 답이 정답이라는 증명을 거쳐야 되기 때문이다. 따라서 논증 과정은 곧 '왜?' 에 대한 답이라고 볼 수 있다.

이런 점에서 문제의 선정은 자기가 풀 수 있는 가장 구체적이고 한정된 것이어야 한다. 문제가 구체적이고 한정적일 때 그것에 대한 답안 역시 구체적이고 명확하게 제시할 수 있기 때문에 보다 알찬 논문을 쓸 수 있는 것이다. 문제가 너무 크고 막연하면 해답도 그에 따라 막연하고 모호하게 되며, 그 같은 문제를 취급한 논문은 대개 깊이가 없는 피상적인 관찰에 그치기 쉽다.

2. 자료의 수집과 기입

논문의 문제가 결정되었으면 그 다음 자료 수집에 착수하여야 한다. 연구 논문이란 수많은 자료를 가지고 하나의 방법론으로 연구되어 얻어진 결론이므로 무엇보다도 자료 수집은 체계적으로 이루어져야 하고 또 연구 목적에 도달할 수 있도록 충분한 자료를 수집하여야 한다.

이러한 자료는 대개 도서관에서 수집되는 것이 많으므로 평소에 도서관 이용법에 대해 잘 알아두어야 한다. 특히 컴퓨터를 통한 학술 정보 검색은 질량의 측면에서 고속성 · 편리성 · 정확성을 우리에게 제공하고 있으며, 정보화 시대가 발전하면 할수록 정보

검색법을 숙지할 필요성이 증대될 수밖에 없다. 자료 수집의 단계는 대략 다음과 같이 둘로 나눌 수 있다.

① 문제에 대한 일반적인 개념 파악: 우선 자기가 선정한 문제에 대한 일반적인 개념을 알아보는 것이다. 이것은 개설서나 사전류를 찾으면 쉽게 알 수 있다. 이렇게 함으로써 다음에 자기 논문에 필요한 구체적인 자료가 무엇인가를 좀 더 분명히 알 수 있다.

② 문제 해결을 위한 구체적인 자료 조사: 자기 문제와 관련되는 자료를 일단 최대한 많이 수집할 필요가 있다. 문헌 자료의 경우에는 도서관, 연구실, 또는 개인 소장자들까지 찾아서 단행본이나 학술 잡지를 모두 조사해야 한다. 또한 민속자료라면 현지 조사를 할 필요가 있다.

다음에 자료를 기입하는 방법에 대해서 알아보자. 연구 과제의 순서에 따라 마음대로 그 배열을 바꿀 수 있는 작은 메모 카드에 기입하는 것이 전통적인 방법이었으나 최근에는 도서 관리 프로그램이나 워드프로세서 등을 통해서 입력하는 방법이 많이 쓰이고 있다. 자료를 기입하는 방법을 문헌 자료를 중심으로 몇 가지로 나누어 검토해보기로 한다.

① 자료 수집 과정에서 읽은 책은 다음과 같은 서지 사항을 정확하게 기입하고 정리해두어야 한다. 즉 저서명(또는 논문 제목), 발행지, 출판사명, 출판 연월, 그리고 채취된 자료가 실려 있는 페이지의 숫자 등을 기입해두어야 한다. 이런 서지 사항이 기재된 카드를 마스터 카드(master card)라고 하며, 이 카드는 논문 끝에 반드시 붙여야 하는 참고문헌(bibliography)을 작성할 때 유익하게 쓰인다. 이 마스터 카드 다음에는 인용부호로 명시된 인용문을 기입하거나 내용을 요약한 요약문 등을 기입한다. 이런 카드를 내용 카드라고 하며, 이것은 논문을 쓸 때에 그 논문의 뼈가 되고 몸이 되는 구실을 하게 된다.

② 자료의 필요한 부분을 카드에 기입하기에 앞서 각자가 선택한 참고문헌은 반드시 그 서문이나 목차를 대충 검토하여야 한다. 그런 다음에는 그 책이나 논문의 장·

절 · 항 들을 대충 통독한 뒤에 정독하면서 필요한 부분을 가려서 채록해야 한다.

③ 카드에 기입할 때에는 필요한 사항을 정확하고도 완전하게 기입하여야 한다. 특히 뒷날에 오독되지 않도록 확실하게 써야 할 것은 물론이고, 같은 책을 두 번 다시 읽을 필요가 없도록 완전하게 빠짐없이 채록하여야 한다. 또 직접 인용을 할 때에는 반드시 인용부호를 사용함으로써 요약하여 채록한 글과 혼동되지 않도록 하여야 한다. 그리고 카드의 양이 늘어갈수록 적당한 표제를 달아서 분류하기 쉽도록 해두는 것이 좋다.

④ 자료의 채록이 어느 정도 진행되면 카드를 분류해야 한다. 그러나 서둘러서 카드를 분류하거나 버리는 일이 있어서는 안 된다. 조급한 정리는 재고할 수 있는 기회를 놓치게 함으로써 과오를 범할 우려가 있기 때문이다.

⑤ 남의 글을 읽을 때나 자료를 채취할 때는 반드시 사실과 의견을 구분하여야 한다. 그러기 위해서는 여러 사람의 관점을 이해하고, 그들의 문제점을 옳게 이해하였는가를 판단해야 한다.

⑥ 요약을 하거나 의역을 할 때는 자기의 주관을 섞어서는 안 된다. 자기의 의견과 원문의 내용은 엄격히 구별되어야 한다. 만약 자기의 의견을 기입할 필요가 있을 때에는 그것을 명시할 것을 잊어서는 안 된다.

⑦ 한문이나 외국어로 된 자료는 반드시 번역을 하여 그 내용을 정확하게 알아두어야 한다. 그리고 논문에 인용할 때에는 반드시 번역문을 싣도록 해야 한다.

3. 자료 정리와 개요 작성

가능한 자료를 완전하고도 정확하게 채록하였다는 생각이 들면 초고 작성에 들어가기 전에 몇 가지 할 일이 있다. 우선 자료를 채록하면서 간단히 해두었던 정리 작업을 다시 검토하여 그 내용과 분량을 조절하면서 채록된 자료의 재배열과 취사선택을 해야 한다.

다음으로 논문의 뼈대가 거의 완성되면 논문의 개요를 만들어야 한다. 이 개요 작성시에 검토할 사항은 논지 전개에 따라 자료의 배열이 조리 있게 이루어졌는가 하는 점이다. 보다 명백하고 이해하기 쉽도록 모든 자료는 배열되어야 한다. 또한 아무리 아까운 자료라도 논지에 도움이 되지 않는 것은 아낌없이 버려야 할 것이다.

이처럼 개요가 작성되면 집필에 들어가기 전에 지도교수나 선배 동학과 의견을 나누어 교정에 대한 조언을 받는 것이 좋다. 일단 집필된 원고는 수정하기 어렵기 때문에 이때에 가능한 한 많은 조언을 구할 필요가 있다.

제3장 논문의 구성과 문장

1. 논문의 구성

논문은 일정한 형식을 필요로 한다. 논문의 형식은 서론 · 본론 · 결론의 3단 구성법을 취하고 있다. 다음에 각 단계에서 어떠한 사항들이 기술될 것인가를 알아본다.

1) 서론

① 문제의 해설: 논문에서 다루고자 하는 문제는 어떤 것이며 이 문제가 성립되는 이유와 문제의 중요성에 대하여 확실하고도 새롭게 주장하고 설명해야 한다. 또한 문제의 범위를 한정하여 논문 필자의 의도가 명백히 드러나도록 해야 한다. 따라서 독자는 서론만 보면 이 논문이 어떤 문제를 다룬 것인지를 한눈에 알 수 있는 것이다.

② 기존 업적 비판: 문제에 의의를 부여하자면 자연히 종래의 업적과 무엇이 다른지 말하게 되며 여기에 간단한 비판을 수반한 연구사의 개략이 소개된다. 그러나 기존 연구에 대한 세부적이고 본격적인 비판은 본론에서 논지 전개와 더불어 이루어진다.

③ 자료 개설: 논문에서 다루는 자료가 알려지지 않은 것이거나 자기가 수집한 것일 때는 이에 대한 해설을 붙여야 한다. 다 알려진 자료라도 어떤 자료를 연구 대상으로 했다는 점은 밝혀야 된다. 자료에 대한 과학적인 해설은 자료의 가치와 신빙성을 높여주는 요소이다. 따라서 새로운 문헌 자료의 경우에는 작자와 연대를 밝히고 서지적 사항을 기술해야 한다. 또한 자기가 채록한 민속자료일 경우에는 현지 조사 보고와 자료를 별도로 첨부해야 한다. 통계 자료의 경우에도 조사 대상, 조사 방법, 조사 일시 등을 명기하여야 한다. 자료 해설이 복잡하면 본론에서 별항으로 처리하

기도 한다.

④ 방법론 개설: 새로운 방법론을 사용할 경우, 방법론에 대한 설명이 필요하다. 또한 그 방법이 해당 문제를 해결하는 데 얼마나 효율적이며 적합한 것인가를 객관적으로 밝힐 필요가 있다. 방법론에 대한 해설도 복잡하면 본론에서 따로 장을 설정하여 상론하기도 한다.

⑤ 예비적 지식: 논문에서 다루려는 문제를 이해하는 데 어떤 예비지식이 필요할 경우, 이에 대한 간단한 설명이 서론에 포함될 수 있다. 그러나 이때도 복잡한 설명을 요한다면 역시 본론에서 상세히 기술되어야 할 것이다.

2) 본론

① 논거의 제시: 이미 수집한 자료를 치밀한 계획 아래 순서대로 정확하게 제시하는 일이다. 이 논거 제시에 있어서 유의할 점은 논제나 문제점의 성질에 초점을 두어서 체계적으로 배열해야 한다는 것이다. 바꾸어 말하자면 아무리 아까운 자료라도 논제와 아무 관계도 없는 것이라면 아낌없이 버려야 할 것이다. 그리고 논제나 문제점을 해명하는 데 있어서 적당한 곳에 적절한 논거를 제시해야 한다.

② 논의: 제시된 논거가 개별적이든 집합적이든 그 논거에 대해 치밀하게 논의가 수행되어야 한다. 서론에서 간략하게 언급된 다른 사람의 의견이나 학설이 이 단계에서 상세하게 비판되는 것이다. 그리하여 자기의 창의적인 견해나 독창적인 방법론을 뚜렷이 제시해야 할 것이다. 그러기 위해서는 자기의 것과 다른 사람의 것을 명백히 구분할 줄 알아야 한다.

③ 논지의 전개: 이 논지의 전개는 보통 큰 문제로부터 차차 범위를 좁혀서 작은 문제로 전개해나가는 것이 관례로 되어 있다. 따라서 논거의 제시에 있어서도 큰 문제에 관계되는 것으로부터 작은 문제에 관계되는 것의 순서로 배열할 것은 물론이요, 논의의 순서도 우선 큰 문제부터 해명해놓고 차차 문제를 좁혀가면서 깊이 있는 논의를 진행해나가야 할 것이다. 그리고 논리적으로는 연역적이기보다는 귀납적으로 전개해나가는 것이 보통이다. 또한 논의는 어디까지나 논리적으로 비약이 있어서는 안 된다. 또한 논거 제시와 논의에서 중복되거나 지나치게 번잡한 것은 피하는 것이 좋다. 되도록 간결하면서도 빠짐없이 따지는 것이 논지 전개에 가장 좋은 방

법이다.

3) 결론

① 재정리와 요약: 결론은 이미 본론에서 도출되어 있는 것이다. 결론 부분은 도출된 결론만을 기술한다고 생각하지 말고 그 논문에서 밝혀진 중요한 사실이나 결론을 논지 전개에 따라서 순서대로 재정리하고 간명하게 요약하는 자리가 되도록 하는 것이 좋다. 그리고 본론에서 장별로 맺어진 소결론들을 연결해 결론을 종합하고 확대할 수도 있다. 그러나 지나친 확대는 금물이다. 명백히 논증된 사실만 가지고 자신 있는 결론을 삼는 것이 좋은 태도이다.

② 미비점 제시: 자기 연구의 미비한 점이나 해결되지 못한 문제가 있으면 반드시 그러한 점을 지적해둘 필요가 있다. 학문은 혼자만이 하는 것이 아니기 때문에 다음 연구를 위하여, 또는 다른 사람에게 연구 과제를 제공함으로써 학계 발전에 공헌한다는 점에서 유의해둘 점이라고 생각한다.

2. 논문의 문장

학술 논문의 문장은 시나 소설과 같은 예술 작품이 아니기 때문에 명백하고 간결한 것이 생명이다. 그러므로 여러 가지 뜻으로 해석될 수 있는 함축성 있는 문장이나 애매모호한 문장 표현은 논문 문장으로서 금물이다. 어디까지나 명석한 문장으로 적어 독자들로 하여금 필자의 의견과 연구 결과를 정확하게 받아들일 수 있게 하여야 한다. 어렵게 쓴 논문만이 권위가 있는 것으로 알았던 종래의 관점은 지양되어야 하겠다. 동시에 쓸데없는 미사여구나 감탄사도 논문에서는 불필요한 것이다. 다음에, 논문 문장에 주의해야 할 점 몇 가지를 들어보겠다.

① 논문에 쓰이는 용어나 어구의 사용은 엄정하게 선택해야 한다. 자기가 처음 쓰는 술어에 대해서는 개념 규정을 해야 하고, 두 가지 의미로 해석될 수 있는 말은 무슨 의미로 쓴다는 것을 분명히 밝혀야 한다. 또한 표준어로 써야 함은 물론 확실히 모

르는 말을 써서는 절대로 안 된다.

② 논문 문장에 쓰이는 서술어의 시제는 현재형과 과거형만을 사용하고 미래형은 쓰지 않음을 원칙으로 한다. 과거형은 연구 결과를 보고할 때, 현재형은 정의를 내릴 때나 자기 의견을 삽입할 때 등에 쓴다.

③ 논문에서는 자기 자신을 표현할 때 3인칭으로 한다. 즉 '나' 가 아니고 '필자' 로 쓰는 경향이 많다. 그 이유는 객관성을 높이기 위한 의도에서이다. 근자에는 '우리' 라는 표현도 많이 쓰이고 있으며, 심지어는 '나' 라는 말까지 등장하고 있다. 그러나 아직도 학술 논문에서는 '나' 란 표현이 거의 나오지 않고 있다.

④ 인명을 표기할 때는 한국 인명과 중국 인명의 경우에 성과 이름을 모두 표기하고, 기타의 인명은 처음에 등장할 때 성과 이름을 모두 사용한 다음에 거듭 나올 경우에는 성만을 쓴다. 그리고 인명에는 존칭을 생략하는 것이 보통이다.

⑤ 논문에서 사용하는 숫자는 아라비아 숫자를 쓰는 것이 원칙이다. 단 9 이하의 수를 쓸 때는 하나, 둘 등의 표현도 무방하다.

제4장 인용문, 주석, 참고문헌

1. 인용문

논문 작성에 있어서 때로는 남의 글에서 제공을 받은 어떠한 정보나 믿을 만한 전거를 인용함으로써 어떤 문제를 규명하는 데에 도움을 받는 경우가 많다. 경우에 따라서는 서로가 공통되거나 상이한 이해를 인용하고 제시함으로써 어떤 문제를 해명하기 위한 논의를 더욱 풍부하게 하기도 한다.

만일 자기 논문이 현상에 대한 분석이나 비판, 자료 제시의 측면 등에서 참신한 공헌을 한 논문이라고 인정받기를 원한다면, 남의 글을 인용하는 요령을 체득하고 그것을 조절할 줄 알아야 한다. 그러기 위해서는 어떤 문단을 직접 인용할 것인가, 아니면 간접 인용할 것인가를 판단하는 능력을 갖추어야 한다.

① 인용문의 길이: 인용문은 되도록 짧을수록 좋다. 한 페이지를 넘는 인용문은 절대로 있을 수 없다고 생각하는 것이 좋다. 왜냐하면 만일 인용문이 한 페이지를 온통 차지하면 독자들은 그것이 인용문이라는 사실을 잊고 필자의 생각으로 오인하기가 쉽기 때문이다. 뿐만 아니라 지나치게 긴 인용문은 당면한 문제와 관계가 희박한 사실이 언급될 수도 있기 때문에 문제의 초점을 흐리게 만들 우려도 있기 때문이다. 따라서 가장 요령 있는 인용의 방법은 원문의 구문을 깨뜨리지 않는 범위에서 인용의 목적을 달성할 수 있는 최소한의 문장을 빼내는 데 있다고 하겠다.

② 직접 인용: 법률 조문, 정부 시행령, 중요 포고문, 수학이나 과학에서 쓰는 공식, 필자가 표현한 대로 옮기는 것이 절대적으로 중요시될 때, 어떤 특수한 생각이 특별한 표현 방법을 통해서만 표현되었을 때에는 직접 인용을 해야 한다. 이 직접 인용을 하는 경우에는 맞춤법, 구두점, 문단 등을 원문대로 어김없이 인용해야 한다. 그리고 원전에 대한 세밀한 검토를 하여 정확한 원문을 찾아서 인용할 것도 명심해

야 한다. 이 직접 인용문을 기입할 때에는 인쇄된 행수로 3행 이내일 경우에는 인용부호로써 표시하고, 필자의 문장 속에 묻어서 계속 기술하되 행을 바꿀 필요는 없다. 만일에 인용문이 3행 이상일 경우에는 행을 바꾸어 다른 문단을 잡되 인용부호는 빼고 인용문 전체를 몇 자씩 좌우로 비워서 적어야 한다.

③ 간접 인용: 남의 생각을 그 사람이 말한 그대로 인용하지 않고 일단 필자의 말로써 바꿔 인용하는 것을 간접 인용이라고 한다. 비록 간접 인용일지라도 그 결과는 직접 인용과 다름이 없어야 하기 때문에 간접 인용은 매우 어렵다고 한다. 그러나 이 방법을 잘 써야 좋은 논문을 쓸 수 있다고 생각하고 부지런히 훈련하는 것이 현명하다. 이 경우에는 인용부호는 쓰지 않고 인용문의 끝에 주석 번호를 달고 주석에서 그 출처를 명시하면 된다.

④ 생략, 보삽(補揷), 강조: 직접 인용일 경우, 필요한 부분만을 인용하기 위하여 어느 문장의 앞, 중간, 뒷부분을 생략하는 경우가 있다. 이 경우에 주의해야 할 점은 원문의 뜻이 다치지 않을 범위에서 생략할 것과, 생략된 부분은 반드시 생략부호(……)로써 명시해야 한다는 것이다. 또한 직접 인용의 경우, 만약 원문에 오식이나 오기가 있을 경우에 그것이 분명히 잘못인 줄 알면서도 마음대로 그 잘못을 바로잡아서는 안 된다. 그때에는 그 잘못된 글자 다음에 〔원문대로〕 또는 〔Sic〕라고 기입하여 원문과 틀림없다는 것을 명시해야 한다. 그리고 필요하다면 〔 〕 속에 정확한 것을 기입해도 무방하다. 그리고 인용 문장의 일부를 특히 강조하고자 할 때에는 강조될 부분에 밑줄을 치거나 방점을 쳐서 표시하고 필자가 원문에 없는 선이나 점을 가했다고 밝혀두어야 한다.

〈보기〉 날이 어두웠다. <u>海底와 같은 밤</u>이 오는 것이다. (밑줄: 필자)

2. 주석

학문적인 양심의 기준은 모든 자료의 출처를 밝히기를 요구한다. 그것은 다만 정직성에 관계될 뿐만 아니라 그 사람의 학문을 인정받는 길이기도 하기 때문이다. 인용된 모든 사실이나 의견 또는 결론에 관한 전거나 출처는 축자적으로, 또는 다른 방법으로 정확하게 지시되어야 한다. 어떤 생각이나 서술이든 그것들이 남의 것에서 빌려온 것이라면 서적이건, 강의이건, 면접이건, 또 다른 어떠한 기회에서 얻어내었다고 할지라도 그 사실을 반드시 논문 본문이나 주석란에서 명시해야 한다. 더구나 남에게서 빌려온 생각을 밝힌다는 것은 어떤 문장이나 기호나 다른 형태의 표현으로 된 남의 업적을 빌려오는 것 못지않게 중요한 것임을 명심해야 한다.

주석과 참고문헌의 기재 방식은 여러 가지 방식이 있지만, 전형적으로 많이 쓰이는 것은 A형(K. L. Turabian) 방식과 B형(APA: American Psychology Association) 방식 중 하나이다. A형과 B형의 가장 큰 차이점은 출판 연도를 어디에 두느냐 하는 데에 있다. A형은 출판 연도를 맨 뒤에 두지만, B형은 출판 연도를 필자명 다음에 두되 괄호 안에 넣어서 기재한다. 이러한 차이점은 여기에 머물지 않고 A형인 경우는 각주를 달고 각주에 서지 사항을 기재하는 데 반해, B형의 방식은 각주가 아닌 본문에 필자명과 출판 연도를 넣는 것으로 대신하고 각주에는 내용주만 넣는 것을 원칙으로 한다.

가령 "홍길동(1988)에서는 〔……〕"과 같은 구절이 의미하는 것은 필자가 '홍길동'이고, 그 필자가 1988년에 출판한 저술 논저임을 의미한다. "홍길동(1988: 22)"라고 하면 그 책의 22페이지에서 인용하였음을 의미한다. 만약 동일 필자가 한 해에 여러 논저를 출판했고, 그 논저들을 모두 인용할 경우는 "홍길동(1988a)", "홍길동(1988b)"와 같은 방식으로 구분한다. 그리고 저자명이 괄호 안에 들어갈 경우는 "〔……〕한다는 것이다(홍길동 (1988: 22))."처럼 표기하지 않고, "〔……〕한다는 것이다(홍길동, 1988: 22)."라고 표기하여 출판 연도와 페이지를 묶는 괄호를 없앤다.

아래에서 자세히 살펴보는 것은 A형의 방식이며 주석과 참고문헌의 순으로 알아본다. B형의 방식은 우선 주석이 없으므로 참고문헌에서 간략히 언급하기로 하겠다. 무엇보다도 A형은 주석에 출판 사항들이 모두 나와 있으므로, 때로는 논문의 말미에 참고문헌을 제시하지 않아도 무방하다. 그러나 B형은 주석이 없이 본문 속에서 인용 사실을 처리하므로, 반드시 논문의 말미에 참고문헌을 달아야 한다.

A형과 B형의 두 방식 가운데 어느 쪽을 선호하는가는 전공에 따라 다르므로, 자신이 속한 전공에서 어떤 방식을 쓰고 있는지 미리 확인해두는 것이 필요하다. 전공에 따라서는 위의 두 방식과는 다른 방식을 사용하는 경우도 있으므로 확인 작업이 반드시 필요하다.

한편, A형의 경우 주석과 참고문헌의 기재 방식이 동일하지 않다는 점도 유념해야 한다. 가령 외국 인명인 경우, 주석에서는 이름—성의 순으로 쓰는 경우가 있지만(예: John Lyons), 참고문헌에서는 반드시 성—이름의 순으로 쓰고 성 다음에 쉼표를 꼭 넣어야 한다(예: Lyons, John).

1) 주석의 목적

① 증거 자료의 타당성 입증: 널리 알려지지 않은 어떤 사실에 대한 모든 중요한 서술은 그 타당성을 입증할 수 있는 증거 자료에 의하여 뒷받침되어야 한다. 이 뒷받침은 본문이나 주석 또는 그 두 군데에서 함께 이루어진다. 그리고 그 증거 자료를 찾아볼 수 있는 출전에 관한 참고 사항이 주석란에서 명시되어야 한다.

② 논의의 보충: 논문의 본문에서 제시되는 자료와 주석란에서 제시되는 자료의 차이를 결정짓는 일반적인 원칙은, 본문의 전개를 참고 자료나 도표 등이 방해하지 않는다는 데에 있다. 따라서 주석란은 본문의 흐름을 방해하거나 독자들의 흥미를 감소시키는 모든 요소, 즉 기술적인 논의, 부수적인 비판, 추론적인 자료, 부대적인 설명 등을 처리하는 구실을 한다. 그리고 본질적으로 그리 중요하지 않은 설명적인 자료, 즉 상충되는 견해에 대한 조정 자료와 같은 것은 본문보다는 주석에서 기술될 성질의 것이다.

③ 논문의 연관성 확보: 논문에서 같은 논지가 중복될 경우가 있다. 따라서 앞부분이나 뒷부분에서 기술되는 사항을 언급할 경우에 주석에서 이 같은 점을 밝히는 경우가 있다.

④ 도움을 받은 사실 명시: 다른 사람에게 조언을 받았을 경우 이에 대한 해명을 주석란에서 한다.

2) 주석의 실제

① 주석 번호: 본문에 붙이는 주석 번호는 주석란에서 설명하려는 용어나 문장의 끝 오른쪽 위에 기입하는 것을 원칙으로 삼는다. 그리고 숫자의 표시는 '1', '(1)', '①', '주1' 등의 형식으로 아라비아숫자로 적는데, 대개 '1'과 '1)'의 형식을 많이 사용한다. 워드프로세서에서는 이 형식 가운데 하나를 선택하게 되어 있다. 그리고

그 모양은 대개 위첨자로 고정되어 있다. 그런데 영문일 경우에는 숫자를 종지부나 인용부호의 밖에 적어야 한다. 그리고 특히 자연과학계 논문에서는 수식이나 화학 · 물리 등의 공식에서 쓰이는 숫자와 혼동이 되지 않도록 주의해야 한다.

② 주석란의 위치: 과거의 논문에서는 논문 전체의 말미나 장의 끝에 몰아서 기록하는 미주의 방식을 주로 사용하였으나, 근래에 와서는 각 페이지 아래 부분에 몰아서 기입하는 각주의 방식을 많이 취하고 있다. 이 방법을 쓸 때 한 가지 주의해야 할 점은 주석란이 지나치게 많은 자리를 잡거나 또는 복잡하다는 인상을 주어서는 안 된다는 것이다. 그러기 위해서 한 가지 사실을 인용하면서 많은 참고 자료를 소개할 필요가 있을 때에 한하여 복식 주석(multiple footnote)의 방식을 취하는 것이 좋다. 즉 하나의 주석 번호 아래 여러 개의 문헌을 계속 기록함으로써 주석란의 자리를 절약할 수 있기 때문이다. 그럴 때에는 문헌과 문헌 사이에 '쌍반점(;)' 만 찍어두면 된다.

③ 완전 주석: 주석은 보통 완전 주석과 약식 주석의 두 가지로 나눈다. 완전 주석이라 함은 어떤 문헌이 처음으로 인증되었을 때 그 문헌을 식별하는 데 충분한 여러 사항을 빼지 않고 기록하는 방법을 말한다. 그리고 약식 주석이란 일단 완전 주석의 방식으로 소개된 문헌을 반복해서 주석할 때 일정한 부호나 생략된 방식으로 주석하는 것을 말한다. 그러면 먼저 완전 주석에서 기입되어야 할 사항부터 알아보자.

가) 단행본의 경우

ㄱ) 저자명

i) 동양 사람인 경우 성–명의 순서로 적는다(예: 홍길동). 영문일 경우에는 이름을 먼저 쓰고 성을 나중에 쓴다(예: John Lyons). 자기의 저서인 경우 '졸저' 라고 쓰는 경우도 있다.

ii) 공저인 경우 저자가 세 사람 이하이면 세 사람 이름을 모두 쓴다(예: 김철수 · 홍길동, John Lyons & Mary Smith).

iii) 그 이상일 때는 최초의 저자명만 쓰고 나머지는 '외 몇 명' 이라고 약기한다(예: 김철수 외, John A. Smith et al.).

iv) 편집자는 성명 뒤에 '편' 혹은 'ed.'를 붙인다(예: 김철수 편, John Smith ed. / 복수일 경우에는 김철수 외 편, John Smith eds.).

v) 번역자는 성명 뒤에 '역' 혹은 'trans.'를 붙인다(예: 김철수 역, John Smith trans.).

vi) 학술 단체, 협회, 정부기관 등 법인이 저자인 경우에는 그 법인명이 저자란에 기입된다(예: 한국정신문화연구원).

ㄴ) 서명

i) 저자명 다음에 쉼표(,)를 찍고 계속해서 서명을 적되 내제명(內題名)과 표지명이 다를 때에는 내제명을 적는 것이 원칙이다. 그리고 여러 사람에 의해서 집필되었으나 필자명을 알 수 없는 경우, 또는 백과사전류 등은 저자명은 생략하고 바로 서명부터 쓴다.

ii) 국문 서명인 경우에는 『 』 표시를 달고(예: 『국어학 입문』), 영문 서명인 경우에는 이탤릭체를 사용한다(예: *Introduction to the Theoretical Linguistics*).

ㄷ) 출판 사항

여기에는 발행 판수, 발행지, 출판사명, 출판 연월 등의 네 항목을 넣는다. 이 네 항목을 순서대로 쓰되 모두 ( ) 속에 묶어서 기입한다. 그리고 판수 다음에는 ';'을, 발행지 다음에는 ':'을, 출판사명 다음에는 ','를 기입한다. 다만, 개정판이 아닌 경우에는 판수를 쓰지 않는다. 그리고 발행지는 그 서적의 발행 출판사가 있는 도시명을 기재하면 된다. 발행지는 국문인 경우는 생략하는 경우가 많지만, 외국 서적인 경우는 반드시 넣어야 한다. 외국의 경우는 동일명의 출판사라고 하더라도 그 출판사가 소재하는 도시가 다른 경우가 많기 때문이다. 출판 연월은 대개 연도만을 아라비아숫자로 기입하며, 필요에 따라 월 단위까지도 기입한다.

ㄹ) 페이지 명시

인용 혹은 참고한 내용이 실려 있는 책의 페이지를 명시해야 한다. 페이지 표시에 있어서 한 페이지만을 표시할 때는 'p.' 라고 쓰고, 두 페이지 이상에 걸쳐 인용했을 때는 'pp.' 라고 쓰되 페이지 번호는 아라비아숫자를 쓴다. p. 33은 33페이지를 뜻하고, pp. 56~73은 56페이지에서부터 73페이지까지를 말한다. 또 pp. 35ff.는 35페이지 이하를, pp. 20~30 passim은 20페이지로부터 30페이지 사이의 여기저기에서 인용했음을 뜻한다. 최근에는 우리말로 '쪽' 이나 '면' 을 사용하기도 한다.

〈보기〉

1) 조윤제, 『한국시가사강』(정정판; 서울: 을유문화사, 1961), pp. 120~135.
2) 이병기 · 백철, 『국문학전사』(서울: 신구문화사, 1960), p. 85.
3) 장덕순 외 3인, 『구비문학개설』(서울: 일조각, 1971), pp. 35ff.
4) 졸저, 『신고국어학사』(서울: 학연사, 1983), pp. 120~165 passim.
5) Barry Ulanov, A History of Jazz in America(New York: Viking Press, 1952), pp. 50~163.
6) René Wellek and Austin Warren, Theory of Literature(New York: Harcourt, 1956), p. 50.
7) Bernard R. Berelson, Paul F. Lazarsfeld and McPhee William, Voting(Chicago: University of Chicago Press, 1954), pp. 93~95.

나) 논문의 경우

ㄱ) 저자(집필자)명: 단행본의 저자명 기입 요령과 같다. 자기의 논문을 인용했을 경우에는 '졸고' 라고 쓰는 경우도 있다.

ㄴ) 논제명: 서명과는 달리 홑낫표(「 」)로 묶어야 한다. 논제명 끝에는 쉼표를 찍되 그 쉼표는 반드시 인용부호 속으로 들어가야 한다. 영문인 경우에는 관사 · 전치사 · 접속사 등은 소문자로 시작하고, 나머지 단어들은 대문자로 시작하는 것이 보통이다.

ㄷ) 잡지명과 논문집명: 인용된 논문이 실려 있는 잡지명 또는 논문집명을 완전하게 기입한다. 저서와 마찬가지로 국문인 경우 겹낫표(『 』) 안에 잡지명을 넣는다(예: 『국어국문학』). 영문인 경우에는 이탤릭체로 표기한다.

ㄹ) 권수 및 호수: 제○권 제○호로 표시하거나 권수는 로마숫자로, 호수는 아라비아 숫자로 표기한다.

ㅁ) 출판 연월일: 출판 연월까지만 쓰고 일자는 보통 생략한다. 계간일 경우에는 계절명까지만 표기한다. 이상에서 잡지명, 논문집명, 권수, 호수, 출판 연월은 괄호 속에 묶어야 한다.

ㅂ) 페이지의 표시: 단행본의 경우와 같다.

〈보기〉

1) 김길동, 「백운소설연구」(『서강인문논총』 8집, 1964. 11).

2) 조동일, 「가사의 장르 규정」(『어문학』 21, 1969. 12).

3) 박형택, 「흥부전의 현실성에 관한 연구」(『문화비평』 제1권 제4호, 1969. 겨울), p. 815.

4) Walter Kirchner, "The Life of Catherine I of Russia"(The American Historial Review II, January 1946), p. 254.

다) 기타의 자료

ㄱ) 백과사전 및 참고 자료 기사

i) 필자명이 있는 경우: 남풍현, 「이두」, 『한국민족문화 대백과사전』(서울: 한국정신문화연구원, 1991).

ii) 필자명이 없는 경우: 「샤머니즘」, 『동아원색세계대백과사전』(서울: 동아출판사, 1982).

ㄴ) 신문 기사

i) 기사: 「몽골 대초원에 뻗어나는 한국인의 기상」, 『한겨레』, 2002. 3. 15: 5.

ii) 사설: 「정치부터 대개혁을」, 『동아일보』, 1998. 11. 11: 3.

ㄷ) 전자 자료

i) 포터블 데이터베이스: 인쇄 자료의 기입 형식에 매체 종류(CD-ROM, 디스켓 등),

정보 제공 회사, 전자 자료의 출판 연월 등을 첨가해야 한다.

(예) 한국, 국회도서관 편, 『국회도서관 문헌 정보: 한국박사 및 석사학위논문 총목록; 정기간행물 기사색인; 단행본 목록』, CD-ROM(서울: 1997).

ii) 온라인 데이터베이스: 온라인 데이터베이스의 자료는 포터블 데이터베이스에서 제공되는 CD-ROM 자료와는 다르다. 이들 자료는 컴퓨터 서비스나 인터넷 같은 네트워크를 통해서만 제공받을 수 있으며, 수시로 수정되거나 최신 정보가 첨가되므로 그 내용이 다른 자료에서와 같이 고정되어 있는 것이 아니다. 따라서 이들 자료는 특수한 서지 정보를 제공해야 한다. 또한 이들 자료는 다른 형태로도 생산되며 그 내용이 동일하지 않은 경우가 많으므로 제공 형태('온라인')를 기입해야 한다. 온라인 데이터베이스에는 여러 종류가 있지만, 이 가운데 우리가 흔히 얻는 것은 world wide web, 곧 www에서이다. 여기서 얻은 자료에는 저자명(없을 경우 생략), 제목(「 」), 전체 제목(『 』〔국문〕, 이탤릭체〔영문〕), 출판 연도 또는 마지막 수정일, http 주소(〈 〉), 접속일(괄호 안에)을 기입해야 한다.

〈보기〉

「총선연대, 탈세 의혹 등 87명 공개」, 『조선일보』, 2000. 4. 10,
〈http://www.chosun. com/w21data/html/news/200004/200004100108.html〉
(10. Apr. 2000).

④ 약식 주석: 동일한 논저가 각주로서 반복되는 경우에는 필요한 모든 서지 사항들을 완전히 기록하는 완전 주석의 방식을 쓰지 않고 약식 부호들을 사용하여 간략히 제시하는 방식을 사용한다. 대표적으로 사용되어온 약식 주석들을 제시하면 다음과 같다.

가) 부호 사용

ㄱ) *Ibid*: 라틴어 ibidem의 약자로 상게서(上揭書), 상게논문(上揭論文)의 뜻이다. 이것은 바로 앞의 주에서 인용한 서적이나 논문을 다시 반복하여 사용할 때 쓴다. 영문에서는 이탤릭체(Ibid.)로 표기한다. 이 Ibid. 대신에 '상게서, 상게 논문'이라고

쓰거나 우리말로 '위의 책, 위의 글' 등으로 쓰기도 한다.

〈보기〉

1) 양주동, 『여요전주』(서울: 을유문화사, 1959), p. 113.

2) 上揭書, p. 165.

3) Michael Crichton, The Andromeda Strain(New York: Knopf, 1969), p. 29.

4) Ibid., p. 36.

ㄴ) Loc. cit.: Loco citato의 약자로 전주(前註)와 같음의 뜻이다. 따라서 Loc. cit.만 쓰고 다른 사항은 기입하지 않는다. 이 Loc. cit.는 한 번 인용된 것을 완전히 반복해서 인용할 경우에 쓰는 것이기 때문에 실제로는 거의 사용되지 않는다.

〈보기〉

1) 최재서, 『최재서 평론집』(서울: 청운출판사, 1961), p. 237.

2) Loc. cit.

ㄷ) Op. cit.: Opere citato의 약자로 전게서(前揭書), 전게논문(前揭論文)의 뜻이다. 반복 인용하고자 하는 주석문 다음에 다른 문헌에 관한 주석이 삽입되어 있거나, 한 페이지 또는 몇 페이지 앞에 완전 주석문이 소개되었을 경우에 저자명 다음에 이 부호를 쓴다. 곧바로 위에서가 아니라 그 앞의 어디에선가 일단 인용했던 문헌을 다시 인용하는 경우에 주를 완전하게 작성하지 않고 저자명 또는 필자명 다음에 이 부호를 적고 해당 페이지를 적는다. 그러나 동일 저자의 여러 저서가 동일 논문 내에서 자주 인용될 경우에는 이 부호를 쓸 수 없다. 이 Op. cit. 대신에 '전게서, 전게 논문' 혹은 '앞의 책, 앞의 글' 등이라고 쓰기도 한다.

〈보기〉

1) 백낙청 역, 「리얼리즘과 현대소설」(『창작과비평』 제2권 제3호, 1967, 가을), p. 124.

2) 김동인, 『춘원 연구』(서울: 신구문화사, 1958), p. 21.

3) 백낙청 역, Op. cit., p. 130.

4) 김동인, 앞의 책, p. 25.

나) 약어 및 기타 부호(abbreviations)

필요에 따라서는 주석란이나 논문 본문 속에서 사용할 술어나 어구에 관한 약어 또는 부호를 설정하기도 한다. 이런 경우에는 통일성이 있어야 하며, 논문의 전후 적당한 곳에서 일람표를 만들어 독자들에게 제시해야 한다.

〈보기〉

용가: 용비어천가.

도남회갑논집: 도남 조윤제박사 회갑기념 논문집.

Bk., Bks: book, books.

cf(confer): 참조

Chap., Chaps: chapter, chapters.

e.g.(exempli gratia): 예를 들면.

et al.(et alli): 외 수명.

idem: 동인(同人).

i.e.(id est): 즉.

3. 참고문헌

논문을 쓰는 데 참고했던 모든 문헌은 논문 뒤 참고문헌에서 다시 정리해 밝혀야 한다. 참고문헌을 기재하는 요령은 다음과 같다. 첫째, 동양서와 서양서로 구분한다. 둘째, 저서나 논문으로 구분한다. 동양서는 다시 국내 서적과 외국 서적으로 구분하여 국내 서적부터 기재하되 저자명의 가나다순으로 배열하고 서양서는 알파벳순으로 배열한다. 저서는 다시 자료와 연구서로 구분하여 자료부터 기재하는 것이 좋다.

이런 기재 요령이나 다음에 제시하는 기재 요령은 학문 분야에 따라 일치되지 않는 경우가 많다. 그러므로 자신이 논문을 쓰는 학문 분야에서 어떤 방식으로 쓰는가를 미리 알아보는 것이 중요하다. 가령, 국어국문학과의 경우 국어학 전공은 B형 방식을 선호하며, 국문학 전공은 A형 방식을 선호한다. 이처럼 동일한 학과라 하더라도 세부 전공에 따라 주석이나 참고문헌의 제시 방식이 다르므로 사전에 자신이 속한 학문 분야에서 어떤 방식으로 주석이나 참고문헌을 제시하는지를 반드시 확인할 필요가 있다.

특히 이공계의 경우는 A형도 B형도 아닌 방식으로 주석을 달고 참고문헌을 제시하는 경우가 많다. 수학의 예를 들면, 인용과 관련된 주는 모두 본문에서 처리한다. 곧 내용주가 아닌 주석을 제시하지 않는다. 이 점은 B형과 같다. 그러나 B형이 저자명과 출판 연도만을 제시하는 데 비해 수학에서는 인용 순서에 따라 〔 〕 속에 아라비아숫자로 일련번호를 붙여나간다. 그리고 글의 말미에 완전한 출판 사항을 제시하는 참고문헌을 붙이는데, 이때 정렬 순서는 저자명의 순서가 아니라 본문 속의 일련번호의 순서에 따라 제시한다. 아래에서는 A형과 B형의 참고문헌 기재 방식만을 제시하기로 하겠다.

① 저서의 경우: 저자명, 서명, 발행지, 출판사, 출판 연월 순으로 기재하는 것은 주석의 경우와 같다. 다만 출판 사항을 묶어놓은 괄호를 없애고 쉼표 대신에 마침표를 하는 것이 원칙이며 참고한 페이지를 명시하지 않는 점도 주석과는 다른 점이다. 또한 앞에서도 언급했듯이 영문 저자명을 성과 이름의 순서로 쓰고 그 사이에 쉼표를 찍는 것이 이름과 성의 순서로 기재하기도 하는 주석의 방식과 다른 점이다. 주석과는 달리 참고문헌에서 저자명을 성과 이름의 순서로 쓰는 이유는, 참고문헌에서는 여러 문헌들을 제시해야 하는데 이때 여러 문헌들을 성의 알파벳순으로 정렬해야 하기 때문이다. 반면 주석에서는 하나의 주석에 하나의 문헌이 제시되는 것이 일반적이므로 알파벳순의 정렬이 필요 없다. 따라서 이름과 성의 순으로 제시해도 무방하다. 한편 논문명은 반드시 「 」(영문은 " ") 속에 넣지만, 서명은 『 』 속에 넣는다. B형인 경우는 출판 연도를 저자명 다음에 ( ) 속에 넣어 제시한다.

〈보기〉

A형: 이능화. 『조선여속고』. 서울: 학문각. 1968.

B형: 이능화(1968). 『조선여속고』. 서울: 학문각.

② 논문의 경우: 집필자명, 「논문 제목」, 『게재지명』, 권호수, 출판 연월의 순으로 기재한다. 논문의 경우도 세부적인 사항은 완전 주석의 경우와 같다. 다만 괄호로 묶는 부분이 없고 페이지의 제시가 없는 것이 다를 뿐이다.

〈보기〉

A형: 김일렬. 「홍길동전의 불통일성과 통일성」. 『어문학』 27. 1972.

B형: 김일렬(1972). 「홍길동전의 불통일성과 통일성」. 『어문학』 27.

③ 번역서의 경우: 원저자명, 원서명, 발행지, 출판사, 발행 연월(번역자명, 번역서명, 발행지: 출판사, 출판 연월)의 순으로 기재한다.

〈보기〉

A형: Wellek, René and Austin Warren. Theory of Literature, New York: Harcourt, 1956(백철 · 김병철 공역, 『문학의 이론』, 서울: 신구문화사, 1959).

B형: Wellek, René and Austin Warren(1956). Theory of Literature, New York: Harcourt(백철 · 김병철 공역, 『문학의 이론』, 서울: 신구문화사, 1959).

부록

국어생활

한자어 학습

국어생활 '예시문제' 풀이

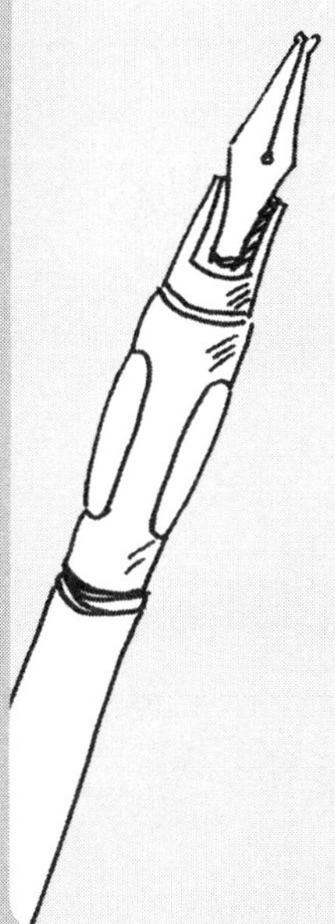

국어생활* 1: 한글맞춤법

'일이 잘 되/돼 간다' 중 맞춤법이 바른 것은?

'일이 잘 돼 간다'가 맞다. '되어'의 준말이므로 '돼'가 바른 표기인 것이다. '되다'에 '-어, -어라, -었-' 등이 결합되어 '되어, 되어라, 되었-'과 같이 활용하는 경우 그 준말은 '돼, 돼라, 됐-'이 된다. 어미 '-어'나 '-어서, -어야' 같은 연결어미 혹은 과거 표시의 선어말 어미 '-었-'이 결합한 '되어, 되어서, 되어야, 되었다'도 '돼, 돼서, 돼야, 됐다'와 같이 적는다.

그런데 "할머니께서는 장차 훌륭한 사람이 되라고 말씀하셨다", "나라의 동량이 되라"에서와 같이 명령형 어미 '-(으)라'가 어간에 직접 결합하는 경우도 있다. 이 경우는 '되라'인지 '돼라'인지 구분하기 어려운데, 이때도 '되어라'로 대치하여 자연스러우면 '돼라'로 쓰는 것이 옳다.

'그것은 교사로서/교사로써 할 일이 아니다', '말로써/말로서 천 냥 빚을 갚는다' 중에서 맞춤법이 바른 것은?

'교사로서'(신분), '말로써'(수단)가 바른 표기다. '-로서'는 지위나 신분 또는 자격을 나타내는 조사이고, '-로써'는 재료나 원료, 수단이나 도구를 나타내는 조사다.

(1) 그는 친구로서는 좋으나, 남편감으로서는 부족한 점이 많다.
언니는 아버지의 딸로서 부족함이 없다.

(2) 콩으로써 메주를 쑨다.
꿀로써 단맛을 낸다.

(1)에서 보듯이 '-로서'는 '친구의 자격으로, 아버지의 딸 자격으로'라는 뜻을 나타내고, (2)에서 보듯이 '-로써'는 '콩을 원료로 하여, 꿀을 원료로 하여'라는 의미를 나타낸다. 이때의 '-로써'는 '어떤 것을 이용하여'라는 의미를 공통으로 가진다.

---

* '국어생활'의 어문 규정과 관련된 문제들은 국립국어원에서 발간한 『가나다 전화 자료집』(1997), 『국어원에 물어보았어요(일반용)』(2001)와 국립국어원 홈페이지의 '자주 나오는 질문'에 게시된 내용을 주로 참고하여 작성하였다.

'그는 부지런하므로/부지런함으로 잘 산다', '그는 열심히 공부하므로/공부함으로 부모님의 은혜에 보답한다' 중 맞춤법이 바른 것은?

문맥을 고려해 보면 '부지런하므로', '공부함으로(써)'가 맞다. '하므로'는 동사 어간 '하-'에 까닭을 나타내는 연결어미 '-므로'가 붙은 어형이며, '함으로'는 '하다'의 명사형 '함'에 조사 '-으로(써)'가 붙은 어형이다. 이때 '하므로'는 '하기 때문에'란 뜻을 나타내고, '함으로'는 '하는 것으로(써)'란 뜻을 나타낸다.

(1) -하므로: 그는 훌륭한 학자이므로 많은 사람들에게 존경을 받는다.

(2) -함으로(써): 그는 열심히 일함으로(써) 삶의 보람을 느낀다.

문장의 앞 절이 뒤 절의 '이유, 원인'이 되는 것은 '하므로'를 써야 하고, '수단, 도구, 재료'가 되는 것은 '함으로(써)'를 써야 한다. '하므로'와 '함으로(써)'는 '-써'를 붙일 수 있는가 없는가로 쉽게 구분할 수 있다.

| 예시문제 |

1. 자음 'ㅋ'과 'ㅌ'의 명칭과 발음은 무엇인가?
2. 옛 글자 'ㅿ, ㆁ, ㆆ, ㆍ, ㅸ'의 이름은 무엇인가?
3. '좋아할 게다/거다' 중 맞춤법이 바른 것은 어느 것인가?
4. '하늘을 날으는/나는 슈퍼맨' 중 맞춤법이 바른 것은 어느 것인가?
5. '산 너머/넘어 남촌에는 누가 살기에' 중 맞춤법이 바른 것은 어느 것인가?
6. '집에 갈게/갈께' 중 바른 표기는 어느 것인가?
7. '태릉/태능, 쌍룡/쌍용' 중 바른 표기는 어느 것인가?
8. '만듬/만듦', '힘듬/힘듦'과 같이 'ㄹ 받침' 용언 어간의 명사형의 바른 표기는 어느 것인가?
9. '머리 속/머릿속이 텅 비었다' 중에서 바른 표기는 어느 것인가?
10. '며칠 전/몇일 전' 중 바른 표기는 어느 것인가?
11. '숟가락/숫가락' 중 바른 표기는 어느 것인가?
12. '아니어요/아니에요/아니예요' 중 틀린 표기는 어느 것인가?
13. '안/않 어울린다'와 '먹지 않았다/안았다' 중에서 바른 표기는 어느 것인가?
14. '쓰레기를 버리고 가면 어떡해/어떻게' 중 바른 표기는 어느 것인가?
15. '설립연도/년도', '회계연도/년도' 중 바른 표기는 어느 것인가?
16. '오랜만/오랫만에 뵙습니다' 중 바른 표기는 어느 것인가?

17. '이것은 공책이요/공책이오, 저것은 연필이요/연필이오, 그것은 책이다'에서 바른 표기는 어느 것인가?

18. '왠지/웬지 불길한 예감이 든다', '웬/왠 걱정이냐' 중 바른 표기는 어느 것인가?

19. '이래 봬도/이래 뵈도/이레 봬도/이레 뵈도 내가 예전에는 잘 나가던 사람이야'에서 바른 표기는 어느 것인가?

20. '일찍이/일찌기', '오뚝이/오뚜기' 중 바른 표기는 어느 것인가?

21. '어제 공부를 했음/했슴', '갓길 없음/없슴' 중 바른 표기는 어느 것인가?

22. '해님/햇님' 중 바른 표기는 어느 것인가?

23. '햇과일/해과일', '햇콩/해콩' 중 바른 표기는 어느 것인가?

24. '가든(지) 오든(지)/가던지 오던지 마음대로 해라' 중 바른 표기는 어느 것인가?

25. '오이소박이/오이소배기' 중 바른 표기는 어느 것인가?

26. '성공률/성공율' 중 바른 표기는 어느 것인가?

27. '노동량/노동양', '일량/일양' 중 바른 표기는 어느 것인가?

28. '가정란/가정난' 중 바른 표기는 어느 것인가?

29. '돈을 치렀다'와 '돈을 치뤘다' 중 바른 표기는 어느 것인가?

30. '자장면 곱배기/곱빼기' 중 바른 표기는 어느 것인가?

| 연습문제 |

1. '그는 부지런하다. 그러므로/그럼으로 잘 산다' 중 바른 표기는 어느 것인가?
   '그는 열심히 공부한다. 그러므로/그럼으로 부모님의 은혜에 보답한다' 중 바른 표기는 어느 것인가?

2. '하늘을 나르는/날으는/나는 슈퍼맨' 중 바른 표기는 어느 것인가?

3. '창 넘어로/너머로 푸른 하늘이 보인다', '물이 넘어/너머 수도꼭지를 잠갔다' 중 바른 표기는 어느 것인가?

4. 씨름에서 쓰는 용어인 '밭다리/밧다리', '엇그제/엊그제' 중 바른 표기는 어느 것인가?

5. '생각건대/생각컨대', '넉넉지/넉넉치 않다' 중 바른 표기는 어느 것인가?

6. '왜 그 아까운 재주를 썩이고/썩히고 있니', '나뭇잎을 썩이다/썩히다' 중 바른 표기는 어느 것인가?

7. '철수는 밥을 먹지 안았다/않았다', '철수는 밥을 먹지 안는다/않는다', '담배를 않 피고/안

피고 있었다' 중 바른 표기는 어느 것인가?

8. '있슴/있음, 갓길 없음/없슴, 없사오니/없아오니' 중 바른 표기는 어느 것인가?

9. '하얗다, 시커멓다'의 과거형은 무엇인가?

10. '회집/횟집, 수도물 /수돗물, 고기배/고깃배' 중 바른 표기는 어느 것인가?

11. '되/돼, 되서/돼서, 되야/돼야, 하게 됬다/하게 됐다' 중 바른 표기는 어느 것인가?

12. '白羅惠'의 표기 중 바른 것은 '백라혜' 인가 '백나혜' 인가?

13. '이것은 책이오, 이리 오시오, 어서 오십시오/이것은 책이요, 이리 오시요, 어서 오십시요' 중 종결어미의 바른 표기는 무엇인가?

14. '이것은 책이오, 저것은 먹이오, 또 저것은 붓이다/이것은 책이요, 저것은 먹이요, 또 저것은 붓이다' 중 연결어미의 바른 표기는 무엇인가?

15. '몹시 춥더라, 울던 사람, 얼마나 춥던지 몰라/몹시 춥드라, 울든 사람, 얼마나 춥든지 몰라' 중 바른 표기는 어느 것인가?

16. '배던지 사과던지 마음대로 먹어라, 가던 말던/배든지 사과든지 마음대로 먹어라, 가든 말든' 중 바른 표기는 어느 것인가?

17. '서오능/서오릉, 좌청룡/좌청용' 중 바른 표기는 어느 것인가?

18. '형은 양복을 마추었다/맞추었다, 아기에게 입을 마추다/맞추다'에서 바른 표기는 어느 것인가?

19. '오뚜기/오뚝이, 더우기/더욱이, 일찌기/일찍이' 중 바른 표기는 어느 것인가?

20. '왠지/웬지 가슴이 두근거린다, 웬 일이니/왠 일이니' 중 바른 표기는 어느 것인가?

국어생활 2: 띄어쓰기

'학생같이/학생 같이'와 '학생같은/학생 같은'의 바른 띄어쓰기는 무엇인가?

체언 뒤에 바로 결합되는 '-같이'는 조사로서 '학생같이', '이같이' 처럼 붙여 쓰고, '같은'은 '같다'의 활용형으로서 '학생 같은', '이 같은' 처럼 띄어 쓴다. 그러나 공동격 조사 '-과' 뒤의 '같이'는 부사로서 '학생과 같이' 처럼 띄어 쓴다.

'-같이'는 조사로 처리하면서 '같은'은 조사로 처리하지 않는 이유는 다음과 같다. '같은'에는 '같다'의 의미가 그대로 있으나 '같이'에는 '동일하다'의 의미가 아니라 조사 '-처럼'의 의미가 있다. '같이'는 '같다'에서 멀어져 '-처럼'과 같은 뜻을 나타내는 조사로 바뀐 것이다.

'먹는 데다/먹는데다 소금을 더 넣어라', '잠을 자는데/자는 데 친구가 왔다'의 바른 띄어쓰기는 무엇인가?

'먹는 데다 소금을 더 넣어라'의 'ㄴ 데다'는 '데'가 '어떤 곳'의 의미를 지니는 의존명사이므로 띄어 써야 한다. 이때의 '데' 다음에는 '-에, -에다, -다, -다가' 등의 조사가 올 수 있다는 것이 특징이다. 한편, '잠을 자는데 친구가 왔다'는 '-ㄴ데'가 연결 어미이므로 붙여 쓴다. '원인을 밝히는 데 힘을 쏟겠다'와 '비가 많이 오는데 이만 돌아가자'의 경우도 마찬가지다.

'교육받다/교육 받다', '소집당하다/소집 당하다', '납치되다/납치 되다', '발견하다/발견 하다'의 바른 띄어쓰기는 무엇인가?

'교육받다, 소집당하다, 납치되다, 발견하다' 등은 모두 붙여 쓴다. 그러나 '교육을 받다, 소집을 당하다, 납치가 되다, 발견을 하다'와 같이 조사 '-을, -가' 등이 결합되면 띄어 쓴다. '-받다'가 구체적인 사물을 받는 행위를 뜻할 때에는 동사로서 그 앞말과 띄어 써야 하지만, 행위성을 지닌 동사성 명사 뒤에서 피동적인 의미를 나타낼 때에는 접미사이므로 중간에 조사가 개입되지 않는 한 그 앞말과 붙여 써야 한다.

예) 교육받다, 미움받다

'-되다'는 피동적인 의미를 드러내는 접미사로(혹은 합성어로 볼 수도 있음), 피동성을 나타내는 말이면 모두 붙여 쓴다.

예) 결합되다, 납치되다, 배치되다, 분해되다, 정리되다

'—당하다'는 피해를 입는 피동성을 나타내는 접미사인데(혹은 합성어로 볼 수도 있음), 조사가 개입되지 않는 한 붙여 쓴다.

예) 납치당하다, 사기당하다, 도난당하다

체언 뒤의 '하다'도 조사가 개입되지 않는 한 붙여 쓴다.

예) 공부하다, 구경하다

'어제는 피곤하여 공부를 못 했다/못했다', '나는 노래를 못 한다/못한다'의 바른 띄어쓰기는 무엇인가?

'공부를 못 했다'로 띄어 쓰고, '노래를 못한다'로 붙여 쓴다. '못'은 '동사가 나타내는 동작을 할 수 없다거나 상태가 이루어지지 않았다는 부정의 뜻을 나타내는 부사'이다. '술을 못 마시다, 잠을 통 못 자다' 처럼 일반적으로 서술어 앞에서 서술어를 꾸며주며 이런 경우 띄어 쓴다. 그런데 '하다'가 서술어로 올 경우에 '못'과 '하다'가 하나의 합성어로 굳어져 뜻이 변한 경우는 붙여 쓰고, 그렇지 않은 경우는 다른 서술어처럼 띄어 써야 한다.

합성어로 붙여 써야 할 경우는 '술을 못하다, 노래를 못하다, 음식 맛이 예전보다 못하다' 처럼 '일정한 수준에 못 미치거나 할 능력이 없다'라는 뜻을 지닐 때와 '잡은 고기가 못해도 열 마리는 되겠지' 처럼 '아무리 적게 잡아도'라는 특별한 뜻을 지닐 때다.

'못하다'를 붙여 쓰는 또 다른 경우는 용언의 어간 뒤에서 '—지 못하다' 구성으로 쓰이는 보조용언일 때다. '말을 잇지 못하다, 바빠서 동창회에 가지 못하다, 편안하지 못하다, 아름답지 못하다'의 '못하다'는 모두 붙여 써야 한다.

그러나 '어제 병이 나서 일을 못 했다' 처럼 단순히 동작을 할 수 없다는 부사의 뜻이 살아 있는 경우는 띄어 써야 한다.

| 예시문제 |

1. '사랑을 할 거야/사랑을 할거야' 중 바른 띄어쓰기는 무엇인가?
2. '그럴걸요/그럴 걸요'와 '그럴걸세/그럴 걸세' 중 바른 띄어쓰기는 무엇인가?

3. '이 문제를 해결할 사람은 그밖에/그 밖에 없다' 는 어떻게 띄어 써야 바른가?
4. '법 대로/법대로', '틈나는 대로/틈나는대로' 는 어떻게 띄어 써야 바른가?
5. '좋은 일이 있을 듯하다/듯 하다', '변덕이 죽 끓듯 하다/끓듯하다' 는 어떻게 띄어 써야 바른가?
6. '콩알만하다/콩알만 하다', '그 영화는 볼 만하다/만 하다' 는 어떻게 띄어 써야 바른가?
7. '봄이 머지 않았다/머지않았다', '여기서 우리 집까지는 멀지 않다/멀지않다' 는 어떻게 띄어 써야 바른가?
8. '첫째/첫 째 줄', '첫번째/첫 번째 줄' 은 어떻게 띄어 써야 바른가?
9. '밥을 먹고 있다/먹고있다', '느긋하게 살아야 한다/살아야한다' 에서 보조용언은 어떻게 띄어 써야 바른가?
10. '본 연구/본연구, 본 고/본고, 본 고장/본고장' 은 어떻게 띄어 써야 바른가?
11. '소문으로만 들었을 뿐이다/들었을뿐이다', '이제 믿을 것은 실력 뿐이다/실력뿐이다' 는 어떻게 띄어 써야 바른가?
12. '문서상으로/문서 상으로', '지구상의 동물/지구 상의 동물' 은 어떻게 띄어 써야 바른가?
13. 성과 이름은 어떻게 띄어 써야 바른가?
14. '오억십이만삼천원' 은 어떻게 띄어 써야 바른가?
15. '홍길동씨/홍길동 씨, 홍길동님/홍길동 님' 은 어떻게 띄어 써야 바른가?
16. '여기서부터 경기도 입니다/경기도입니다' 는 어떻게 띄어 써야 바른가?
17. '차가 이미 떠난 걸/떠난걸', '네가 등산을 좋아하는 걸/좋아하는걸 몰랐어' 는 어떻게 띄어 써야 바른가?
18. '관계 있다/관계있다', '실속 있다/실속있다' 는 어떻게 띄어 써야 바른가?
19. '무의식중에/무의식 중에', '근무중에/근무 중에' 는 어떻게 띄어 써야 바른가?
20. '하여야 겠다/하여야겠다' 중 바른 띄어쓰기는 무엇인가?

| 연습문제 |

1. 고유명사 띄어쓰기(특정 기관의 명칭이거나 상호: 원칙과 허용으로 구분할 것)
   서울 시립 교향악단/서울시립 교향악단/서울시립교향악단
   한국 통신 공사/한국통신 공사/한국통신공사
   한국 대학 컴퓨터 계열/한국대학 컴퓨터계열

2. 법으로 정해진 기한 내에/기한내에, 법으로 정해진 기한 중에/기한중에
3. 네가 무엇인데/무엇인 데 그런 소릴 하니, 키는 큰데/큰 데 힘은 없다
   일이 이렇게 된데에는/된 데에는 너에게도 책임이 있다
4. 아는 것이/아는것이 힘이다. 그가 떠난 지가/떠난지가 오래다
5. 한개, 두개, 세개/한 개, 두 개, 세 개
   옷 한벌/옷 한 벌, 집 한채/집 한 채
6. 변덕이 죽 끓듯 하다/끓듯하다. 밥이 끓는 듯 하다/끓는 듯하다
7. 비누 방울 놀이/비누방울놀이
8. 숙식비 및 준비금/숙식비및 준비금. 국장 겸 과장/국장겸 과장. 책상, 걸상 등/책상, 걸상등
9. 십만 장/십만장/십 만장. 100,000장/100,000 장. 십만천 팔백장/십만 천팔백 장
10. 김미자 양/김미자양, 김양/김 양. 홍길동 씨/홍길동씨, 홍씨/홍 씨
11. 한번/한 번 엎지른 물은 주워 담지 못한다
12. 가시나무/가시 나무
13. 하고서부터/하고서 부터. 학생이기보다는/학생이기 보다는
14. 필요 하다/필요하다, 발견 되다/발견되다, 증가 시키다/증가시키다, 환영 받다/환영받다, 기준 삼다/기준삼다
15. 여기서부터 김포시 입니다/김포시입니다
16. 나는 할수있다/할수 있다/할 수 있다
17. 나는 참을 수 밖에/참을수밖에/참을 수밖에 없었다
18. 이 같이/이같이, 이 같은/이같은
19. 화해해야 했을 텐데/했을텐데
20. 둘째/둘 째, 두번째/두 번째
21. 그는 명상을 하고 있다/하고있다
22. 나는 학생입니다/학생 입니다
23. 어제는 비가 와서 일을 하지 못 했다/못했다. 나는 술을 잘 못해서/못 해서 술잔을 사양했다

국어생활 3: 문장 부호

아래는 한글맞춤법의 [부록]에 제시된 문장 부호의 사용법과 관련된 예의 일부이다. 이 예들을 보고 그 용법을 익혀보자.

(1) 1999. 7. 12.(1999년 7월 12일)

(2) 우리 집 고양이가 가출(?)을 했어요.

(3) 아, 달이 밝구나! 부디 몸조심하도록! 철수야!

(4) 시장에 가서 사과 · 배 · 복숭아, 고등어 · 조기 · 명태를 샀다.

(5) "배가 고픈데 밥을 먹을까?" "오늘은 국수를 먹으면 어때?"

(6) 옛말에 "부자는 망해도 삼 년을 간다."라고 했는데 이렇게 빈털터리가 되다니.

(7) "여러분! 침착해야 합니다. '하늘이 무너져도 솟아날 구멍이 있다.' 고 합니다."

쉼표의 경우에 그 용법을 익히면 유용하다. 한글맞춤법의 [부록] 문장 부호의 '쉼표' 관련 내용을 아래에 그대로 선별해 제시했다.

(1) 같은 자격의 어구가 열거될 때에 쓴다.

근면, 검소, 협동은 우리 겨레의 미덕이다.

충청도의 계룡산, 전라도의 내장산, 강원도의 설악산은 모두 국립 공원이다.

(2) 짝을 지어 구별할 필요가 있을 때에 쓴다.

닭과 지네, 개와 고양이는 상극이다.

(3) 바로 다음의 말을 꾸미지 않을 때에 쓴다.

슬픈 사연을 간직한, 경주 불국사의 무영탑.

성질 급한, 철수의 누이동생이 화를 내었다.

(4) 대등하거나 종속적인 절이 이어질 때에 절 사이에 쓴다.

콩 심으면 콩 나고, 팥 심으면 팥 난다.

흰 눈이 내리니, 경치가 더욱 아름답다.

(5) 제시어 다음에 쓴다.

빵, 빵이 인생의 전부이더냐?

용기, 이것이야말로 무엇과도 바꿀 수 없는 젊은이의 자산이다.

(6) 문장 첫머리의 접속이나 연결을 나타내는 말 다음에 쓴다.

첫째, 몸이 튼튼해야 된다.

아무튼, 나는 집에 돌아가겠다.

다만, 일반적으로 쓰이는 접속어(그러나, 그러므로, 그리고, 그런데 등) 뒤에는 쓰지 않음을 원칙으로 한다.

그러나 너는 실망할 필요가 없다.

(7) 문장 중간에 끼어든 구절 앞뒤에 쓴다.

나는, 솔직히 말하면, 그 말이 별로 탐탁하지 않소.

철수는 미소를 띠고, 속으로는 화가 치밀었지만, 그들을 맞았다.

(8) 문맥상 끊어 읽어야 할 곳에 쓴다.

갑돌이가 울면서, 떠나는 갑순이를 배웅했다.

갑돌이가, 울면서 떠나는 갑순이를 배웅했다.

철수가, 내가 제일 좋아하는 친구이다.

남을 괴롭히는 사람들은, 만약 그들이 다른 사람에게 괴롭힘을 당해 본다면, 남을 괴롭히는 일이 얼마나 나쁜 일인지 깨달을 것이다.

(9) 수의 폭이나 개략의 수를 나타낼 때에 쓴다.

5, 6세기　　　　6, 7개

'줄임표'[……]의 예는 아래와 같다.

(1) 할 말을 줄였을 때에 쓴다.

"어디 나하고 한 번……." 하고 철수가 나섰다.

| 예시문제 |

1. 연월일 표시 방법은 '1999. 7. 12./1999.7.12./1999. 7. 12.' 중 어느 것인가?
2. '아, 달이 밝구나!/아 달이 밝구나!' 중 바른 문장 부호는 어느 것인가?
3. 다음에서 마침표와 큰따옴표를 표시할 때, ["옛말에 부자는 망해도 삼 년을 간다."/간다"라고 했는데 이렇게 빈털터리가 되다니…….] 중 바른 문장 부호는 어느 것인가?
4. 다음 문장이 수식 관계를 나타낼 때 '성질 급한, 철수의 누이동생이 화를 내었다./성질 급한

철수의 누이동생이 화를 내었다.' 중 바른 문장 부호는 어느 것인가?

5. 제시어의 경우인 '빵, 빵이 인생의 전부이더냐?/빵 빵이 인생의 전부이더냐?' 중 바른 문장 부호는 어느 것인가?
6. 문장 중간에 끼어든 구절인 '나는, 솔직히 말하면, 그 말이 별로 탐탁하지 않소./나는 솔직히 말하면 그 말이 별로 탐탁하지 않소.' 중 바른 문장 부호는 어느 것인가?
7. 〔"어디 나하고 한 번……." 하고 철수가 나섰다./"어디 나하고 한 번......" 하고 철수가 나섰다.〕 중 바른 '줄임표'의 용법은 어느 것인가?

국어생활 4: 표준어 규정

'명성에 걸맞는/걸맞은 처신', 알맞는/알맞은 행동' 중 표준어는 어느 것인가?

'명성에 걸맞은 처신'은, 형용사 '걸맞다'의 활용형이므로, '걸맞은'이 바른 표현이다. 그리고 '알맞는/알맞은 행동'에서는 '알맞은'이 맞다. '알맞다'가 형용사이기 때문이다. 형용사가 관형사형으로 활용할 때 받침이 있는 경우는 '-은'이, 받침이 없는 경우는 '-ㄴ'이 붙는다. '좋다'의 관형사형은 '좋은'이 되고, '예쁘다'의 관형사형은 '예쁜'이 되는 것이다. '좋는', '예쁘는'은 불가능하다. 반면 동사의 관형사형은 '먹은(과거), 먹는(현재)', '간(과거), 가는(현재)'과 같이 활용한다. '명성에 걸맞은 활약'을 '명성에 걸맞는 활약'으로 잘못 쓰는 것은 '걸맞다'를 동사로 착각하여 잘못 쓴 결과다. '걸맞다'는 형용사이므로, 항상 '걸맞은'으로 써야 한다. 그리고 최근에 잘못된 어형인 '알맞는'을 많이 쓰는데, 이는 동사 '맞다'의 활용형 '맞는'의 어형과 혼동한 것으로 보인다. 그러나 형용사인 '알맞다'는 '알맞은 운동, 알맞은 차림새'와 같이 써야 하고, 동사인 '맞다'는 '입에 맞는 음식, 맞는 답'과 같이 써야 한다.

'그러고 나서/그리고 나서' 중 표준어는 어느 것인가?

'그러고 나서'가 바른 표현이다. 계열 관계에 있는 표현인 '이러고 나서', '저러고 나서'는 가능해도 '이리고 나서', '저리고 나서'는 불가능하므로 '그리고 나서'는 잘못된 표현으로 보는 것이다.

'그리고나서'를 한 단어로 굳어진 접속부사로 본다면 틀렸다고 할 수는 없다. 그러나 '그리고나서'가 '그러고 나서'와 의미가 동일하고, 우리말의 조어법상 접속 부사 '그리고'에 '나서'라는 동사의 활용형이 결합되어 또 다른 접속부사가 되는 것이 흔치 않은 일이므로, '그리고나서'를 '그러고 나서'와는 다른 한 단어로 인정하기 어려운 것이다.

일을 마치고 나서 어디 가서 한잔하세.

일을 얼른 마치세. 그러고 나서 어디 가서 한잔하세.

'-고 나서'에는 앞말이 뜻하는 행동이 끝났음을 나타내는 보조용언의 의미가 살아 있으며, 일반적으로 보조용언 앞에는 본동사, 즉 동사가 오는 것이 일반적이기 때문에 '그러고 나서'만이 인정되어야 한다.

'친구 집에 들르다/들리다' 중 표준어는 어느 것인가?

'친구 집에 들르다'가 맞는 표현이다. '지나는 길에 잠깐 들어가 머무르다'는 '들리다'가 아니라 '들르다'를 쓴다. '들리다'는 '병이 들리다'나 '소리가 들리다', '가방이 들리다'의 경우에 쓰는 동사로, '어느 곳을 방문하다'의 의미는 없다. 그러므로 '친구 집에 들르다, 친구 집에 들러서(들르+어서) 책을 가지고 오다'는 맞지만, '친구 집에 들리다, 친구 집에 들려서(들리+어서) 책을 가지고 오다'는 잘못 쓰는 말이다.

| 예시문제 |

1. '그렇지만은'과 '그렇지마는' 중 표준어는 어느 것인가?
2. 구어체에서 자주 '놓았다'나 '놓아라'를 '놨다'나 '놔라'로 줄여 쓰는데 '놨다, 놔라'가 바른 쓰임인가?
3. '도우미/도움이' 중 표준어는 어느 것인가?
4. '퀴즈의 정답을 맞히다/맞추다' 중 표준어는 어느 것인가?
5. '밤새지/밤새우지 마란/말란 말이야' 중 표준어는 어느 것인가?
6. '이 자리를 빌려/빌어 감사의 말씀을 드립니다' 중 표준어는 어느 것인가?
7. '너도 알다시피/아다시피 승부의 세계는 냉정하다' 중 표준어는 어느 것인가?
8. '외곬으로/외골수로 생각하다' 중 표준어는 어느 것인가?
9. '너는 왜 맨날/만날 비현실적인 생각만 하니' 중 표준어는 어느 것인가?
10. '두 사람을 짝을 지어/지워 주자'에서 표준어는 어느 것인가?
11. '큰일을 치러/치뤄 내느라 고생이 많다'에서 표준어는 어느 것인가?
12. '트림/트름' 중 표준어는 어느 것인가?
13. '푸른/푸르른', '푸름/푸르름' 중 표준어는 어느 것인가?
14. '설렘/설레임' 중 표준어는 어느 것인가?
15. '삼촌/삼춘' 중 표준어는 어느 것인가?
16. '방구 꾸다/방귀 뀌다' 중 표준어는 어느 것인가?
17. '갈래야/가려야 갈 수 없는 고향' 중 표준어는 어느 것인가?
18. '웃어른/윗어른' 중 표준어는 어느 것인가?

| 연습문제 |

1. '내노라/내로라 하는 야구 선수' 중 표준어는 어느 것인가?
2. '나의 바람/바램은 늘 여유 있는 마음을 갖는 것이다' 중 표준어는 어느 것인가?
3. '둘째, 셋째, 넷째/두째, 세째, 네째' 중 표준어는 어느 것인가?
4. '짜깁기/짜집기' 중 표준어는 어느 것인가?
5. '그러고 나서/그리고 나서' 중 표준어는 어느 것인가?
6. '사글세/삭월세' 중 표준어는 어느 것인가?
7. '어제 친구 집에 들렸다/들렀다' 중 표준어는 어느 것인가?
8. '시험지를 정답과 맞추어/맞혀 보았다' 중 표준어는 어느 것인가?
9. '컵라면에 물을 부어/부워 주었다' 중 표준어는 어느 것인가?
10. '마음이 설레였다/설레었다' 중 표준어는 어느 것인가?
11. '사둔어른/사돈어른' 중 표준어는 어느 것인가?

국어생활 5: 표준 발음

'나태의'의 속격조사 '-의' 발음에서 원칙과 허용은 '[나태의]/[나태에]/[나태예]' 중 어느 것인가?

'나태의'의 발음 중에서 원칙은 〔나태의〕이고 허용은 〔나태에〕다. 속격조사 '-의'의 발음은 원칙이 〔의〕이고 허용이 〔에〕인 것이다. 따라서 'ㅣ' 모음이 삽입된 〔나태예〕로 발음하는 것은 표준 발음이 아니다. '우리의'는 〔우리의/우리에〕, '멍에의'는 〔멍에의/멍에에〕, '장군의'는 〔장구늬/장구네〕로 발음하는 것이 원칙/허용인 것이다.

그리고 단어에서 'ㅢ'의 발음은 첫음절에서는 〔의〕로 발음해야 하며, 2음절 이하에서는 〔의〕가 원칙이고 〔이〕도 허용되는 발음이다. '의의, 이회자'의 경우 〔의의/이희자〕가 원칙 발음이고 〔의이/이히자〕는 허용 발음이다. 이 발음 규정을 위의 속격 조사 '-의'의 발음 규정과 혼동하면 안 된다.

'밟다'와 '넓죽하다'의 표준 발음은 '[밥따], [널쭈카다]/[발따], [넙쭈카다]' 중에서 어느 것인가?

'밟다'와 '넓죽하다'는 〔밥따〕와 〔넙쭈카다〕가 표준 발음이므로, 〔발따〕나 〔널쭈카다〕로 읽는 것은 표준 발음이 아니다.

표준 발음법 제10항에서 "겹받침 'ㄳ', 'ㄵ', 'ㄼ', 'ㄽ', 'ㄾ', 'ㅄ'은 어말 또는 자음 앞에서 각각 〔ㄱ, ㄴ, ㄹ, ㅂ〕으로 발음한다"라고 규정하였다.

(1) 넋〔넉〕, 앉다〔안따〕, 여덟〔여덜〕, 외곬〔외골〕, 핥다〔할따〕, 값〔갑〕

그런데 〔다만〕 조항에서 "'밟-'은 자음 앞에서는 〔밥〕으로 발음하고, '넓-'은 다음과 같은 경우에는 〔넙〕으로 발음한다"라고 명시해놓았다.

(2) 밟다〔밥:따〕, 밟소〔밥:쏘〕, 밟지〔밥:찌〕, 밟는〔밥:는→밤:는〕, 밟게〔밥:께〕, 밟고〔밥:꼬〕

(3) 넓죽하다〔넙쭈카다〕 넓둥글다〔넙뚱글다〕

그러므로 '밟다'의 '밟-'은 '밟아〔발바〕, 밟으니〔발브니〕' 처럼 모음으로 시작하는 어미와 결합될 때는 받침의 'ㄹ' 도 발음될 수 있으나, '밟다, 밟소' 처럼 자음으로 시작하는 어미와 결합할 경우에는 〔밥따〕, 〔밥쏘〕 등으로 받침의 'ㅂ' 만을 발음해야 한다. '넓다' 의 '넓-' 은 일반적인 활용일 경우는 표준 발음법 제10항에 준하지만, (3)에서 제시한 '넓죽하다, 넓둥글다' 의 예에서는 〔넙쭈카다〕, 〔넙뚱글다〕로 발음해야 한다. 그러므로 '밟다, 밟소' 를 〔발따〕, 〔발쏘〕 등으로 발음하거나, '넓죽하다, 넓둥글다' 를 〔널쭈카다〕, 〔널뚱글다〕로 발음하는 것은 표준 발음법에서 벗어난다.

'학여울' 은 '[하겨울]/[항녀울]' 에서 어느 것이 표준 발음인가?

'학여울' 의 표준 발음은 〔항녀울〕이다. '학여울' 이 〔하겨울〕이 아니라 〔항녀울〕로 소리 나는 것은 이 단어가 '학' 과 '여울' 이라는 단어가 결합한 합성어라는 것과 관련이 있다. 표준 발음법 제29항에 "합성어 및 파생어에서, 앞 단어나 접두사의 끝이 자음이고 뒤 단어나 접미사의 첫음절이 '이, 야, 여, 요, 유' 인 경우에는 'ㄴ' 소리를 첨가하여 〔니, 냐, 녀, 뇨, 뉴〕로 발음한다" 라고 하면서, '막-일〔망닐〕, 식용-유〔시-공뉴〕, 색-연필〔생년필〕, 솜-이불〔솜:니불〕' 등의 예를 제시하고 있다. 이 규정을 보면 '막일, 색연필' 처럼 받침이 'ㄱ' 인 말과 '이, 여' 로 시작하는 말이 만나면 받침 〔ㄱ〕은 〔ㅇ〕으로 바뀌고 뒤 음절의 〔이〕, 〔여〕는 〔니〕, 〔녀〕로 바뀌는 것을 알 수 있다. 이것은 합성어일 때만 일어나는 현상이고, '식용유' 의 '식용' 처럼 한 단어일 때는 받침의 'ㄱ' 이 다음 음절로 연음되어 〔시-공〕으로 된다. '학여울' 도 '막일, 색연필' 과 같은 경우로 〔하겨울〕이 아닌 〔항녀울〕로 발음해야 한다.

| 예시문제 |

1. '담임' 의 표준 발음은 '〔다님〕/〔다밈〕' 중 어느 것인가?
2. '노근리' 는 '〔노글리〕/〔노근니〕' 중 어느 것으로 발음하는가?
3. '맛있다, 멋있다' 의 발음은 무엇인가?
4. '물밀듯이' 는 '〔물밀뜨시〕/〔물밀드시〕' 에서 어느 것이 표준 발음인가?
   '둘 중' 은 '〔둘쭝〕/〔둘중〕' 에서 어느 것이 표준 발음인가?
5. '카드 빚에 시달리다' 에서 '빚에' 를 〔비세〕로 발음하는 것은 바른가?

| 연습문제 |

1. '우리의'의 '-의' 발음 중에서 원칙과 허용은 '[우리의]/[우리에]/[우리예]' 중 어느 것인가?
2. '밟지'의 표준 발음은 '[발:찌]/[밥:찌]' 중에서 어느 것인가?
3. '꽃이 피었다'에서 '꽃이'를 [꼬시]로 발음하는 것은 바른 것인가?
4. '서울의 명소', '민주주의의 의의'에서 속격조사 '-의'의 발음과 단어 내부의 'ㅢ'의 발음에 대해 원칙과 허용 발음을 다음 예를 통해 각각 구분해보라.
   [서울의 명소]/[서울에 명소]/[서울으 명소], [민주주의의 의의]/[민주주이에 의이]/[민주주으에 의의]

국어생활 6: 외래어 표기

'자장면/짜장면' 중 바른 표기는 무엇인가?

'자장면'으로 표기하는 것이 바른 표기다. 많은 사람들이 '자장면'을 '짜장면'으로 읽고 쓴다. 그러나 '자장면'은 중국 음식으로 그 음식이 들어오면서 이름도 함께 들어온 외래어다. '컴퓨터(computer), 라디오(radio), 버스(bus)' 등과 같은 것이다. 물론 '자장면'의 경우는 완전히 우리 음식처럼 되어 그 말도 우리식으로 '짜장면'으로 바꾸어 써야 된다는 등의 논란의 여지는 있다. 그러나 외래어는 외래어 표기법대로 적는다는 원칙이 적용된 어형이다. '자장면'의 '자장'은 '炸醬'의 원어를 가진 〔zhajiang〕으로 발음되는 말이어서, 이것을 외래어 표기법대로 적으면 '자장'이 되는 것이다.

'콘텐츠/컨텐츠' 중 바른 외래어 표기는 무엇인가?

'content'의 표기는 '콘텐트'이고, 'contents'의 표기는 '콘텐츠'다. 요즘 많이 사용되고 있는 것은 '콘텐츠'다. 원래는 서적이나 논문 등의 내용 또는 목차를 이르는 말인데, 현재는 각종 유무선 통신망을 통해 제공되는 디지털 정보를 이르는 말로 쓰인다. 예를 들어 인터넷이나 PC통신 등을 통해 제공되는 각종 프로그램이나 정보 내용물, CD-ROM 등에 담긴 영화나 음악, 게임 소프트웨어 등이 모두 이에 속한다.

'프라이팬'과 '후라이팬' 중 바른 표기는 무엇인가?

'프라이팬'이 맞다. 물론 '후라이팬'이라고 말하는 사람이 많으나 옳지 않다. 원래 영어로는 frying pan〔fraing pæn〕이므로 외래어 표기법의 원칙을 적용하면 '프라잉 팬'이지만 이렇게까지 원어에 충실할 필요는 없다. 다만 〔f〕는 'ㅍ(모음 앞)/프(어말과 자음 앞)'에 대응하는 원칙이 있으므로 이에 따라 '프라이팬'이 되는 것이다.

'피겨 스케이팅, 퓨즈, 플래시, 필름'과 같이 일상생활에서 흔히 쓰는 말이 이미 'ㅍ/프'로 굳어져 있는 만큼 단지 원음과 조금 더 가깝다는 이유에서 〔f〕를 'ㅎ(후)'로 옮기는 것은 외래어 표기의 혼란을 불러일으킬 수 있다. 요즘 '훼미리 아파트', '훼미리 쥬스', '화이브 미니'와 같은 말을 광고에서 보게 되는데 이러한 말은 외래어 표기법의 원칙에 어긋나는 말로서 '패밀리 아파트', '패밀리 주스', '파이브 미니'로 고쳐져야 한다.

| 예시문제 |

1. 'Genom'의 바른 외래어 표기는 '게놈'인가, '지놈'인가?
2. '스티로폼'과 '스티로폴' 중 바른 외래어 표기는 무엇인가?
3. 'John Lennon'의 바른 외래어 표기는 '존레넌'인가, '존레논'인가?
4. 'Czech Republic'의 바른 외래어 표기는 '체코 공화국'인가, '체크 공화국'인가?
5. '캐럴' '캐롤' 중 바른 외래어 표기는 무엇인가?
6. 포르투갈 축구 선수 중에 원어가 'Luis Figo'로 된 선수가 있다. '루이스 피고'라고 표기해야 할 듯한데, 왜 '루이스 피구'라고 표기하는가?
7. 'netscape, network, internet'의 바른 외래어 표기는 무엇인가?
8. 'portal, total'의 바른 외래어 표기는 무엇인가?
9. '칼럼리스트'와 '칼럼니스트' 중 바른 외래어 표기는 무엇인가?
10. '롤러스케이트'와 '로울러스케이트' 중 바른 외래어 표기는 무엇인가?
11. '숍'과 '숖' 중 바른 외래어 표기는 무엇인가?
12. '스케치북' '스켓치북' 중 바른 외래어 표기는 무엇인가?
13. 'highlight'는 '하일라이트'와 '하이라이트' 중 어느 것이 바른 외래어 표기인가?
14. '컴팩트디스크'와 '콤팩트디스크' 중 바른 외래어 표기는 무엇인가?
15. 미용을 목적으로 머리를 자르는 것을 외래어로 '커트'(cut)라고 표기해야 바른가, '컷'이라고 표기해야 바른가?
16. '로봇'과 '로보트' 중에서 바른 외래어 표기는 무엇인가?

| 연습문제 |

다음 외래어의 바른 표기는 무엇인가?

1. 벤취/벤치
2. 센타/센터
3. 초코렛/초콜릿/쵸코렐/초콜렛
4. 텔레비전/텔레비젼, 주스/쥬스
5. 토마토 케첩/케찹
6. 서비스/써비스

국어생활 7: 표준 화법

아래의 예문 중에서 전통적인 가정에서의 압존법(壓尊法)에 의한 표현과 전통이 변한 현대식 어법으로 사용 가능한 예를 골라보라.

"할아버지, 아버지가 진지 잡수시라고 하였습니다."

"할아버지, 아버지가 진지 잡수시라고 하셨습니다."

"할아버지, 아버지께서 진지 잡수시라고 하셨습니다."

전통적인 가정에서의 압존법(壓尊法)에 의한 표현은 "할아버지, 아버지가 진지 잡수시라고 하였습니다"이다. 그리고 현대식 어법으로 사용 가능한 예는 "할아버지, 아버지가 진지 잡수시라고 하셨습니다"이다. 어떤 경우든 할아버지 앞에서 손자가 '아버지께서'와 같은 표현은 쓰지 않는다.

우리말의 예절은 윗사람에 대해서는 언제 어디서든 높여 말하는 것이 원칙이다. 단지 가정의 경우에 압존법(壓尊法)의 전통이 있어서 아버지를 할아버지에게 말할 때 "할아버지, 아버지가 진지 잡수시라고 하였습니다"처럼 아버지에 대해서는 높이지 않는 것이다. 그러나 요즈음에는 이러한 전통도 변하여 윗분 앞이라도 아버지를 높이는 것이 일반화되어가고 있어서 "할아버지, 아버지가 진지 잡수시라고 하셨습니다"라고 높여 말할 수 있다. 그러나 '아버지께서'라고 하는 것은 할아버지 앞에서 아버지를 너무 높이는 것이 된다.

다음의 예문 중, 직장에서 평사원이 부장에게 과장에 대해 말할 때의 높임말로 바른 것은 무엇인가?

"김 과장은 은행에 갔습니다."

"김 과장님은 은행에 가셨습니다."

회사에서 평사원이 부장에게 과장에 대해 말할 때, 우리말의 올바른 언어 예절은 "김 과장님은 은행에 가셨습니다"처럼 높여 말하는 것이다. "김 과장은 은행에 갔습니다"라고 낮추어 말해야 한다고 주장하는 사람이 있지만, "김 과장님은 은행에 가셨습니다"라고 높여 말하는 것이 적절하다.

그렇다고 하여 "김 과장님께서는 은행에 가셨습니다"라고 높일 필요는 없다. 나이 드신 분들 가운데에는 낮추어 말해야 한다고 하시는 분들이 많이 있지만, 이는 일본식 어법의 영향을 받은 것이다. 우리말의 예절은 어디까지나 윗사람에 대해서는 언제 어디서든 높여 말하는 것이 원칙이다. 그리고 가정에서는 손자가 할아버지 앞에서 아버지의 일을 말할 때 압존법을 쓰기도 하는데, 할아버지와 아버지 사이는 세대(항렬)가 다르기 때문이다. 직장에서의 부장과 과장 사이와는 다른 것이다.

한편 학생들이 선생님께 "김 선배님이 학교에 못 나오셨습니다"와 같이 말하는 것은 잘못이다. 가정으로 치면 학생과 선배는 같은 항렬이고, 선생님은 위 항렬이다. 따라서 "김 선배가 학교에 못 나왔습니다"라고 낮추어 말해야 한다.

| 예시문제 |

1. 편지에서의 존대법과 '하감'(下鑑)과 '혜존'(惠存)의 용법은 무엇인가?
2. 자기를 소개하는 말의 형식은 무엇인가?

| 연습문제 |

1. 병사가 연대장에게 중대장에 대해 말할 때 바른 어법은 무엇인가?
   "중대장은 퇴근했습니다."
   "중대장님께서는 퇴근하셨습니다."
   "중대장님은 퇴근하셨습니다."
2. 다음 중에서 바르지 못한 어법은 무엇인가?
   "저의 아버지는 홍 길자 동자이십니다."
   "저의 아버지는 홍자 길자 동자이십니다."
   "저의 아버지 함자는 홍 길자 동자이십니다."
3. "제 성은 홍 가/홍 씨입니다" 중에서 바르게 표현한 것은 무엇인가?

국어생활 8: 단어의 용법

'슬픔으로 가슴이 미어지다/메어지다' 중 바르게 표기한 것은 무엇인가?

'가슴이 터지다'의 의미로 쓰는 표현은 '가슴이 미어지다'가 맞다. '미다'는 뭔가가 가득 차서 삐져나오는 것이고, '메다'는 뚫려 있거나 비어 있던 곳이 묻히거나 막히는 것을 의미한다. 슬픔이나 고통이 가득 차서 가슴이 터질 것 같다는 의미로는 '가슴이 미어지다'를 쓰는 것이 맞다. '메어지다'는 어떤 감정이 북받쳐 목소리가 잘 나지 않는다는 의미일 때 쓸 수 있다.

'태풍이 한반도를 비켜 가다/비껴가다' 중 바른 것은 무엇인가?

'태풍이 한반도를 비껴갔다'로 쓰는 것이 일반적인 표현이다. '비껴가다'는 비스듬히 스쳐 지나간다는 의미이고, '비켜 가다'는 무엇을 피하여 가던 길을 멈추었다 가거나 다른 길로 간다는 의미다. 두 말은 방향을 바꾸어 가는 것에 어떤 의도성이 있느냐 없느냐에 따라 구별되어 쓰인다. '비껴가다'는 비스듬히 스쳐 지나간다는 객관적인 현상만을 나타내는 반면, '비켜 가다'는 곤란한 상황을 원하지 않거나 남을 배려하기 위해 의도적으로 가던 길이 아닌 다른 길로 간다는 뜻이 들어 있다.

물론 태풍이 우리를 덮치지 않고 지나간 것을 의인화하여 '태풍이 비켜 가 주었다'라고 표현할 수도 있다. 그러나 태풍을 의인화하지 않는 일반적인 기술에서는 '태풍이 비껴가다'를 쓰는 것이 바람직하다.

'응'에 상대되는 말은 '아니오/아니요' 중 어느 것인가?

'응'에 상대되는 말로는 '아니요'가 맞다. '아니오'를 써야 할 때가 따로 있고, '아니요'를 써야 할 때가 따로 있다. '–오'는 동사, 형용사의 어간 뒤나 선어말어미 뒤에 붙는 어미다. 따라서 아래의 (1)과 같은 경우는 '–오'가 없으면 온전한 문장이 되지 않는다.

(1) 철수가 산에 가오.

(2) 어서 오시오.

(3) 그것은 내 잘못이 아니오.

위의 예문과는 달리 '–요'는 아래의 (4)에서처럼 자체로 문장 성분을 이룰 수 있는 단어나 구의 뒤에, 또는 (5), (6)에서의 '-아/어' 나 '-지' 와 같은 종결어미 다음에 붙는 조사다. (4)~(6)에서는 '-요' 가 들어가지 않더라도 우리가 일상생활에서 쓰는 가능한 문장이 된다. 다만, '-요' 가 있는 문장은 청자를 높여주지만 '-요' 가 없는 문장은 그렇지 않다는 차이가 있을 뿐이다.

(4) 철수가(요) 어제(요) 참외 서리를(요) 했어(요).

(5) 여기 좀 앉아(요).

(6) 내 그림 멋있지(요).

(7) 심부름 갔다 왔니?

아니(요), 아직 못 갔다 왔습니다.

따라서 (7)과 같은 경우, 어떤 물음에 대한 답으로는 '아니요' 를 써야 한다.

'잇다른 사고, 잇딴 사고/잇단 사고, 잇따른 사고' 중 '잇달다, 잇따르다'의 바른 관형형은 무엇인가?

'잇단 사고, 잇따른 사고' 로 써야 한다. '잇따르다' 는 '움직이는 물체가 다른 물체의 뒤를 이어서 달다' 의 의미로 '보도 차량이 잇따랐다' 로 쓰거나, '어떤 사건이나 행동 따위가 이어 발생하다' 의 의미로 '비난이 잇따르다, 행운이 잇따르다' 로 쓸 수 있다.

이와 거의 쓰임이 같은 말인 '잇달다' 는, '잇따르다' 와 같은 뜻 외에, '일정한 모양이 있는 사물을 다른 사물에 이어서 달다' 의 뜻을 더 가지고 있는 동사다. 그러므로 '추모 행렬이 잇달다, 잇단 범죄, 실종 사건이 잇달아 발생했다' 로 쓸 수 있으며, '화물칸을 객차 뒤에 잇달았다' 로 쓸 수도 있다.

이때 주의해야 할 것은 '잇따르다' 의 관형형은 '잇딴' 이 아니고 '잇따른' 이라는 사실이다. 자주 '잇딴 사고' 처럼 '잇따르다' 의 관형형을 '잇딴' 으로 쓰기도 한다. 그러나 '잇달다' 의 관형형은 '잇단' 이 되지만, '잇따르다' 의 관형형은 '잇따른' 으로 써야 어법에 맞는 것이다. 그러므로 '잇다른 사고' 나 '잇딴 사고' 는 잘못이고, '잇단 사고' 와 '잇따른 사고' 가 맞다.

'글씨를 그렇게 흘려서 쓰면 성의 없는 사람으로 비치기/비쳐지기 쉽다'에서 적절한 표현은 무엇인가?

'글씨를 그렇게 흘려서 쓰면 성의 없는 사람으로 비치기/비쳐지기 쉽다' 에서 적절한 표현은 '비치기' 이다. '비쳐지다' 는 '비치다' 로만 써도 충분한 표현이다. '비치다' 는 '무엇으로 보이거나 인식되다' 라는 뜻으로, "내 눈에는 그의 행동이 상사에 대한 아부로 비쳤다/내가 다른 사람들에게 그를 무시하는 것으로 비칠까 봐 말과 행동을 조심스럽게 했다" 처럼 쓰인다. '비치다' 를 능동적인 표현이라고 생각해, 피동 표현인 '-어지다'를 붙이는 경우가 있는데, 이는 잘못이다. '비치다'는 그 자체로 '누구에게 무엇으로 보이거나 인식되다'라는 피동 표현이다. 이와 같은 경우로 '보여지다'가 있는데 '보이다'로만 써도 충분한 피동 표현이다.

| 예시문제 |

1. '나는 걷다가 빨리 달려오는 자전거에 부딪혔다/부딪쳤다' 중 바른 것은 무엇인가?
2. '새털같이/쇠털같이 하고많은 날 중에 오늘 만나야 해' 중 바른 것은 무엇인가?
3. 새끼손가락 바로 옆 손가락의 명칭은 '집게손가락/약손가락' 중 어느 것인가?
4. 길에서 전혀 생각지도 않은 친구를 만난 경우, '길에서 우연찮게/우연하게 친구를 만났다' 중 어느 것을 쓰는 것이 바른 것인가?
5. '수업 중 핸드폰 사용/이용 금지' 중 적절한 표현은 무엇인가?
6. '우리 헌법이 전제로/전재로 하고 있는 자주적 인간의……' 중 바른 표현은 무엇인가?
7. '생선을 졸였다/조렸다, 찌개를 너무 졸여/조려 매우 짜다' 중 바른 표현은 무엇인가?
8. '초록'에 해당하는 고유어가 없는 이유는 무엇인가?
9. '난 너와 지향점이 틀리다/다르다' 중 바른 표현은 무엇인가?
10. 우리말의 자음과 모음으로 만들 수 있는 글자의 총수는 11,172자인데, 한글 완성형 글자의 총수가 2,350자인 이유는 무엇인가?
11. '오늘 날씨 참 시원한데/시원한대' 중 바른 표현은 무엇인가?

| 연습문제 |

1. '마당이 메어지게/미어지게 사람들이 들이닥쳤다' 중 바른 것은 무엇인가?
2. '기둥에 머리를 받치다/받히다/바치다, 비가 와서 우산을 받치다/받히다/바치다, 나라와 민족을 위해 목숨을 받치다/받히다/바치다' 중 바른 표현은 무엇인가?
3. '통로에 놓였던 쌀독을 치워 옆으로 비켜/비껴 놓았다' 중 바른 것은 무엇인가?
4. '새털같이/쇠털같이 허구한 날' 중 바른 것은 무엇인가?
5. '그토록 찾던 그 친구를 오늘 우연찮게/우연하게 길에서 만났다' 중 어느 것이 바른가?
6. '전철에서 핸드폰 사용/이용 금지' 중 적절한 표현은 무엇인가?
7. '잇딴 사고/잇따른 사고' 중 바른 것은 무엇인가?

8. '난 너와 취미가 틀리다/다르다' 중 바른 표현은 무엇인가?

9. '그 사람 오늘 떠난대/떠난데' 중 바른 표현은 무엇인가?

10. '그를 무시하는 것으로 비칠까/비쳐질까 봐 말과 행동을 조심스럽게 했다' 에서 적절한 표현은 무엇인가?

국어생활 9: 국어 순화*

다음의 선거, 정치 관련 순화대상어를 순화어로 다듬어보라.

〈식상(食傷), 심벌마크(symbol mark), 악성루머(惡性rumour), 양란(兩欄), 연연하다(戀戀-), 완장(腕章), 요체(要諦)〉

아래의 단어들은 국립국어원에서 1997년에 언론의 선거 정치 관련 기사에서 나온 말들을 다듬은 것의 일부이다. 이 중에는 해당 어휘의 전체적인 쓰임새를 모두 아우르지 못한 채 다듬은 말도 있고, 시간이 지나면서 뜻이 바뀌어 오늘날에는 적용하기가 어려운 말도 있다.

스톱워치〔stopwatch〕→ 초시계

스폿 뉴스〔spot news〕→ 반짝 뉴스, 초점 뉴스

식상〔食傷〕→ 싫증 남

심벌마크〔symbol mark〕→ 상징표(시)

악성루머〔惡性rumour〕→ (질)나쁜 (뜬)소문

양란〔兩欄〕→ 두 칸

양설〔兩說〕→ 두 (가지) 설

양성화〔陽性化〕→ 합법화

양태〔樣態〕→ 모습, 상태, 양상

엘리트〔elite〕→ 우수, 정예

여생〔餘生〕→ 남은 생애

역임〔歷任〕→ 거침, 지냄

연연하다〔戀戀-〕→ 미련을 두다

연호〔連呼〕→ (구호를) 연이어 외침

염원〔念願〕→ 바람, 소원

완장〔腕章〕→ 팔띠

---

* 아래의 문제와 내용은 국립국어원 홈페이지에 있는 '우리말 다듬기' 항목의 '이미 다듬은 말'에 실린 게시 자료(작성 박용찬 학예연구관)를 주로 참고하여 작성하였다.

외람되다〔猥濫―〕→ 분에 넘치다

요목〔要目〕→ 주요/중요 항목

요원〔遼遠〕→ 멂, 까마득(함)

요체〔要諦〕→ 핵심

용납하다〔容納―〕→ 받아들이다

다음의 일본어 음식 용어를 순화어로 다듬어보라.

〈덴푸라(뎀뿌라), 아나고, 와사비, 우동, 쓰키다시, 야키만두, 오뎅〉

일본어 음식 용어의 일부인 다음의 원어와 순화어는 아래와 같다.

덴푸라(뎀뿌라)〔天麩羅(テンプラ, 포tempero)〕→ 튀김

아나고〔穴子(あなご)〕→ 붕장어, 바닷장어

와사비〔山葵(わさび)〕→ 겨자, 고추냉이

우동〔饂飩(うどん)〕→ 가락국수

쓰키다시〔付き出し(つきだし)〕→ 곁들이 안주

야키만두〔燒饅頭(やきまんじゅう)〕→ 군만두

오뎅〔おでん〕→ 꼬치(안주)

| 예시문제 |

1. '곤색' 의 순화어는 무엇인가?
2. '망년회' 와 '송년회' 의 차이는 무엇인가?
3. '홈페이지' 의 적절한 순화어는 무엇인가?
4. 건설 분야의 용어인 '노가다' 와 '함바' 의 순화어는 무엇인가?
5. '삐끼' 와 '찌라시' 의 적절한 순화어는 무엇인가?
6. 당구 기술과 관련된 용어 가운데 '마와시, 우라, 가라쿠, 오시' 의 순화어는 무엇인가?
7. '뽀록나다, 비까번쩍하다' 의 순화어는 무엇인가?
8. '리플' 을 우리말로 다듬어보라.
9. 군대 용어인 '수입' 과 '수입포' 를 우리말로 다듬어본다면 무엇이 되겠는가?
10. '엄마에게 쿠사리 먹었다' 에서 '쿠사리' 의 순화어는 무엇인가?
11. '너무 더워서 나시를 입었다' 에서 '나시' 의 순화어는 무엇인가?

12. '넘버원' 의 순화어는 무엇인가?

13. '다년생 꽃' 에서 '다년생' 을 우리말로 다듬어보라.

14. '매운탕에 다대기를 넣어 먹으면 맛있다' 에서 '다대기' 의 순화어는 무엇인가?

15. '컴퓨터가 다운되었다' 에서 '다운되다' 의 순화어는 무엇인가?

16. '따블', '다꽝' 의 순화어는 무엇인가?

17. 성격을 말하는 '샤프하다' 를 순화한다면 무엇이 되겠는가?

18. '팝업 창' 을 순화한다면 무엇이 되겠는가?

19. '키친타월' 의 순화어는 무엇인가?

| 연습문제 |

1. 조별로 '다듬을 말' (순화 대상어)을 골라, 아래의 '우리말 다듬기' (국어 순화)의 개념, 목적, 대상, 방법 등*에 대해 읽어보고, 토론을 하여 '다듬은 말' (순화어)을 만들어보라.
2. 과제로, 정부에서 발표한 순화어를 조사 · 확인하여 조별로 만들어본 '다듬은 말' 30개와 대조해보고 그 차이를 비교 · 평가한 보고서를 제출하라.

우리말 다듬기

'국어 순화' 는 우리말 속에 있는 잡스러운 말을 없애서 우리말의 순수성을 회복하는 것으로서, 복잡하고 난해한 말을 단순하고 쉽게 고치자는 것이었다. 이는 '순수 우리말 쓰기' (이하 '순우리말 쓰기' 로 바꿈: 정리자)와 '쉬운 우리말 쓰기' 로 나눌 수 있다. 서양식 외래어 · 외국어, 일본어투 용어를 고유어(토박이말)로 바꾸는 일은 '순우리말 쓰기' 에 해당하고, 어려운 서양식 외래어 · 외국어, 어려운 한자어를 쉬운 우리말(고유어, 쉬운 한자어 포함)로 바꾸는 일은 '쉬운 우리말 쓰기' (이하 '쉬운 말 쓰기' 로 바꿈: 정리자)에 해당한다. 그동안에는 전자, 즉 '순우리말 쓰기' 에 더 무게가 실렸던 것을 문제점으로 지적할 수 있다. '국어 순화' 라고 하면 서양식 외래어 · 외국어와 일본어투 용어를 우리말로 바꾸는 일 정도에 지나지 않는다는 오해를 낳았던 것이다.

---

* 아래의 우리말 다듬기에 대한 개념과 목적 등에 대한 내용은 국립국어원의 '우리말 다듬기—이미 다듬은 말' 의 게시 자료(작성 박용찬 학예연구관, 2005. 3~2005. 6에 걸쳐 작성된 것 6편)가 좋은 참고가 될 듯하여 그것을 요약 · 정리한 것임.

그런데 '우리말 다듬기' 라는 용어는 '순우리말 쓰기' 나 '쉬운 말 쓰기' 를 두루 포괄할 수 있는 말이다. 앞으로 우리말 다듬기 정책이 '순우리말 쓰기' 에 경도되는 것은 바람직하지 않다. 일본어투 용어를 중심으로 한 '우리말 다듬기' (국어 순화)가 어느 정도 일단락된 요즘의 현실을 고려하면, 이제부터는 '쉬운 말 쓰기' 에 무게 중심을 두는 것이 바람직하다. 그리고 오늘날 우리말 다듬기에서 가장 큰 문제가 되는 것은 서양식 외래어나 외국어의 남용이다. 따라서 '쉬운 말 쓰기' 차원에서 이러한 서양식 외래어나 외국어를 우리말로 다듬어 쓰는 일이 더욱 강조되어야 한다.

그리고 '우리말 다듬기' 를 넓게 해석하면 '순우리말 쓰기' 와 '쉬운 말 쓰기' 뿐만 아니라 '바른 우리말 쓰기' (이하 '바른 말 쓰기' 로 바꿈: 정리자), '고운 우리말 쓰기' (이하 '고운 말 쓰기' 로 바꿈: 정리자)까지도 그 내용에 포함되어야 한다. '바른 말 쓰기' 는 규범(한글맞춤법, 표준어 규정 따위와 관련된 것)이나 어법에 맞지 않는 말이나 표현을 바르게 고치는 일을 가리키고, '고운 말 쓰기' 는 비속한 말이나 표현을 맑고 아름다운 말로 고치는 일을 가리킨다.

일본식 발음의 서양식 외래어인 '쓰레빠' (slipper), '사라다' (salad) 따위를 '슬리퍼', '샐러드' 따위로 고쳐서 쓰는 일이나, 영어 · 일본어 · 한문의 번역투 문장을 자연스러운 우리말 문장으로 고쳐 쓰는 일은 '바른 말 쓰기' 의 하나에 속한다. 반면 비어 · 속어 · 은어 · 욕설 · 유행어 따위와 같은 비속한 말이나 표현을 맑고 아름다운 말로 고치는 일은 '고운 말 쓰기' 의 하나에 속한다. '가정부', '운전사', '장애자' 따위를 '가사 도우미', '기사(님)', '장애우' 따위로 바꾸어 쓰는 일은 부정적인 의미를 갖는 말을 좀 더 긍정적이거나 중립적인 의미를 갖는 말로 다듬어 쓰는 일로서 이 또한 '고운 말 쓰기' 의 하나로 볼 수 있다.

다음으로는 우리말 다듬기의 대상과 방법에 대해 살펴보자. 지금까지 우리말 다듬기의 대상으로는 일본어투 용어, 서양식 외래어 · 외국어, 어려운 한자어 따위의 어휘가 주로 선정되었다. 그러나 표기 · 발음 · 문장 따위와 같은 비어휘적인 것들도 우리말 다듬기의 대상이 되어야 한다. 즉, 규범(한글맞춤법, 표준어 규정 따위와 관련된 것)에 어긋난 표기 및 발음, 어법에 맞지 않거나 비속한 표현의 문장 따위와 같은 비어휘적 차원의 것도 우리말 다듬기의 대상이 된다.

그리고 서양식 외래어 · 외국어를 우리말로 다듬어 쓰는 일이 시급하다고 하여, 이것이 모든 서양식 외래어 · 외국어를 우리말로 다듬어 써야 함을 뜻하는 것은 아니다. 특히, 이미 우리말의 일부로 완전히 정착된 말을 다른 말로 바꾸어 쓰려고 하는 것은 오히려 언어생활의 혼란만 가중할 수 있다. 완전히 우리말의 일부로 굳어져버린 외래어[정착도(定着度) 높은 외래어]는 다듬어 쓸 말의 대상에서 배제해야 한다.

그러나 정착도가 아주 낮은 외국어 차원의 말이라고 하여 이런 말들을 모두 다듬어 쓸 대상으로 삼는 것은 곤란하다. 정착도가 낮은 외국어 차원의 말 가운데 상당수는 임시 차용어나 유행어인데, 이들을 다듬어 쓸 대상으로 선정하게 되면 자칫 일반인에게 오히려 불필요한 서양식 외국어를 학습시켜주는 역효과를 낼 수 있다.

한편, 우리말 다듬기의 성패는 다듬은 말을 제대로 마련하는 것에 달려 있다. 다듬은 말을 마련할 때에는 순우리말(고유어), 일상 한자어, 신조어, 옛말 · 방언 따위를 적절하게 활용해야 한다. 우선, 순우리말인 고유어를 다른 그 어떤 것보다 적극적으로 활용해야 한다. 각각의 전문 분야에서도 전문어를 순수 우리말로 많이 바꿔 쓰면 쓸수록 일반인이 쉽게 전문어 및 전문 분야를 이해할 수 있게 된다. '체적'(體積), '행려'(行旅) 따위의 다듬은 말을 '부피', '떠돌이' 따위로 하고, '북마크'(bookmark), '올누드'(all nude) 따위의 다듬은 말을 '바로찾기', '알몸' 따위로 한 것이 그 예다. 그러나 다듬은 말로 순우리말만을 활용할 때도 주의해야 할 점이 있다. 일반인에게 아주 낯선, 이제는 옛말처럼 받아들여지는 순우리말을 다듬은 말에 활용한 예로서 (논란의 여지가 있지만: 정리자) '헤살꾼'을 들 수 있지 않을까 한다. '해커'(hacker)의 다듬은 말이 '헤살꾼'인데, 일반인은 '헤살꾼'에 대해 큰 거부감을 나타내었다.

한편, 이전의 우리말 다듬기에서는 한자어를 다듬은 말의 후보에서 가능한 한 배제하였다. 그러나 일상 한자어조차 다듬은 말의 후보에서 완전히 배제하는 것은 바람직하지 않다. 일본식 한자어 '가료'(加療)의 다듬은 말로 한자어 '치료'(治療)를 선정하고 서양식 외래어 '클리닉'(clinic)의 다듬은 말로 '진료실'(診療室)을 선정한 것이 일상 한자어로 다듬은 예가 된다.

또한 바꿔 쓸 만한 말이 없을 때에는 불가피하게 신조어를 다듬은 말로 활용할 수밖에 없다. '하이브리드'(hybrid)의 다듬은 말인 '어우름'도 일종의 신조어라고 할 수 있는데, '어우르다'에서 새로이 만들어낸 말이다.

끝으로 옛말이나 방언의 활용 여부도 다듬은 말을 선정하는 데 있어서 심각하게 고려해야 할 문제다. 다듬은 말로 바꾸어 쓸 만한 우리말도 따로 없고 게다가 신조어를 새로 만들어 쓰기도 쉽지 않은 경우라면 옛말이나 방언도 어느 정도 활용해볼 수 있다.

다듬은 말은 최선의 것으로 선정되어야 한다. 그렇다고 최선의 것이 나올 때까지 무작정 기다릴 수만은 없다. 최선의 것이 아닐지라도 적절한 시기에 다듬은 말을 마련하여 널리 보급해주는 일이 때로는 더 중요하다.

국어생활 10: 국어의 로마자 표기

Hong Gil Dong/Gil Dong Hong/Hong, Gil Dong/Hong Gildong/Hong Gil-dong 중 성과 이름을 바르게 표기한 것은 무엇인가?

'홍길동' 이란 이름은 Hong Gildong(원칙) 또는 Hong Gil-dong(허용)으로 쓴다. 우리말 어순에 따라 성을 앞에, 이름을 뒤에 적으며, 성과 이름 사이에는 반점(,)을 찍지 않고 띄어 쓴다. 또한 이름은 음절과 음절 사이를 붙여 쓰며, 음절을 반드시 구분하고자 하는 경우에는 그 사이에 붙임표를 넣을 수 있다. 성을 이름 뒤에 적는 방식(Gildong Hong)은 물론, 이름의 각 음절 사이를 띄어 쓰거나(Hong Gil dong), 이름의 두 번째 음절 첫 자를 대문자로 쓰는 방식(Hong GilDong)은 옳지 않다. 또한 이름의 음절 사이에서 일어나는 음운 변화는 표기에 반영하지 않고 글자대로 쓴다. 예를 들어 '한복남' 이라는 이름은 〔한봉남〕으로 소리 나지만, 발음에 따라 Han Bongnam(또는 Han Bong-nam)으로 적지 않고, 철자에 따라 Han Boknam(또는 Han Bok-nam)으로 적는다. 이것은 한자(漢字)로 된 이름뿐만 아니라 고유어 이름도 마찬가지여서, '빛나' 도 Binna가 아니라 Bitna(또는 Bit-na)로 적는다. 우리나라 사람들의 이름은 대개 한 자 한 자마다 의미가 있고, 특히 항렬을 따르는 경우가 많아서 각 음절별로 음가를 살려 적도록 한 것이다.

광양시의 '동광양'의 로마자 표기는 Donggwangyang/E. Gwangyang 중 어느 것이 바른 것인가?

행정구역 단위나 지명인 경우에는 '동광양' 전체가 하나의 이름이기 때문에 전체를 소리 나는 대로 Donggwangyang으로 적어야 한다. 실제로 '종로구청' 이나 '고속버스터미널' 같은 경우에는 Jongno-gu Office, Express Bus Terminal처럼 로마자 표기에 일부 영어 번역어를 사용하고 있으므로 이러한 혼란이 일어나는 듯하다. 그러나 우리가 '동해' 를 '동쪽 바다' 라는 뜻으로 East Sea라고 적기도 하지만, '동해시' 의 경우는 특정한 지명이므로 항상 Donghae로 적는 것 같다. 마찬가지로 '신반포', '북수원', '서대전', '동대구' 등은 Sinbanpo, Buksuwon, Seodaejeon, Dongdaegu 등으로 적는다.

'신라'는 Silla로 표기해야 하는가, Sinla로 표기해야 하는가?

'신라'는 〔실라〕로 소리 나는데 소리에 따라 Silla로 적는다. 로마자 표기는 우리말을 모르는 외국인들이 읽을 것을 전제로 한다. 따라서 한글 철자를 그대로 보여주는 방식보다는 발음에 따른 표기를 하는 것이 외국인에게 더 편리한 방법이다. 따라서 로마자 표기는 발음에 따라 적는 것을 원칙으로 하고 있다. 예를 들어 '종로'는 발음이 〔종노〕이므로 Jongno로 적고, '독립문'은 발음이 〔동님문〕이므로 Dongnimmun으로 적는다.

'김치'와 '태권도'는 과거에 널리 알려진 대로 kimchi, taekwondo로 쓰는가, 새 로마자 표기법에 맞게 gimchi, taegwondo로 써야 하는가?

새 표기법에 맞게 gimchi, taegwondo로 쓰는 것이 원칙적으로 옳다. '김치'와 '태권도'는 우리나라를 대표하는 문화적 상징물로, Oxford English Dictionary 등 일부 영어사전에 이미 kimchi, taekwondo로 등재되어 있기는 하다. 이것은 매큔-라이샤워식 표기인 kimch'i, t'aekwondo에서 어깻점(')이 생략된 채 굳어진 표기형이다. 영어권에서 그들이 써오던 방식에 따라 kimchi, taegwon으로 쓰는 것은 어쩔 수 없지만, 우리가 홍보물이나 안내 책자를 새롭게 만들 때에는 로마자 표기법에 맞게 gimchi, taegwondo로 써야 한다. 다만 상품의 이름이나 제품명 등으로 이미 사용해오고 있는 경우에는 kimchi, taekwondo를 계속 쓸 수 있다.

| 예시문제 |

1. '시청동길, 법원길, 시민회관3길'의 바른 로마자 표기는 무엇인가?
2. 과거의 표기인 'Pusan, Cheju'의 새 로마자 표기는 무엇인가?
3. '장미1길, 장미2길'의 바른 로마자 표기는 무엇인가?
4. '강서소방서길'은 '소방서'를 영어 번역어로 적어야 하는가, 로마자로 적어야 하는가?
5. '불국사, 화엄사' 등은 Bulguksa, Hwaeomsa로 적는가, Bulguk Temple, Hwaeom Temple로 적는가?
6. '북악'은 Bukak/Bugak 중 어느 것으로 적는가?

| 연습문제 |

1. '김포, 대구'의 새로운 로마자 표기는 무엇인가?
2. '북수원, 서대전'의 바른 로마자 표기는 무엇인가?

3. ‘종로, 독립문’ 의 바른 로마자 표기는 무엇인가?

4. ‘남산1로, 남산2로’ 의 바른 로마자 표기는 무엇인가?

5. ‘금강, 속리산’ 의 바른 로마자 표기는 무엇인가?

6. ‘북부, 북문’ 의 바른 로마자 표기는 무엇인가?

7. ‘한복남’ 에 대한 원칙과 허용의 로마자 표기는 무엇인가?

한자어 학습 1

國文學에 提示되어 있는 장르 區分은 限이 없다. 國文學 硏究에서 장르만큼 그 區分이 區區한 것도 드물 程度이다. 따라서 장르 自體에 대한 明確하고도 調理 整然한 理論에 立脚한 區分 역시 드물다고 할 수밖에 없다. 지금까지 가장 널리 알려진 區分을 參考로 列擧하면 다음과 같다.

(1) 詩歌, 散文으로서의 兩分說

李秉岐는 『國文學槪論』에서 國文學을 詩歌와 散文으로 兩分하여 詩歌에는 雜歌, 鄕歌, 時調, 別曲體, 歌辭, 劇歌 등을 포함하고, 散文에는 說話, 小說, 內簡, 日記, 紀行, 雜文이 包含된다고 했다. 趙潤濟 역시 『朝鮮詩歌史綱』에서는 대체로 같은 立場에서 詩歌를 다루고 있다.

李秉岐는 "詩歌는 表現이고 散文은 敍述이다"라 하여 詩歌와 散文을 장르 槪念의 것으로 設定하려 했으나, 結果的으로 形式 槪念에 머물렀다고 말할 수 있다.

(2) 詩歌, 歌辭, 文筆로의 3分說

趙潤濟는 『朝鮮詩歌의 硏究』에 와서 비로소 歌辭의 성격을 重要視하여, 이미 『朝鮮詩歌史綱』에서 樹立했던 體系를 修正했다. 즉, 歌辭는 形式上 詩歌이나 內容上 文筆이기에, 어느 쪽도 속할 수 없고 獨立되어야 한다고 하였다.

이로써 歌辭는 일단 分明해졌으나, 詩歌와 文筆의 槪念은 아직 模糊하다고 할 수 있다.

(3) 詩歌, 歌辭, 小說, 戱曲으로의 4分說

趙潤濟가 그 나름대로 장르의 體系를 完成한 것은 『國文學槪論』이 될 것이다. 여기서 그는 "國文學을 詩歌, 歌辭, 小說, 戱曲 이렇게 四大 部門으로 나누면 國文學의 大部分은 거의 다 包括될 듯싶다"고 하고, 評論과 雜文은 附隨的인 部門이라 認定하고 각 部門에는 다음과 같은 類型들이 속한다고 한 것은 現在로서는 가장 影響力 있는 장르 區分이 되어 준다.

— 박철희, 『文學槪論』(형설출판사, 1985) 중에서

▶ 더 알아야 할 한자

談話. 獨白. 文體. 發想. 譬喩. 抒情. 心象. 言語. 逆說. 喜悲劇.

한자어 학습 2

그러나 開化期 小說을 언제나 이와 같은 開化思想의 反映體로서만 反應하려는 態度에는 反省의 餘地가 없지 않다. 設使 이 時期의 文學이 近代的인 文學으로서 具體的으로 成熟하지 못하였다고는 할지라도 文藝的인 表現 形態나 修辭 및 敍述 構造에 있어서 何等의 變化도 갖고 있지 않다고 볼 수는 없는 것이다. 뿐만 아니라 前代의 小說과 對比해볼 境遇, 이 時期의 文學은 分明히 어떤 變化 속에서 새로움을 試圖하려는 努力들이 담겨 있음을 把握할 수 있는 것이다. 이를테면 慣習的인 描寫에서 個人的인 經驗에 根據하려는 描寫가 두드러질 뿐 아니라 空間的인 經驗의 現實化가 이루어지고 있다. 또 人物 提示에 있어서 지나치게 主觀的인 戲畫化나 情緖的이고 恣意的인 歪曲이나 裝飾的인 被裝法 등이 現實的이고 寫實的인 傾向으로 代置되고 있으며, 修辭에 있어서도 그러한 面貌들이 많이 檢證되고 있는 것이다.

한편 構成이나 構造의 問題에 있어서도 回想視點에 의한 發端部位의 消滅, 이에 의한 敍述時間 營域의 短縮化, 傳記的이고 繼起的인 構造에서의 變化와 敍述的 逆轉, 敍述者의 論評的인 介入의 弱化 등 變化의 局面들이 提起되어 있는 것이다. 따라서 今後 開化期 文學의 表現 및 形態詩學의 研究에서는 다음과 같은 問題들이 보다 愼重히 考慮되어야 하리라고 본다.

(1) 前代文學과의 持續性의 糾明은 勿論 이와의 對比를 통해서 表現 形態나 構造에 있어서 어떤 異質的인 變化가 이루어지고 있는가. 그래서 開化期 文學의 獨自性은 바로 어떠한 것인가. 또 그것이 以後의 文學과 어떤 相關關係를 이루고 있는가. 이런 점은 敍述構造에 대한 構造主義的 解明에 의해서 밝혀져야 한다.

(2) 現在까지의 研究는 주로 文學史的인 觀點에서 다루어졌지만, 作品의 解釋 내지 作品論의 研究가 보다 활발히 展開되어질 必要가 있다. 이 점에서는 作品들의 줄거리나 要約하고 解說하는 태도는 止揚되어야 한다.

— 이재선, 『韓國文學의 解釋』(새문사, 1981) 중에서

▶ 더 알아야 할 한자

行爲. 言表. 發信者. 受信者. 視點. 大團圓. 話者. 挿話. 虛構.

한자어 학습 3

歷史는 單純한 過去의 事實만은 아니다. 적어도 歷史라는 것을 敍述된 歷史로서 理解하는 境遇에 그러하다. 거기에는 一定한 基準에 따르는 選擇이 不可避하다. 그리고 現在의 切實한 要求에 그 選擇의 基準을 둔다는 것은 올바른 태도다. 假令 現在 民權의 問題가 重要한 關心이 되어 있다면 이에 대한 歷史를 살펴보는 것은 바람직한 일임이 分明하다.

그러나 이것은 歷史의 意味에 대한 解釋을 現在에 基準을 두고 한다는 뜻일 수는 없다. 만일 그렇다면 現在에 同時에 存在한 몇 개의 對立된 現實觀은 서로 矛盾되는 몇 개의 歷史敍述을 可能하게 한다는 이야기가 된다. 이러한 理論은 極端的으로 말하면 眞理가 아니라 勸力에 阿附하는 御用史學의 可能性을 認定한다는 이야기도 된다. 이것은 結局 學問으로서의 歷史學을 否定하는 결과밖에 가져오지 않는다.

오히려 反對로 過去의 客觀的인 歷史的 事實에 立脚해 現實을 봐야 한다. 그래야만 歷史學이 學問으로서 眞理를 探究하는 人類의 努力에 이바지할 수가 있다. 客觀的인 事實의 認識은 곧 歷史學의 出發點이다. 이 出發點은 결코 讓步되어서는 안 되는 絶對的인 것이다. 거짓 事實에 根據를 둔 어떠한 歷史 理解도 容納할 수가 없다. 歷史學은 아름다운 治粧 속에서 자라는 것이 아니라 冷嚴한 客觀的 事實의 認識 위에 터전을 잡고 자라는 學問이다.

— 이기백, 『研史隨錄』(일조각, 1994) 중에서

▶ 더 알아야 할 한자

史觀. 民族. 侵奪. 發展. 黨爭. 民亂. 封建. 上訴. 實學. 年代記. 精神. 眞骨. 慘禍.

한자어 학습 4

倫理學을 우리는 "나는 누구인가?"라는 質問에 대한 解答을 마련하고자 하는 學問이라고 定義할 수 있는 것이다. 이 質問에 대한 解答은 곧 "어떻게 살아가야 할 것인가?"에 대한 答辯이기도 하기 때문이다.

이제 우리는 '倫理的 自我'의 定義를 어느 정도 糾明할 수 있게 되었다. 그것은 나의 能力과 所望과 義務라는 세 변으로 이루어진 하나의 三角形인 것이다. 따라서 소크라테스적 自我의 認識은 이 세 변의 길이 혹은 三角形의 크기를 把握하는 것을 意味한다. "나는 누구인가?"라는 質問은 "나는 무엇을 원하며 무엇을 할 수 있고 또한 해야 하는가?"라는 質問으로 풀이될 수 있다는 것이다. 또한 우리는 소크라테스가 "反省되지 않는 삶은 살 價値가 없다"라고 한 말이 무슨 뜻인지 비로소 理解할 수 있게 되었다. 反省된 삶이란 自己 自身, 즉 自己의 所望과 能力과 義務에 대해서 깊이 생각하고 每事를 愼重하게 處理하며 슬기롭게 살아가는 삶을 말한다. 이러한 삶을 살지 않으면 비록 오랜 期間 동안 生命을 延長한다고 하더라도 人間의 삶으로서는 큰 價値가 없다는 것이다.

우리가 人間인 理由는 單純히 生物學的으로 人間(homo-sapiens)에 分類되기 때문이 아니라 倫理學的으로 人間(homo-obligatus)의 資格을 갖춘다는 데에 더 큰 意味가 있기 때문이다. 勿論 우리는 밀이 指摘한 바와 같이 本性的으로 動物的 慾求의 衝動에 의해서 삶을 살아가는 存在는 아닐지도 모른다.

— 엄정식, 『智慧의 倫理學』(벽호, 1998) 중에서

▶ 더 알아야 할 한자

觀念. 論理. 範疇. 辨證法. 實存. 理念. 理性. 主體. 他者. 現象. 形而上學.

한자어 학습 5

이 研究들은 他宗教들의 內的 性格과 社會構造의 重要 側面, 특히 政治 組織, 經濟 生活, 社會 階層과의 關係에 관한 것이다. 이것은 特別히 왜 宗教들은 近代 資本主義 發展에 必要한 精神을 形成하는 데 失敗하였는지 說明한다. Weber가 볼 때에 他宗教들이 있던 社會에도 자본주의의 前提 條件이 相當히 發展했었기 때문에 이 質問은 더욱 切實했다. 宗教가 歷史와 社會 變動에 效力 있는 힘이 되지 못하고 資本主義 發展에 必要한 構造的 要素만이 重要하면 構造的 側面에 있어서 유럽보다 뒤지지 않던 他宗教의 地域에도 資本主義 精神이 發生했어야 하기 때문이다. 그는 유럽에서 特有한 企業倫理인 資本主義 精神이 發生하게 된 것은 技術 發達 등 資本主義의 前提條件인 構造的 基盤이 더 有利해서가 아니라 프로테스탄 神學 특히 칼빈 神學이 있었기 때문이라고 했다.

그는 印度와 中國의 宗教, 古代 猶太教를 研究하면서 資本主義 精神의 形成을 妨害할 만한 要素가 存在하는지 또한 그것이 무엇인지 分析하려 했다. Weber는 宗教들이 社會的 行動의 方向에 세 가지 方法으로 影響을 미친다고 判斷했다. 첫째, 經濟行爲에 관한 宗教的 規範은 直接的인 影響을 줄 수 있다. 둘째로, 宗教觀念과 믿음은 社會制度와 政治體制의 合法化를 위한 源泉이 된다. 셋째로 宗教的 制裁는 人間의 動機와 關心을 特定 目標에로 方向지울 수 있다. 각 宗教의 行動規定, 宗教的 觀念과 믿음, 宗教制裁가 매우 다르기 때문에 經濟活動, 社會制度의 合法化, 目標選定에 있어 각 宗教는 相異한 影響을 미친다.

Weber에 의하면 儒教의 倫理는 實用的이고 現世的이며 形而上學的 基盤을 갖지 않는다. 명예로운 이름을 남기는 것 외에 死後問題는 無視된다. 宇宙와 世界의 秩序는 社會構造에도 連結되므로 家族과 國家의 構造는 聖스러운 것이며, 人間關係에서는 服從이 强調된다. 秩序의 受諾, 靜態的 學問, 孝道 등이 매우 重要한 德目들인데, 이들은 根本的으로 保守的이며 社會構造를 擁護한다.

— 오경환, 『宗教社會學』(서광사, 1990) 중에서

▶ 더 알아야 할 한자

信仰. 信念. 祭儀. 佛教. 基督教. 天主教. 巫俗. 汎神論. 神話.

한자어 학습 6

作用에 의한 分類

1) 支配權(Herrschaftsrecht)

他人의 行爲를 介在시키지 않고 權利의 客體를 直接 支配하는 權利이다. 物權, 知的財産權 등이 代表的인 예이다. 支配權에 대한 侵害는 不法行爲를 成立시키고(民法 제750조) 또한 그 侵害를 排除할 수 있는 效力이 있다.

2) 請求權(Anspruch)

特定人이 다른 特定人에게 一定한 行爲 즉 作爲 또는 不作爲를 要求하는 權利이다. 債權이 가장 대표적인 請求權이다. 그밖에도 物權, 無體財産權, 親族權, 相續權 등으로부터도 請求權이 發生할 수 있다. 따라서 請求權은 그 請求權 發生의 基礎가 되는 權利가 債權일 때 그 請求權을 債權的 請求權이라 하고, 物權일 때 物權的 請求權, 家族權일 때 家族權的 請求權이라 한다. 民事事例를 解決함에 있어 그 請求權의 基礎(Anspruchgrudlage)를 正確하게 把握하는 것이 아주 重要하다.

3) 形成權(Gestaltungsrecht)

權利者의 一方的인 意思表示에 의하여 法律關係를 發生, 變更, 消滅시킬 수 있는 權利이다. 形成權에는 權利者의 意思表示만으로써 法律關係의 變動을 가져오는 것과 訴訟을 提起하여 法院의 判決에 의하여 비로소 法律關係의 變動을 가져오는 것이 있다. 前者의 예로는 同意權(民法 제5조, 제10조) · 取消權(民法 제140조 以下) · 追認權(民法 제143조 以下) · 契約의 解除, 解止權(民法 제543조 以下), 相計權(民法 제492조), 約婚解除權(民法 제805조), 裁判上離婚(民法 제840조), 入養取消權(民法 제884조) 등이 있다. 形成權을 訴로써 提起할 때 이를 '形成의 訴'라고 한다.

— 박상기 외, 『法學槪論』(박영사, 1996) 중에서

▶ 더 알아야 할 한자

拘束. 辯護. 詐欺. 釋放. 宣告. 訴訟. 搜査. 猶豫. 義務. 證據. 執行. 歎願. 判決. 抗訴.

한자어 학습 7

물론 Almond는 政治發展을 近代化와 同一한 槪念으로 본 것은 아니고 全般的인 近代化의 政治的 側面으로 보고 있다. 그에 의하면 近代化란 經濟的으로는 '生産性'(productivity)의 增加와 經濟的 利得의 보다 平等한 分配를 뜻하고, 社會的으로는 '分業'(division of labor)의 增大 및 '社會 構造의 分化'(differentiation of social structure), '都市化'(urbanization), '産業化'(industrialization), 敎育의 擴大, 매스미디어의 普及, 健康, 福祉, 社會的 施惠의 改善 등을 隨伴하는 現狀이라는 것이다.

周知하다시피 Almond는 政治體系를 '正統的인 物理的 强制의 使用에 影響을 미치는 모든 相互作用'을 말하고, 모든 政治體系를 '環境'(environment)과의 關係에 있어서 '投入'(input)을 '變換'(conversion)시켜 '生産'(out put)으로 내보내면 그것이 '휘드백'(feedback)되어 다시 體系로 再投入되는 不斷한 循環過程으로 把握하고 있는데(Almond & Powell, Jr. 1978: 3~12), 政治가 發展한다는 것은 '集團的 目標'(collective goals)를 정하고 그것을 國際的 및 國內的 環境 속에서 執行에 옮길 수 있는 '政治的 執行部'(political executive)와 '官僚機構'(bureaucratic)의 登場이 前提되어야 하며, 社會的 集團들에 의한 '利益表明'(interest articulation)이나 '利益集約'(interest aggregation)이 可能하게끔 政黨들, 利益集團들 그리고 또한 커뮤니케이션 媒體들의 出現 등이 要請되는데 이러한 政治機能을 擔當하게끔 '政治的 構造의 分化'(the differentiation of political structure)가 優先 그 重要한 部分을 이룬다는 것이다. 또한 政治發展을 文化的으로 볼 때에는 專門化된 '役割'(role)에 相應하는 '價値'(value), '態度'(attitudes) 및 '機能'(function) 등이 普及되어야 하며 따라서 '法의 遵守', '參與的 性向'(participant propensities), '福祉에 대한 期待'(welfare expectation) 등이 그 內容이 되고 있다는 것이다.

— 정희채, 『政治發展論』(법문사, 2000) 중에서

▶ 더 알아야 할 한자

改閣. 交流. 權力. 變化. 選擧. 安保. 聯合. 緩衝. 議決. 政黨. 彈劾. 革命.

한자어 학습 8

이상 列擧한 規範 以外에도 流行(fashion)이나 道樂(fads)도 規範의 種類에 속한다. 民習이 比較的으로 固定되어 있어 數世代 동안 持續되는 慣習이라 할 것 같으면 이와는 對照的으로 아주 短期間 동안만 持續되는 習俗이 바로 流行 및 道樂이다. 流行을 따르는 것은 威勢를 意味하고, 그러기 때문에 流行은 그것이 持續되는 期間 동안에는 사람들이 同調할 것이 期待된다. 道樂은 流行의 一種으로 特殊한 集團이나 階層의 사람들에게 짧은 기간 동안 盛行되어 娛樂의 趣味 등과 關聯된 規範이다.

고영복 敎授(1965)에 의하면 觀念的 文化는 社會體制와의 關聯에서 完全히 平價的 合意를 지니고 있는 精神文化를 總稱한다. 즉 特定集團이나 社會體系가 存續하기 위하여 現實을 理解하고 혹은 合理化하기 위하여 갖는 表象, 認識, 確信, 展望, 幻想 등 諸 觀念의 複合體인 것이다. 이와 같은 觀念文化를 構成하고 있는 要素로서는 價値體系, 神話體系, 敎義體系 및 思想體系를 들고 있다.

價値體系는 社會의 成員들이 무엇이 좋고 올바르고, 賢明하고 또 有益한가를 決定짓는 데 關與한다. 즉 人間이 나아가야 할 目標나 方向을 提示하는 데 關與한다. 따라서 規範이 具體的 狀況에 關聯된 具體的 規則이라면 價値는 그 規範을 判斷할 수 있는 더 높은 次元의 基準이라 할 수 있다.

神話體系는 事實檢證의 方法으로는 確認할 수 없는 過去, 現在, 未來에 대한 想像的 解釋이며, 大衆의 怨望, 期待, 信念 등을 刺戟해서 特定 行動으로 誘導하는 機能을 한다. 現實社會에서는 宗敎가 이 役割을 擔當하고 있다.

敎義體系는 觀念的 文化에 理論的 一貫性을 附與하는 理論을 뜻한다. 이것은 現實을 哲學的이거나 科學的으로 分析하여 社會體制를 合理化시키고 行動計劃에 體系性을 附與하는 것이다.

— 안계춘, 『現代社會學의 理解』(법문사, 2000) 중에서

▶ 더 알아야 할 한자

階級. 抑壓. 輿論. 役割. 傳播. 從屬. 關係. 體系. 文明. 構成員.

한자어 학습 9

그러나 이것을 좀 더 具體的이고 科學的으로 말하면, 커뮤니케이션學의 硏究對象이 되는 것은 커뮤니케이션 過程이나 行動 自體가 아니라 그에 關聯된 現象들(communicative phenomena)이라고 하겠다. 다시 말해서, 커뮤니케이션이라는 人間 및 動物의 行動(behavior)에 關聯된 여러 가지 要因(variables)들과 그들 사이의 關係(relationship)가 곧 커뮤니케이션學의 硏究對象이 되는데, 이때 이러한 變因과 變因들 간의 關係를 '現象'이라고 한다. 따라서 앞에서 '記述'이니 '說明'이니 하는 것은 바로 이와 같은 人間이나 動物의 커뮤니케이션 行動에 관련된 이들 變因을 찾아내고, 이들 사이의 關係를 記述하고 說明하는 것을 意味한다.

그러면 여기서 '變因'(variables)이니 또는 '關係'(relationship)니 하는 것은 무엇을 뜻하는가? 커뮤니케이션學의 硏究對象인 커뮤니케이션 現象과 그 硏究目的을 정확히 理解하기 위해서는 먼저 이들 '變因'이니 '關係'니 하는 말의 뜻부터 살펴볼 必要가 있겠다.

(1) 變因(Variable)의 뜻과 그 種類

첫째로, 變因이란 "서로 區分되는 屬性(property)들의 集合(set)"이라고 定義될 수 있다. 여기서 '屬性'(property)이란 말은 "어떤 事物들을 特徵지우는 그 무엇"이라고 풀이할 수 있는데, 예를 들어, "빨갛다"는 것은 하나의 屬性이 되겠다. 왜냐하면 "빨갛다"는 것은 사과, 입술연지, 血液 등을 눈〔雪〕, 돌〔石〕, 炭, 하늘 등으로부터 特徵지우는 그 "무엇"이기 때문이다. "빨갛다"는 말 이외에도 "노랗다", "희다", "푸르다" 등은 각각 하나하나의 屬性이라 하겠다. 그러나 우리는 이들을 모두 합쳐서 '色'이라는 말로 表現할 수 있는데, 이와 같이 서로 區別되는 屬性(要素)들의 한 集合(set)을 '變因'이라 부른다. 그리고 이때 같은 變因 안의 서로 다른 屬性을 그 變因의 '값'(value)이라고 부른다. 좀 더 具體的인 예를 커뮤니케이션에서 들어보면 커뮤니케이터의 公信力(source credibility)은 하나의 變因이라고 하겠는데, 이 公信力은 여러 가지의 屬性 즉 커뮤니케이터의 專門性, 信賴性, 逆動性 등의 集合이기 때문이다. 이 公信力은 "낮다", "보통이다" 또는 "높다" 등을 公信力이라는 變因의 값(value)이라고 한다. 이러한 變因의 概念은 數學에서의 變數와 같은 것으로 그것과 聯關시켜 理解하기 바란다.

— 차배근, 『커뮤니케이션學 槪論(上)』(세영사, 1995) 중에서

▶ 더 알아야 할 한자

意思疏通. 新聞. 放送. 媒體, 廣告. 取材. 報道. 輿論. 言論. 大衆. 情報.

한자어 학습 10

다음에 꿈은 不分明하고 論理性이 缺如되어 있다. 또 꿈은 妄覺해버리기 쉽기 때문에 解釋하기가 어렵다. 患者는 꿈의 內容을 報告할 때에는 그것을 修正하려고 한다. 그러므로 報告된 꿈은 그 사람이 經驗한 事實 그대로가 아니라 造作해놓은 것이다. 제 아무리 校正을 한다고 하더라도 熟練된 分析者는 무엇 때문에 어디서 歪曲, 報告되었는가를 알아 꿈의 內容을 解釋한다.

精神分析은 進展됨에 따라서 轉移된다는 점이 큰 特徵으로 꼽히고 있다. 다시 말하면 患者의 治療者에 대한 態度에서 父母와의 關係가 다시 이뤄지는 것이다. 예를 들면 患者가 治療者를 볼 때 마치 父像으로 認識하고 아버지에 대한 情緖的 態度와 꼭 같은 態度로써 治療者를 대하게 된다. 그러므로 治療者에게 愛情과 依存의 情緖를 느끼게 되는데 이것은 正的 轉移이고 이와는 달리 敵對的인 태도는 負的 轉移이다.

만일 正的으로 轉移되면 患者가 抵抗을 克服하는 데 도움이 되는데 患者는 아버지로부터 保護를 받고 있는 것과 같이 생각하여 抑壓된 無意識的 慾望을 그대로 털어놓는다. 轉移가 되면 分析者가 患者를 理解하는 데도 도움이 된다. 患者에게 葛藤이 있다거나 또 患者와 다른 사람 사이에 葛藤이 있으면 治療期間에 그대로 다시 나타나기 때문에 그것을 곧 다시 볼 수 있는 機會를 提供한다.

患者가 自身이 어째서 不安하게 느끼는가에 대하여 洞察을 얻게 되었을 때 治療를 中斷한다. 分析者는 轉移場面이 解決되어 醫師—患者의 關係가 圓滿하게 될 때까지는 分析을 中斷해서는 안 된다.

精神分析의 目的은 自己를 스스로 理解하고 不安의 原因을 깨닫게 하는 데 있다. 그러나 洞察 그 자체 때문에 行動變化가 오는 것은 아니다. 예를 들면 恐怖症 患者가 왜 무서워하는지 그 理由를 알았다고 해도 무서운 짐승이나 對象이 있는 곳에 接近할 수 없다. 여전히 生活에 制限을 받는다. 그러므로 分析者는 傳統的인 精神分析 技術과 다른 行動治療法을 結合시켜 敎育시키지 않는 한 行動에 變化를 期待할 수가 없다.

— 이현수, 『心理學의 原理』(우성문화사, 1984) 중에서

▶ 더 알아야 할 한자

善惡. 善行. 誠實. 信賴. 廉恥. 倫理. 忍耐. 慈愛. 中庸. 動機. 象徵. 靈感.

국어생활 '예시문제' 풀이

'예시문제' 풀이*의 순서는 '(1) 한글맞춤법, (2) 띄어쓰기, (3) 문장 부호, (4) 표준어 규정, (5) 표준 발음, (6) 외래어 표기, (7) 표준 화법, (8) 단어의 용법, (9) 국어 순화, (10) 국어 로마자 표기'로 되어 있다. 아래의 풀이 내용을 통해 '예시문제'에 대한 답을 확인하고 그와 관련된 어문 규정의 지식을 익힐 수 있다. 일반적인 글쓰기 과정에서 어문 규정과 관련하여 의문이 생기면 늘 사전을 확인하여 문장을 작성하는 습관을 들여야 한다. 국립국어원에서 '표준국어대사전 찾기' 서비스가 인터넷을 통해 이루어지므로, 글쓰기 과정에서 문제가 되는 사항들의 표제어와 용례를 확인해보면 그 어형과 관련된 맞춤법 및 띄어쓰기 등의 문제 해결이 가능할 것이다.

(1) 한글맞춤법

1. 'ㅋ'과 'ㅌ' 각각의 명칭과 발음은 'ㅋ(키읔, [키윽])', 'ㅌ(티읕, [티읃])'이다. 참고로, 한글 자모와 조사가 만나 발음될 때는 보통 받침을 연음하여 '기역이[기여기], 니은이[니으니]'처럼 발음하는데, 'ㄷ, ㅈ, ㅊ, ㅋ, ㅌ, ㅍ, ㅎ'의 경우에는 특별하게 다음과 같이 발음하도록 표준 발음 제16항에 제시되어 있는데, 그 중 일부만 보이면 아래와 같다. 덧붙이면 'ㄷ, ㅈ, ㅊ'도 'ㅌ'에 준해서 '[디그시][지으시][치으시]……' 등으로 발음하면 된다.

키읔이[키으기], 키읔을[키으글], 키읔에[키으게]

티읕이[티으시], 티읕을[티으슬], 티읕에[티으세]

피읖이[피으비], 피읖을[피으블], 피읖에[피으베]

히읗이[히으시], 히읗을[히으슬], 히읗에[히으세]

---

* 아래의 '예시문제' 풀이는 국립국어원에서 발간한 『가나다 전화 자료집』(1997), 『국어원에 물어보았어요(일반용)』(2001)와 국립국어원 홈페이지의 '자주 나오는 질문'에 제시된 해설을 주로 참고하여 작성된 것이다. 사전은 『표준국어대사전』을 참고했다.

2. 각각 '반치음, 옛이응, 여린히읗, 아래아, 순경음 비읍' 이라고 하는 것이 일반적이다. 'ㅿ, ㆁ, ㆆ, ㆍ, ㅸ' 의 이름은 '반시옷(반치음, 반잇소리), 옛이응, 여린히읗(된이응), 아래아, 순경음 비읍' 이다. 'ㅿ' 과 'ㆆ' 은 이름이 두 개 이상인데, 사전에 '반시옷, 여린히읗' 이 기본 표제어로 되어 있으니 그것을 쓸 수 있으며, 보통은 '반치음, 여린히읗' 으로 사용되는 편이다.

3. '좋아할 거다' 가 바른 표현이다. 여기의 '거다' 는 '것이다' 의 구어적 표현이다. 이 '거' 는 의존명사 '것' 을 구어적으로 표현할 때 쓰는 말이다. 그런데 이 '거' 뒤에 주격조사 '–이' 가 올 경우에는 '게' 가 되고, 서술격조사(=계사) '이–' 가 올 경우에는 '거+이–' 가 줄어서 '거–' 가 된다.

게(←거+이): 먹을 게 많다. 잡을 게 마땅치 않다.

거다(←거+이다), 거고(←거+이고), 거니(←거+이니), 거면(←거+이면): 그 일은 그가 할 거고 이 일은 내가 할 거다. 집에 갈 거니? 네가 볼 거면 네가 켜라.

4. '하늘을 나는 슈퍼맨' 이 맞다. 같은 유형인 ㄹ 탈락 용언인 '알다' 동사인 경우에도 '알으는' 이라고 하지 않고 '아는' 이라고 하는 것이 참고된다.

국어에는 어간의 끝소리인 'ㄹ' 이 '–ㄴ, –ㅂ니다, –오–, –시–' 앞에서 탈락하는 현상이 있는데 이러한 탈락 현상을 보이는 용언을 ㄹ 탈락 용언이라고 한다. 'ㄹ' 을 받침으로 가진 동사 '놀다' 의 경우 '놀다, 놀고, 놀지, 놀면' 에서와 같이 '–다, –고, –지, –면' 으로 된 어미 앞에서는 'ㄹ' 이 유지되는 데 반하여, '노니, 노는, 노느냐, 논, 놉니다, 노오, 노시고' 와 같은 경우는 'ㄹ' 이 탈락하게 된다. '날다' 역시 'ㄹ' 을 받침으로 가진 용언이므로 '날다, 날고, 날지, 날면' 에서는 'ㄹ' 을 유지한 어형으로, '나니, 나는, 납니다, 나오, 나시오' 에서는 'ㄹ' 이 탈락한 어형으로 사용해야 한다.

5. '산 너머 남촌에는' 에서는 명사가 나타날 자리이므로 '너머' 가 맞다. 한편, '넘어' 는 '넘다' 의 활용형이다. '너머' 와 '넘어' 는 발음이 같고 뜻도 유사하기 때문에 혼동하기 쉽다. 한글맞춤법 제19항 〔붙임〕에 보면 "어간에 '–이' 나 '–음' 이외의 모음으로 시작된 접미사가 붙어서 다른 품사로 바뀐 것은 그 어간의 원형을 밝히어 적지 아니한다" 라고 하여 명사로 된 '귀머거리, 까마귀, 너머, 뜨더귀, 마감, 마개' 등은 원형을 밝혀 적지 않도록 하고 있다.

'너머' 는 명사로, '고개 너머, 저 너머' 에서처럼 공간이나 공간의 위치를 나타낸다. 그리고 '넘어' 는 동사 '넘다' 에 어미 '–아/어' 가 연결된 것으로 '국경을 넘어 갔다, 산을 넘어 집으로 갔다' 에서처럼 동작을 나타낸다. 참고로 '산 너머 남촌에는 누가 살길래/살기에' 는 '–길래' 가 '–기에' 의 잘못이므로 '누가 살기에' 로 써야 한다.

6. '집에 갈게' 와 같이 예사소리로 적는 것이 옳다. 의문형 어미인 '–(으)ㄹ까, –(으)ㄹ꼬, –(스)ㅂ니까, –(으)리까, –(으)ㄹ쏘냐' 등에서는 된소리로 적는다.

같은 된소리로 발음되면서도 어미 '–(으)ㄹ게' 와 '–(으)ㄹ까' 를 각각 예사소리와 된소리로 구분하여 적는 근거는 한글맞춤법 제53항의 규정이다. 즉, 비의문형 어미인 경우는 '–(으)ㄹ걸, –(으)ㄹ게, –(으)ㄹ세, –(으)ㄹ세라, –(으)ㄹ수록, –(으)ㄹ시, –(으)ㄹ지, –(으)ㄹ지니라, –(으)ㄹ지라도, –(으)ㄹ지어다, –(으)ㄹ지언정, –(으)ㄹ진대, –(으)ㄹ진저, –올시다' 와 같이 예사소리로 적는다. 다만 의문을 나타내는 어미 '–(으)ㄹ까, –(으)ㄹ꼬, –(스)ㅂ니까, –(으)리까, –(으)ㄹ쏘냐' 등은 된소리로 적도록 되어 있다.

7. '태릉', '쌍룡' 이 맞는 표기다. 제2음절 이하에서는 두음법칙이 적용되지 않는다. 그러나 '능지기', '용두사미' 의 경우는, '릉', '룡' 이 어두이므로, 두음법칙이 적용되어 '능', '용' 으로 적는다. 국어에서 두음법칙은 어두에만 적용되고 제2음절 이하에 올 때에는 적용되지 않는 것이 원칙이다.

그러나 '률' 과 '렬' 은 이러한 두음법칙의 예외가 된다. 이 한자가 어두에 쓰일 때는 두음법칙의 적용을 받는 것이 당연하지만, 제2음절 이하에 쓰일 때도 두음법칙이 적용되는 경우가 있다. (1나, 2나)와 같이 모음이나 'ㄴ' 받침 뒤에 이어지는 '률, 렬' 은 '율, 열' 로 적는다.

① 가. 법률(法律), 능률(能率), 출석률(出席率)
  나. 운율(韻律), 비율(比率), 전율(戰慄)
② 가. 행렬(行列), 결렬(決裂), 맹렬(猛烈), 졸렬(拙劣)
  나. 치열(齒列), 분열(分裂), 치열(熾烈), 우열(優劣), 진열(陳列)

한글맞춤법 제11항 [붙임 1]은 모음이나 'ㄴ' 받침 다음의 '률', '열' 이 '율', '열' 로 발음되기 때문에 이를 표준어로 인정하고 이를 표기에도 반영한 것이다.

한편, '능' (陵)의 경우는 특히 그 독립성이 강하게 인식되어 제2음절 이하에서도 '능' 으로 표기하려는 사람이 많으나, 표기의 혼란을 우려하여 제2음절 이하에서도 '릉' 으로 통일해서 적도록 하고 있다.

8. '만들다'와 '힘들다'의 명사형은 '만듦', '힘듦'이다. '만듦, 힘듦'은 발음이 [만듬], [힘듬]이라서 자주 '만듬, 힘듬'으로 써야 할 것처럼 생각된다. 그러나 '만듦, 힘듦'은 '만들다, 힘들다'의 어간 '만들-, 힘들-'에 명사형어미 '-ㅁ'이 결합한 말로, '만듦, 힘듦'으로 적어야 한다. 받침의 'ㄹ'이 탈락하지 않은 것은 '만듦, 힘듦'에 조사 '-이'나 '-을'을 붙여 보았을 때 '만듦이[만들미], 만듦을[만들믈], 힘듦이[힘들미], 힘듦을[힘들믈]'로 소리 나는 것을 통해 알 수 있다.

9. '머릿속이 텅 비었다'일 때는 합성어로서 '머릿속'으로 적어야 한다. '머릿속'은 상상이나 생각이 이루어지거나 지식 따위가 저장된다고 믿는 머리 안의 추상적인 공간을 말하는 것으로, 머리카락의 속이나 물리적인 공간인 '머리 속'과는 다르다. '머릿속에 갖가지 생각이 들었다'나 '머릿속이 어지러워 아무것도 할 수 없다'와 같이 쓸 때는 '머릿속'으로 써야 하고, '머리 속에 이가 많다'나 '머리 속에 종양이 생겼다'에서와 같이 실제의 머리 안이라는 의미나 머리카락 사이의 의미로 쓸 때는 통사적 구인 '머리 속'으로 써야 한다.

10. '며칠 전'이 맞다. '며칠'만이 맞춤법에 맞는 말이고 '몇일'은 잘못된 말이다. 따라서 '그날이 몇 월 며칠이니?', '며칠 동안'과 같이 적는다.

한글맞춤법 제27항의 [다만 2]에서 "어원이 분명하지 않은 것은 원형을 밝히어 적지 않는다"라고 하여 '며칠'을 그 예로 들고 있다. 즉 한글맞춤법에서는 '며칠'의 어원을 분명하지 않은 것으로 파악하여 원형을 밝히지 않고 소리 나는 대로 적을 것을 명시하고 있는 것이다. 이 단어를 소리 나는 대로 적어야 하는 이유는 다음의 예를 통해 알 수 있다.

① 친구가 몇이나 모였니? [며치나]

아이들 몇을 데리고 왔다. [며츨]

② 지금이 몇 월이지? [며둴]

달걀 몇 알을 샀다. [며달]

①에서 보듯이 '몇' 다음에 모음으로 시작하는 조사가 오면 '몇'의 말음 'ㅊ' 소리가 조사로 내려져 [며치나], [며츨]로 소리가 난다. 하지만 ②와 같이 '몇' 다음에 명사가 오면, 말음의 'ㅊ'이 중화 현상에 의하여 대표음인 'ㄷ'으로 소리가 난다. [며춸], [며찰]로 발음되지 않는 것이다.

만약 '며칠'이 '몇+일'의 구성이라면 '일'(日)이 명사이므로 [며딜]로 소리가 나야 한다. 하지만 [며칠]로 소리가 나는 것을 본다면 '며칠'을 관형사 '몇'에 명사 '일'이 결합한 구성으로 보기 어렵다. 그러므로 우리가 [며칠]로 소리를 내는 이 단어는 그 원형을 밝혀 적지 않고 소리 나는 대로 '며칠'로 적도록 한 것이다.

'며칠' 은 '그 달의 몇 째 되는 날' 과 '몇 날(동안)' 의 두 가지 의미가 있다. 어떤 사람들은 두 의미를 구분하여 '몇 일' 과 '며칠' 로 적어야 한다고 주장하기도 하나, 두 경우 모두 [며칠]로 소리 나므로 둘 다 '며칠' 로 적어야 한다.

11. '숟가락' 이 바른 표기다. '숟가락' 을 '숫가락' 으로 적지 않는 것은 한글맞춤법 규정 제29항과 관련된다. "끝소리가 'ㄹ' 인 말과 딴 말이 어울릴 적에 'ㄹ' 소리가 'ㄷ' 소리로 나는 것은 'ㄷ' 으로 적는다."라고 하여, '반짇고리, 사흗날, 삼짇날, 섣달' 등처럼 적도록 하였다. '바느질, 사흘, 삼질, 설' 이 '고리, 날, 달' 과 결합하면서 그 받침의 'ㄹ' 이 'ㄷ' 으로 소리 나는 것들은 'ㄷ' 으로 적도록 하고 있는 것이다. '숟가락' 의 경우 '밥 한 술' 의 '술' 과 '가락' 이 결합하면서, '술+가락' 의 '술-' 이 [숟]으로 발음 나는 경우이므로, 이 규정에 따라 '숫' 이 아닌 '숟-' 으로 적는 것이다.

한편, 받침이 'ㄷ' 으로 소리 나는 것 중에서 '덧저고리, 돗자리, 엇셈, 웃어른, 핫옷, 무릇' 과 같은 예들의 '덧-, 돗-, 엇-, 웃-, 핫-, 무릇' 은 위 규정과 관련된 것이 아니므로 'ㅅ' 으로 적는다.

12. '아니어요/아니에요/아니예요' 중 틀린 표기는 '아니예요' 다. '아니어요', '아니에요' 는 둘 다 쓰이고, '아니예요' 는 쓰이지 않는다. '아니어요', '아니에요' 는 '아니-' 라는 형용사의 어간에 각각 복수 표준어 '-어요', '-에요' 라는 어미가 결합한 것이다.

용언의 어간에 붙는 종결어미 '-어요' 는 '아니다' 와 '이다' 어간 뒤에서 '-에요' 로도 쓸 수 있다.

먹- + -어요 → 먹어요

아니- + -어요 → 아니어요, 아니- + -에요 → 아니에요

장남이- + -어요 → 장남이어요, 장남이- + -에요 → 장남이에요

한편, '아니어요, 아니에요' 는 '아녀요, 아녜요' 로 줄어들 수 있다. 그러나 '장남이어요, 장남이에요' 는 '장남여요, 장남예요' 로 줄어들지 않는다.

아니어요 → 아녀요, 아니에요 → 아녜요

장남이어요 → 장남여요(×), 장남이에요 → 장남예요(×)

선행 명사가 받침이 없고, 서술격조사 '이-' 에 '-어요' 가 결합되는 경우는 원래 어형은 쓰이지 않고, 줄어든 어형이 주로 쓰인다. 특히 '철수예요' 어형이 일반적이다.

철수이어요(×) → 철수여요(○), 철수이에요(×) → 철수예요(○)

13. '안 어울린다'와 '먹지 않았다'가 바른 표기다. '안'은 부사 '아니'의 준말이고, '않-'은 용언 '아니하-'의 준말이다. 따라서 '안 먹는다, 안 어울린다'에서와 같이 서술어를 꾸미는 역할을 할 때에는 '안'을 쓰고, '철수가 먹지 않았다, 영희는 예쁘지 않다'와 같이 동사나 형용사에 덧붙어 함께 서술어를 구성할 때에는 '않다'를 써야 한다.

14. '쓰레기를 버리고 가면 어떡해'로 써야 한다. '어떻게'는 '어떠하다'가 줄어든 '어떻다'에 어미 '-게'가 결합한 말이며, '어떡해'는 '어떻게 해'라는 구(句)가 줄어든 말이다.

'어떻게'와 '어떡해'는 그 의미가 다를 뿐 아니라 전자는 단어이고 후자는 구가 줄어든 말이기 때문에 문장에서의 쓰임도 아주 다르다. '어떻게'는 활용형이므로 '너 어떻게 된 거냐?, 이 일을 어떻게 처리하지?' 처럼 용언을 수식할 수 있다. 반면, '어떡해'는 서술어로는 쓰일 수 있어도 다른 용언을 수식하지는 못한다. '지금 나 어떡해'라고는 써도 '이 일을 어떡해 처리하지?'라고는 쓸 수 없다.

15. '설립연도, 회계연도, 가입 연월일'은 각각 '설립'(設立)과 '연도'(年度), '회계'(會計)와 '연도'(年度), '가입'(加入)과 '연월일'(年月日)이 이어져 이루어진 합성어나 구이며 말의 첫머리이므로, 두음법칙을 적용하여 '설립연도, 회계연도, 가입 연월일'로 적어야 한다. 다만, '年度'라 하더라도 '新年+度, 舊年+度'와 같이 분석되는 합성어에 있어서는 '신년도, 구년도'로 적어야 한다(한글맞춤법 제10항).

또한 10항 붙임 규정과 같이, 단어의 첫머리가 아닌 경우에도 두음법칙이 적용되어야 하는 경우가 있으므로 주의해야 한다. 즉, '新女性, 空念佛, 男尊女卑'와 같이 접두사처럼 쓰이는 한자가 붙어서 된 말이 이에 해당한다. 합성어에서는 뒷말의 첫소리가 'ㄴ' 소리로 나더라도 두음법칙에 따라 '신여성, 공염불, 남존여비'로 적어야 하는 규정이 있는 것이다.

'생년월일'의 경우는 '생년'과 '생월', '생일'을 줄여 이르는 말로, '생년월일'로 적어야 한다. '년도'는 '해를 뜻하는 말 뒤에 쓰여 일정한 기간 단위로서의 그 해'를 뜻하는 의존명사로, '1999년도, 1970년도 졸업식, 2000년도 예산안'과 같이 쓴다.

16. '오랜만'은 '오랫동안'의 영향으로 자주 '오랫만'으로 잘못 적는다. 그러나 '오랜만'은 '오래간만'이 줄어든 말로 'ㄴ'을 살려 '오랜만'으로 적는다.

17. 연결어미인 경우에 '공책이요', '연필이요'가 맞는 표기다. 이 '-요'는 어떤 사물이나 사

실 따위를 열거할 때 쓰는 연결어미로, '이것은 공책이요, 저것은 연필이요, 그것은 책이다' 와 같은 경우에 쓴다.

한편 문장을 끝내는 자리에는 '이것은 공책이오' 처럼 '-오' 를 쓴다. 이 '-오' 는 설명, 의문, 명령, 청유문에 두루 나타나는 종결어미로서, '어서 오시오', '따님이 참 예쁘오', '비가 오려나 보오', '얼마나 심려가 크시오?', '부모님이 기다릴 테니 빨리 집으로 돌아가오' 와 같은 경우에 쓴다.

참고로 보조사 '-요' 는 듣는 사람에게 존대의 뜻을 나타내는 것으로 '돈이 없어요', '기차가 참 빨리 가지요', '마음은요 더없이 좋아요' 등과 같은 예에서 볼 수 있다. 이때의 '-요' 는 '돈이 없어', '기차가 참 빨리 가지', '마음은 더없이 좋아' 처럼 종결어미뿐만 아니라 어절의 뒤에 자유롭게 결합한다.

18. '왠지 가슴이 두근거린다', '왠지 불길한 예감이 든다' 등에서는 '왠지' 로 써야 한다. '왠지' 는 이유를 뜻하는 '왜' 에 '-ㄴ지' 가 결합해 굳어진 의문부사로 '왜' 의 표기가 유지되어야 한다. '웬 돈이니?', '웬 걱정이냐?' 등에서 쓰이는 '어찌 된, 어떠한' 의 뜻을 가진 관형사는 '웬' 으로 쓴다. 이 둘을 혼동하여 잘못 쓰는 경우가 많다.

19. '이래 봬도' 가 맞다. '이래, 저래, 그래' 는 기존의 사전에서 '이레, 그레, 저레' 가 아닌, '이래, 그래, 저래' 로 등재되어 있다. 그리고 '봬도' 는 '보다' 의 피동사 '보이다' 가 준 '뵈다' 에 가정이나 양보의 뜻을 나타내는 어미 '-어도' 가 결합한 말이다. '뵈(보이)어도 → 봬도' 이므로 '뵈도' 로 쓸 수 없다.

'이래 봬도' 의 '이래' 는 '이렇다' 의 어간 '이렇-' 에 어미 '-어' 가 붙어 '이레' 로 표기해야 하는 것으로 생각할 수도 있다. '파랗다, 노랗다, 퍼렇다, 누렇다' 에 어미 '-어' 가 붙어 '파래, 노래, 퍼레, 누레' 로 활용하는 것에서 유추한 결과인 듯하다. '이래, 그래, 저래' 는 역사적으로 굳어진 표기인데, 이렇게 표기가 굳어진 이유는 많은 사람들이 '이래, 그래, 저래' 의 어형을 '이러하여, 그러하여, 저러하여' 가 줄어든 '이러해, 그러해, 저러해' 에서 다시 줄어든 '이래, 그래, 저래' 로 인식하고 '〔이래〕, 〔그래〕, 〔저래〕' 로 발음했기 때문인 듯하다.

20. '일찍이', '오뚝이' 가 바른 표기다. 한글맞춤법 제25항의 "부사에 '-이' 가 붙어서 역시 부사가 되는 경우에 그 어근이나 부사의 원형을 밝히어 적는다." 라는 규정에 따라 '더욱이, 일찍이, 곰곰이, 생긋이, 오뚝이, 히죽이' 등으로 적는다.

21. 용언의 명사형이므로 '-(으)ㅁ'이 결합한 어형인 '했음', '없음'이 맞는 표기다. '먹음' '감' 등과 같은 유형인 것이다. '했음'을 '했슴'으로 쓰는 것은 '했음'을 '했습니다'의 준말로 생각하고 이런 표기를 잘못 사용하는 것이다. 같은 오류를 보이는 유형으로, '있다, 없다'와 같이 'ㅆ, ㅄ' 받침 뒤에서 명사형 표기를 '있슴, 없슴'으로 적는 경우가 있다. 이것은 '-음'으로 적든, '-슴'으로 적든 발음상으로 전혀 구별이 되지 않는 점과 '-읍니다', '-습니다'를 '-습니다'로 통일시킨 '표준어 규정 제17항'의 규정에 잘못 유추된 표기다. '있음, 없음'으로 적어야 한다.

22. '해님'이 맞다. 국어에서 사이시옷은 자립적인 말과 접미사가 결합되는 구성에서는 쓰이지 않는다. '해'를 인격화하여 높이거나 다정하게 이르기 위해 접미사 '-님'을 붙인 '해님'의 경우는 사이시옷이 들어갈 자리가 아니다. '토끼님, 별주부님'을 '토낏님, 별주붓님'으로 표기하지 않는 것과 같다.

23. '햇과일', '해콩'이 맞다. '해-'와 '햇-'은 일부의 명사 앞에 붙어 '그 해에 난'의 뜻을 더하는 같은 성격의 접두사다. 그러나 이 둘은 뒤에 오는 말에 따라 달리 적는다.

'햇-'으로 적는 경우는 ① 뒷말의 첫소리가 된소리로 발음되거나, ② 뒷말의 첫소리 'ㄴ, ㅁ' 앞에서 'ㄴ' 소리가 덧나거나, ③ 뒷말의 첫소리 모음 앞에서 'ㄴㄴ' 소리가 덧날 때다.

① 햇감자, 햇과일, 햇것

② 햇나물, 햇망아지

③ 햇일

'해-'로 적는 경우는 ④와 같이 뒷말의 첫소리가 된소리(ㄲ, ㄸ, ㅃ, ㅆ)로 표기되거나 거센소리(ㅋ, ㅌ, ㅍ)인 때다.

④ 해쑥, 해팥, 해콩

'해-'와 '햇-'을 구분하는 기준은 사이시옷 사용 여부의 기준과 같다. 그러나 '해-'가 명사가 아닌 접두사로서 합성어가 아닌 파생어를 만들기 때문에 사이시옷 규정을 적용하지 못하고 '해-'와 '햇-'을 둘 다 표준어로 인정한 것이다.

24. '가든(지) 오든(지)'가 맞다. 여기의 '-든(지)'는 어느 것이 선택되어도 차이가 없는 둘 이상의 일을 나열할 때 쓰이는 어미이므로, '-던지'의 '-더-'가 지닌 과거 인식 또는 회상의 의미가 없는 것이다.

'-던지'와 '-든지'를 구별 없이 모두 [-든지]로(또는 [-던지]로) 잘못 발음하는 것을 자주

들을 수 있다. 이러한 잘못된 발음 때문에 '-던지' 와 '-든지' 는 표기에서도 혼동을 일으키고 있다.

① 배든(지) 수박이든(지) 마음대로 먹어라.

② 가. 그날 따라 날씨는 왜 그리 춥던지 온몸이 다 꽁꽁 얼었었다.

나. 얼마나 울었던지 눈이 퉁퉁 부었다.

이때 '-든지' 는 '-지' 를 생략하고 '-든' 만을 쓸 수 있는 데 반해, '-던지' 는 '-던' 으로 쓸 수 없다는 차이가 있다.

25. '오이소박이' 가 맞다. '오이+소+박이' 의 구조로 '오이에 소(만두 · 송편 · 통김치 등에 넣는 고명)를 박았다' 는 뜻이다. '박다' 의 뜻이 살아 있는 경우 '박이' 가 되고 그렇지 않을 경우 '배기' 가 된다. '붙박이, 점박이, 덧니박이, 차돌박이(차돌처럼 흰 부위가 박혀 있는 고기 부위)' 등은 '박다' 의 뜻이 살아 있는 예다. 반면에 '나이배기, 한 살배기, 진짜배기' 등은 '박다' 의 뜻이 살아 있지 않은 예다.

26. '성공률' 이 바른 표기다. 한자어 律, 率, 栗, 慄은 앞에 오는 말에 따라 '율' 과 '률' 이 선택된다. 앞 말이 받침이 없거나 'ㄴ' 받침으로 끝난 말일 때는 '율' 이 선택되고 그 외의 받침으로 끝날 때는 '률' 이 된다.

받침이 없거나 'ㄴ' 받침 → 율: 비율, 실패율, 규율/선율, 전율, 백분율

그 외의 받침 → 률: 명중률, 합격률, 성공률

27. '노동량', '일양' 이 맞다. 한자어 '量' 은 앞에 오는 말에 따라 '량' 이 되기도 하고 '양' 이 되기도 한다. 앞 말이 한자어일 때는 '량' 이 되고 고유어나 외래어일 때는 '양' 이 된다. 그 까닭은 1음절의 한자어가 한자어 다음에 쓰일 때에는 별개의 단어로 인식되지 않고 단어의 구성요소로 인식되며, 고유어나 외래어 다음에서는 역시 단어의 구성 요소이지만 독립적인 단어로 인식되는 것이 일반적이기 때문이다.

한자어 뒤의 '량' : 노동량, 작업량, 부담량

고유어/외래어 뒤의 '양' : 일양, 구름양, 알칼리양

28. '가정란' 이 맞다. 한자어 '欄' 은 앞 말에 따라 '란' 이 되기도 하고 '난' 이 되기도 한다. 앞에 오는 말이 한자어일 때는 '란' 이 되고 고유어나 외래어일 때는 '난' 이 된다.

한자어 뒤의 '란' : 답란, 공란, 투고란

고유어/외래어 뒤의 '난' : 어머니난, 어린이난, 가십난

29. '돈을 치렀다'가 맞다. 주어야 할 돈을 내주거나(잔금을 치르다), 어떤 일을 겪어 낸다(큰일을 치르다)는 말은 '치르다'가 기본형이다. '치르다'는 어간 '치르-'에 어미 '-어, -었-'이 붙게 되면, 어간의 '으'가 탈락하고 '치러, 치렀-'으로 활용한다. '쓰다'에 '-어, -었-'이 붙으면 '써, 썼-'으로 활용하는 것과 같다.

그런데 '치르다'의 기본형이 '치루다'인 것으로 잘못 알고, 그 활용형을 '치뤄, 치뤘-'으로 쓰는 경우가 있다. '치르다'는 '시험을 치러 내다, 큰일을 치렀으니 몸살이 날 만도 하다'처럼 '치러, 치렀-'으로 써야 할 말이다.

30. '자장면 곱빼기'가 바른 표기다. 소리는 둘 다 〔곱빼기〕로 같지만 '곱빼기'로 적는다. 〔빼기〕로 소리 나는 말을 '-배기'로 적을 것인가 '-빼기'로 적을 것인가는 '-배기/-빼기'가 붙는 앞말을 분석할 수 있는가 없는가에 따라 결정된다. '뚝배기'는 '뚝'이 무엇인지 알기 어려우므로 분석할 수 없는 경우다. 따라서 '뚝배기'가 된다. 이에 비해 '곱빼기'는 '곱'이 '한 곱, 두 곱'과 같이 자립적으로 쓰이므로 분석이 가능하다. 그러므로 '곱빼기'로 적는다. 단 '언덕바지'의 복수 표준어인 '언덕배기'는 예외적으로 '언덕배기'다.

(2) 띄어쓰기

1. '사랑을 할 거야'로 띄어 쓴다. '사랑을 할 거야'의 '-ㄹ 거야'는 하나의 어미가 아니고, 관형형 어미 '-ㄹ' 다음에 의존명사 '것'의 구어적인 표현 '거'에 어미 '-야'가 붙은 구(句) 구성이다. 그러므로 '사랑을 할거야'로 붙여 쓰지 않고 '사랑을 할 거야'로 띄어 쓴다. 이처럼 관형형 어미(-ㄴ, -ㄹ) 다음에 '거야'가 이어진 '자는 거야, 예쁜 거야, 아름다운 거야' 등도 모두 띄어 쓴다.

2. '그럴걸요, 그럴걸, 그런걸요, 그런걸'이 문장의 마지막에 나오면 붙여 쓴다. 한편 '걸세'는 '올 걸세'처럼 띄어 쓴다. 이때의 '걸세'는 의존명사 '것'의 구어적 표현인 의존명사 '거'에 서술격조사 '이-'가 결합한 '거+이-'가 줄어 다시 '거-'가 된 것에 자기의 생각을 말하는 어미 '-ㄹ세'가 붙은 것이다.

'걸' 은 앞말과 띄어 쓰는 경우와 붙여 쓰는 경우가 있다. 첫째, 붙여 쓰는 '-ㄴ걸' 은 '현재의 사실이 이미 알고 있는 바나 기대와는 다른 것임' 을 뜻하는 어미로 앞서는 말(어간, 서술격조사 '이-')과 붙여 써야 한다. "이것은 그의 책인걸. 차가 이미 떠난걸. 이젠 다 끝난걸. 그 앤 아직 어린걸"처럼 문장 끝에서 쓰인다. 둘째, "네가 이 학교 학생인 걸 몰랐어"라고 할 때의 '걸' 은 '것을' 이 준 말이므로 '학생인 걸 몰랐어' 와 같이 띄어 쓴다.

3. '해결할 사람은 그밖에 없다' 의 '그밖에' 는 붙여 쓴다. 이것은 지시대명사 '그' 에 조사 '-밖에' 가 결합된 구성이다. 이때의 '밖' 은 '안' (內)과 상대되는 '밖' (外)의 의미가 아니라, '-밖에' 전체가 체언 다음에 쓰여 '오직 ~뿐' 이라는 의미를 가진다.

① 가. 나를 알아주는 사람은 너 밖에 여러 사람이 있다.
   나. 상자를 방 안에 두지 말고 그 밖에 두어라.

② 가. 나를 알아주는 사람은 너밖에 없다.
   나. 가지고 있는 돈이 천 원밖에 더 있겠니?

①, ②의 구별 방법은 의미를 따져보는 것이다. 즉 ①의 '밖에' 의 '밖' 은 바깥(外)의 의미로 '그것을 제외한 다른 것' 의 뜻이고, 조사로 쓰인 ②의 '-밖에' 는 '그것뿐' 이라는 의미를 나타낸다. 또한 조사로 쓰이는 '-밖에' 는 다음에 부정어 '없다' 나 의문문이 나오는 것이 특징이다.

이처럼 어형은 같으면서 의존명사와 조사로 쓰임을 달리하는 것에는 '만큼, 뿐, 만' 등이 있다. 그러나 이들은 의존명사로 쓰이는 경우에는 항상 관형형 어미 다음에 나오고, 조사로 쓰이는 경우는 항상 명사 다음에 나오는 분포상의 특징이 있어 구별하여 쓸 수 있다.

③ 가. 나는 그런 일을 할 만큼 한가하지 않다.
   나. 나도 너만큼 그녀를 좋아한다.

④ 가. 그는 묵묵히 일을 할 뿐, 아무 말도 하지 않는다.
   나. 이 일을 맡아 할 사람은 너뿐이다.

⑤ 가. 철수가 그 일을 할 만은 하다.
   나. 형만 한 아우는 없다.

③~⑤의 '가' 의 예들은 '만큼, 뿐, 만' 이 관형형 어미 '-ㄴ, -ㄹ' 뒤에서 의존명사로 쓰인 예들이고, '나' 는 명사 뒤에서 조사로 쓰인 예들이다.

4. '법대로' 의 '-대로' 는 조사이므로 붙여 쓰고, '틈나는 대로' 의 '대로' 는 관형형 어미 '-ㄴ' 뒤의 '의존명사' 구성이므로 띄어 쓴다.

'대로'는 의존명사로 쓰일 때는 띄어 써야 하고, 조사로 쓰일 때는 붙여 써야 한다. '본 대로, 느낀 대로, 들은 대로, 집에 도착하는 대로, 틈나는 대로'처럼 용언의 관형사형이 선행하는 경우는 의존명사이고, '법대로, 너대로, 큰 것대로'처럼 체언이 선행하는 경우는 조사다. '대로'는 원래 의존명사였는데, 체언 뒤에 결합하는 경우에 조사처럼 쓰이게 되었다. '법대로, 너대로' 등의 '-대로'는 조사 '-처럼'과 대치하여 '법처럼, 너처럼' 등으로 쓸 수도 있다.

5. '있을 듯하다'와 '끓듯 하다'가 맞다. '있을 듯하다'의 '듯'은 관형형 어미 '-ㄴ' 뒤의 의존명사다. 이 구성에 보조사 '-도'가 결합하면 '있을 듯도 하다'와 같이 띄어 쓴다. 그러나 후자인 '끓듯 하다'는 '밥 먹듯(이) 한다'와 같이 용언어간 '끓-', '먹-' 뒤에 바로 '-듯(이)'이 결합된 것이다.

6. '콩알만 하다'의 '-만'은 보조사이고 '하다'는 형용사이므로 '콩알만 하다'로 띄어 써야 한다. 이때의 '-만'은 '-만큼'으로 대체가 가능하다. 한편 '그 영화는 볼 만하다'의 '만하다'는 관형형 어미 '-ㄹ' 뒤의 의존명사 '만'에 '하다'가 결합된 것이어서 붙여 써야 한다.

① 갈 만한 곳을 찾아봐라. / 이 책은 읽을 만하다.

② 형만 한 아우가 없다. / 강아지가 송아지만 하다.

①의 '만하다'의 '만'은 의존명사로 '가다, 읽다'의 관형사형 '갈, 읽을' 뒤에 연결되므로 띄어 쓰고, ②의 명사 '형'과 '송아지' 뒤에 나타나는 '-만'은 '-만큼'의 의미를 지니는 보조사이므로 붙여 쓴다.

7. '머지않다'는 한 단어로 '봄이 머지않았다. 머지않아 소식이 올 것이다. 머지않아 사실이 밝혀질 것이다'와 같이 붙여 쓰지만, '멀지 않다'는 한 단어가 아니므로 '여기에서 학교까지는 멀지 않다. 두 사람의 집은 멀지 않기 때문에 걸어갈 수 있다'와 같이 띄어 쓴다. '머지않다'는 시간적인 개념을 나타내고, '멀지 않다'는 공간적인 개념을 나타낸다.

8. '첫째 줄'과 '첫 번째 줄'이 맞다. '-째'는 '차례'의 뜻을 더하는 접미사이므로 붙여 쓰고, '번째'는 '차례'나 '횟수'의 뜻을 더하는 의존명사이므로 띄어 쓴다.

첫째 줄/첫 번째 줄, 셋째 아들/세 번째 아들

첫 번째 사람, 첫 번째 만남, 첫 번째 이야기

9. 보조용언 구성인 '—고 있다' 와 '—어야 한다' 는 '먹고 있다', '살아야 한다' 로 띄어 쓴다. 보조용언 구성의 띄어쓰기는 한글맞춤법 제47항에 아래 ①과 ②의 예를 들고, "보조용언은 띄어 씀을 원칙을 하되, 경우에 따라 붙여 씀도 허용한다" 로 되어 있어 〈ㄱ〉이 원칙이고, 〈ㄴ〉이 허용된다.

① 〈ㄱ〉	〈ㄴ〉
불이 꺼져 간다.	불이 꺼져간다.
내 힘으로 막아 낸다.	내 힘으로 막아낸다.
어머니를 도와 드린다.	어머니를 도와드린다.
그릇을 깨뜨려 버렸다.	그릇을 깨뜨려버렸다.
비가 올 듯하다.	비가 올듯하다.
그 일은 할 만하다.	그 일은 할만하다.
일이 될 법하다.	일이 될법하다.
비가 올 성싶다.	비가 올성싶다.
잘 아는 척한다.	잘 아는척한다.

다만, 앞말에 조사가 붙거나 앞말이 합성 동사인 경우, 그리고 중간에 조사가 들어갈 적에는 그 뒤에 오는 보조용언은 띄어 쓴다.

② 잘도 놀아만 나는구나!	책을 읽어도 보고…….
네가 덤벼들어 보아라.	강물에 떠내려가 버렸다.
그가 올 듯도 하다.	잘난 체를 한다.

위 ①에서 보조용언 구성은 '—어 가다' (진행), '—어 내다' (완료), '—어 드리다' ('시혜' 인 '—어 주다' 의 높임 구성), '—어 버리다' (완료)인데, 띄어 쓰는 것과 붙여 쓰는 것이 모두 허용된다. 그러나 ②에서와 같이 '—어 나다' (완료), '—어 보다' (시도), '—어 버리다' (완료) 등의 보조용언 구성에 '—만, —도' 의 보조사가 붙거나, 앞말이 '덤벼들다, 떠내려가다' 등의 합성어이면 보조용언을 띄어 써야 한다.

'이루어지다, 써진다, 예뻐진다' 등의 '—어지다' 구성은 한글맞춤법 규정 해설에서 항상 붙여 쓰도록 예외를 두고 있다.

보조용언은 위와 같은 경우 외에도 다음과 같은 것들이 있는데, 제47항에서는 이런 경우에 대한 규정이 없으므로, 붙여 쓰는 것을 허용하고 있지 않은 것으로 보아야 한다. 즉 다음의 '—고 싶다' (바람), '—고 있다' (진행), '—고 나다' (완료), '—고 말다' (완료), '—게 하다' (사동), '—게 되다' (피동), '—ㄴ가 싶다/보다' (추측), '—지 않다/말다/못하다' (부정), '—어야 하다' (당위) 등은 띄어 써야 하는 것이다.

③ 나는 그가 보고 싶다.

지금 편지를 쓰고 있다.

밥을 먹고 나서 어디로 가겠느냐?

기어이 이루고야 말겠다.

누구를 가게 하느냐?

나도 가게 되었다.

그는 바보인가 싶다/보다.

철수는 가지 아니한다/마라/못한다.

하루에 꼭 한 알씩 먹어야 한다.

하루에 한 알씩 먹기는 했다.

①의 다음 예들은 '비가 올 듯도 하다, 그 일은 할 만도 하다. [……]' 처럼 '-도' 등의 보조사가 개입되면 관형형 어미 '-ㄴ, -ㄹ' 이 결합한 '올', '할' 뒤도 띄어 써야 한다. 관형형 어미 '-ㄴ, -ㄹ' 뒤에서는 '온 사람, 올 사람' 과 같이 항상 띄어 쓰므로, 이것과의 평행성을 고려한다면, '온듯하다, 올듯하다' 로 쓰는 것보다, '온 듯하다, 올 듯하다' 로 쓰는 것이 더 일관성이 있다. '듯, 만, 법, 성, 척' 은 의존명사이다. 이 의존명사 뒤의 '하다' 를 붙여 쓰는 것은 체언 뒤의 '하다' 는 '공부하다, 발견하다' 처럼 붙여 쓰는 것과 같다. 그러므로 아래의 '-ㄹ 듯하다, -ㄹ 만하다, -ㄹ 법하다, -ㄹ 성싶다, -ㄴ 척한다' 는 항상 〈띄어 쓴 경우: 원칙〉으로 쓰는 것이 일관성이 있다.

〈띄어 쓴 경우: 원칙〉	〈붙여 쓴 경우: 허용〉
비가 올 듯하다.	비가 올듯하다.
그 일은 할 만하다.	그 일은 할만하다.
일이 될 법하다.	일이 될법하다.
비가 올 성싶다.	비가 올성싶다.
잘 아는 척한다.	잘 아는척한다.

10. '본 연구', '본고', '본고장' 으로 쓴다. '본' 은 '本' 이라는 같은 한자를 쓰지만 그 뜻과 쓰임에 따라 두 가지의 품사로 쓰인다. '바탕이 되는, 원래의, 애초의' 라는 의미를 가진 '본계약, 본줄기, 본뜻, 본고장, 본서방' 의 '본' 은 접두사의 쓰임이므로 붙여 쓰고, '어떤 대상이 말하는 이와 직접 관련되어 있음을 나타내는 말' 인 '본 협회, 본 법정, 본 변호인, 본 연구원, 본 사건' 은 관형사의 쓰임이므로 띄어 쓴다.

11. '들었을 뿐이다'의 '뿐'은 '-ㄹ' 관형형 어미 뒤의 의존명사로서 띄어 쓰고, '실력뿐이다'의 '-뿐'은 체언 뒤의 보조사로서 붙여 쓴다.

의존명사의 예: 소문으로만 들었을 뿐이네, 그는 공부를 잘 할 뿐만 아니라 성품이 착하기도 하다, 이름이 나지 않았다 뿐이지 참 성실한 사람이다.

보조사의 예: 이제 믿을 것은 실력뿐이다, 가진 것은 이것뿐이다, 우리 민족의 염원은 통일뿐인가?, 그 아이는 학교에서뿐만 아니라 집에서도 말썽꾸러기다.

위에서 보듯이 의존명사로 쓰인 '뿐'은 항상 관형형 어미 '-ㄹ'이나 종결어미 '-다' 등 어미 뒤에 쓰이고, 보조사로 쓰이는 '-뿐'은 체언이나 부사어를 만드는 조사 '-에서' 등의 뒤에 쓰인다는 차이가 있다. 그렇기 때문에 어미 다음에 쓰이는 '뿐'은 의존명사이므로 항상 띄어 써야 하고, 체언(명사 · 수사 · 대명사) 다음이나 조사 다음에 쓰이는 '-뿐'은 조사이므로 항상 붙여 써야 한다.

12. '문서상으로'는 붙여 쓰는데 '-상'이 접미사이기 때문이다. '지구 상의 동물'은 띄어 쓰는데 '상'이 '위'를 뜻하는 명사이기 때문이다.

'메일상, 편지상, 전화상, 파일상, 문서상'은 모두 접미사 '-상'이 쓰인 경우로 붙여 써야 한다. '상'(上)에 대한『표준국어대사전』의 예를 보면 다음과 같다.

① 명사: 지구 상의 사물, 지갑을 도로 상에서 주웠다.

② 접미사: 관계상, 미관상, 사실상, 외관상, 인터넷상, 전설상, 통신상.

한자어 '상'(上)은 우리말에 '위'에 해당하는 명사다. 그러므로 '지구 상의 사물'은 '지구 위의 사물'로 대치되는 것으로 보아 '위'의 의미를 지닌다. 그러나 '추상적인 공간'을 나타내는 ②의 경우는 '인터넷상'을 '인터넷 위'라고 해석하기 어렵다.

접미사 ②의 경우를 명사와 같이 처리할 수도 있을 수 있지만 그렇게 되면 명사 '상'의 기본 의미인 '위'라는 의미를 접미사 ②의 예들이 가지지 않은 것을 설명할 수 없다. 그러므로 '인터넷상, 전설상, 통신상'의 '-상'은 접미사로 처리하는 것이 명사로 처리하는 것보다 더 타당하다.

13. 성과 이름의 띄어쓰기는 '이맹구'와 같이 성과 이름을 붙여 쓴다. 성은 혈통을 표시하며, 이름은 특정한 개인에게만 부여된 것이므로 성과 이름은 별개 단어의 성격을 지니고 있다. 성과 이름이 각각의 단어라고 보면 띄어쓰기의 기본 원칙에 따라 띄어 쓰는 것이 맞으나, 한자 문화권에 속하는 나라들에서 성명은 붙여 쓰는 것이 통례고 우리나라에서도 붙여 쓰는 것이 거의 관용으로 굳어져 한글맞춤법 규정 제48항에서는 성과 이름은 붙여 쓰도록 하였다. 다만, 성과 이름, 성과 호

를 분명히 구분할 필요가 있을 경우에는 띄어 쓰는 것을 허용하였다. '남궁억/남궁 억, 독고준/독고 준, 황보지웅/황보 지웅' 과 같이 성이 두 자 이상인 경우는 성과 이름을 띄어 쓸 수 있다.

14. '오억십이만삼천원' 의 띄어쓰기는 '오억 십이만 삼천 원' 으로 띄어 쓰면 된다. 한글맞춤법 규정에서 수는 만 단위로 띄어 쓰도록 되어 있다. '억' 과 '만' 에서 띄어 쓰면 된다. '원' 은 단위명사이므로 띄어 써야 한다.

'십이억 삼천사백오십육만 칠천팔백구십팔' 로 적거나 '12억 3456만 7898' 로 적는 것이다. 다만, 아라비아숫자로 쓸 때는 세 자리마다 쉼표를 찍는 관례를 허용하고 있다. 이는 동양은 만 단위로 수를 헤아리는 데 비하여 서양은 천 단위로 수를 헤아리는 전통이 반영된 것이다.

15. '홍길동 씨, 홍길동 님' 으로 띄어 쓴다. 성이나 이름에 덧붙는 호칭어, 관직명 등은 한글맞춤법 규정 제48항에 띄어 쓰도록 하였다. 성명이나 성, 이름 뒤에 붙는 호칭어나 관직명 등은 앞에 오는 고유명사와는 별개의 단위이므로 띄어 쓰도록 한 것이다. 그러므로 '홍길동 씨, 홍 씨, 길동 씨, 홍길동 님, 홍길동 선생, 홍길동 박사, 홍길동 장군' 등으로 띄어 써야 한다. 다만, 성이나 이름이 아닌 직위나 신분을 나타내는 명사 뒤에 붙는 '-님' 의 경우는 접미사로 '사장님, 총장님, 원장님' 으로 앞의 명사와 붙여 쓴다. 사람이 아닌 일부 명사 뒤에 그 대상을 인격화하여 높여 부르는 '달님, 해님, 별님, 토끼님' 의 '-님' 도 접미사로서 붙여 쓰는 예다.

16. '경기도이다' 의 높임말이 '경기도입니다' 이므로 붙여 쓴다. 서술격조사(=계사) '이다' 는 '철수(이)다, 책상이다, 연필이다' 와 같은 명사 뒤나 '좋아하는 것이다' 와 같은 명사구 따위 뒤에 붙어 서술어를 만든다. '이다' 나 그 높임말인 '입니다' 는 독립하여 쓸 수 없는 말이고, 국어에서 서술격조사는 명사와 항상 붙여 쓰므로 '학생입니다' 도 '학생 입니다' 로 띄어 써서는 안 된다.

17. '차가 이미 떠난걸' 의 '-ㄴ걸' 은 구어체의 문종결에 쓰이는 어미로서 문종결에 올 때는 붙여 쓰고, '좋아하는 걸 몰랐어' 의 '-ㄴ 걸' 의 '걸' 은 '것을' 이 준 말이므로 띄어 쓴다.

문종결에서의 '-ㄴ걸' 은 어미로서 앞서는 말(용언어간, 서술격조사 '이-')과 붙여 써야 한다. '이것은 그의 책인걸. 차가 이미 떠난걸. 이젠 다 끝난걸. 그 앤 아직 어린걸' 처럼 쓴다. 그러나 "네가 이 학교 학생인 걸 몰랐어"라고 할 때의 '걸' 은 '것을' 이 준 말이므로 '학생인 걸 몰랐어' 와 같이 띄어 써야 한다.

18. '관계있다' 는 사전에서 합성어로 처리되므로 붙여 쓰고, '실속 있다' 는 구(句)로 처리되어 사전에 실려 있지 않으므로 띄어 쓴다. '있다' 를 붙이는 경우는 앞말과 결합한 합성어일 때다. 그렇지 않은 경우는 모두 띄어 써야 한다. '있다' 가 붙는 합성어로는 '가만있다, 값있다, 관계있다, 다기있다, 뜻있다, 맛있다, 멋있다, 빛있다, 상관있다, 재미있다, 지멸있다' 가 있다. 그러므로 이외의 '있다' 가 붙는 '눈치 있다, 실속 있다, 쓸모 있다, 염치 있다, 의미 있다, 자신 있다' 등은 모두 구로 보아 띄어 써야 한다.

19. '무의식중에' 의 '무의식중' 은 사전에서 합성어로 처리되므로 붙여 쓰고, '근무 중에' 의 '중' 은 의존명사로서 띄어 쓴다. '근무 중' 은 구(句)로 보아 사전에서 합성어로 처리되지 않고 있다.

'부재중, 무의식중, 은연중, 한밤중' 에서의 '중' 은 선행어와 붙여 쓴다. 이때의 '중' 은 합성어의 성분으로 본다. 그러나 '부재중, 무의식중' 의 '중' 과 '근무 중, 수업하는 중에, 이야기를 하는 중' 에서의 '중' 은, 의미나 기능이 다르지 않지만, 구로 처리되어 사전에 실리지 않았다. 그러므로 합성어로 처리되는 다음의 예를 제외한 것들에서는 '중' (中)을 띄어 써야 한다.

예) 그중, 총망중, 허공중, 은연중, 한밤중, 야밤중, 부재중, 부지불식중, 부지중, 무망중, 무심중.

20. '하여야겠다' 는 '하여야 하겠다' 에서 '하' 가 떨어지면서 만들어진 것인데, 이런 경우에 '하여야겠다' 로 붙여 쓴다.

국어에는 두 어구가 줄어들면서 둘째 구의 어간이 생략되거나, 첫째 구의 어미와 둘째 구의 어간이 축약되는 것은 다음과 같은 경우가 있다.

먹어야 하겠다 → 먹어야겠다('하' 가 떨어진 경우)

보고 싶다고 한다 → 보고 싶단다('고 하' 가 떨어진 경우)

그렇지 않아도 → 그렇잖아도(축약된 경우)

가고 싶다 → 가고프다('시' 가 떨어진 경우)

가자고 한다 → 가잔다('고 하' 가 떨어진 경우)

이긴다고 했어 → 이긴댔어('고 하' 가 떨어진 경우)

이때 이 말들을 본말처럼 띄어 쓰게 되면 선어말 어미나, 앞말의 어미와 뒷말 어간 또는 어미가 결합한 말들이 첫머리에 오게 된다. 그러나 선어말 어미 '-겠-' 이나 앞말의 어미와 뒷말의 어간, 어미가 결합한 '단(싶단다), 프(가고프다), 잔(가잔다), 댔(이긴댔어)' 은 말의 첫머리에 올 수 없다. 그러므로 이 말들은 앞말과 붙여 쓰는 것이다.

(3) 문장 부호

* 앞의 '예시문제'에 대한 풀이는 '예시문제' 바로 위의 제시문들에서 그 답을 찾을 수 있다.

(4) 표준어 규정

1. '그렇지만은'과 '그렇지마는' 중에서는 '그렇지마는'이 바른 어형이다. '만은'과 '마는'은 결합하는 말이 서로 다르다. '만은'은 "너만은 믿었다", "철수만은 올 줄 알았어"와 같이 체언과 결합하고, '마는'은 "밥은 먹었다마는 배가 고프다"와 "오늘은 그냥 가지마는 다음에는 어림없다"와 같이 어말 어미 '-다' 또는 '-지'와 결합한다. 그러므로 "사정은 딱하다. 그렇지마는 도와 줄 형편이 안 되는구나"로 써야 한다.

그런데 '그렇지마는'의 준말 '그렇지만'이 있다. "사정은 딱하다. 그렇지만 도와 줄 형편이 안 되는구나"는 가능한 말이다. 물론 이 경우의 '만'은 보조사 '-만'이 아니라 '마는'이 줄어든 어형이다.

2. '좋았다, 좋아라(감탄형)'가 '좄다, 좌라'로는 줄지 않지만 '놓았다, 놓아라(명령형)'는 '놨다, 놔라'로 줄여 쓰는 것을 예외적으로 인정하고 있다(한글맞춤법 제35항 붙임1).

3. '도우미'가 바른 표기다. 표준어는 교양 있는 사람들이 두루 쓰는 현대 서울말로 정함을 원칙으로 한다. 즉 표준어는 교양 있는 사람들이 쓰는 말 중에서 두루 쓰는 말을 약속을 통해 정한 것이다. '도움이'가 어법상 틀린 것은 아니지만 많은 사람들이 '도움이'보다는 '도우미'를 널리 쓰고 있기 때문에 이를 표준어로 삼은 것이다. '도우미'란 단어는 1993년 대전 엑스포에서 처음 쓴 말로, 단순히 도움을 주는 사람을 말하기보다는 '행사 안내를 맡거나 남에게 봉사하는 요원'을 이르는 말로 굳어져 쓰이고 있다.

4. '퀴즈의 정답을 맞히다'가 바른 표현이고, '퀴즈의 정답을 맞추다'는 맞지 않는 표현이다. '맞추다'와 '맞히다'는 쓰임이 다른 말로, '맞히다'는 '적중하다'의 의미로 '정답을 골라내다'의 의미를 지닌다. 반면, '맞추다'는 '둘 이상의 일정한 대상들을 나란히 놓고 비교하여 살피다'의 의미를 가진 말이다. 아래의 예를 참고할 수 있다.

① 수수께끼에 대한 답을 정확하게 맞히면 상품을 드립니다.

② 그는 시험지를 정답과 맞추어 보고 나서 흐뭇한 표정을 지었다.

5. '밤새우지 말란 말이야' 가 바른 표현이다. 여기서 '밤새지' 를 쓰는 것은 바른 표현이 아니다. '새다' 는 '밤이 새다, 날이 새다' 처럼 쓰이는 자동사다. '밤새지 마란 말이야' 라는 문장에서 '밤새지' 는 '밤이 새다' 의 의미가 아니라 '밤을 새우다' 의 의미다. '시험공부로 꼬박 날을 새우다, 글을 쓰느라 밤을 새우다' 처럼 '새다' 의 사동사 '새우다' 를 써야 한다.

그리고 '말란' 과 '마란' 의 혼동은 '말다' 가 구어적인 명령형 어미 '-아라, -아' 와 결합할 때 '-마라' 와 '-마' 로 줄어드는 현상과 관련이 있다. 한글맞춤법 제18항에 따르면 ①의 경우에 '말아라' 와 '말아' 는 비표준어이고 '마라' 와 '마' 로 줄어든 어형이 표준어다.

① 수업 시간에는 떠들지 마라(←말-+-아라) / 수업 시간에는 떠들지 마(←말-+-아)

이 규정은 '말다' 와 명령형 어미인 '-아라, -아' 가 결합할 때로 한정된다. ②와 같이 다른 어미와 결합할 때에는 '말-' 이 '마-' 로 줄어들지 않는다.

② 나의 죽음을 헛되게 하지 말라(←말-+-으라) / 거짓말을 하지 말아야(←말-+-아야) 한다.

②처럼 문어적 명령형 어미 '-으라' 가 결합한 경우나 연결어미 '-아야' 가 결합한 경우에는 '말-' 이 '마-' 로 줄어들지 않는다. '밤새우지 말란 말이야' 의 '말란' 은, '-아라, -아' 가 들어 있는 '말아란' 이 아니며, '말-(으)란' 이다. 그리고 '말란' 의 '-란' 은 '-라고 하는' 이 줄어든 말이다. 따라서 '말란' 이 맞는 것이다.

6. '빌다' 와 '빌리다' 를 혼동하여 잘못 쓰는 것으로서 '이 자리를 빌려/빌어 감사드립니다' 가 있는데, 이 경우는 '이 자리를 구걸하여 감사드린다' 는 의미가 아니므로, '이 자리를 빌려 감사드립니다' 로 써야 한다. '빌다' 에는 '걸' (乞)(남의 물건을 공짜로 달라고 호소하여 얻다)과 '축' (祝)(바라는 바를 이루게 하여 달라고 간청하다)의 뜻이 있고, '빌리다' 에는 '차' (借)(나중에 돌려주거나 대가를 갚기로 하고 쓰다)의 뜻이 있다. '빌어먹고 사는 거지' 는 '남에게 꾸어서 먹는다' 는 의미가 아니므로 '빌려먹고 사는 거지' 로 쓸 수 없다. 이때는 '남에게 거저 얻어먹는다' 는 뜻이므로 '빌어먹다' 를 써야 한다. 그러나 남에게 꾸어서 먹는 것이라면 '빌려 먹다' 를 써야 한다.

7. '알다시피' 가 바른 표현이다. 동사 '알다' 의 어간 '알-' 에 '-는 바와 같이' 의 뜻을 나타내는 연결어미 '-다시피' 가 결합하게 되면 '알다시피' 가 된다. '알다' 가 'ㄴ', 'ㅂ', '-오', '-

시-' 앞에서 '아는', '압니다', '아오', '아시오' 처럼 어간의 끝소리인 'ㄹ' 이 탈락하는 용언이기 때문에 '아다시피' 처럼 쓰려는 경향이 있지만 어미 '-다시피' 앞에서는 어간의 끝소리 'ㄹ' 이 탈락할 조건이 되지 않는다.

8. '외곬으로 생각하다' 가 바른 표현이다. 고유어 '외곬' 은 '단 한 곳으로만 트인 길, 단 하나의 방법이나 방향' 이란 뜻을 지닌다. 『표준국어대사전』의 용례는 다음과 같다. "외곬으로 생각하다/농촌 운동을 하는 사람이라도, 너무 외곬으로 고지식하기만 하면, 교활한 놈의 꾀에 번번이 속아 떨어진다.≪심훈, 상록수≫, 그녀에겐 현재 모든 의식이 집으로 가야 한다는 외곬의 생각으로 뭉쳐 있었다.≪홍성원, 육이오≫"

'외골수' 는 '어떤 일에 골몰한 사람' 을 뜻하는 한자어 '골수' (骨髓)에 '한쪽으로 치우친' 을 뜻하는 접두사 '외' 가 결합된 말이므로, '외골' 과 '수' 로 분석되는 말이 아니다. '외골수' (-骨髓)는 '외골수 학자' 와 같이 사용한다.

9. '너는 왜 만날 비현실적인 생각만 하니?' 가 바른 표현이다. '맨날' 은 비표준어이고, '만날' (萬-)이 표준어다. 현실 언어에서는 '맨날' 이 주로 쓰인다는 문제가 있지만, 표준어는 '만날' 인 것이다.

10. '두 사람을 짝을 지어 주자' 가 맞다. '짝을 지워 주자' 로 쓰려면 '짓다' 에 '-우-' 가 붙은 '지우다' 라는 말이 가능해야 하는데, 짝을 짓는다는 의미의 '지우다' 는 불가능한 말이다. '짓다' 와 같은 시옷 불규칙 동사들은 일반적으로 접미사(-이-, -히-, -리-, -기-, -우- 등)가 붙는 말이 가능하지 않다.

'짓다, 젓다, 붓다' 동사들은 '*지우다, *저우다, *부우다' 라는 말이 가능하지 않기 때문에 '두 사람을 짝을 지워 주자, 컵라면에 물을 부워 주었다' 등의 '지워 주자, 부워 주자' 와 같은 표현은 적절치 않다. 이들은 '두 사람을 짝을 지어 주자, 컵라면에 물을 부어 주었다' 로 써야 한다.

11. '큰일을 치러 내다' 가 맞다. '주어야 할 돈을 내주거나(잔금을 치르다), 어떤 일을 겪어 내다(큰일을 치르다)' 라는 말은 '치르다' 가 기본형이다. '치르다' 는 어간 '치르-' 에 어미 '-어, -었-' 이 붙게 되면, 어간의 '으' 가 탈락하고 '치러, 치렀-' 으로 활용한다. '쓰다' 에 '-어, -었-' 이 결합하면 '써, 썼-' 으로 활용하는 것과 같다.

그런데 '치르다' 의 기본형을 '치루다' 인 것으로 잘못 알고, 그 활용형을 '치뤄, 치뤘-' 로 쓰는 경우가 있는데 이는 잘못이다. '치르다' 는 '시험을 치러 내다, 큰일을 치렀으니 몸살이 날 만도 하다' 처럼 써야 한다.

12. '트림' 이 표준어다. '트림' 을 '트름' 으로 잘못 사용하는 경우가 있는데, 예부터 써오던 표기도 '트림' 이 맞다.

트림 애(噫)(訓蒙字會上, 29), 트림ᄒᆞ다(同文類解上, 19)

또한 대다수의 사람들이 '트름' 보다는 '트림' 을 쓰고 있고, 기존의 모든 사전에서 '트림' 을 맞는 말로, '트름' 은 '트림' 의 잘못으로 설명하고 있다. 물론 표준어 중에는 유사한 어형이 복수 표준어로 인정되는 경우도 있다. 그러나 이것은 어감에 차이가 있거나 기원을 달리 하는 말이 둘 다 널리 쓰일 때 등의 이유가 있는 경우이다.

13. '푸르른', '푸르름' 은 맞지 않고, '푸른' 과 '푸름' 이 맞다. 이 말들은 형용사 '푸르다' 의 어간 '푸르-' 에 관형형 어미 '-ㄴ' 과 명사형 어미 '-ㅁ' 이 결합된 것이다. 그러므로 '푸르른, 푸르런, 푸르름, 푸르럼' 은 모두 표준어로 인정되지 않는다.

14. '설레임' 은 맞지 않고 '설렘' 이 맞다. '설레다' 가 활용하면 '설레어, 설레니, 설렘, 설레었다' 가 되고, '설레이다' 가 활용하면 '설레여, 설레이니, 설레임, 설레였다' 가 된다. 그런데 '설레이다' 는 '설레다' 의 잘못이다. 그러므로 '설레여, 설레임, 설레였다' 는 모두 '설레어, 설렘, 설레었다' 의 잘못이 된다.

15. '삼촌' 이 바른 어형이다. '삼춘' 이라고 하는 사람도 많으나 '三寸' 에서 온 말이라는 어원 의식이 강하므로 '삼촌' 을 표준어로 삼았다. '사돈(査頓), 부조(扶助)' 의 경우도 '사둔, 부주' 라고 쓰는 사람들이 많으나 원래 한자어의 발음대로 '사돈, 부조' 를 표준어로 삼았다.

16. '방귀 뀌다' 가 맞다. '방구' 는 '방귀' 의 비표준어다. 그리고 방귀를 몸 밖으로 내보내는 것은 '꾸다' 가 아니라 '뀌다' 로 쓴다. 그러므로 "너 방구 꿨지?" 로 쓸 것이 아니라 "너 방귀 뀌었지?" 로 써야 한다.

17. '가려야 갈 수 없는 고향' 이 바른 표현이다. '갈래야' 는 '갈라고 해야' 가 줄어든 말이다. 그런데 이 '갈라고 해야' 는 방언형이다. 여기에 들어 있는 '-ㄹ라고' 는 '-려고' 의 방언형인 것

이다. '밥을 먹을라고 해'가 아니라 '밥을 먹으려고 해'가 표준어이다. 그러므로 '가려고 해야'가 줄어든 '가려야'를 써서 '가려야 갈 수 없는 고향'으로 써야 한다.

18. '웃어른'이 표준어이다. 표준어 규정 제12항에서는 '위－아래'의 대립이 있을 때는 명사 '위'에 맞추어 '윗－'으로 통일하고 '위－아래'의 대립이 없을 때는 '웃－'으로 적도록 규정하고 있다. 이 규정에 따라 '윗니'(아랫니), '윗도리'(아랫도리), '윗목'(아랫목) 등이 표준어이고 '웃니', '웃도리', '웃목' 등은 표준어가 아니다. '어른'은 '아래어른'이 있을 수 없으므로 이 규정에 따라 '윗어른'이 아닌 '웃어른'이 표준어가 된다. '웃돈'도 '아랫돈'이 없으므로 '윗돈'이 아닌 '웃돈'이 표준어이다.

한편 '윗옷'과 '웃옷'은 서로 구분되는 말인데 '아래－위'의 대립이 있는 '윗옷'은 '상의'(上衣)를 가리키는 말이고, '아래－위'의 대립이 없는 '웃옷'은 '겉옷', '외투'를 가리키는 말이다.

(5) 표준 발음

1. '담임'은 〔다밈〕으로 발음한다. '담임'(擔任)은 '어떤 일을 책임지고 맡아보는 일, 또는 그 맡아보는 사람'으로 흔히 〔다님〕으로 발음한다. 그러나 '겸임'이 〔겨밈〕이지 〔겨님〕이 아닌 것 같이 '담임'은 〔다밈〕이지 〔다님〕이 아니다.

2. '노근리'는 〔노:근니〕로 발음한다. 우리말에서 'ㄴ'은 유음 'ㄹ' 앞이나 뒤에서 'ㄹ'로 바뀌는 현상이 있는데, 이를 유음화(流音化)라고 한다. 이 유음화는 고유어와 한자음에 따라 달리 일어나는데, 고유어에서는 예외 없이 뒤에 오는 'ㄴ'이 앞에 오는 'ㄹ'의 영향을 받아 'ㄹ'로 바뀐다. '칼날〔칼랄〕, 물난리〔물랄리〕, 줄넘기〔줄럼끼〕' 등이 이에 해당한다.

한자어도 'ㄹ' 앞에서나 뒤에서나 'ㄴ'이 'ㄹ'로 발음되는 것이 보통이다. '신라〔실라〕, 난로〔날로〕, 말년〔말련〕, 불능〔불릉〕' 등이 이에 해당한다. 그러나 한자어의 경우에는 항상 'ㄹㄹ'로 발음되는 것은 아니다. '의견란〔의:견난〕, 동원령〔동:원녕〕'처럼 '의견＋란, 동원＋령'으로 분석되어 '의견', '동원'이 독립적으로 쓰일 수 있는 단어인 경우는 'ㄴㄴ'으로 발음되는 것이다.

그러므로 '노근리'의 발음은 '노근'이 자립적으로 쓸 수 있는지 여부가 먼저 결정되어야 한다. 이것은 '노근리'와 같은 구성을 지닌 '화전리(花田里), 일산리(一山里)'를 통해 알 수 있다. '화전리, 일산리'는 〔화전니〕, 〔일산니〕로 발음되고, 이 말은 도시의 명칭이나 행정 구역명에서는

'화전, 일산' 으로도 쓰인다. 이런 예로 볼 때 '리'(里) 앞의 말들은 일정한 독립성을 가지고 있다고 할 수 있다. 따라서 '노근리' 의 표준 발음은 [노:근니]가 됨을 알 수 있다.

다만 '리'(里)가 붙는 말 중에 1음절의 한자어인 '현리' 와 같은 예에서는 [현니]가 아닌, [혈리]로 발음된다. 이는 '현리' 의 '현' 이 독립성을 가질 수 없기 때문이다.

3. '맛있다, 멋있다' 의 발음에서 원칙은 [마딛따], [머딛따]이고 허용은 [마싣따], [머싣따]이다.

표준 발음법 제15항에서는 받침 뒤에 모음 '아, 이, 오, 우, 위' 들로 시작되는 실질형태소가 연결되는 경우에는 그 받침이 대표음으로 바뀌어서 뒤 음절 첫소리로 옮겨 발음되는 것을 원칙으로 하고 있다. 가령, '밭 아래' 는 [바다래]로, '젖어미' 는 [저더미]로, '꽃 위' 는 [꼬뒤]로 발음하도록 되어 있다. 다만, '맛있다' 와 '멋있다' 는 [마딛따], [머딛따]로 발음함이 원칙이나 [마싣따], [머싣따]로도 발음할 수 있도록 허용하고 있다. 이는 '맛있다' 와 '멋있다' 의 실제 발음이 [마싣따], [머싣따]로 거의 일관되게 쓰이고 있기 때문에 이를 인정한 것이다.

4. '물밀듯이', '둘 중' 은 [물밀드시], [둘중]으로 발음해야 한다. 국어에서 받침 'ㄹ' 다음에 'ㄱ, ㄷ, ㅂ, ㅅ, ㅈ' 을 된소리로 발음하는 경우는 세 가지가 있다. 첫 번째는 한자어에서 'ㄹ' 받침 뒤에 'ㄷ, ㅅ, ㅈ' 이 올 경우이고, 두 번째는 관형사형 '-ㄹ' 뒤에 'ㄱ, ㄷ, ㅂ, ㅅ, ㅈ' 이 올 경우다. 마지막 세 번째는 합성어의 경우다.

① 갈등[갈뜽], 절도[절또], 말살[말쌀], 갈증[갈쯩]

② 할 것을[할꺼슬], 갈 데가[갈떼가], 할 바를[할빠를], 할 수는[할쑤는], 할 적에[할쩌게]

③ 물동이[물똥이], 발바닥[발빠닥], 굴속[굴쏙], 술잔[술짠]

①은 표준 발음법 제26항에서 규정한 내용으로 한자어 사이에서 'ㄹ' 받침 다음의 'ㄷ, ㅅ, ㅈ' 이 [ㄸ], [ㅆ], [ㅉ]의 된소리로 나는 예들이다. 그러나 한자어의 모든 경우에 이런 발음이 나는 것은 아니다. '결과, 물건, 설계, 활보' 처럼 된소리로 되지 않는 경우도 많이 있다.

②는 관형형 어미 '-ㄹ' 뒤에 연결된 'ㄱ, ㄷ, ㅂ, ㅅ, ㅈ' 이 된소리로 나는 경우인데, 이것은 표준 발음법 제27항과 관련된다. 이것은 관형사형과 의존명사를 이어서 발음할 경우이고, 끊어서 말할 적에는 예사소리로 발음하는 것이 원칙이다.

③은 합성어의 경우로 표기상으로는 사이시옷이 없지만 '물' 과 '동이', '발' 과 '바닥', '굴' 과 '속', '술' 과 '잔' 사이에는 관형격 기능을 지닌 사이시옷이 있어야 할 자리이기 때문에 국어 화자들이 뒷말의 'ㄱ, ㄷ, ㅂ, ㅅ, ㅈ' 을 된소리로 발음하는 것이다.

'물밀듯이' 는 많은 사람들이 [물밀뜨시]로 발음하기도 한다. 그러나 '물밀듯이' 는 어간 '물밀—'에 어미 '—듯이'가 붙은 경우로 받침 'ㄹ' 다음에 'ㄷ'이 된소리로 되는 환경이 아니다. ②의 예와 유사한 구성이란 생각 때문에 '물밀듯이'를 〔물밀뜨시〕로 발음하는 것 같다. '물밀듯이'와 같은 구성인 '삶을 살듯이, 콩을 갈듯이, 그것을 알듯이'의 '살듯이, 갈듯이, 알듯이'를 〔살뜨시〕, 〔갈뜨시〕, 〔알뜨시〕가 아닌 〔살드시〕, 〔갈드시〕, 〔알드시〕로 발음하는 것을 보면, '물밀듯이'는 〔물밀드시〕로 발음해야 함을 알 수 있다.

'둘 중'도 ③의 합성어처럼 생각하여 〔둘쭝〕으로 발음하기도 하는데, '둘 중'은 합성어가 아닌 구이므로 〔둘쭝〕으로 발음할 수 없다. 〔둘중〕으로 발음하는 것이 표준 발음이다.

5. '카드 빚에 시달리다'의 '빚에'는 〔비제〕로 발음하는 것이 표준 발음이다. 자주 '카드 빚에 시달리다, 카드 빚을 갚다, 꽃이 아름답다, 밭에 나가 일하다'의 '빚에, 빚을, 꽃이, 밭에'를 〔비세〕, 〔비슬〕, 〔꼬시〕, 〔바세〕로 발음하기도 한다. 'ㅈ, ㅊ, ㅌ'의 받침을 가진 말이 모음으로 시작하는 조사와 어울려 쓸 때 받침을 'ㅅ'으로 발음하는 것이다.

그러나 표준 발음법 제13항에 따르면 "홑받침이나 쌍받침이 모음으로 시작된 조사나 어미, 접미사와 결합하는 경우에는, 제 음가대로 뒤 음절 첫소리로 옮겨 발음한다"라고 하였다.

깎아〔까까〕, 꽂아〔꼬자〕, 있어〔이써〕, 쫓아〔쪼차〕

옷이〔오시〕, 낮이〔나지〕, 꽃을〔꼬츨〕, 밭에〔바테〕, 앞으로〔아프로〕

덮이다〔더피다〕, 죽이다〔주기다〕, 섞이다〔서끼다〕

위 조항에 따르면 '빚에, 빚을, 꽃이, 밭에'를 〔비세〕, 〔비슬〕, 〔꼬시〕, 〔바세〕로 발음해서는 안 된다. 받침의 발음을 그대로 다음 모음에 이어서 발음해야 한다. 〔비제〕, 〔비즐〕, 〔꼬치〕, 〔바테〕로 발음해야 하는 것이다.

(6) 외래어 표기

1. 'Genom'에 대해 정부언론외래어심의공동위원회는 제33차 회의(2000. 5. 30)에서 Genom의 우리 말 표기를 '게놈'으로 결정하였다. Genom은 '유전자'를 뜻하는 gen과 '염색체'를 뜻하는 chromosom이 결합하여 만들어진 말로, 1920년 독일의 식물학자인 빙클러(Winkler)가 처음 사용한 것으로 알려져 있다. 그동안 국내에서는 이 용어를 독일어식 발음에 따라 '게놈'으로 써 왔고, 실제로 국어사전뿐만 아니라 백과사전, 생물학 전문사전 등 국내에서 간행된 사전들에는 모두 '게놈'으로 쓰고 있다. 그런데 최근 인간의 유전적 정보 해독에 관한 연구가 주로 미국의 주

도하에 이루어지는 상황에서 Genom을 영어식 발음에 따라 '지놈'으로 하자는 논의가 있다. 이러한 견해도 일면 타당한 점이 있으나, 그것의 어원이 독일어이고 우리말에서 이미 오래전부터 '게놈'으로 굳어져 사용되고 있다는 점을 중시하여 '게놈'으로 쓰도록 하였다.

2. 'styrofoam'이 원어인데, 이것은 '스티로폼'으로 표기한다. '스티로폼'을 간혹 '스티로폴'로 쓰기도 하는데 이것은 독일어식 표기 'Styropor'을 잘못 읽고 쓴 것이다. 독일어 'Styropor'는 외래어 표기법에 따르면 '스티로포어'로 적어야 한다.

3. 외래어 표기법에 따르면 'John Lennon'은 '존레넌'으로 써야 한다.

4. 'Czech'는 '체크'가 아닌 '체코'로 표기한다. 'Czechoslovakia'는 'Czech'와 'Slovakia'가 결합되어 만들어지면서 그 사이에 'o'가 들어간 말이다. 그렇기 때문에 두 나라로 분할된 'Czech Republic'과 'Slovakia'는 원어대로 적는다면 '체크 공화국'과 '슬로바키아'로 써야 할 것이다. 그러나 '체크'라는 말은 너무 생소하기 때문에 '체코슬로바키아'를 줄여 '체코'라고 써오던 관용을 인정하여 'Czech Republic'을 '체코'로 표기하도록 하였다.

5. 대부분 사람들이 'carol'의 'o' 때문에 '캐롤'로 말하거나 적는 경향이 있다. 그러나 원어의 발음이 [kærəl]이고 외래어 표기법에서 'ə'는 'ㅓ'로 적도록 되어 있다. 그러므로 '캐럴'로 적는다.

6. 포르투갈 축구 선수의 원어인 'Luis Figo'는 '루이스 피구'로 적는다. 외래어 표기법은 원어 발음에 가깝게 적는 것이 원칙이다. 포르투갈어는 영어처럼 모든 단어에 대한 발음을 확인하지 않고도 철자로 어느 정도 그 발음을 알 수 있는 언어다. 그런데 모음 'o'는 강세의 유무에 따라 '오'로 소리 나기도 하고, '우'로 소리 나기도 한다. 따라서 'o'가 들어 있는 단어는 그것이 어떤 성질을 갖는지 확인해서 표기해야 한다. 그러나 단어 마지막에 오는 'o'는 대개 '우'로 소리 나는 경향이 있다. 포르투갈 가곡 「파두」(fado)나 포르투갈 지명 '리오데자네이루'(Rio de Janeiro)를 보면 어말의 'o'는 '우'로 적는 것을 알 수 있다.

7. 'netscape, network, internet'의 외래어 표기는 '넷스케이프, 네트워크, 인터넷'로 적는다. 외래어 표기법 제3장 1절 1항에 보면 짧은 모음 다음에 오는 무성 파열음([p], [t], [k])은 갭

(gap), 캣(cat), 북(book)의 경우와 같이 받침으로 적게 되어 있어, 'net'의 경우에 이 원칙에 따르면 '넷'으로 적어야 한다. 그러나 'net'라는 단어는 이미 '네트'라는 어형으로 확고하게 굳어진 말이어서 심의 과정에서 이의 표기를 '네트'로 결정하였다. 그런데 외래어 표기법 제3장 1절 10항에 보면 외래어가 복합어일 경우, 즉 따로 설 수 있는 말의 합성으로 이루어졌을 경우, 그 외래어는 그것을 구성하고 있는 말이 단독으로 쓰일 때의 표기대로 적는다고 되어 있다.

'network'의 경우는 이를 복합어로 보아 복합어 규정을 우선 적용하여 'net'의 단독 표기를 'network'에 적용한 결과 '네트워크'로 표기하게 되었다. 그러나 'internet'이나 'intranet', 그리고 'netscape' 경우는 복합어로 볼 수 없기 때문에 '네트'의 단독 표기와 관계없이 어말에서 무성 파열음이 받침으로 적힌다는 규정과 짧은 모음과 유음, 비음 이외의 자음 사이에 오는 무성 파열음은 받침으로 적는다는 규정을 고려하여 '인터넷, 인트라넷, 넷스케이프'로 적도록 하였다. 그리고 'navigate'는 그 발음을 외래어 표기법에 따라 적으면 '내비게이트'가 된다.

8. 'portal, total'을 외래어 표기법대로 적으면 '포털, 토털'이 된다. 외래어 표기법은 원음을 가지고 적는 것이 원칙으로, '포털, 토털'의 'ㅓ'는 [ə]를 적은 것이다. 원어 표기의 'a' 때문에 많은 사람들이 '포탈, 토탈'로 쓰기도 하는데, 이는 잘못된 것이다.

9. '칼럼리스트'와 '칼럼니스트' 중 외래어 표기에 맞는 것은 '칼럼니스트'다. 'columnist'를 'columrist'로 착각하여 '칼럼리스트'로 발음하거나 쓰는 사람들이 있는데, 원어의 발음이 [n]이므로 '리'로 쓸 이유가 없다. 외래어 표기법은 원어의 발음을 외래어 표기법에 맞게 적는 것이 원칙이다. 그러므로 'columnist'는 '칼럼니스트'로 적고 발음해야 한다. 한편 국립국어원에서는 이 말을 '시사평론가'나 '특별 기고가'로 순화하여 쓰도록 권장하고 있다. 가능하다면 순화한 '시사평론가, 특별 기고가'로 쓰는 것이 좋다.

10. '롤러스케이트'가 맞다. 외래어 표기법 규정에 따라 영어에서 온 외래어는 국제 음성 기호와 한글 대조표에 의해 표기하도록 되어 있고 영어의 이중모음이나 삼중모음은 각 단모음의 음가를 살려서 적도록 되어 있다. 즉 [ai], [au], [ei], [ɔi]는 '아이', '아우', '에이', '오이'로 적는다. 예를 들어 icecream[aiskriːm]은 '아이스크림'으로, powder[paudə]는 '파우더'로, cable[keibl]은 '케이블'로, boiler[bɔilə]는 '보일러'로 적는다.

그런데 이중모음 [ou]와 삼중모음 [auə]만은 각 단모음의 음가를 살려서 적는 것은 문제가 있다. 언중들이 goal, note, coat, boat에서 온 외래어를 '고울', '노우트', '코우트', '보우트'로 하지 않고 '골', '노트', '코트', '보트'라고 하는 데는 그럴 만한 이유가 있다. 영어의 [ou]의 [u]는 일종의 과도음으로서 음성학적으로 볼 때 [o]에서 아주 가까운 곳으로 이동하면서 나는 소리다. 따라서 [ou]는 [o]의 장음과 비슷한 음가를 지니고 있다. 그러므로 [ou]는 '오우'가 아니라 '오'로 적도록 규정한 것이다.

show[ʃou], know-how[nouhau], bowling[bouliŋ], snow tire[snou taiə] 등 철자에 ow[ou]가 있는 외래어의 경우도 마찬가지다. [ou]를 '오우'로 한다면 '쇼우', '노우하우', '보울링', '스노우타이어'가 되겠지만 오히려 '쇼', '노하우', '볼링', '스노타이어'가 영어 발음에 더 가깝다.

삼중모음인 [auə]의 경우도 마찬가지다. 각 단모음의 음가를 살려서 적으면 '아우어'가 되지만 영어 [au]는 '아우어'보다는 '아워'가 더 가깝다. 실례로 tower, power, towel에서 온 외래어는 각 단모음의 음가를 살려서 '타우어', '파우어', '타우얼'이라고 하기보다는 '타워', '파워', '타월'이라고 하는 것이 영어 발음과도 가깝다.

참고로 [ei]의 경우도 [e]와 [i]의 간격이 그렇게 넓지 않고 [ei]의 음가가 [e]의 장음과 흡사하게 들리는 경우가 많다. '케블', '스케트', '테프'라고 하지 않고 '케이블', '스케이트', '테이프'라 하는 것은 [ei]는 [ou]의 경우보다는 [e]와 [i]의 사이가 넓다고 보기 때문이다.

11. '숍'이 맞다. '커피숖', '슈퍼마켙'과 같은 간판을 어렵지 않게 찾아낼 수 있는데 이는 잘못된 표기다. 외래어 표기법 제1장 표기의 기본 원칙 제3항에서는 "받침에는 'ㄱ, ㄴ, ㄹ, ㅁ, ㅂ, ㅅ, ㅇ'만을 쓴다"라고 규정하고 있다. 즉 'ㄷ, ㅈ, ㅊ, ㅋ, ㅌ, ㅍ, ㅎ, ㄲ, ㄸ, ㅃ, ㅆ, ㅉ'은 받침으로 쓰지 않는다. shop에서 온 말의 경우 '-은', '-이', '-을', '-에', '-에서'와 같이 모음으로 시작되는 조사가 결합할 때 [쇼픈], [쇼피], [쇼플], [쇼페], [쇼페서]와 같이 발음한다면 그 경우에는 기본 형태를 밝혀 적도록 규정하고 있어 '숖'으로 적을 수 있다. 그러나 [쇼븐], [쇼비], [쇼블], [쇼베], [쇼베서]라고 발음하므로 '숍'이라고 쓰는 것이 옳다. 마찬가지로 diskette, type과 같은 말도 원어의 철자 t, p에 영향을 받아서 '디스켙, 타잎'으로 표기하는 것을 흔히 볼 수 있는데 '디스켓, 타입'이 바른 표기다.

외래어의 경우에 'ㄷ' 받침이 사용되지 않는 것은 외래어 다음에 모음으로 시작되는 조사가 결합될 때에는 어말 자음이 'ㅅ'으로 변동하는 특징이 있기 때문이다. 따라서 out, racket, jacket, biscuit, socket과 같은 말이 단독으로 쓰일 때에 [아운], [라켄], [재킨], [비스킨], [소켄]으로 발음됨에도 불구하고 '아웃', '라켓', '재킷', '비스킷', '소켓'으로 적는 것이다.

12. '스케치북'이 맞다. 이 말은 영어의 sketchbook에서 왔고, 원어의 발음은 [sketʃbuk]인데 국제 음성 기호와 한글 대조표에 따라 '스케치북'이 된다. '스켓치북'이 원어의 발음에 더 가까운 것도 아니다.

'스켓치북'과 같은 잘못된 표기는 흔히 볼 수 있는 것인데, '박카스'라든가 '럭키', '코인 록커'와 같은 표기에서도 같은 잘못이 나타나고 있다. '부츠', '네트', '커피', '소파', '커트', '지프', '스카프', '무크' 따위를 '붓츠', '넷트', '컵피', '숍파', '컷트', '집프', '스캅프', '묵크'로 적지 않으면서, 같은 조건에 있는 '박카스', '럭키'를 '바카스', '러키'로 적지 않는 것은 잘못이다. '박카스', '럭키'와 같은 잘못은 '셋트', '북킹'과 같은 표기에서도 볼 수 있는데 이것 역시 '세트', '부킹'이 옳은 표기다.

13. 하이라이트가 맞다. 영어에서의 [l]의 표기는 'ㄹ'로 적는 경우와 'ㄹㄹ'로 적는 경우의 두 가지가 있다. 어중의 [l]이 모음 앞에 오거나, 모음이 따르지 않는 비음 앞에 올 때에는 'ㄹㄹ'로 적는다. 그래서 어중의 [l]이 모음 앞에 오는 'slide'는 '슬라이드'로 적고, 모음이 따르지 않는 비음 앞에 오는 'film', 'swoln'은 각각 '필름', '스월른'으로 적는다. 이에 따르면 'highlight'도 어중의 [l]이 모음 앞에 오는 경우이므로 '하일라이트'로 적어야 한다.

그러나 외래어 표기법에는 따로 설 수 있는 말의 합성으로 이루어진 복합어는 그것을 구성하고 있는 말이 단독으로 쓰일 때의 표기대로 적는다고 규정되어 있다. 'highlight'는 'high'와 'light'의 복합어이다. 따라서 단독으로 쓰일 때의 표기인 '하이'와 '라이트'를 그대로 이어 '하이라이트'로 적는다.

14. '콤팩트디스크'이다. 'compact disk'는 원어인 영어에서의 발음이 [kɔmpækt disk]인데 'ɔ'는 '오'에 대응되기 때문이다. 물론 미국 영어에서의 발음은 [kɑmpækt disk]이기 때문에 미국 영어를 기준으로 하면 'ɑ'는 '아'에 대응되므로 '캄팩트 디스크'가 된다. 그러나 일반적으로 영어에서 들어온 외래어는 영국 영어의 발음을 기준으로 한글 표기를 한다. 예를 들어 'concrete, concert, contest, contact lens' 등을 미국 영어를 기준으로 하여 한글로 옮긴다면 '칸' 계통이 되겠지만 영국 영어를 기준으로 하여 '콘크리트, 콘서트, 콘테스트, 콘택트렌즈'라고 표기한다. 예외적으로 재즈 악단을 뜻하는 'combo'는 미국에서 생긴 말이므로 미국식 영어를 따라 '캄보'라고 한다.

15. '커트'가 맞는 표기다. 먼저 '커트'(cut)의 경우는 다음과 같다. ① 전체 중에서 일부를 잘

라내는 일, ② 미용을 목적으로 머리를 자르는 일 또는 그 머리의 모양, ③ 정구 · 탁구 · 골프 따위에서 공을 옆으로 깎아 치는 방법, ④ 야구에서 타자가 투수가 던진 공을 잡아채듯이 치는 일, ⑤ 농구 등에서 상대방의 공을 가로채는 일 등이다.

반면에 '컷'(cut)의 경우는 다음과 같다. ① 영화, 텔레비전 등의 촬영에서 한 대의 카메라가 찍기 시작하였을 때부터 회전을 끝낼 때까지의 하나의 장면, ② 인쇄물에 넣는 작은 삽화, ③ 촬영할 때에 촬영기의 회전을 멈추거나 멈추도록 하는 신호, ④ 영화의 편집, 검열을 할 때에 필름의 일부분을 잘라 내는 일 등이다. 이처럼 같은 외래어일지라도 쓰임에 따라 표기를 달리해야 하는 예는 그렇게 많지는 않지만, '타입'(type, 어떤 부류의 형〔型〕)과 '타이프'(type, 타이프라이터의 준말) 등을 예로 들 수 있다.

16. '로봇'으로 적어야 한다. 외래어 표기법 제3장 표기 세칙 제1절의 영어 표기에 따르면 무성 파열음 〔p, t, k〕를 다음과 같이 적도록 하고 있다.

첫째, 짧은 모음 다음의 어말 무성 파열음은 받침으로 적는다. 'snap〔snæp〕, rocket〔rɔkit〕, book〔buk〕'은 '스내프, 로케트, 부크'가 아니라 '스냅, 로켓, 북'으로 적어야 한다.

둘째, 짧은 모음과 자음(유음 · 비음 제외) 사이에 오는 무성 파열음은 받침으로 적는다. 'act〔ækt〕'의 〔k〕는 짧은 모음 〔æ〕와 자음 〔t〕 사이에 있기 때문에 '애크트'로 적지 않고 '액트'로 적는다. 'action〔ækʃən〕, pepsi〔pepsi〕'도 '애크션, 페프시'가 아니라 '액션, 펩시'가 된다.

위에 제시한 두 가지 경우 이외의 어말과 자음 앞의 무성 파열음은 '으'를 붙여 적는다. 'tape〔teip〕, cake〔keik〕, flute〔flu:t〕'는 어말 무성 파열음 앞의 모음이 이중모음이거나 장모음이므로 '테입, 케익, 플룻'으로 적지 않고 '테이프, 케이크, 플루트'로 적어야 한다. 따라서 'robot〔rɔbɔt〕'의 〔t〕는 짧은 모음 〔ɔ〕 다음이므로 받침으로 적는 '로봇'이 맞다.

(7) 표준 화법

1. 편지에서의 존대법과 '하감'(下鑑)과 '혜존'(惠存)의 용법은 다음과 같다. 윗사람에게 보내는 편지 내용의 서두는 직함에 '님'을 붙여 '아버님 보(시)옵소서', '(○○○) 선생님께 올립니다', '○○○ 님께 드립니다'를 쓴다. '님'은 오늘날 안내장과 같은 공식적인 편지에서 '○○○ 님께'가 널리 쓰이고 있어, 단체나 기관의 이름으로 보내는 공식적인 편지의 경우 '○○○ 님께'도 쓸 수 있다.

편지 내용의 끝부분에는 보내는 날짜를 쓰고 보내는 이의 이름을 쓴다. 과거에는 자신의 이름 뒤에 '배상', '상서', '배백' 등을 쓰거나 부모님께 편지를 쓰는 경우는 '소자 ○○상서' 등으로 썼다. 편지 서두의 호칭을 결정한 것과 마찬가지로, 편지 끝의 서명은 '○○○ 올림'과 '○○○ 드림'으로 쓴다. 집안사람에게 보내는 편지의 경우는 '아들 ○○ 올립니다' 또는 '○○ 드림'처럼 이름만 쓰고 성은 쓰지 않는다.

봉투에는 '이름+직함+님(께)'와 '○○○ 귀하(貴下)', '○○○ 좌하(座下)'를 쓴다. '○○○ 씨 귀하'를 쓰는 것은 '씨'가 오늘날에는 높이는 느낌이 크지 않을 뿐 아니라 '귀하'와 중복되므로 쓰지 않는 것이 좋다. '○○○ 님 귀하'의 '님'도 같은 이유에서 쓰지 않으며, '○○○ 과장님 귀하'처럼 이름과 직함을 쓴 뒤에 '귀하'를 다시 붙이지 않는다.

참고로 '친전'(親展)은 편지를 받을 사람이 직접 펴보라고 편지 겉봉에 적는 말로, '김수영 군 친전' 등으로 쓸 수 있으며, '배상'(拜上)은 예스러운 편지 글에서 사연을 다 쓴 뒤에 자기 이름 다음에 쓰는 말로 '올림'으로 순화한 말이다. '배상'보다는 '올림'으로 쓰는 것이 좋다.

그리고 자기의 저서나 작품을 다른 사람에게 줄 때 한자어를 쓴다면, 책의 표지 뒷장 모서리나 작품 모퉁이에 '하감'(下鑑)과 '혜존'(惠存)을 구분해 쓴다. '하감'(下鑑)은 '아랫사람이 올린 글을 윗사람이 본다'는 뜻이므로 매우 높일 때 쓰며, '혜존'(惠存)은 '받아 간직하여 주십시오'라는 뜻이므로 보통 높일 때 쓰는 말이다. 적절한 우리말로 바꿔 쓸 수도 있다.

2. 자기를 소개하는 말의 형식은 아래를 참고하여 사용하거나, 그것을 변화시켜 쓸 수 있다.

처음 뵙겠습니다. (저는) (○○○에 있는) ○○○입니다.

인사드리겠습니다. (저는) (○○○에 있는) ○○○입니다.

처음 뵙겠습니다. ○○○입니다. ○○○에 있습니다.

(8) 단어의 용법

1. '나는 걷다가 빨리 달려오는 자전거에 부딪혔다'로 쓴다. '부딪치다'와 '부딪히다'는 발음이 같기 때문에 자주 혼동해 쓰거나, 어느 하나가 잘못된 말이라고 생각하기 쉽다. 그러나 '부딪치다'는 '부딪다(물건과 물건이 서로 힘 있게 마주 닿다. 또는 그리 되게 하다)'의 강세어이고, '부딪히다'는 '부딪다'의 피동사다.

'부딪치다'는 '부딪'는 행위를 강조할 때 쓰는 말로, '몸을 벽에 부딪치다(몸을 움직여 벽에 부닞다), 전봇대에 머리를 부딪치다(머리를 움직여 전봇대에 부딪다)' 처럼 쓰인다. 한편, '부딪히다' 는 '부딪음을 당하다' 의 뜻으로, '나는 자전거에 부딪혔다(나는 가만히 있는데 자전거가 와서 부딪게 되다), 차에 부딪혀 사람이 많이 다치다(사람들이 달리는 차에 의해 부딪게 되다)' 처럼 쓰인다. '부딪히다' 와 '부딪치다' 는 문맥에 따라 적절히 구분해 써야 하는 것이다.

2. '새털같이 많은 날' 이란 표현은 '쇠털' 의 발음과 유사한 '새털' 을 잘못 쓴 것이다. "쇠털같이 하고많은〔허구한〕 날" 은 헤아릴 수 없이 많은 나날을 비유적으로 이르는 말로, '쇠털 같은 날' 로도 쓰인다. 1957년에 나온 『한글학회 큰사전』에 '쇠털같이 많다' 라는 관용구를 살펴보면 '새털같이 많은 날' 의 '새털' 은 '쇠털' 을 잘못 쓴 것이라고 하였다. 또한 이전에 나온 모든 사전에서 '새털같이 많은 날' 이 아닌 '쇠털같이 많은 날' 을 올려놓고 있다.

3. 새끼손가락 바로 옆 손가락의 명칭은 '약손가락' 이다. 사람의 손가락을 나타내는 말은 고유어 '손' 이나 '손가락' 이 붙는 말과 한자어 '지' (指)가 붙는 말이 있다. 고유어가 붙는 말은 '① 엄지손가락/엄지손, ② 집게손가락, ③ 가운뎃손가락/장짓가락, ④ 약손가락/약손, ⑤ 새끼손가락/새끼손' 이고, 한자어가 붙는 말은 '① 엄지(一指)/대무지(大拇指)/대지(大指)/무지(拇指)/거지(巨指)/벽지(擘指), ② 검지(一指)/두지(頭指)/식지(食指)/염지(鹽指)/인지(人指), ③ 중지(中指)/장지(長指), ④ 약지(藥紙)/무명지(無名指), ⑤ 계지(季指)/소지(小指)/수소지(手小指)' 이다.

4. 길에서 전혀 생각지도 않은 친구를 만난 경우는 '길에서 우연하게 친구를 만났다' 로 써야 한다. '우연하다' 는 '어떤 일이 뜻하지 않게 이루어지다' 라는 뜻이므로 '우연치 않게' 라고 하면 어떤 일에 뜻을 두어 이루어진다는 의미가 된다. 그러므로 길에서 우연히 친구를 만났다는 뜻을 나타내려면 '우연하게' 를 써야 한다.

한편, 『표준국어대사전』의 표제어 '우연찮다' 를 보면 '꼭 우연한 것은 아니나 뜻하지도 아니하다.' 로 뜻풀이가 되어 있다. 그 용례로는 "그는 이번 사건에 우연찮게 연루되었다./그토록 찾던 그 친구를 오늘 우연찮게 길에서 만났다./탈출 사고는 실상 새 원장에 대한 우연찮은 부임 선물이었다.≪이청준, 당신들의 천국≫" 가 실려 있어 그 용법을 알 수 있다. 또한 '우연찮다' 는 '우연(偶然)+하-+-지 아니+하다' 에서 온 말로 설명되어 있다.

5. '수업 중 핸드폰 사용 금지' 로 쓰는 것이 적절한 표현이다. '이용' 은 '대상을 필요에 따라 이롭게 씀' 의 뜻이고, '사용' 은 '일정한 목적과 기능에 맡게 씀' 의 뜻으로, 의미에서 서로 차이가

있다. 따라서 '이용하다'와 '사용하다'의 쓰임은 문맥에 따라 달라야 한다. 이롭게 쓰는 것과 단순히 쓰는 것이 가능한 문장에서는 '비둘기를 통신용으로 사용(이용)한다, 지렁이를 미끼로 사용(이용)한다' 처럼 '이용'과 '사용'을 모두 쓸 수 있다.

그리고 '이용'만이 자연스러운 '출근은 지하철 이용(사용×)을 권장한다'의 경우도 있고, '사용'만이 자연스러운 '지하철에서는 핸드폰 사용(이용×) 금지'의 경우도 있어, 두 단어 중 어느 하나만을 써야 하는 경우도 있다.

6. '우리 헌법이 전제로 하고 있는 자주적 인간의 〔……〕'에서는 '전제'를 써야 한다. '전재'(前載)는 '신문이나 잡지 따위에 어떤 글이나 그림을 앞에 싣는다'는 뜻으로, '주요 기사 전재' 처럼 쓴다. 그리고 '전제'(前提)는 '어떤 사물이나 현상을 이루기 위하여 먼저 내세운다'는 뜻으로, '전제 조건, 전제를 달다, 그들은 결혼을 전제로 사귄다' 처럼 쓴다. 즉 글이나 그림을 출판물의 앞에 게재한다는 뜻일 때는 '전재'를 쓰지만, 어떤 현상이나 일이 일어나기 전에 먼저 내세우는 사항을 가리킬 때에는 '전제'를 써야 한다. 한자어의 한자를 잘 모르는 요즈음 이 두 단어를 혼동해 쓸 수 있다.

7. '생선을 조렸다', '찌개를 너무 졸여 매우 짜다'가 바른 표현이다. '조리다'는 '어육이나 채소 따위를 양념하여 간이 충분히 스며들도록 국물이 적게 바짝 끓이다'라는 의미이고, '졸이다'는 '찌개 · 국 · 한약 따위의 물이 증발하여 분량이 적어지다'를 뜻하는 '졸다'의 사동형이다.

즉 '조리다'는 음식의 조리 방법 중에 하나로 '생선을 조리다, 콩장을 조리다, 연근에 간장을 넣고 조렸다' 처럼 쓰는 말이고, '졸이다'는 국이나 찌개, 한약의 국물을 줄어들게 한 것으로 '찌개를 너무 졸여 매우 짜다, 다른 짓을 하다가 한약을 졸였다' 처럼 쓰는 말이다. 그러므로 '생선은 조리다'가 맞고, '찌개와 국은 졸이다'가 맞는 표현이다.

8. '초록'에 해당하는 고유어가 없는 이유는 다음과 같다. 우리말에서는 '파랑'에 '초록'이 포함된다. '푸른 하늘 푸른 산'이라는 표현은 '푸른 하늘 초록 산'의 의미인 것이다. 언어마다 색채어의 수가 다른데, 그 언어를 사용하는 화자들이 기원적으로 색감을 나누는 정도가 다르기 때문이다. 현대어에서 우리는 무지개의 색을 일곱 가지라고 하는데, 전통적으로는 오색 무지개라고 했으며, 아프리카의 어떤 언어에서는 그것을 세 가지로 구분한다고 한다. 즉 색깔에 대한 어휘 구분의 정도에 따라 색채어 수가 언어마다 다른 것이다.

영어에서 'blue'와 'green'으로 구별하는 색을 우리는 일상적으로 모두 '푸르다'라고 한다.

산은 초록이고 풀도 초록이고 하늘은 푸른 색(blue)인데, "산이 푸르다, 하늘이 푸르다, 풀이 파랗게 돋았다"로 쓰는 예를 보면, 우리말에서는 색채어 '파랑'의 의미에 '녹색'의 의미까지 포함되어 있음을 알 수 있다. 따라서 푸른 신호등도 가능하고 초록 신호등도 가능한 것이다.

9. '난 너와 지향점이 틀리다/다르다'에서는 '다르다'를 쓰는 것이 바른 표현이다. '틀리다'는 동사로서 그르거나 어긋난다는 뜻이고, '다르다'는 형용사로서 비교되는 두 대상이 서로 같지 않다는 뜻이다. 그러므로 흔히 '질이 틀려, 성격이 틀려, 생각이 틀려' 등으로 잘못 쓰는 것은 '질이 달라, 성격이 달라, 생각이 달라' 등으로 고쳐 써야 한다. '틀리다'는 '맞다'에 상대되는 말이고, '다르다'는 '같다'와 상대되는 말인 점에서 그 차이를 알 수 있다.

10. 우리말의 자음과 모음으로 만들 수 있는 글자는 총 11,172자인데, 이 중에서 실제 우리말에 쓰이는 자가 2,350자 정도 되기 때문이다.

11. '오늘 날씨 참 시원한데/시원한대'에서는 '시원한데'가 바른 표현이다. '한데'와 '한대'는 자주 혼동하여 쓰는 말이다. 어간 '하-'를 뺀 '-ㄴ데'와 '-ㄴ대'는 뜻과 쓰임에서 다음과 같은 차이가 있다.

'-ㄴ데'는 '어떤 일에 감탄의 뜻을 나타내면서, 그에 대한 청자의 반응을 기다리는 태도를 나타내는 감탄조의 종결어미'다. '오늘 날씨 참 시원한데, 두 사람이 아주 잘 어울리는데'라고 할 때는 날씨가 시원한 것에 대한, 두 사람이 잘 어울리는 것에 대한 감탄을 뜻하면서, 상대방의 생각은 어떤지 듣고자 하는 태도를 나타낸다.

한편 '-ㄴ대'는, '-ㄴ다(고) 해'가 줄어든 말로, '-ㄴ다(고)'에서 '고'가 탈락하고 남은 'ㄴ다'와 '해'의 'ㅎ'이 탈락한 'ㅐ'가 합쳐진 말이다. 그 예로 "그 사람 오늘 떠난대(떠난다고 해). 집에 있겠대(있겠다고 해). 그 여자 예쁘대(예쁘다고 해)" 등을 들 수 있다. 그러므로 '-ㄴ대'는 화자가 문장 속의 주어를 포함한 다른 사람으로부터 들은 이야기를 청자에게 간접적으로 전달하는 의미를 가진다.

(9) 국어 순화

1. '감색'이다. '곤색'〔紺色, こんいろ〕은 '감'(紺)의 일본식 발음 '곤'에 '색'을 붙인 말이다.

'감'(紺)은 야청빛, 검은 빛을 띤 푸른빛의 의미가 있다. 국립국어원에서는 '곤색'을 '감색, 검남색, 진남색'으로 순화해 이를 쓰도록 하고 있다. 만일 감색이 먹는 '감'(柹)과 혼동이 된다면 검남색을 쓰는 것도 좋을 듯하다.

2. '망년회'(忘年會)는 일본어투의 말이기 때문에 '송년 모임, 송년회(送年會)'로 순화했다. '망년회'라는 말 대신 '송년회, 송년 모임'으로 쓰도록 한다.

3. 순화대상어 '홈페이지'는 순화어가 '둥지, 누리집'이다. 될 수 있으면 순화어를 쓰기를 권장하고 있다. 그러나 이 용어는 언중들에게 받아들여지지 않아 잘 쓰이지 않는 것으로 보인다. 말다듬기는 적절한 순화어를 만들어내기도 쉽지 않고, 순화어의 수용도 쉽지 않은 것이다. 말다듬기의 어려움을 알 수 있다.

4. 다음은 황석영의 『객지』의 일부분이다.

"자기로 말하자면 이런 따위 애숭이들과는 비교가 안 될 만큼 쓴맛 신맛 다 본 노장 아닌가. 비록 늙어 힘꼴이야 쇘다고는 하지만 아직도 쌩쌩한 노가다 곤조(근성)가 남아 있었다."

제시된 글의 '노가다'와 '곤조'는 일본어로 '노가다'는 '도가타'〔土方(どかた)〕가 변한 말로 토목 공사에 종사하는 노동자나 인부를 가리킨다. '(공사판) 노동자, 막일꾼, 인부'로 순화하였다. 덧붙이면, '막노동'이라는 말도 쓰이고 있으니 '막노동꾼'이라는 말도 가능할 듯하다.

다음의 예도 황석영의 『객지』에서 가져온 것이다.

"노임을 법정 임금에 미달된 액수로 받으면서 게다가 간조가 보름 간격인지라 현금 없는 대부분의 우리 부랑 인부들은 전표를 헐값에 팔아 일용품을 사든지 전표를 본 가격보다 싸게 함바의 숙식대로 치르고 있습니다."

예문의 '간조'〔かんじょう〕는 '감정'(勘定)의 일본식 발음으로 일한 대가로 받는 삯을 뜻하는 말이다. 우리말로 '품삯(셈), 노임 계산, 셈' 등으로 바꾸어 쓸 수 있다. '함바'는 일본어의 '함바'〔飯場(はんば)〕에서 온 말로 일본어에서는 '노무자들의 합숙소'를 의미하나 우리나라에서는 작업장 근처에서 운영하는 간이식당을 가리키는 것으로 의미가 변하였다. 이로 인해 '함바'를 '현장 식당'으로 순화하였다. 일부 사전에서는 이 말을 '밥집'으로 바꾸어 싣고 있다. 그러나 '밥집'은 넓게는 식당을 통틀어 이르고 좁게는 간단한 반찬과 함께 밥을 싼값으로 파는 식당을 가리키는 말이어서 '함바'의 일반적인 의미와 꽤 차이가 있다.

그 밖에 일본어투 건설 관련 용어를 몇 개 더 들면 다음과 같다.

신마에/신마이〔新前(しんまえ)〕→ 신출내기, 신참

단가/당가〔擔架(たんか)〕→ 들것

나라시〔均(ならし)〕→ 고르기

시마이〔仕舞 · 終(しまい)〕→ 끝냄, 끝남, 마감, 끝(마침)

하코방/하꼬방〔箱房(はこ—)〕→ 판잣집

5. '삐끼'〔←引き, ひき〕는 '(손님) 끌기, 여리꾼'으로, '찌라시'는 '선전지, 낱장 광고'로 순화하였다. 일본어 가운데는 유행처럼 번져가는 말로 '삐끼'가 있다. 이러한 말이 유행처럼 널리 번져가는 것은 튀고(?) 싶어 하는 젊은 층의 심리를 대변할 수 있다고 생각되기 때문일 것이다. '삐끼'가 손님을 끌어들이기 위해 가지고 다니는 필수품으로 '찌라시'가 있다. '찌라시'에는 업소의 위치, 가격 등이 적혀 있다. '호객꾼'이라는 말도 요즈음 사용된다. 그리고 '찌라시'는 원래 일본어 '지라시'〔ちらし(散らし)〕에서 온 말로 '흩뿌리다'의 뜻을 가진 '지라스'〔ちらす(散らす)〕라는 동사에서 파생된 명사이다. 따라서 '찌라시'는 '흩뿌리는 것' 또는 '광고로 뿌리는 종이'를 가리킨다. 이는 순화어인 '선전지', '낱장 광고'로 대신하여 쓰는 것이 바람직하다.

6. 각각 '돌리기, 뒤돌리기, 민쿠션치기, 밀어치기'로 순화하였다. 당구장에서 사용하는 용어의 대부분이 일본어 일색(一色)이다. '마와시'〔まわし(廻し)〕는 '돌리기'로 순화하였다. 4구 경기에서 흰 공〔白球=手球〕으로 두 개의 빨간 공〔赤球=的球〕을 연달아 맞추면 점수를 얻게 된다. 그런데 '마와시'는 흰 공으로 첫 번째 빨간 공을 맞춘 후, 근거리에 있는 두 번째 빨간 공을 직접 맞추지 않고 반대쪽으로 돌려 맞추는 것을 가리킨다. 즉, '돌리기' 기술을 말한다. 이러한 돌리기 기술에는 '마와시'를 생략한 채 '니주', '우라', '하코'라 하기도 한다. '니주마와시'〔にじゅうまわし(二重廻し)〕, '오마와시'〔おおまわし(大廻し)〕, '우라마와시'〔うらまわし(裏廻し)〕, '하코마와시'〔はこまわし(箱廻し)〕 등인데, 이들은 각각 '이중돌리기', '크게돌리기', '뒤돌리기', '귀돌리기'로 순화하였다.

그리고 '가라쿠'〔から(空)+cushion〕는 '민쿠션치기'로 순화하였다. '가라쿠'는 특이하게 조어된 말이다. 일본어의 '가라'〔から(空)〕에 영어 cushion의 첫음절 cu—을 결합하여 만든 말이다. 이 말은 '가락'으로 줄여 말하기도 한다. '가라쿠'는 3구(three cushion)에서 흰 공으로 3회 이상 쿠션에 부딪치게 한 후, 두 개의 빨간 공을 연달아 맞추는 것을 의미한다. 이를 '민쿠션치기'로 순화하였다. 국어에서 '민—'은 일부 명사 앞에 붙어 '그것이 없음', 또는 '그것이 없는 것'의 뜻을 더하는 접두사이다. 접두사 '민—'과 '쿠션치기'를 결합하여 새로운 신어를 만들어낸 것이다.

이 밖에 당구 기술 용어로는 '갸쿠'〔ぎゃく(逆)〕, '나메(나미)'〔なめ(嘗め)〕, '오시'〔おし(押し)〕, '히네리'〔ひねり(捻り)〕, '히키'〔ひき(引き)〕, '힛카케(시카키)'〔ひっかけ(引掛け)〕, '리쿠(니쿠)'〔りく(陸)〕 등이 있는데 이들은 각각 '반대치기', '얇게치기', '밀어치기', '틀어치기', '끌어치기', '걸어치기', '겹쳐밀기'로 바꿔 쓸 수 있다. 위에 제시한 당구 기술과 관련된 용어들은 어느 정도 정부 차원에서 순화하여 고시한 바 있다. 그럼에도 당구장에서는 여전히 일본어들이 더 널리 쓰이고 있다. 몇몇 당구장에서는 당구 용어를 자체적으로 순화하여 홍보하는 노력을 하고 있기는 하나 순화된 용어가 각기 달라 혼선을 빚는 경우가 없지 않다. 정부 차원에서 마련한 순화어가 제대로 홍보되지 못한 채 사장(死藏)되고 있는 것이다. 모두가 일본어 대신 순화된 용어를 하나씩 바꿔서 사용하는 노력을 해야 한다.

7. '뽀록나다〔←ぼろ(襤褸)ーー〕→ 드러나다, 들통나다'와 '비까번쩍하다〔ぴかーーーー〕→ 번쩍번쩍하다'로 순화하였다. '비까번쩍하다'는 '삐까번쩍하다'로 쓰이기도 한다. 이 예들은 그 말이 고유어인지 아닌지를 알기가 쉽지 않다. 그러나 이 예들은 일본어 고유어와 결합한 말이다. 국어에서 '뽀록나다'는 속어로서 '들통나다'의 의미로 쓰인다. 이 말은 언뜻 보기엔 '뽀록'이라는 명사와 '나다'라는 동사가 결합한 고유어처럼 보인다. 그러나 '뽀록'은 일본어 '보로'에서 온 말이다. 일본어에서 '보로'〔ぼろ(襤褸)〕는 기본적으로 '넝마, 누더기'의 의미이나 파생적으로 '허술한 데, 결점'의 의미로도 쓰인다. 그래서 'ぼろを だ(出)す'라고 하면 '결점을 드러내다, 실패하다'의 의미로, 'ぼろを かく(隱)す'라 하면 '결점을 감추다'의 의미로 쓰이는 것이다. 국어에서 '뽀록나다'는 '보로터지다'로 쓰이기도 한다.

'비까번쩍하다'는 '비까비까하다'라고도 쓰이는데 이 말들도 '비까번쩍', '비까비까'라는 의태어와 '하다'가 결합한, 순수 고유어처럼 보이는 예다. 그런데 '비까비까'는 일본어의 의태어 'ぴかぴか'에서 온 말이고 '비까번쩍'은 '비까비까'의 일부 '비까'(ぴか)가 국어의 의태어 '번쩍'과 결합한 말이다. 이렇게 만들어진 '비까번쩍'이라는 의태어에 다시 '하다'가 결합한 말이 '비까번쩍하다'이다. '비까비까하다'는 '삐까삐까하다'로 쓰이기도 한다. "구두에 약을 칠하여 비까번쩍하게 광을 내다"처럼 광택이 나는 모양을 표현할 때 주로 쓰이므로 '번쩍번쩍하다'로 순화한 바 있다. 그 밖에 일본어에 기원을 둔 것으로 '사바사바하다(さばさばーー): 협잡하다, 짬짜미하다'도 있다.

8. '리플'은 '답글, 덧글, 댓글' 등으로 쓸 수 있다. '리플'은 인터넷 게시판에서 다른 사람이

올린 글에 대해 대답하거나 덧붙이거나 비판하는 등의 짤막한 글을 가리킨다. 그런데 '리플'은 '리플라이'(reply)를 우리 나름으로 줄여서 쓰는 한국식 영어다. 그리하여 뜻있는 네티즌은 '리플' 대신에 신조어로 '답글', '덧글', '댓글' 따위를 만들어 쓰고 있다.

'핸드폰'과 야구 용어인 '포볼' 따위도 '리플'과 마찬가지다. 이들은 한국식 영어 혹은 일본식 영어로서 오래전부터 공식적으로는 '휴대 전화'와 '볼넷', '사구'(四球)로 쓸 것을 권장해왔다. 그러나 아직까지는 이들은 모두 두루 쓰이고 있는 형편이다. 게다가 비공식적으로 '핸드폰'을 대신하여 '손전화'가 쓰이기도 하고, '핸드폰'과 '휴대 전화'를 합성한 것처럼 보이는 '휴대폰'이 쓰이기도 한다.

'리플'을 대신하여 쓰이는 '답글', '덧글', '댓글' 따위도 아직까지 '리플'과 함께 두루 쓰이고 있는데, 이왕이면 '답글', '덧글', '댓글' 가운데 어느 하나로 통일해 쓰는 것이 언어 경제적인 측면에서도 더 효율적이다.

'답글'은 영어 '리플라이'의 본래 뜻인 '대답', '답변' 따위를 고려하여 새로이 만든 말이다. '대답하거나 답변하는 글'이라는 뜻이다. 그런데 '리플'은 단지 '대답하거나 답변하는 글'만이 아니다. 다른 사람의 글에 대하여 덧붙이거나 비판하는 글도 '리플'로 통한다.

반면 '덧글'은 '거듭된'의 뜻을 더하는 접두사 '덧-'과 '글'을 결합하여 만든 말로 '거듭된 글'이라는 뜻이다. 그런데 '덧니'가 '거듭된 이'에서 더 나아가 '쓸데없는 이'를 가리키는 것처럼 '덧글' 또한 '거듭된 글'뿐만 아니라 '쓸데없는 글'을 뜻하는 것으로 오해를 살 염려가 있다.

마지막으로 '댓글'은 '대(對)+사이시옷(ㅅ)+글'의 구조를 갖는 합성어다. '짝을 이루는 글'이라는 뜻이다. 그러나 많은 사람들이 '대'(對)의 정체에 관하여 궁금증을 가지고 있다. 우리말에서 '대'(對)가 '댓글'에서처럼 합성어의 일부로 쓰이는 예를 전혀 찾아볼 수 없기 때문이다.

참고로 '우리말 다듬기' 사이트에서 '리플'을 대신할 말로 이들 가운데 어느 것이 가장 좋은지 투표를 실시한 바 있다. 그 결과 투표에 참여한 사람들 가운데 거의 절반이 '댓글'을 지지하였다. 그렇다면 한국식 영어 '리플'을 대신하여 '댓글'을 쓰는 것이 좋을 듯하다.

9. 군대에서 쓰이는 '수입'은 일본어 '手入れ(ていれ)'에서 유래한 말이다. 일본어 '手入れ(ていれ)'은 '손질'을 뜻한다. '수입'(手入)은 일본에서 만들어진 한자어(일본식 한자어)인데 우리말의 음대로 읽은 것이다. 따라서 군대에서 쓰이는 '수입'은 '손질'로 바꿔 쓸 수 있다. 마찬가지로 '총을 닦는 데 쓰는 헝겊'을 가리키는 '수입포'(手入布)도 '손질헝겊' 정도로 바꿔 쓸 수 있다.

10. "게임만 한다고 엄마한테 쿠사리를 먹었다"에서 '쿠사리를 먹었다'는 '꾸중을 들었다'로

써야 한다. '쿠사리, 구사리'는 일본어 'くさり(kusari)'에서 온 말이므로 '면박, 핀잔, 꾸중' 따위로 고쳐야 한다. '면박'(面駁)은 '바로 앞에서 꾸짖거나 나무라는 것'을 가리키고, '핀잔'은 '맞대어 놓고 언짢게 꾸짖거나 비꼬아 꾸짖는 일'을 가리킨다.

11. "너무 더워서 나시를 입었다"에서 '나시'는 '민소매'로 써야 한다. '나시'는 일본어 '소데나시'〔そでなし(sodenasi)〕를 줄여 이르는 말이다. '민소매'는 '소매가 없는 윗옷'을 가리키는 말이다.

12. "국어는 내가 우리 반에서 넘버원이야!"에서 '넘버원'(number one)은 '으뜸'으로 써야 한다. 'number'를 '넘버'로 쓰지 않고 '남바'로 쓰기도 하는데, 이는 일본식 발음이다. 물론 '넘버'는 '번호, 호수' 등으로 고쳐 쓰는 것이 바람직하다.

13. "국화는 다년생 꽃입니다"에서 '다년생'은 '여러해살이'로 쓴다. 그것은 '뿌리나 땅속줄기가 남아 있어서 해마다 줄기와 잎이 돋아나는 식물'을 가리키는 말로, '여러해살이'를 쓰면 훨씬 이해하기 쉽고 정겹게 느껴진다. '여러해살이'와 달리 '봄에 싹이 터서 그해 가을에 열매를 맺고 죽는 식물'을 가리키는 말은 '한해살이'가 있다.

14. '다대기'는 '다진 양념'이 순화어다. '다대기'는 일본어 'たたき(tataki)'에서 온 말이다. '다진 양념'은 '끓는 간장이나 소금물에 마늘, 생강 따위를 다져 넣고 고춧가루를 뿌려 끓인 다음, 기름을 쳐서 볶은 양념'을 가리키는 말로, 얼큰한 맛을 내는 데 쓴다.

15. "컴퓨터가 갑자기 다운돼서 작업하던 것을 모두 날리고 말았다"에서 '다운돼서'는 '멈춰서' 또는 '정지해서'로 써야 한다. '다운'(down)은 '컴퓨터에 문제가 생겨서 작동이 일시적으로 중단된 상태'를 가리키는 말이므로 '다운되다'를 '멈추다, 정지하다, 중단되다' 등으로 풀어 쓰면 훨씬 이해하기가 쉬워진다.

"인터넷에서 필요한 자료를 다운로드해서 숙제를 했다"에서 '다운로드해서'는 '내려받아서'로 써야 한다. '다운로드'(download)는 '컴퓨터 통신망을 통해 다른 컴퓨터에 있는 자료를 내려받는 일'을 가리키는 말이므로 '내려받기'로 다듬어 쓰면 되고, '다운로드하다'는 '내려받다'로 다듬어 쓰면 된다. '컴퓨터 통신망을 통해 다른 컴퓨터에 자기 자료를 보내는 일'을 가리키는 말인 '업로드'(upload)는 '올리기'나 '올려두기'로 다듬어 쓰면 된다.

16. "오늘은 돈을 어제보다 따블로 벌었다"에서 '따블'은 '갑절'이나 '곱' 또는 '(두) 배'로 써야 한다. 그리고 "김밥에 다꽝이 안 들어가면 무슨 맛으로 먹어!"에서 '다꽝'은 '단무지'로 써야 한다.

'따블'은 '더블'(double)을 잘못 옮겨 적은 것이다. '세 배'를 가리켜 '따따블'이라고 하기도 하는데 이 역시 우리말이 아니므로 쓰지 말아야 한다. 또한, 야구 용어인 '더블플레이'(double play)는 '병살'로, '더블헤더'(double-header)'는 '연속 경기'로 고쳐 써야 한다.

'다꽝' 혹은 '다쿠앙'은 일본어 'たくあん(takuan)'에서 온 말이므로 우리말에서는 쓰지 말아야 한다. '무를 시들시들하게 말려 소금에 절여서 만드는 일본식 짠지'를 가리켜 '단무지'라고 하며, 다른 말로 '무절이'라고도 한다.

17. "그는 샤프한 성격이어서 수학이나 논리학 같은 학문을 하면 잘 어울릴 거야"와 "나는 샤프한 외모를 가진 남자가 좋아"에서 '샤프한'은 각각 '날카로운'과 '산뜻한/잘생긴' 정도로 고쳐 쓰는 것이 좋다. '샤프하다'는 '날카로운, 예리한, 빈틈이 없는, 뚜렷한, 멋진 옷차림을 한, 잘생긴, 날쌘' 등의 뜻을 가진 영어 'sharp'에 접미사 '-하다'가 붙어서 된 말이다. '샤프'에는 이처럼 많은 뜻이 있기 때문에 우리말에서 그냥 '샤프하다'라고 하면 정확히 어떤 상태를 가리키는지 금방 알아채기가 어렵다. 충분히 우리말로 갈음해서 쓸 수 있는 말인 만큼 상황에 맞게 적절한 말로 다듬어 써야 한다. '샤프하다'는 '날카롭다, 산뜻하다, 선명하다' 등으로 다듬은 바 있다.

18. 인터넷(누리그물)을 이용하다 보면 광고나 알림글을 보이기 위해 불쑥불쑥 뜨는 조그만 창을 자주 접하게 된다. 이를 가리켜 흔히 '팝업 창'(pop-up window)이라고 하는데, 이 말을 '불쑥창'으로 다듬은 바 있다. 덧붙여, '팝업 메뉴'(pop-up menu)는 '불쑥 차림표'로, '팝업 북'(pop-up book)은 '입체책'으로 다듬은 바 있다.

19. 일반 화장지보다는 조금 두껍고 울퉁불퉁하게 생겨서 그릇에 묻은 음식 찌꺼기나 기름때 같은 것을 닦을 때 주로 사용하는 종이를 가리켜 대개 '키친타월'(kitchen towel)이라고 한다. '타월'은 어느 정도 우리 국어에서도 많이 쓰이고 있으나, '부엌'을 뜻하는 '키친'은 아직 우리말에서는 외국어로 취급받는 생소한 말이다. '키친타월'은 '종이 행주'가 순화어이다.

* 국립국어원의 '우리말 다듬기(http://www.malteo.net)-이미 다듬은 말'의 게시 자료에는

정부에서 이미 다듬은 전산기 용어, 선거 정치 용어, 연극 용어, 신문 제작 용어, 건설 용어 등에 관한 파일이 있으니 참고할 수 있다.

(10) 국어의 로마자 표기

1. 로마자 표기법 세칙에 '법원길', '도청길' 처럼 고유명사 부분이 드러나지 않은 경우는 번역을 하지 않고 전체를 로마자로 표기하여 'Beobwon-gil, Docheong-gil' 로 하도록 하였다. 그러므로 '시청동길, 법원길, 시민회관3길' 은 'Sicheong-dong-gil, Beobwon-gil, Siminhoegwan 3(sam)-gil' 로 쓰면 된다. 이때 '시청동' 의 '동' 이 행정구역 단위가 아니면 붙임표를 넣지 않아야 한다. 다른 유형은 아래와 같이 적을 수 있다.

기능대학1길: Gineung Univ. 1(il)-gil

갈마초교길: Galma Elementary School-gil

만년학교길: Mannyeonhakgyo-gil

대덕구청길: Daedeokgu office-gil

세천역길: Sechon Stn.-gil

선사유적길: Seonsayujeok-gil

선암공원길: Seonam Park-gil

2. 'Busan, Jeju' 로 쓴다. Busan, Jeju로 바꾸는 것이 비용과 수고가 많이 든다고 해서 Pusan, Cheju를 고수할 수는 없다. 다른 지명도 마찬가지다.

3. 길 이름에 숫자가 들어 있는 경우는 숫자 앞에서 띄어쓰기를 하고 숫자 뒤의 ( ) 안에 숫자의 우리말 발음을 로마자로 적도록 하고 있다. 그러므로 '장미1길' 은 Jangmi 1(il)-gil, '장미2길' 은 Jangmi 2(i)-gil로 적는다. '길' 대신 '가' 를 쓰는 경우도 마찬가지여서 '노원1가', '노원2가' 는 Nowon 1(il)-ga, Nowon 2(i)-ga로 적는다.

그러나 '로' (路)의 경우는 '길' 이나 '가' 와 적는 방법이 다르다. 현행 로마자 표기법에서 '로' 는 앞말과의 사이에 붙임표를 넣지 않고, 음운 환경에 따라 lo, ro, no 등으로 구분해서 적도록 하고 있다. '남산1로', '남산2로', '남산3로' 는 Namsan 1(il)lo, Namsan 2(i)ro, Namsan 3(sam)no로 적는다.

4. 'Gangseosobangseo-gil' 로 적는다. 길 이름을 로마자로 적을 때는 국어의 발음을 로마자로 적는 것이 원칙이다. 다만 다음의 두 가지는 예외다.

① 길 이름에 외래어가 사용된 경우에는 외래어 원어를 밝혀 적는다.

올림픽길 Olympic-gil(○) Ollimpik-gil(×)

② 학교나 회사에서 쓰는 관습적 표기를 인정하여 기관이나 단체 등의 이름이 길에 붙는 경우에 원래의 기관 이름과 일치하도록 적는다.

서강대길 Sogangdae-gil(○) Seogangdae-gil(×)

따라서 '강서소방서길' 을 로마자로 적을 때 Gangseo Fire Station-gil처럼 영어 번역어를 쓰지 않고 Gangseosobangseo-gil처럼 국어 발음대로 쓴다.

5. Bulguksa, Hwaeomsa 등으로 적는다. '불국사', '화엄사' 전체를 한 단어로 보아 전체를 로마자로 적는다. 마찬가지로 '금강', '속리산' 등도 Geum River, Songni Mt.으로 적지 않고, Geumgang, Songnisan으로 적는다. 다만 외국인들에게 그 명칭이 나타내는 대상이 무엇인지 뜻을 보여주고자 하는 경우에는 Bulguksa(Temple), Songnisan(Mountain), Deoksugung(Palace)처럼 해당하는 영어 단어를 ( ) 안에 병기한다.

6. k, t, p로 적는 것은 'ㄱ, ㄷ, ㅂ' 이 받침 '글자' 일 때가 아니라 받침 '소리' 일 때라는 것에 주의해야 한다. '북' 이라는 글자에 이끌려서 자칫 '북' 이 들어간 말을 모두 Buk로 적기 쉬운데, 로마자 표기는 글자가 아니라 발음에 따라야 한다. 똑같은 '북' 이라도 '북부' 처럼 자음 앞에서는 'ㄱ' 이 받침소리가 되어 Bukbu로 적어야 하지만, '북악' 처럼 뒷말이 모음으로 시작할 때는 'ㄱ' 받침이 뒤 음절의 첫소리가 되어 [부각]으로 소리가 나므로 Bugak로 적는다. 마찬가지로 'ㄱ' 받침 뒤에 'ㄴ' 이나 'ㅁ' 소리가 오면 'ㄱ' 소리가 'ㅇ' 소리로 바뀌므로 그때에는 ng로 적어야 한다. 따라서 '북문' 은 [붕문]으로 소리 나므로 Bukmun이 아니라 Bungmun으로 적는다.